Beltz Taschenbuch 111

Über dieses Buch:
Wilma Aden-Grossmanns Geschichte des Kindergartens ist eine umfassende Darstellung der Entwicklung der institutionellen Kleinkindererziehung in Kindertageseinrichtungen und Kindergärten von den Anfängen im ausgehenden 18. Jahrhundert bis in die Gegenwart. Ausgehend von den historischen Wurzeln, stellt es eine unentbehrliche Lektüre für alle diejenigen dar, die sich heute mit ihrer Arbeit als Erzieherin und der Zielsetzung ihrer Tätigkeit auseinandersetzen und ebenso für alle, die mit der Institution »Kindergarten« zu tun haben: Eltern, Lehrer, Politiker. Historische Quellen, viele Abbildungen und ausführliche Beispiele aus der Praxis lassen diese historisch-systematische Einführung zu einer anschaulichen, auch für Laien interessanten Lektüre werden.
Die Autorin bietet einen fundierten Überblick über
– die Pädagogik Fröbels und seiner Schülerinnen;
– Maria Montessoris Konzept der Elementarerziehung;
– den Kindergarten in der Weimarer Zeit und im Nationalsozialismus;
– die Reform des Kindergartens seit 1970;
– den Kindergarten in der DDR;
– die pädagogischen Ansätze der Eltern-Kind-Gruppen;
– die Pädagogik des Waldorfkindergartens;
– Interkulturelle Erziehung;
– Curriculare Entwicklungen;
– den pädagogischen Alltag im Kindergarten;
– Fragen der Organisation zeitgemäßer Kindergärten, Möglichkeiten der Qualitätssicherung der pädagogischen Arbeit in Tageseinrichtungen für Kinder und der Ausbildung von Erzieherinnen und Erziehern.

Die vollständig überarbeitete und erweiterte Neuausgabe berücksichtigt auch die Entwicklung in der Bundesrepublik seit der Wiedervereinigung sowie die neuen Richtlinien der ErzieherInnen-Ausbildung.

Die Autorin:
Wilma Aden-Grossmann, Prof. em. für Sozialpädagogik, lehrte bis 2001 an der Universität/Gesamthochschule Kassel, ist Herausgeberin und Autorin zahlreicher Publikationen, u.a. zur frühkindlichen Erziehung und Kindergartenpädagogik und zur Schulsozialarbeit. Seit 1990 beschäftigte sie sich intensiv mit der Kindergartenpädagogik und der Kleinkindererziehung in der ehemaligen DDR.

Wilma Aden-Grossmann

Kindergarten

Eine Einführung in seine Entwicklung und Pädagogik

Besuchen Sie uns im Internet:
www.beltz.de

Alle Rechte, insbesondere das Recht der Vervielfältigung und Verbreitung sowie der Übersetzung, vorbehalten. Kein Teil des Werkes darf in irgendeiner Form (durch Fotokopie, Mikrofilm oder ein anderes Verfahren), ohne schriftliche Genehmigung des Verlages reproduziert oder unter Verwendung elektronischer Systeme verarbeitet, vervielfältigt oder verbreitet werden.

Beltz Taschenbuch 111
Vollständig überarbeitete und erweiterte Neuausgabe

© 2002 Beltz Verlag, Weinheim und Basel
Das Buch erschien zuletzt unter dem Titel »Wilma Grossmann, KinderGarten –
Eine historisch-systematische Einführung in seine Entwicklung und Pädagogik«
in der Edition Sozial im Beltz Verlag.
Umschlaggestaltung: Federico Luci, Köln
unter Verwendung des Bildes »In der Ferienkolonie« – Holzstich nach einer Zeichnung
von A. Plinke, 1875
Satz: Mediapartner Satz und Repro GmbH, Hemsbach
Druck und Bindung: Druckhaus Beltz, Hemsbach
Printed in Germany

ISBN 3 407 22111 8

Inhaltsverzeichnis

Vorwort 11

Verzeichnis der im Text vorkommenden
Abkürzungen 16

I
Die Entstehung der institutionellen
Kleinkindererziehung 17
    Die Anfänge der Kleinkindpädagogik 17
    Zur gesellschaftlichen Funktion vorschulischer
    Einrichtungen 20
    Kleinkinderschulen 21
    Kleinkinderbewahranstalten 24

II
Der Fröbelsche Kindergarten 31
    Fröbels Pädagogik 31
    Die Gründung der ersten Kindergärten 38
    Fröbels Spielgaben 41
    Die Einrichtung der Volkskindergärten 46
    Ein neuer Frauenberuf entsteht 49

III
Die Stellung des Kindergartens
in der Republik von Weimar 53
    Forderungen 53
    Diskussionen und Empfehlungen der Reichs-
    schulkonferenz 56
    Der Kindergarten als Aufgabe der Jugendhilfe 59

IV
Der Einfluß der Psychoanalyse auf die Kindergartenpädagogik ... 63
Ansätze psychoanalytischer Pädagogik ... 63
Vera Schmidts Kinderheim-Laboratorium ... 64
Nelly Wolffheim ... 66
Lebensweg ... 66
Die Aufgaben des psychoanalytisch orientierten Kindergartens ... 69
Äußerungsformen der infantilen Sexualität im Kindergarten ... 75
Kinderfreundschaften ... 77
Das verhaltensgestörte Kind im Kindergarten ... 79
Zur Bedeutung des Spiels ... 80
Psychoanalyse und Kindergarten ... 81

V
Montessoris Konzeption einer Elementarerziehung ... 83
Maria Montessori ... 83
Die soziale Aufgabe der »casa dei bambini« ... 84
Die pädagogischen Methoden im Kinderhaus ... 86
Die Einrichtung des Kinderhauses und die Beschäftigungsmittel ... 87
Die Lehrerin ... 91

VI
Der Kindergarten im Dritten Reich ... 93
Grundzüge nationalsozialistischer Pädagogik ... 93
Mädchenerziehung im Kindergarten ... 101
Führer und Gefolgschaft ... 101
Kindergarten und Familie ... 106
Die »Gleichschaltung« der Kindergärten ... 109
Die NSV-Kindergärten ... 112

Die Ausbildung der Kindergärtnerin und
Kinderpflegerin 115
Zusammenfassung 118

VII
Die Entwicklung des Kindergartens von
1945 bis 1970 120
Die Wiederaufnahme der deutschen Kindergarten-
tradition. 120
Zur methodischen Arbeit im Kindergarten 123
Zur Problematik der Einschulung. 124
Der Schulkindergarten 126
Kritik am Kindergarten. 129

VIII
Neue Elterninitiativen 132
Zur Theorie der antiautoritären Erziehung 132
Die Gründung der Kinderläden 133
Folgerungen für die »politische Sozialisation« 139
Eltern-Kind-Gruppen 140
Sexualerziehung 142
Umgang mit kindlichen Aggressionen 144
Zusammenfassung 145

IX
Der Waldorfkindergarten. 147
Die Anziehungskraft der Waldorfpädagogik. 147
Die anthroposophische »Menschenkunde« und
»Entwicklungslehre« 150
Das Spiel als Entfaltung schöpferischer Phantasie 154
Die Spielstufen 158
Spielzeug 158

X
Die Reform des Kindergartens 163
Der Kindergarten in der bildungspolitischen
Diskussion 163
Der Verlauf des Modellversuchs »Kita 3000« in
Frankfurt am Main 165
Einflüsse aus der Kinderladenbewegung und dem
Arbeitskreis Kritische Sozialarbeit 169
Beendigung des Modellversuchs »Kita 3000« 176
Lehren aus dem Modell »Kita 3000« 177
Der quantitative Ausbau 180
Der »Vorschulstreit« – oder: Wohin mit den
Fünfjährigen? 181

XI
Curriculare Entwicklungen 186
Definition 186
Der funktionsorientierte Ansatz 187
Das wissenschaftsorientierte Curriculum 191
Das situationsorientierte Curriculum 193

XII
Der pädagogische Alltag im Kindergarten 200
Bildungs- und Erziehungsziele 200
Planung der pädagogischen Arbeit 204
Gestaltung des Tagesablaufs in der Kindertagesstätte . 206
Die räumliche Gestaltung 211
Spielförderung 214
Eltern und Kindergarten 220
Elternarbeit 224
Vom Kindergarten in die Grundschule 227

XIII
Interkulturelle Erziehung........................ 233
Zuwanderung in Deutschland – Vielfalt der
Kulturen 233
Bilinguale Kinder im Kindergarten 236
Kinder aus Migrationsfamilien in den Tages-
einrichtungen für Kinder 238
Fuad, Kenan, Nikos und Suleika 240
Pädagogische Konzepte 244

XIV
Der Kindergarten in der DDR 248
Der gesellschaftliche Auftrag des Kindergartens 248
Die familienpolitische Funktion des Kindergartens... 252
Beziehung zu den Eltern 253
Grundzüge des Programms für die Bildungs- und
Erziehungsarbeit im Kindergarten 257
Sachgebiet: Muttersprache 262
*Entwicklung elementarer mathematischer
Vorstellungen* 267
Kritik 269
Zur Rolle der Kindergärtnerin 271
Die Wende 272

XV
Der Kindergarten – eine Einrichtung der öffentlichen und privaten Wohlfahrtspflege..... 276
Zur Begrifflichkeit 276
Gesetzliche Regelungen nach dem Kinder- und
Jugendhilfegesetz 278
Ein Kindergartenplatz für alle Kinder 284
Wie wird die pädagogische Qualität eines Kinder-
gartens beurteilt? 290
Zum Qualitätsbegriff 293

Die Qualitätssicherung im Kindergarten nach internationalen Normen (DIN ISO 9000) 294
Der Kronberger Kreis: Qualitätsentwicklung im Dialog 294
Die Kindergarten-Einschätz-Skala (KES) 295
Was ist von der Qualitätsdebatte zu halten? 298

XVI
Die Ausbildung der pädagogischen Fachkräfte .. 300
Die Anfänge der Professionalisierung 300
Die Erzieherinnenausbildung 302
Die Kinderpflegerin 305
Die Ausbildung in der ehemaligen DDR 306
Die Neuordnung der Erzieherausbildung 2001 307
Die Zulassungsvoraussetzungen 308
Die Ausbildung zum Sozialassistenten/zur Sozialassistentin 308
Die Erzieherinnenausbildung 310
Das Personal in Tageseinrichtungen für Kinder 312
Anforderungen an den Beruf der Erzieherin 314

XVII
Fazit und Perspektiven 316
Von der Bewahranstalt zur Bildungseinrichtung 316
Pädagogische Erfolge brauchen einen langen Atem ... 317

Literaturverzeichnis 321
Personenregister 338
Abbildungsnachweis 340

Vorwort

Institutionen zur familienergänzenden Erziehung und Betreuung von Kindern im vorschulischen Alter gibt es seit etwa zweihundert Jahren. Von Anfang an verfolgten sie zwei Ziele: Zum einen sollten sie die Pflege und Betreuung der Kinder sichern, deren Mütter arbeiteten, und zum anderen Kinder erziehen und durch ihr Bildungsangebot auf den Schulbesuch vorbereiten. Wenn auch in der Geschichte des Kindergartens und seiner Vorläufer, der Kleinkinderbewahranstalten und Kleinkinderschulen, immer auch ein Bildungsanspruch gestellt wurde, so standen doch sozialfürsorgerische Motive sowohl bei den Trägern der Einrichtungen als auch bei den Nutzern – vorwiegend Eltern der unteren Sozialschichten – im Vordergrund. Erst die neueren Forschungen zur Sozialisation und zur Intelligenzentwicklung gaben dem Bildungsanspruch des Kindergartens eine wissenschaftliche Legitimation. Folglich hat sich seit den siebziger Jahren des vorigen Jahrhunderts der Kindergarten von einer Einrichtung, die nur in Notfällen in Anspruch genommen werden sollte, zu einer anerkannten Bildungseinrichtung gewandelt.

Wie bereits die ersten beiden Auflagen (1987 und 1994) gibt auch diese dritte Auflage des Buches einen Überblick über die Entstehung und Verbreitung des Kindergartens sowie seiner pädagogischen Konzepte, wobei dort, wo es nötig erschien, Aktualisierungen und Erweiterungen vorgenommen wurden. Dabei wird deutlich, daß die pädagogischen Ziele, die Vorstellungen vom Kind und seiner Entwicklung sowie das Verhältnis zwischen dem Erwachsenen und dem Kind einem historischen und einem gesellschaftlichen Wandel unterlag. Mir war es dabei wichtig aufzuzeigen, daß die moderne Pädagogik, die das Kind respektiert, sein Lernen als einen Aneignungsprozeß betrachtet, durch den Erfahrungen verarbeitet werden, ihre Wurzeln in der Pädagogik der Aufklärung hat, die die Forderung nach einer umfassenden Bildung des ganzen Volkes auf ihre Fahnen geschrieben hatte.

Diese bis heute gültige Forderung wurde in moderner Fassung im ersten Paragraphen des 1990 verabschiedeten Kinder- und Jugendhilfegesetzes als Anspruch, den das Kind an die Gesellschaft hat, formuliert. Dort heißt es in §1, Absatz 1: *Jeder junge Mensch hat ein Recht auf Förderung seiner Entwicklung und auf Erziehung zu einer eigenverantwortlichen und gemeinschaftsfähigen Persönlichkeit.*

In der Geschichte des Kindergartens zeigte es sich, daß die so verstandene moderne Pädagogik es stets schwer hatte, sich zu behaupten. Ihre Protagonisten waren meist in einer Minderheitenposition, die den vorherrschenden konservativ-autoritären Gesellschaftsstrukturen und Erziehungskonzepten ihre Vorstellungen und Modelle als Alternative entgegenstellten. Hierzu gehören die folgenden Ansätze, wie z.B. die Pädagogik vom Kinde aus (Ellen Key), die Erziehung ohne Zwang (Maria Montessori), die an der Psychoanalyse orientierte Pädagogik, in der vor allem die emotionalen Bedürfnissen des Kindes berücksichtigt wurden (Nelly Wolffheim) und die dem Ziel der Herstellung von Ich-Stärke verpflichtete antiautoritäre Erziehungsbewegung.

Während des Nationalsozialismus wurden die vor 1933 entwickelten fortschrittlichen Ansätze unterdrückt und z.T. verboten und die nationalsozialistische Ideologie zur alleinigen Grundlage der Pädagogik erklärt. Dabei knüpfte die nationalsozialistische Erziehung an die schon zuvor vorhandenen Strömungen einer autoritären und nationalen Erziehungsideologie an.

Nach dem Zusammenbruch der nationalsozialistischen Diktatur mußten die pädagogischen Einrichtungen sich neu orientieren. Dabei beschritten die beiden deutschen Staaten unterschiedliche Wege. Während man in den besetzten Zonen der West-Alliierten an die durch die Fröbelsche Pädagogik geprägte Kindergartentradition der Weimarer Republik anknüpfte, orientierte sich die Pädagogik der sowjetisch besetzten Zone und später der DDR an Konzepten der sozialistischen Pädagogik. Der Kindergarten der DDR, der in das dortige Bildungswesen eingebettet war, sollte dem Aufbau der sozialistischen Gesellschaft dienen. Anders als in der Bundesrepublik, in der der Kindergarten noch bis in die jüngste Vergangenheit als eine Nothilfe-Einrichtung galt, sollte in der DDR der Kindergarten die erste Bildungseinrichtung für alle Kinder sein. Das staatlich organisierte und getragene Kindergartenwesen der DDR unterlag einem einheitlichen Bildungsplan, wohingegen in der Bundesrepublik die Pluralität der Träger und Konzepte das Bild des Kindergartens prägen. Noch sind eine Aufarbeitung der Konzepte und Erfahrungen mit der Pädagogik des Kindergartens in der DDR und die Einschätzung seiner Wirkungen im Fluß und werden kontrovers diskutiert, dennoch war es mir wichtig, einige Grundzüge der ihm zugrunde liegenden pädagogischen Konzeption und seine Entwicklung in meine Darstellung aufzunehmen. Dies konnte im Rahmen einer Gesamtdarstellung des Kindergartens nur in der Form eines knappen Überblicks geschehen.

Neuere gesellschaftliche Entwicklungen, insbesondere der Wandel von Familienstrukturen mit einem wachsenden Anteil Alleinerziehender und berufstätiger Mütter, stellen die Tageseinrichtungen für Kinder vor neue Herausforderungen. Um Müttern die Vereinbarkeit von Familie und Beruf zu erleichtern, muß folglich das Angebot an Ganztagsplätzen, das in den alten Bundesländern sehr spärlich ist, weiterhin ausgebaut werden.

Der seit 30 Jahren anhaltende Zustrom von Menschen mit nichtdeutscher Muttersprache erfordert neue Konzepte hinsichtlich der Integration und Schulvorbereitung dieser Kinder. Dies ist seit langem eine Aufgabe von großer bildungs- und sozialpolitischer Bedeutung und wird es auch weiterhin sein, denn angesichts einer schrumpfenden Bevölkerung benötigt Deutschland die Zuwanderer, wie dies auch in dem geplanten Zuwanderungsgesetz vorgesehen ist.

Obgleich der Anteil von Kindern mit nichtdeutscher Muttersprache vor allem in den Tageseinrichtungen der Großstädte nicht unerheblich ist, hat sich der Kindergarten viel später als die Schule dieser Gruppe zugewandt und mit der Entwicklung pädagogischer Konzepte begonnen. Eine vordringliche, bislang kaum in Angriff genommene Aufgabe ist dabei die Förderung der deutschen Sprachkenntnisse bereits im Kindergarten, denn wie der 6. Familienbericht der Bundesregierung (Bundesministerium 2000) darlegt, haben mehr als die Hälfte aller Kinder mit nichtdeutscher Muttersprache beim Eintritt in die Schule unzureichende deutsche Sprachkenntnisse und dadurch erhebliche Nachteile im Bildungssystem. Durch die inzwischen gewonnenen Erfahrungen ist deutlich geworden, daß es bei der Erziehung ausländischer Kinder darauf ankommt, sie auf ein Leben in der deutschen Gesellschaft vorzubereiten, zugleich aber ihre kulturellen Erfahrungen und Orientierungen zu respektieren und die Entwicklung einer eigenen kulturellen Identität zu ermöglichen. Auf diesem Gebiet klafft noch immer eine Lücke zwischen dem, was pädagogisch und gesellschaftlich erforderlich ist, und der pädagogischen Praxis.

Da gesetzlich jedem Kind vom dritten Lebensjahr bis zum Eintritt in die Schule ein Platz in einer Tageseinrichtung garantiert ist, hat der Kindergarten eine der Grundschule vergleichbare Bedeutung gewonnen. Angesichts dieser Tatsache diskutieren manche Länder wie z.B. Hessen die Frage, ob der Besuch des Kindergartens – zumindest das letzte Jahr vor Eintritt in die Schule – nicht auch unentgeltlich sein müßte, wie es für die allgemeinbildende Schule schon lange der Fall ist. Diese Überlegungen werden auch im Rahmen der Debatte zur finanziellen Entlastung von Familien angestellt. Auch im Interesse der Verwirklichung von mehr Chancengleichheit für alle Kinder sind diese Forderungen richtig, und es bleibt abzuwarten, ob sie durchgesetzt werden können.

Trotz der gewachsenen Bedeutung der vorschulischen Erziehung in den Tageseinrichtungen für Kinder erfolgt in Deutschland die Ausbildung der pädagogischen Fachkräfte nach wie vor an Fachschulen. Dieses bekräftigte auch die von der Konferenz der Kultusminister am 28. Januar 2000 verabschiedete »Rahmenvereinbarung zur Ausbildung und Prüfung von Erziehern/Erzieherinnen«. Obgleich mit guten Gründen eine Anhebung des Ausbildungsniveaus auf Fachhochschulebene immer wieder gefordert und in den meisten europäischen Ländern auch durchgesetzt wurde, blieb es in Deutschland bedauerlicherweise dabei, daß Erzieherinnen und Erzieher an Fachschulen ausgebildet werden.

Der weitgesteckte zeitliche Bogen meiner Darstellung, der von den Anfängen der institutionellen Kleinkinderziehung im ausgehenden 18. Jahrhundert bis in die Gegenwart reicht, machte es erforderlich, die Hauptströmungen dieser Entwicklung herauszuarbeiten und dabei auf eine tiefergehende Analyse einzelner Perioden zugunsten eines Überblicks über die Gesamtentwicklung zu verzichten.

Meine Darstellung soll dabei helfen, die historische Bedingtheit aktueller Konzepte und Probleme zu erkennen, und ich hoffe, hierdurch das Interesse sowohl an der geschichtlichen Entwicklung als auch an der heutigen Diskussion über die Bildung und Erziehung des Vorschulkindes in den Tageseinrichtungen für Kinder zu wekken und zu weiterführender Lektüre anzuregen.

Kassel, Januar 2002

Verzeichnis der im Text vorkommenden Abkürzungen

BRD	Bundesrepublik Deutschland
DDR	Deutsche Demokratische Republik
EKD	Evangelische Kirche Deutschland
FDJ	Freie deutsche Jugend
HKM	Hessisches Kultusministerium
JWG	Jugendwohlfahrtsgesetz
KJHG	Kinder- und Jugendhilfegesetz
KMK	Kultusminsterkonferenz
ML	Marxismus-Leninismus
NVA	Nationale Volksarmee
OECD	Organisation for Economic Cooperation and Development (Organisation für wirtschaftliche Zusammenarbeit und Entwicklung)
PISA	Programme for International Student Assessment (Schülerleistungen im internationalen Vergleich)
RJWG	Reichsjugendwohlfahrtsgesetz
SBZ	Sowjetisch besetzte Zone
SED	Sozialistische Einheitspartei Deutschlands
SMAD	Sowjetische Militäradministration Deutschlands
TPS	Theorie und Praxis der Sozialpädagogik. Fachzeitschrift des Bundesverbandes Evangelischer Erzieherinnen und Sozialpädagoginnen e. V.

I
Die Entstehung der institutionellen Kleinkindererziehung

Die Anfänge der Kleinkindpädagogik

Wir sehen heute die Tatsache, daß zwischen Kindern und Erwachsenen pädagogisch geformte Beziehungen bestehen und daß sich Erziehung vorwiegend in abgegrenzten Bereichen vollzieht, als eine »natürliche« Folge des biologischen Zustandes von Kindern an. Uns ist nur unzulänglich bewußt, daß die Einstellung der erwachsenen Gesellschaft zum Kind einem historischen Wandel unterlag und daß sich eine differenzierte Wahrnehmung der Bedürfnisse und Entwicklungsstadien von Kindern im vorschulischen Alter erst allmählich entwickelte.

Philippe Ariès (1977) hat in einer umfangreichen Untersuchung dargelegt, wie erst im Verlauf der geschichtlichen Entwicklung die Kindheit im Bewußtsein der Menschen als eine eigene Periode wahrgenommen wurde und wie man langsam erkannte, daß das Kind eine spezifische psychosoziale Entwicklung durchläuft. Betrachten wir die Einstellung, die man im Mittelalter gegenüber der Kindheit findet, so ist der These Ariès' zuzustimmen, daß damals der Sinn für die Kindheit fehlte. Kinder wurden, schon bald nachdem sie laufen und sich verständlich machen konnten, in die Welt der Erwachsenen integriert und nahmen an deren Arbeiten und Vergnügen teil. Ihre Kleidung glich der der Erwachsenen, und sie unterschieden sich von ihnen nach damaliger Auffassung nur hinsichtlich ihrer Größe und Kraft. Die Weitergabe von Wissen und Werten erfolgte in Lehrverhältnissen, die die Kinder dazu zwangen, »in der Umgebung von Erwachsenen zu leben, die ihnen die technischen und sozialen Fertigkeiten beibringen, die sie zum Leben brauchen« (Ariès 1977, 53). Die Praxis des Lehrverhältnisses ist unvereinbar mit dem System der nach Altersklassen gegliederten Erziehungseinrichtungen, wie sie für unser heutiges Bildungssystem charakteristisch sind. Im häuslichen Bereich sah man im Kind ein reizendes Spielzeug, mit dem sich die Erwachsenen vergnügten. Erst im 16. und 17. Jahrhundert wandelte sich die Einstellung zum Kind, das nun nicht mehr ein Gegenstand zum Hätscheln war, sondern ein Geschöpf Gottes, das zu einem verständigen Wesen erzogen werden sollte. Die ersten entwickelten Konzepte zur häuslichen Erziehung des Kindes bis zum 6. Lebensjahr finden wir im Humanismus. Während dieser Periode war die kulturelle und gesellschaftliche Bedeutung des Bürgertums gestiegen. Die weitreichenden Handelsbeziehungen sowie die Leitung der entstandenen großen Manufakturen erforderten eine umfassende Bildung. Im Zuge dieser Neubewertung von Bildung und Erziehung schenkte man auch der Erziehung des Vorschulkindes erstmals eine besondere Beachtung. Der französische Humanist Michel de Montaigne (1533–1592) stellte Überlegungen darüber an, welche Ursachen menschlichem Verhalten zugrundeliegen, und erkannte, welche Bedeutung die Erziehung in frühester Kindheit für die Ausbildung des Charakters hat. Charakteristisch für das humanistische Denken Montaignes ist die Ablehnung jeder Gewalt in der Erziehung. »Ich bin gegen jede Gewaltanwendung bei der Erziehung einer jungen Seele, die an das Gefühl für Freiheit und Ehre gewöhnt werden soll. Es liegt etwas Knechtisches in Zwang und Strenge; und ich bin der Überzeugung, daß, was sich mit Vernunft, mit Behutsamkeit und Geschick nicht erreichen läßt, erst recht nicht durch Kraftmittel erzielt wird ... Meine Erfahrung lehrt mich, daß man mit Prügeln nichts weiter erreicht, als die Menschen feig, böse und bockig werden zu lassen ...« (zit. nach Krecker 1971, 30).

Im Unterschied zu Montaigne, der Fragen der Kleinkindererziehung eher beiläufig erwähnte, widmete Johannes Amos Comenius (auch Jan Amos Komenský) (1592–1670) dieser in seiner »Didactica magna« ein spezielles Kapitel. Comenius betrachtet Anlagen zur Bildung, Tugend und Frömmigkeit als angeboren, die jedoch erst durch die Erziehung entfaltet werden. Der Erziehung kommt die Aufgabe zu, entsprechend den Entwicklungsstufen des Kindes die ersten Grundlagen von Wissen zu vermitteln. Dabei sollen die Erzieher den Bewegungsdrang des Kleinkindes berücksichtigen und für Spiel- und Arbeitsmöglichkeiten sorgen. Comenius entwickelt zunächst die Aufgaben und den Aufbau eines einheitlichen Schulsystems und leitet hieraus die Anforderungen und das Konzept der »Mutterschule« ab. Das Kind soll bereits im vorschulischen Alter in die Wissenschaften eingeführt werden, wobei Comenius an die Erfahrungen des Kindes anknüpft. In seinem Bildungsplan sind u.a. folgende Gebiete enthalten: Naturwissenschaften, Optik, Astronomie, Geographie, Chronologie, Geschichtswissenschaft, Arithmetik, Geometrie, Statik u.a.m. Um zumindest an einem Beispiel zu zeigen, welche didaktischen Überlegungen er anstellt, sei hier ein kurzer Abschnitt zitiert: »Der Anfang der Astronomie wird darin bestehen, daß er die Bedeutung von Himmel, Sonne, Mond und Sternen kennenlernt und ihren täglichen Auf- und Niedergang bemerkt.« (Komenský 1971, 40). In dem »Informatorium der Mutter-Schule«, 1633 in deutscher Sprache erschienen, hat er diese konzeptionellen Gedanken bis in die einzelnen Lebensjahre und bis zu methodischen Hinweisen aufgeschlüsselt und in allgemeinverständlicher Sprache dargestellt. Er empfiehlt den Müttern, während der ersten 6 Lebensjahre die seelische und geistige Entwicklung ihrer Kinder auf den Gebieten des Verstandes, der Arbeit, der Künste, der Sprache, der Sitte und Tugenden und der Religion zu fördern. Die Bedeutung Comenius' für die Entwicklung der Kleinkinderziehung liegt darin, daß er als erster ein wissenschaftlich begründetes Konzept vorgelegt hat, das die allseitige Förderung des Kindes umfaßte. Jedoch ist sein Einfluß auf die Kleinkindpädagogik gering geblieben, da seine Schriften infolge der Wirren des 30jährigen Krieges weitgehend in Vergessenheit gerieten.

Den Ideen eines bürgerlich-demokratischen Staates, in dem alle Bürger die gleichen Rechte und Pflichten haben sollten, war Jean-Jacques Rousseau (1712–1778) verbunden. In seinem pädagogischen Hauptwerk »Émile« (1762) entwickelte er jene Gedanken, die später auch Pestalozzi und Fröbel beeinflußt haben. Wichtigstes Erziehungsziel ist für Rousseau der Bürger, der an den öffentlichen Angelegenheiten des demokratischen Staates teilnimmt. Damit der Zögling nicht durch die vorherrschende feudal-absolutistische Lebensweise verdorben würde, sollte er von seiner Umgebung isoliert aufwachsen. Die Erziehung beginnt nach der Auffassung Rousseaus mit der Geburt, und das Kind bilde sich vermittels von Erfahrungen ein Urteil über seine Umwelt, noch ehe eine Belehrung erfolgt. Rousseau hebt die Notwendigkeit einer gemeinschaftlichen Erziehung aller Kinder hervor. Sie sollte eine öffentliche Angelegenheit sein, da dies dem demokratischen Grundsatz der Gleichheit aller Bürger förderlich wäre. Es muß betont werden, daß Rousseau dem Kind das Recht auf das Spiel, in dem er einen Naturtrieb wirken sieht, ausdrücklich zubilligt und die Menschlichkeit einer Gesellschaft daran mißt, ob sie das Kind Kind sein läßt. Die pädagogischen Schriften Rousseaus enthalten – jedenfalls soweit sie sich auf die Erziehung des Kleinkindes beziehen – Gedanken und Konzepte zur familiären Erziehung. Allerdings wird bereits bei ihm der Gedanke betont, daß Erziehung eine Aufgabe des Staates sei und daß man sie nicht allein der Familie überlassen solle.

Im Gegensatz zu früheren Epochen lagen am Ende des 18. Jahrhunderts detaillierte Kenntnisse und Beobachtungen über die kindliche Entwicklung in den ersten Lebensjahren vor, und die grundsätzliche Bedeutung, die der Erziehung in der früheren Kindheit zukommt, wurde anerkannt. Daraus wurde die Notwendigkeit einer absichtsvollen (intentionalen) Erziehung abgeleitet.

Zur gesellschaftlichen Funktion vorschulischer Einrichtungen

Fragen wir uns, welche gesellschaftlichen Bedingungen zu Beginn des 19. Jahrhunderts zur Gründung der ersten Kleinkinderschulen und Kleinkinderbewahranstalten führten, so lassen sich drei Voraussetzungen nennen:

- Veränderte Produktionsformen bedingten die Gründung und die Ausbreitung der Manufakturen, was eine Trennung von Familie und Produktionsstätte zur Folge hatte. Damit verlor die Familie eine wichtige erzieherische Funktion, denn die heranwachsenden Kinder konnten nun nicht mehr durch Nachahmung des beruflichen Handelns ihrer Angehörigen bruchlos in die Berufsrolle hineinwachsen.
- Die Entstehung der Klasse des besitzlosen Proletariats mit Frau-

en- und Kinderarbeit brachte eine Verschlechterung der allgemeinen Lebensbedingungen, und hieraus folgten eine hohe Kindersterblichkeit, ein Absinken des Bildungsniveaus und die Gefährdung der psychischen und physischen Entwicklung der Kinder und Jugendlichen.
– In der geistesgeschichtlichen Bewegung der Aufklärung wurde das Bürgertum selbstbewußter und beanspruchte politische Mitbestimmung im Staat.

Aus diesen hier skizzierten gesellschaftlichen und geistesgeschichtlichen Voraussetzungen lassen sich die zwei Funktionen ableiten, die die öffentlichen Einrichtungen für Vorschulkinder haben sollten:

– Sie sollten zum einen für die Kinder der unteren Schichten ausfallende Erziehungsaufgaben der Familien wahrnehmen, und
– sie sollten zum anderen einen allgemeinen Bildungs- und Erziehungsauftrag erfüllen, der den neuen Bedürfnissen des sich von der Vorherrschaft des Adels emanzipierenden Bürgertums entsprach.

Wenn auch beide Aspekte nicht strikt voneinander zu trennen sind, weil sie in einem interdependenten Verhältnis zueinander stehen, so läßt sich an der geschichtlichen Entwicklung der Kleinkindpädagogik zeigen, daß sich je spezifische Einrichtungen für die Kinder aus unteren Schichten mit sozialfürsorgerischer Absicht und für die Kinder des gebildeten Bürgertums und des aufgeklärten Adels vornehmlich mit erzieherischer Zielsetzung bildeten.

Kleinkinderschulen

Eine bedeutende Einrichtung für Kleinkinder wurde von Pastor Johann Friedrich Oberlin im letzten Drittel des 18. Jahrhunderts in den Gemeinden des Steintals (Elsaß) ins Leben gerufen. Man nannte sie »Strickstube« oder »Wohnstube für Stricken«. In den »Strickstuben«, die sowohl von Kindern im Vorschulalter als auch von

Schulkindern besucht wurden, erstreckte sich die Erziehung der Kinder auf den Unterricht in französischer Sprache, auf das Bekanntmachen mit den Dingen der Umwelt, auf Heimatkunde, auf die Unterweisung im Stricken und auf die körperliche Ausbildung (vgl. Krecker 1971). Oberlins Strickschulen hatten einen eindeutig pädagogischen Charakter; sie waren nicht aus sozialfürsorgerischen Motiven entstanden. Die allgemeine politische Ursache für eine gesellschaftliche Kleinkinderziehung lag in Frankreich darin, daß die Bestrebungen nach einem Nationalstaat durch den Unterricht in der französischen Hochsprache anstelle der Dialekte unterstützt wurden. Die Strickstuben sollten in erster Linie einen Bildungsauftrag erfüllen und sind insofern als Vorläufer des von Fröbel fast siebzig Jahre später gegründeten Kindergartens anzusehen.

Die sprunghafte Entwicklung der Industrie bewirkte einschneidende Veränderungen im sozialen Gefüge der Staaten. Durch die Aufhebung der Frondienste auf dem Lande wurden Arbeitskräfte freigesetzt, die in die Städte zogen, um sich als lohnabhängige Arbeiter zu verdingen; sie bildeten die neue Klasse des besitzlosen Proletariats. Der ökonomisch-technische Fortschritt führte dazu, daß die ehemals komplexen Arbeitsvorgänge so weitgehend in einfache Tätigkeiten zerlegt wurden, daß sie auch von Frauen und Kindern ausgeführt werden konnten. Die Verelendung des Proletariats durch uneingeschränkte Ausbeutung, die zunehmende Frauenerwerbstätigkeit und Kinderarbeit führten dazu, daß die physische Reproduktion des Proletariats bedroht war. Der allgemein schlechte gesundheitliche Zustand der Kinder, die hohe Säuglingssterblichkeit und die Verwahrlosung der Kinder provozierten zunächst in England, später auch in Deutschland, sozialfürsorgerische Maßnahmen.

Am bekanntesten waren die »Infant Schools« des utopischen Sozialisten Robert Owen (1771–1858), die ein Teil seiner sozialreformerischen Maßnahmen waren. Owen war in jungen Jahren bereits Helfer des Lehrers in seiner Heimatstadt Newton (Wales). Innerhalb kurzer Zeit hatte er sich zum kapitalistischen Unternehmer emporgearbeitet und leitete bereits mit zwanzig Jahren eine Feinbaumwollspinnerei mit 500 Arbeitern. 1800 übernahm er in New Lanark (Schottland) eine Fabrik, aus der er durch sozialreformerische Maßnahmen eine Musterfabrik machte, die nicht nur hohe Gewinne abwarf, sondern in der die Arbeiter unter menschenwürdigen Bedingungen lebten und arbeiteten. 1809 gründete er dort eine »Infant School«, in die die Kinder der Fabrikarbeiter im Alter von zwei bis sechs Jahren aufgenommen wurden. Danach besuchten sie bis zum zehnten Jahr die Normalschule. Folgende Überlegungen veranlaßten Owen, eine Kleinkinderschule zu gründen:

»Das Kind wird der falschen Behandlung seiner noch nicht erzogenen und ungebildeten Eltern entzogen, soweit dies gegenwärtig möglich ist. Die Eltern werden vor dem Zeitverlust bewahrt, und es werden ihnen Angst und Sorge genommen, die jetzt daraus entstehen, daß sie die Kinder von der Zeit des Laufenlernens bis zum Schulanfang beaufsichtigen müssen. Das Kind wird an einem sicheren Ort untergebracht, wo es sich zusammen mit seinen künftigen Schulkameraden die besten Gewohnheiten und Prinzipien erwirbt, während es zu den Mahlzeiten und zum Schlafen in die Obhut der Eltern zurückkehrt, wobei durch die zeitweilige Trennung die gegenseitige Zuneigung wahrscheinlich stärker werden dürfte« (zit. nach Barow-Bernstorff 1969, 208).

Neben Spiel, Tanz und Gesang gehörten auch Vorformen der körperlich-militärischen Übungen und Unterricht in Geographie und Naturkunde zur Erziehung in der »Infant School«. Owen vertrat die Auffassung, daß man den Eltern nicht die Erziehung der Kinder überlassen dürfe, da sie nur unzureichende Kenntnisse von einer richtigen Erziehung hätten und ihren Kindern auch nicht die materiellen Voraussetzungen dafür geben könnten; daher sollte die Erziehung des Kleinkindes eine allgemeine gesellschaftliche Aufgabe sein.

In der »Infant-School« sollten die Kinder ohne Strafen und ohne Furcht vor Strafen erzogen werden. Durch die anregende Ausgestaltung der Räume sollten die Kinder »durch Anschauung zur Fragestellung gebracht werden« (zit. nach Krecker 1971, 204). Neben Spiel, Gesang und Tanz gehörten auch Vorformen der körperlich-militärischen Übungen und Unterricht in Geographie und Naturkunde zum Lehrplan. Owen erkannte aber, daß die wahre Ursache für die elende Lage des Proletariats in den Eigentumsverhältnissen lag, und er entwarf Pläne für eine genossenschaftliche Organisation menschlichen Zusammenlebens. Diese realisierte er durch die

Gründung der Siedlung New Harmony in Nordamerika (1825). In dieser Siedlung entsprach der kollektiven Wirtschaftsform auch die kollektive Lebensform, in der die Kinder in Gemeinschaftseinrichtungen erzogen wurden. Die Ansätze der sozialistischen Erziehung Owens sind für die Entwicklung der Kleindkindpädagogik weitgehend ohne Einfluß geblieben, während die aus christlichem Glauben entstandenen Konzepte dominierten.

Kleinkinderbewahranstalten

Auf die Entwicklung der Kleinkinderbewahranstalten in Deutschland hatte Samuel Wilderspan (1792–1866), Leiter der Zentral-Kinderschule in London, besonderen Einfluß, da sein Buch über die frühzeitige Erziehung der Kinder der Armen bereits 1826 in deutscher Sprache erschien. Kleinkinderbewahranstalten erfüllen nach Wilderspan vorrangig drei Funktionen: 1. Sie dienen der Verbrechensverhütung, indem sie der Verwahrlosung vorbeugen; 2. sie fördern den Schulbesuch älterer Kinder, die nicht mehr der Schule ferngehalten werden, weil sie auf jüngere Geschwister aufpassen müssen, und 3. bilden sie den Anfang einer christlichen Erziehung. Mit etwa 120 Kindern pro Erzieher war in den Kleinkinderbewahranstalten nur eine Massenerziehung möglich, für die besondere organisatorische Maßnahmen getroffen wurden. Wilderspan arbeitete mit einem Helfersystem, bei dem eine Gruppe von Kindern von einem älteren Kind angeleitet wurde. Auf dem Lehrplan stand in erster Linie biblische Geschichte. Daneben lehrte man Naturgeschichte, die Zeitfolge der Könige von England, Lesen, Sprachlehre und Rechnen.

Zu Beginn des 19. Jahrhunderts blühten christlich-schwärmerische Vereine überall in Deutschland auf; man nannte daher diese Epoche auch die »Erweckerzeit«. Diese bürgerlichen Vereine widmeten sich sozialen Aufgaben, insbesondere auch der Armenpflege. Sie handelten aus christlichem Geist und verstanden ihre sozialen Aktivitäten als christliche »Liebestätigkeit«, wenn sie auch mit der offiziellen Kirche nichts zu tun haben mochten, deren erstarrte Formen sie ablehnten. Frauen traten in diesen Vereinen nicht öffentlich hervor, ihnen billigte man nur zu, im Stillen Gutes zu tun. Während des Krieges von 1813/14 gegen Frankreich wurden auch Frauen von der allgemeinen Kriegsbegeisterung erfaßt und gründeten Frauenvereine, die es sich zur Aufgabe machten, für die Ausrüstung der Krieger, für die Verwundeten und für die hinterbliebenen Frauen und Kinder zu sorgen. In den Notjahren nach dem Krieg blieben viele Frauenvereine bestehen und engagierten sich für andere soziale Aufgaben. Von diesen Vereinen wurden u.a. auch Kleinkinderbewahranstalten gegründet.

Die offizielle Kirche verhielt sich der »Liebestätigkeit« der »erweckten Kreise« gegenüber gleichgültig, teilweise sogar ablehnend. In der evangelischen Kirchengemeinde standen die Frauen zumeist am Rande, und noch im 18. Jahrhundert gab es in Deutschland kaum Diakonissen. Erst im 19. Jahrhundert kam der Gedanke auf, Frauen mehr als bis dahin an Aufgaben in der Gemeinde zu beteiligen. In Kaiserswerth gründete der evangelische Pfarrer Theodor Fliedner eine Diakonissenanstalt. Die von ihm ausgebildeten Diakonissen übernahmen als Leiterinnen zahlreiche Kleinkinderbewahranstalten in Rheinland und in Westfalen. So beeinflußte Fliedners pädagogische Konzeption zahlreiche Kleinkinderschulen.

Diakonissen-Mutterhaus und Hospital in Kaiserswerth am Rhein.
Lithographie von J.B. Sonderland um 1840.

Fliedner veröffentlichte ein Programm über die Tagesgestaltung in der Kleinkinderschule, aus dem hervorgeht, daß der Tagesablauf stundenplanmäßig gegliedert war; schulmäßige Übungen und intensive religiöse Unterweisungen waren ein Charakteristikum dieser Einrichtungen. Die körperlichen Übungen nahmen auf die Bedürfnisse des Kleinkindes keine Rücksicht, sie dienten vor allem der Disziplinierung. Über die Methode der Erziehung und des Unterrichts schrieb Fliedner: »*Kein Beschäftigungsgegenstand dauert länger als eine viertel Stunde, und zwischen jedem neuen Gegenstande findet, wie bemerkt, ein kurzes Singen statt, was den Kindern Erholung ist ... Der pünktliche Gehorsam und der Ordnungssinn wird bei den Kindern auch noch auf andere Art zu fördern gesucht. Wenn sie z.B. die Schiefertafeln gebrauchen sollen, müssen sich alle in eine Reihe stellen, und eins der größeren Kinder reicht ihnen die Tafeln, ein anderes die Griffel, ein drittes die Lineale. Sind sie fertig mit der Tafel, so müssen sie aufstehen, die Tafel auf einen Stuhl, die Griffel und Lineale auf einen anderen in der Mitte der Stube tragen, und in derselben Ordnung, wie sie gekommen um die Stühle herum auf ihre Plätze zurückgehen ... Die kleinen, zum Fördern der Ordnung aus den Kindern gewählten Aufseher und Aufseherinnen verrichten ihr Ehrenamt mit über-*

Spiele im Freien. Kindergarten des Diakonissen-Mutterhauses in Kaiserswerth am Rhein um 1840. Lithographie von J.B. Sonderland.

raschendem Ernst, Pünktlichkeit und hilfreicher Liebe« (Fliedner [1842] 1971, 141).

Außer den Kleinkinderbewahranstalten für die Kinder der Proletarier gab es für die höheren Stände die Kleinkinderschulen. Julius Fölsing (1818–1882), Gründer und Leiter von Kleinkinderschulen, beschrieb die unterschiedliche Funktion und Gestaltung von Kleinkinderschulen für die Kinder des Bürgertums und für die Kinder der Proletarier. Dabei ging er von der unterschiedlichen sozialen Lage der Kinder aus. Durch die Erwerbstätigkeit der Mütter waren die Kinder seelisch und körperlich vernachlässigt, und Fölsing skizzierte, welche Folgen für die Gesellschaft daraus entstehen würden.

»Durch Kleinkinderschulen können wir nun zwar der Armut, sofern sie in der Überbevölkerung und Arbeitslosigkeit ihren Grund findet, direkt nicht entgegenwirken. Aber der Roheit, dem Leichtsinn, der Unmenschlichkeit, den Lastern und Verbrechen können wir entgegenwirken – und zwar durch ein einziges Mittel: durch eine bessere Erziehung von unten auf« (Fölsing [1846], 1971, 150).

Fölsings Konzeption enthält eine nach den sozialen Klassen getrennte Erziehung. In den Bewahranstalten geht es auch später vor allem darum, die Proletarierkinder vor der Verwahrlosung zu bewahren, erst in zweiter Linie geht es um eine pädagogische Förderung. Für die Kinder des Bürgertums sind Kleinkinderschulen familienergänzende Einrichtungen, die von den Kindern vormittags und nachmittags je zwei Stunden besucht werden sollten, damit ihre Entwicklung gezielt unterstützt wird:

»Die Kinder armer Eltern, die durch ihre Beschäftigung verhindert sind, ihren Kindern die gehörige Sorgfalt zu widmen, werden entweder den ganzen Tag, oder doch wenigstens den größten Teil desselben in die Anstalten aufgenommen und vor Schäden bewahrt … In die Bewahranstalten werden Kinder von dem ersten und zweiten Lebensjahre an aufgenommen; in die Anstalten wohlhabender Eltern dagegen sollen die Kinder erst dann aufgenommen werden, wenn sie schon hinreichend körperlich erstarkt sind, also gewiß nicht vor dem dritten Lebensjahre … Es ist Bedürfnis, die armen Kinder vor allen Dingen von der Straße wegzuschaffen und sie aufzunehmen, um den Körper und

Anmeldung zum Kindergarten. Nach einem Ölgemälde von R.S. Zimmermann. Leipziger Volkszeitung 1884.

Geist vor nachteiligen Einwirkungen zu schützen; aber dazu ist keine Nötigung für Kinder aus höheren Ständen vorhanden ... Ihre Kleinen sollen aber ... etwas geregelter, ernsthafter als zu Hause ... unterhalten, beschäftigt und belehrt werden, um eben hierdurch einen zweckmäßigeren Übergang von der Familie zur Lernschule herzustellen. Es versteht sich von selbst, daß auch die Kinder armer Eltern zweckmäßig belehrt werden sollen, um sie für die eigentliche Schule reif zu machen, ohne förmlich zu unterrichten« (Uhlhorn, 1895^2, 744).

1843 gründete Fölsing eine »Kleinkinderschule für die höheren Stände«, die sich in ihrer Zielsetzung von Kleinkinderschulen für die unteren Stände deutlich unterschied: Es war das Ziel »Körper und Geist der Kinder ... auf eine dem kindlichen Wesen entsprechende, gleichsam spielende Weise, jedoch planmäßig zu entwickeln, sowie auch besonders ihren Thätigkeitstrieb, den Sinn für Ordnung und Wohlanständigkeit zu wecken und zu pflegen« (Fölsing, zit. nach Krecker 1971,153). Im Gegensatz zu Fliedner, der dem Spiel kaum einen eignen Wert zugestand, sondern es auf die Funktion reduzierte, die Pausen zwischen den einzelnen Unterrichtsabschnitten zu füllen, hatte das Spiel in dem von Fölsing entworfenen Programm für die Bildung und Erziehung vier- bis siebenjähriger Kinder in den Kleinkinderschulen weitaus größere Bedeutung. Die Spiele seien wichtiger als Spaziergänge oder Körperübungen, weil sie »unbemerkt zur körperlichen und geistigen Entwicklung, zum Frohsinne, zur Freude, zur Zufriedenheit hinfuhren« (Fölsing, zit. nach Krecker 1971, 154). Dabei förderte er nicht nur das gelenkte Spiel, sondern maß dem »Fürsichspielen« – wir würden heute sagen dem Freispiel – große Bedeutung zu. Des weiteren sollten die Kinder durch Übungen im Anschauen, Denken und Sprechen gezielt gefördert werden.

Fölsing, der auch eine Ausbildungsstätte gründete, bewahrte sich eine eigenständige Position, indem er sich von Fliedner und auch von Fröbel abgrenzte, dessen pädagogischem Ansatz er jedoch nahestand (vgl. Reyer 1983, 242).

Die Kleinkinderbewahranstalten breiteten sich rasch aus. So gab es z.B. 1845 in Berlin 29 Anstalten mit 3635 Kindern im Alter von zwei bis sechs Jahren. Zahlreiche Einrichtungen verdanken ihre Entstehung der Frauenbewegung und der Initiative einzelner Frauen. Erste pädagogische und soziale Erfahrungen sammelte Lily Braun (1865–1916) in einem von der Großmutter gegründeten Kinderhort:

»Sie (die Großmutter) hatte einen Kinderhort ins Leben gerufen, wo die noch nicht schulpflichtigen Kleinen unter Aufsicht einer alten Frau aus dem Dorf spielten und in die ersten Begriffe der Reinlichkeit eingeweiht wurden. Großmama brachte täglich ein paar Stunden unter ihnen zu und saß, wie eine Erscheinung aus andrer Welt in ihrem schwarzen Samtkleid auf erhöhtem Sitz, mit den feinen Fingern Papierpuppen ausschneidend, während sie den Flachsköpfen, die sie dicht umdrängten, Märchen erzählte. Dazwischen flocht sie manchem Ruschelkopf die Zöpfe, oder putzte ein triefendes Näslein, oder wusch ein paar gar zu schmutzige Pfötchen. Was sie mit freundlichem Gleichmut tat, das kostete mir viel Selbstüberwindung. Diese Kinder straften die beruhigend-sentimentale Auffassung von der blühenden ländlichen Jugend Lügen. Nur wenige waren rund und pausbäckig

und körperlich fehlerlos. Die meisten wackelten mühsam auf krummen Beinchen daher, an Ausschlägen an Kopf und Körper, an triefenden Augen litten viele, selbst Krüppel fehlten nicht, und mit Schmutz und Ungeziefer waren fast alle behaftet. Manche unter ihnen stierten mit verblödeten Blicken ins Leere, oder saßen stundenlang auf demselben Fleck, wie lebensmüde Greise. Andere, laute und lärmende, führten Worte im Mund, deren Sinn, den ich erst allmählich erriet, mir die Schamröte in die Wangen trieb. Ob es ihnen wirklich etwas nutzen konnte, daß sie hier während ein paar Kinderjahren vom inneren und äußeren Schmutz ein wenig gereinigt wurden?! dachte ich bei mir ... ›Und wenn wir nichts weiter erreichen, als ihnen ein paar fröhliche Stunden schaffen und für ihr ganzes späteres Leben die wohlige Erinnerung an etwas Sonnenschein – so ist das genug‹, sagte Großmama« (Braun 1909, 309f.).

Nach und nach ersetzte die organisierte Liebestätigkeit der Diakonissen die bürgerlichen Vereine. Um die Mitte des 19. Jahrhunderts konstituierte sich die Innere Mission, die zu einer Zentralisierung der »erweckten Kreise« beitrug. Im ausgehenden 19. Jahrhundert gab es dann etwa 2000 von Diakonissen geführte Kleinkinderbewahranstalten. In ähnlicher Weise wandten sich auch die katholischen Orden der Kleinkinderziehung zu, so daß insgesamt die Mehrzahl der Einrichtungen von Organisationen der beiden Kirchen getragen wurden.

II
Der Fröbelsche Kindergarten

Fröbels Pädagogik

Friedrich Fröbel (1782–1852)

In den Kleinkinderschulen und Kleinkinderbewahranstalten sehen wir Vorläufer jener von Friedrich Fröbel (1782–1852) gegründeten Erziehungseinrichtungen für drei- bis sechsjährige Kinder, die sich von den bis dahin bekannten Kleinkinderschulen und Kleinkinderbewahranstalten in jeder Hinsicht unterschieden. Da zur Ausstattung dieser Einrichtungen auch ein Garten gehörte, gab Fröbel ihnen den Namen *Kindergarten*. Zwei Aspekte der Fröbelschen Pädagogik waren von besonderer Bedeutung: 1. Fröbels Auffassung von der seelisch-geistigen Entwicklung in der frühen Kindheit und 2. seine Theorie des Spiels sowie die von ihm entwickelten »Spielgaben«.

Im Gegensatz zu den religiös begründeten Kleinkinderbewahranstalten ging Fröbel in entschiedener Ablehnung der Erbsünde davon aus, daß der Mensch von Geburt an gut sei. Fröbels Pädagogik entstand vielmehr aus der geistigen Bewegung der Romantik und des Idealismus. Für ihn stellte sich die Welt als sinnvolles Ganzes dar, und die Aufgabe der Erziehung sei es, den Menschen zum Einklang und zur Harmonie mit der Welt zu führen, zur »Lebenseinigung«. Der Begriff der Lebenseinigung umfaßt die Beziehung zwischen dem Individuum, Gott, der Natur und der Gesellschaft. Dieses harmonisierende Weltbild hindert ihn daran, die gesellschaftlichen Widersprüche seiner Zeit zu erkennen und in seinen pädagogischen Ansatz einzubeziehen. Fröbel maß der Frühpädagogik sowie einer guten Mutter-Kind-Beziehung entscheidende Bedeutung für die gesamte Entwicklung des Menschen bei. Bereits im frühesten Alter sollten die Kinder durch spielerische Übungen mit der Mutter im kognitiven, emotionalen und motorischen Bereich gefördert werden. Ziel der Erziehung war ihm die Freiheit und Selbstbestimmung des Menschen, und daher sollten auch einengende Vorschriften und Strafen aus der Erziehung verbannt werden. Im Mittelpunkt seiner Pädagogik stand die Beachtung und Förderung des kindlichen Spiels, denn er hatte beobachtet, daß die Fähigkeit zum Spiel eine notwendige Voraussetzung für die spätere Entwicklung zu einem ausgeglichenen und arbeitsfähigen Menschen war.

Friedrich Fröbel war erst ein dreiviertel Jahr alt, als seine Mutter starb. In den ersten drei Lebensjahren wurde er vor allem vom Hauspersonal erzogen. Als sich sein Vater wieder verheiratete, war Friedrich Fröbel etwa drei Jahre alt. Die Stiefmutter konnte ihm die Mutter nicht ersetzen, und noch als Erwachsener klagte Fröbel, daß sie sich ihm nicht warmherzig und mütterlich zugewandt habe. Aus dem Mangel an mütterlicher Zuwendung, der – wie er selbst schrieb – seine Kindheit verdüsterte, so daß er als ein verschlossener Knabe galt, schöpfte er die Erkenntnis, daß zum einen die Kindheit von Bedeutung für die gesamte Entwicklung ist und daß zum anderen die Erziehung der Menschheit mit der Erziehung der Mütter beginnen müsse. »Denn leider überwindet der Mensch oft kaum durch sein Leben das in der Kindheit Eingesaugte, eben weil sein ganzes Wesen wie ein großes Auge geöffnet, ihnen hin- und preisgegeben war« (Fröbel [1826] 1951, 22). Die Menschen, die das Kind umgeben, sollten in ihm Vertrauen wecken, damit es eine positive Lebenseinstellung entwickeln kann. Es liegt nahe, hier an den von Erikson entwickelten Begriff des »Urvertrauens« zu denken (Erikson 1961).

Für Fröbel beginnt die Erziehung des Kindes mit seiner Geburt. Er erkannte frühzeitig die Bedeutung des Stillens und des ersten Lächelns, von dem wir durch die Forschungen von René Spitz heute wissen, daß es das Zeichen einer ersten geglückten Objektbeziehung ist. Es »entwickelt sich in dem Kind das Gemeingefühl, daher sein Lächeln, sein Wohlbefinden ... es ist dies das Beginnen des Selbstbewußtwerdens des Kindes« (Fröbel [1826] 1951, 20).

In der ersten Erziehung des Kindes bezeichnen Ruhe, Lust und Lächeln die Lebensentwicklung und »Lebenserhöhung« (Fröbel), und die Erziehung sollte im wesentlichen Pflege und Herstellung dieser positiven Gefühle sein. Unruhe, Weinen und Schmerz stünden der Entwicklung des Säuglings entgegen. »Es muß bestrebt und sich bemüht werden, den Grund, die Gründe davon aufzufinden und sie zu entfernen« (Fröbel [1826] 1951, 21). Jedoch darf diese Einstellung nicht mit der Verwöhnung verwechselt werden, daher gab Fröbel den Eltern folgenden Rat:

»Haben also Eltern und Umgebung in sich die feste und sichere Überzeugung daß dem weinenden unruhigen Kinde das gereicht worden, was ihm jetzt Bedürfnis sein kann: so können nicht allein, ja so sollen Eltern und Umgebung das weinende, unruhige, ja schreiende Kind ruhig und still sich selbst überlassen, ruhig ihm Zeit geben, sich selbst zu finden« (ebd., 21).

In seinen frühen Schriften skizzierte Fröbel noch recht allgemein die Bedeutung der frühen Kindheit. Wie auch Pestalozzi, in dessen Erziehungsanstalt in Ifferten er zwei Jahre verbracht hatte, erkannte er, daß in der frühen Kindheit die charakterliche und geistige Entwicklung vorbereitet werden muß. Fröbel verfaßte in seinen späteren Jahren ein Familienbuch, das die Mutter bei der Pflege und Erziehung des Säuglings und des Kleinkindes leiten sollte.

Die »Mutter- und Koselieder« (1844) sind eine Sammlung volkstümlicher Reime und Spiellieder, die von Fröbel mit umständlichen Erklärungen versehen wurden. Er folgte damit einer literarischen Strömung seiner Zeit, der Spätromantik, in der Volksmärchen und Volkslieder gesammelt wurden. Fröbel verfolgte aber mit diesen Liedern keine ästhetische oder philologische Absicht, sondern es ging ihm darum, an die »instinktive Erziehung« (Fröbel) der Mutter anzuknüpfen und ihr die Bedeutung ihrer zufälligen und spontanen Spiele mit dem Kind bewußt zu machen. Erika Hoffmann hat in ihre Auswahl der Schriften Fröbels drei Spiellieder aufgenommen, um »auf das schwer lesbare Buch aufmerksam zu machen und es vor dem Vergessenwerden zu bewahren« (Hoffmann 1951, Bd. 1, 10). Die Reime und Lieder dienten der »kosenden und spielenden Beschäftigung mit ganz kleinen Kindern, welche noch nicht sprechen, noch nicht stehen und noch weniger laufen können, wenigstens eben erst im Begriff sind, ihre Anlagen und Fähigkeiten zu entwickeln« (Fröbel [1844] 1919, 11). Fröbel wollte von den unbewußten Verhaltensweisen der Mutter und den emotionalen Beziehungen zwischen Mutter und Kind ausgehen und sie mit der bewußten Erziehung verbinden. Er deutete die Äußerungen des Kindes und zeigte, wie man in der Erziehung darauf eingeht:

»So spielt das Kind zunächst mit und durch sich selbst wo ihm seine eigenen Glieder; Ärmchen, Händchen, Finger, Füßchen, Fußzehen, selbst sogar die Zunge Spielstoff und Darstellungsmaterial sind. Die vom Kindesleben selbst und ganz unmittelbar, ich möchte sagen, unzertrennlich und natürlich gegebene Sinnen- und Gliedertätigkeit muß also auch schon pflegend und beachtend erfaßt, ja für den Gebrauch und die Anwendung des Balles, der Kugel und des Würfels aus- und vorgebildet werden« (Fröbel [1840–51] 1929, 85).

Dieses wäre auch schon hier und da zu finden, »allein es war nicht im Bewußtsein festgehalten und durch das Erkennen seines Zweckes geläutert worden« (Fröbel ebd.).

Die Koselieder enthalten Belehrungen für die Mutter, wie sie mit ihrem Kind spielen könnte, um die Sinne des Kindes zu wecken und zu entwickeln. Fröbel empfiehlt den Müttern, auf spielerische

Weise die Körperkräfte des Kindes zu üben und zu stärken. Seine Körperspiele sollen die motorische Entwicklung des Kindes fördern und unterstützen. Als Beispiel für eine Reihe solcher Übungen mag folgendes Spiellied dienen: »Bautz, da fällt mein Kindchen nieder! Körperspiel, zur Stärkung des ganzen Körpers« (Fröbel [1844] 1919, 8). Für die Mutter gab er eine genaue Anleitung, wie sie dabei mit dem Kind zu spielen habe: »Das Kindchen liegt schon auf dem Kissen oder der dicken Steppdecke vor Dir; Du erfassest seine beiden Händchen oder Ärmchen und erhebest sanft des Kindes Oberkörper so, daß es selbst in sitzender Stellung bleibt. Nun läßt Du Händchen und Arme des Kindes Deinen Händen wieder sanft entgleiten und es abermals auf sein Bettchen niederfallen, doch so, daß es davon wirklich eine gelinde Erschütterung empfinde« (ebd., 62).

Die weiteren Ausführungen sind typisch romantische Vergleiche, in der einzelne Erscheinungen als Symbole für das Lebensganze gedeutet werden. Der erste Teil des Spielliedes richtet sich an die Mutter mit einer Belehrung:

»In jedem, was die Mutter thut,
Ein hoher Sinn stets wirkend ruht;
Selbst wenn sie ›Bautz-fall-nieder‹ spielet,
Ihr Sinn ein höh'res Ziel erzielet.
So stets in allem was sie schafft:
Nur stärken will sie Geist und Kraft,
daß wenn ihr Kindchen einst auch gleite,
Es sorgsam auch das Fallen meide« (ebd., 8).

Die Mutter wurde in romantischer Verklärung gesehen, und die Wirkung der Lieder damals ist nur schwer nachzuvollziehen, jedoch hat dieses Buch in mehrfachen Ausgaben weite Verbreitung gefunden. Die Untertitel der Lieder belegen, daß Fröbel eine übende Absicht mit den Spielen verfolgte. In seinen Spielliedern sollten folgende Bereiche geübt werden: Übungen für das Handgelenk, für die Armbewegungen, für den ganzen Körper … In der folgenden Stufe gibt es Spiellieder, in denen die einzelnen Übungen zusammengefaßt werden.

Vergegenwärtigt man sich nun, daß sich im vorschulischen Alter die Motorik des Kindes von der Grobmotorik zur Feinmotorik entwickeln muß, damit das Kind beispielsweise befähigt wird, Schreiben zu lernen, so hatte Fröbel bereits hier die Übungen gezeigt, mit deren Hilfe diese Fähigkeiten des Kindes gefördert werden können. Mit anderen Übungen sollten die Sinne (Geschmack, Hören, Wahrnehmung) entwickelt werden. Zusammenfassend nannte Fröbel den Zweck der Koselieder, daß sie zunächst der Mutter und den weiteren Mitgliedern der Familie das Wesen des Kindes sowie die Bedeutung, die das Kind für sie habe, bewußt machen sollten. Dem Kind sollten sie dabei helfen, sich selbst wahrzunehmen und die Gegenstände und Personen seiner Umgebung sowie die Beziehungen zu ihnen zu strukturieren. An dritter Stelle stand für Fröbel die »Freimachung der Sprech-, Sinnen- und Gliederwerkzeuge« (Fröbel 1944, 30).

Charakteristika der Koselieder sind einerseits die romantische Überhöhung der Gestalt der Mutter, andererseits blumige Vergleiche und Symbole für das Kind. Die Koselieder sollten zeigen, daß in den spontanen Spielen der Mutter mit dem Kind Übungen enthalten waren, die – bewußt angewandt – die Entwicklung des Kindes positiv beeinflussen sollten. Zugleich hatten die Lieder die Absicht, die emotionale Beziehung zwischen Mutter und Kind zu festigen.

Man mißversteht Fröbels pädagogische Konzeption, wenn man annimmt, er wollte sich auf das Beschützen und Bewahren der Kindheit beschränken. Allerdings sind die Übungen so in Spielformen eingekleidet, daß der systematische und geplante Aufbau nicht leicht zu erkennen ist. Fröbel stellte die These auf, daß bereits in frühester Kindheit Lernprozesse möglich sind, ja daß das Lernen im kognitiven, emotionalen und motorischen Bereich systematisch gefördert werden könnte. Jedoch konnte Fröbel den wissenschaftlichen Beweis seiner These nicht antreten. Sie ist erst etwa 100 Jahre später durch die Sozialisationsforschung belegt worden.

Fröbels Beobachtungen zur Psychologie des Kindes veranlaßten ihn, zwischen dem Verhalten eines Kindes und seinen inneren Antrieben zu unterscheiden. Bravheit und was wir heute mit angepaßtem Verhalten bezeichnen, ließen nicht ohne weiteres darauf schließen, daß das Kind auch in seinem Inneren gut wäre. Die Psychoanalyse unterscheidet heute zwischen Triebmeisterung und Triebunterdrückung, und das etwa meinte Fröbel: »Indem das äußerlich gut scheinende Kind oft in sich nicht gut ist, d.h., nicht durch Selbstbestimmung oder aus Liebe, Achtung und Anerkennung das Gute will; so wie das äußerlich rauhe, trotzige, eigenwillige, also nicht gut erscheinende Kind und Knabe, oft in sich das regste, eifrigste Streben nach Darstellung des Guten mit Selbstbestimmung hat« (Fröbel [1826] 1951, 2. Bd., 10).

Fröbel lehnte die kirchliche Lehre von der Erbsünde des Menschen ab und ging in seiner erzieherischen Konzeption von der Annahme aus, daß das Kind gut sei. Der Historiker Hagen schrieb über Fröbels erzieherische Methode: »Sie ist mir deshalb von großer Bedeutung, weil sie daraus ausgeht, den Menschen aus sich selbst heraus sich entwickeln zu lassen und ihn dadurch zum Selbstdenken, zur Selbständigkeit und zum Charakter zu erziehen. Durch dieses Prinzip ... tritt er freilich mit der jetzt eingerissenen Bevorzugung des positiv-christlichen Elementes in der Erziehung in direkten Widerspruch, denn er faßt das Kind – und gerade hierüber hat er die merkwürdigsten Erfahrungen gemacht – nicht, wie die Kirche will, als sündhaft auf, sondern im Gegenteile, er findet in demselben alle Keime der Intelligenz wie des sittlichen Lebens verschlossen und will diese naturgemäß zur Entfaltung bringen« (Fröbel und Hagen [1844–48] 1948).

Die Erziehung soll »leidend, nachgebend (nur behütend und beschützend), nicht vorschreibend, eingreifend und bestimmend sein« (Fröbel [1826], 1951, Bd. 2, 10). (»Leidend« ist hier als abwartendes, beobachtendes Erzieherverhalten zu verstehen, Anmerk. d. Verf.) »Der echte Erzieher und Lehrer muß in jedem Augenblicke, muß in allen seinen Forderungen und Bestimmungen also zugleich doppelendig, doppelseitig sein: gebend und nehmend, vereinend und zerteilend, vorschreibend und nachgehend, fest und beweglich« (ebd., 15). Es liegt nahe, hier an ein Zitat von Freud zu denken, das die Schwierigkeiten der Erziehung, die in der Spanne zwischen Gewähren und Versagen liegt, umreißt: »Die Erziehung muß also hemmen, verbieten, unterdrücken und hat dies auch zu allen Zeiten reichlich besorgt. Aber aus der Analyse haben wir erfahren, daß gerade diese Triebunterdrückung die Gefahr der neurotischen

Erkrankung mit sich bringt ... Die Erziehung hat also ihren Weg zu suchen zwischen der Scylla des Gewährenlassens und der Charybdis des Versagens« (Freud 1969[3], GW XV, 160). Fröbel war, obgleich er einen gänzlich anderen Ausgangspunkt hatte, bereits zu vergleichbaren Anschauungen gelangt. Konsequenterweise verstand er abweichendes Verhalten und Erziehungsschwierigkeiten als Verletzung und Störung des ursprünglichen, gesunden Zustandes. Würde hier die Erziehung ›vorschreibend‹ und ›bestimmend‹ sein, so wäre das Ziel der Erziehung, Freiheit und Selbstbestimmung, gefährdet und würde verlorengehen. Der Zögling sollte in Verhältnisse und in eine Umgebung gebracht werden, in denen er von allen Seiten beachtet werde, wo ihm sein Betragen wie aus einem Spiegel entgegentreten solle und er dasselbe leicht und schnell in seinen Wirkungen erkenne (Fröbel [1826] 1951, Bd. 2, 13). Fröbel suchte der Fehlentwicklung mit therapeutischen Maßnahmen zu begegnen, ganz ähnlich denen, die später Aichhorn (1959) mit Erfolg angewendet hat. Die Ursachen für die sogenannten Unarten kleinerer Kinder sah Fröbel in dem Fehlen von geeigneten Beschäftigungsmöglichkeiten:

»Denn werden die Kinder auf diesem Weg geführt und beschäftigt, so braucht von Belohnungen und Strafen wenig oder gar nicht die Rede zu sein, wie wir denn auch kaum solche zu nennen wissen. Lohn fühlt sich das Kind in seinem Spiel, in seiner Beschäftigung, es findet dadurch einen Grundtrieb befriedigt, was kann es mehr wollen, wenn es darin noch nicht gestört ist? Strafe ist ihm, wenn es von der Gemeinschaft, wo ihm dies möglich wird, entfernt oder für eine Zeit ausgeschlossen werden sollte« (Fröbel 1944, 28).

Die Gründung der ersten Kindergärten

Aus einem von Fröbel geleiteten Spielkreis ging 1840 der erste Kindergarten in Rudolstadt (Thüringen) hervor. Bei der Eröffnung waren 24 Kinder im Alter von 2 bis 5 Jahren mit ihren Müttern sowie einigen Vätern zugegen. Die Kinder kamen zweimal wöchentlich für zwei Stunden zum Spielen zusammen. Eine Stunde war dem

Bauen und die zweite Stunde den Bewegungsspielen gewidmet. Die soziale Struktur der teilnehmenden Familien entsprach dem gehobenen Mittelstand: je zur Hälfte adlige und bürgerliche Familien, darunter Kaufleute und Fabrikbesitzer.

Fröbel regte die Gründung von Elternvereinen an, die die Initiatoren und Träger der ersten Kindergärten wurden. Bis 1847 gab es sieben Kindergärten: Frankfurt a.M., Homburg v.d.H., Gotha, Annaburg, Quetz, Lünen und Dresden. Außerdem arbeiteten einige Kleinkinderbewahranstalten nach der Fröbelschen Methode, behielten aber ihren alten Namen. Zu diesen gehörten u.a. die Kleinkinderbewahranstalten in Darmstadt, Hildburghausen und Coburg. Die durch Fröbel gegründeten Kindergärten waren eine Einrichtung des aufgeklärten Bürgertums. Nach Fröbel erfüllt der Kindergarten drei Funktionen:

- In ihm werden Kinder im Vorschulalter durch angemessene Beschäftigung und durch Spiele allgemein gefördert und somit für die Schule und die weiteren Lebensstufen vorbereitet.
- Der Kindergarten selbst ist eine Ausbildungsstätte für junge Männer und Frauen, in der sie für Erziehungsaufgaben ausgebildet werden.
- Ferner soll geeignetes Spielmaterial entwickelt und die fachliche Diskussion durch die Herausgabe einer Zeitschrift gefördert werden.

Fröbel sah im Kindergarten die unterste Stufe eines einheitlichen Bildungssystems. Teile der Lehrerschaft unterstützten sein Bemühen um die Durchsetzung des Kindergartens und forderten 1848 die Nationalversammlung auf, in allen Gemeinden die Einrichtung öffentlicher Kindergärten zu empfehlen, denn – so die Begründung – die politische Neugestaltung, welche jedem Staatsbürger politische Rechte einräumt, fordert ein bis in die untersten Schichten gleichmäßig gebildetes Volk. Nach dem Scheitern der Revolution von 1848 verhinderte jedoch das preußische Kindergartenverbot im August 1851 eine weitere Ausbreitung der Kindergärten. Erika Hoffmann, bekannt geworden als Fröbel-Forscherin, interpretierte das Kindergartenverbot: »Nach außen begründete sich das Verbot auf die Verwandtschaft Friedrich Fröbels mit Julius und Karl Fröbel, deren liberalistische Tätigkeit unangenehm aufgefallen war« (Hoffmann 1951, Bd. 1, 179). Karl Fröbel bemühte sich in Hamburg darum, eine Hochschule für Frauen zu gründen. Er veröffentlichte 1851 eine kleine Schrift mit dem Titel »Weibliche Hochschulen und Kindergärten«. An dieser Verbindung hakte das Verbot ein:

Der Garten der Kinder im ersten deutschen Kindergarten.
»*Der Kindergarten ... fordert also notwendig einen Garten und in diesem notwendig Gärten für die Kinder. Dieser Garten der Kinder hat aber außer dem allgemeinen Zwecke das Verhältnis des Besonderen zum Allgemeinen, des Gliedes zum Ganzen, gleichsam des Kindes zur Familie, des Bürgers zur Gemeinde darzustellen, im wesentlichen nicht bloß entwickelnd, erziehend und belehrend über Verhältnisse, sondern auch über Dinge, und hier namentlich über Gewächse und Pflanzen, zu sein. Sind die Kinder viele und der Bodenraum beschränkt, so kann man auch wohl zwei Kindern ein kleineres Stückchen gemeinsam geben. Das Verknüpfen im Kindergarten je zu zwei hat auch sein Gutes, es lehrt Verträglichkeit, und jedes der Kinder wird dann gleichsam um das reicher, was das andere auf seinem Beetchen oder Teile hat*« (Friedrich Fröbel: Die Gärten der Kinder im Kindergarten. Zit. nach: Deutsches Pädagogisches Zentralinstitut 1952, 120).

»Wie aus der Broschüre – weibliche Hochschulen und Kindergärten – von Karl Fröbel erhellt, bilden die Kindergärten einen Teil des Fröbelschen sozialistischen Systems, das auf Heranbilden der Jugend zum Atheismus berechnet ist. Schulen u.s.w., welche nach Fröbels oder ähnlichen Grundsätzen errichtet werden, können deshalb im preußischen Staat nicht geduldet werden« (ebd., 179).

Nach der Interpretation von Erika Hoffmann beruhte dieses Verbot durchaus nicht – wie andere Historiker glaubten – auf einer Verwechslung der Namen. Ursache war vielmehr das erhöhte Interesse der Lehrerschaft für Fröbel. Auch die freien Gemeinden (religiöse Gemeinschaften, die keiner der beiden großen Kirchen angehörten) hatten Beziehungen zu Fröbel aufgenommen und die Einrichtung eines Kindergartens zur Pflicht jeder Gemeinde gemacht. »Diesen Freisinn, diesen vielfachen Nachklang der Volksbewegung von 1848 und das Aufstreben der Lehrerschaft als Stand wollte das Verbot treffen« (Hoffmann 1951, Bd. 1, 180). Louise Otto-Peters beschrieb die Auswirkungen, die das Verbot für die Betroffenen hatte: »Die Kindergärtnerinnen jener Reactionsperiode haben in der Tat ein Märtyrerthum durchgemacht, das dem vieler um ihrer Gesinnung verfolgter Männer jener Zeit vollkommen ebenbürtig ist. Die Kindergärten wurden polizeilich verboten und die Vorsteherinnen derselben sahen sich plötzlich ohne Existenz; auch diejenigen, welche durch Unterricht und Vorträge Kindergärtnerinnen bildeten, mußten aufhören zu lehren und es fehlte nicht an Maßregelungen der mannigfaltigsten Art« (L. Otto-Peters 1866, 99). Fröbel setzte sich gegen das Verbot ohne Erfolg zur Wehr. Erst zehn Jahre später wurde es wieder aufgehoben, was Fröbel selbst nicht mehr erlebte.

Fröbels Spielgaben

Das Spiel ist für Fröbel die höchste Stufe der Kindesentwicklung und das »*reinste, geistigste Erzeugniß des Menschen auf dieser Stufe*«. Im Spiel stellt das Kind seine inneren Regungen und seine Phantasien dar. »*Es gebiert darum Freude, Freiheit, Zufriedenheit, Ruhe in sich und außer sich, Frieden mit der Welt ... Ein Kind, welches tüch-*

tig, selbstthätig still, ausdauernd, ausdauernd bis zur körperlichen Ermüdung spielt, wird gewiß auch ein tüchtiger, stiller, ausdauernder ... Mensch ... Die Spiele dieses Alters sind die Herzblätter des künftigen Lebens; denn der ganze Mensch entwickelt sich und zeigt sich in denselben in seinen feinsten Anlagen« (Hoffmann 1951, Bd.2, 36). Entsprechend dieser hohen Bedeutung, die Fröbel dem Spiel zumaß, war die Förderung des Spiels ein vorrangiges Ziel des Kindergartens.

Neben der Spielpflege wurden die von Fröbel konzipierten und in eigener Fabrikation hergestellten »Spielgaben« wesentlicher Bestandteil der Kindergartenpädagogik. Die Spielgaben sind: 1. ein Kasten mit 6 farbigen Bällen; 2. Kugeln, Würfel, Walze; 3. 6 Baukästen. Die Beschäftigungsmittel sind: Legetäfelchen, Stäbchen, Muscheln u.a. sowie Ausstechen, Ausnähen, Netzzeichnen, Flechten, Falten, Erbsenarbeiten, Modellieren mit Ton.

Für Fröbel war die Mathematik nicht allein Schulung des Verstandes, sondern das Kind sollte durch sie die ersten gesetzmäßigen Zusammenhänge der Natur erfassen. Mit Hilfe der Spielgaben sollte das Kind nicht eigentlich schon Mathematik im Sinne eines Unterrichts betreiben, sondern es sollte selbsttätig im Spiel mathematische Eigenschaften und Beziehungen erfassen. Fröbel ging nicht von flächigen Formen aus wie z.B. Pestalozzi, sondern von einfachen geometrischen Körpern: dem Ball, dem Würfel, der Walze und dem Kegel. An ihnen wurden bestimmte mathematische Eigenschaften deutlich wie z.B. der Punkt, die Linie und die Fläche. In der Anwendung der Beschäftigungsmittel spielte nun für das Kind die Bewegung derselben eine besondere Rolle und machte aus dem Beschäftigungsmittel ein reizvolles Spielzeug: Der Ball dreht sich in alle Richtungen, die Walze kann nur in einer Ebene rollen und ist so der Kugel vergleichbar, jedoch kann man sie wie den Würfel auch aufstellen. Die Spielgaben enthielten nicht nur mathematische Grundgedanken, sondern auch den Spielgedanken, und das Kind machte zusätzliche für seine Entwicklung wichtige Grunderfahrungen. »Von hier aus versteht man den ganzen tiefen Sinn dessen, was Fröbel im Umgang mit der ersten Gabe, dem (an einer Schnur aufgehängten) Ball entwickelt. Es sind die einfachen

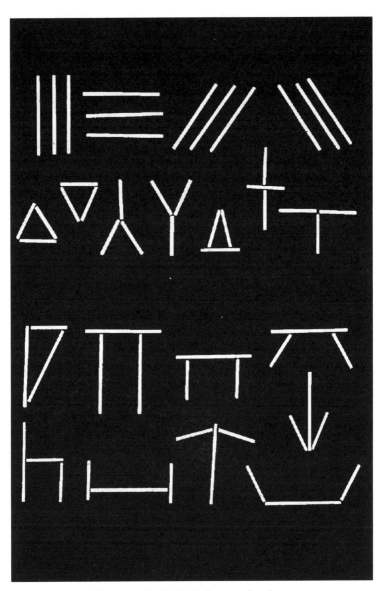

Was man mit drei Stäbchen machen kann
»Auf der Unterstufe läßt sich zur Veranschaulichung das Stäbchenlegen, das als Beschäftigungsmittel schon im Kindergarten mit bestem Erfolg gepflegt wird, gut verwenden« (Löffler u.a. 1916, 70).

alles durchziehenden Grundbestimmungen von Einheit, Trennung und Wiedervereinigung, von Haben, Gehabt-haben und Wiederhaben-wollen« (Bollnow 1952, 9).

Aus der zweiten Gruppe der »geteilten Körper« entwickelte Fröbel den bekannten Baukasten. Der nächste Schritt führt von den Körpern zur Fläche (Rechtecke und Dreiecke) und zum Punkt (Perlen, Steinchen u.a.m.). In den »verknüpfenden Spielen« wird u.a. die Verbindung von Punkten zur Linie erarbeitet. Die Prinzipien des Vergleichens und Zuordnens verband Fröbel auch mit anderen Beschäftigungen. »Hieran knüpft sich weiter als erziehende Spiel- und Unterhaltungsbeschäftigung zuerst das Sammeln von Naturerzeugnissen, der Steinchen, Blätter, Blümchen der verschiedensten Farben und Formen, wozu das Kind sich so früh neigt, um daran seine Beachtungs- und Vergleichskraft zu üben« (Fröbel GW 1874, 581).

Auf der Stufe der Elementarmathematik geht es auch heute nicht um abstrakte Begriffsbildung, sondern um die Vermittlung und Verarbeitung von Erfahrungen am konkreten Material. »Kinder dieser Altersstufe sind nicht zu abstrakter Begriffsbildung fähig. Gibt man ihnen jedoch brauchbares Lernmaterial ... so können sie im Spiel oder durch wiederholtes Probieren Einsichten gewinnen und durch analogisches Denken zu Erkenntnissen gelangen, die sonst nur durch formal-logisches Denken möglich sind« (Neunzig 1972, 5).

Der Umgang mit konkreten Materialien steht also noch vor dem Zeichnen oder dem Verbalisieren der gefundenen Problemlösungen, die eine höhere Stufe der Abstraktion darstellen. Zur Einführung räumlicher Figuren empfiehlt Neunzig (1972) Würfel, Quader, Kugel und Säule (Walze), die als Fröbel-Material auch heute noch in fast allen Kindergärten vorhanden sind. In ähnlicher Weise wie bei Fröbel sollen Kinder mit den Eigenschaften einfacher Formen bekanntgemacht werden.

Das Fröbel-Denkmal im Wald bei Bad Liebenstein/Thüringen ist aus Kugel, Walze und Würfel aufgebaut.

Die Einrichtung der Volkskindergärten

Die von Fröbel und seinen Schülerinnen gegründeten Kindergärten wurden von den Kindern des aufgeklärten Adels und wohlhabender Bürger besucht. Arbeitereltern gaben ihre Kinder in die ganztägig geöffneten Kinderbewahranstalten, die von kirchlichen Trägern unterhalten wurden.

Bertha von Marenholtz-Bülow, eine Nichte und Schülerin Fröbels, setzte sich für die gemeinsame Erziehung der Kinder aller Klassen ein und schuf in einzelnen Einrichtungen Freistellen für arme Kinder. Dabei stieß sie auf den Widerstand vieler Bürger, die eine gemeinsame Erziehung ihrer Kinder mit Arbeiterkindern ablehnten. Da eine gemeinsame Erziehung der Kinder aller Klassen nicht durchzusetzen war, andererseits die durch private Initiative gegründeten Erziehungsvereine auch nicht die Mittel hatten, um eigens Kindergärten für Arbeiterkinder einzurichten, traten sie für eine Veränderung der Kinderbewahranstalten ein, indem sie versuchten, dort die Methoden Fröbels einzuführen. Um sich einerseits von den Bewahranstalten und ebenso von den bürgerlichen Kindergärten abzusetzen, nannten sie ihre Einrichtungen »Volkskindergärten«.

Die Volkskindergärten sollten also eine Erziehungsstätte für Arbeiterkinder sein und waren – wie die Bewahranstalten – ganztägig geöffnet. Die damit verbundenen Kosten waren erheblich. Die Eltern konnten nur einen geringen oder gar keinen Beitrag zahlen. Hinzu kamen die Kosten für ein Mittagessen, da meist beide Eltern arbeiteten. Die bestehenden privaten Erziehungsvereine, die nur Beiträge ihrer Mitglieder zur Verfügung hatten, konnten die materiellen Voraussetzungen für »Volkskindergärten« nicht schaffen. Sie versuchten daher auch, die bestehenden Bewahranstalten in Volkskindergärten umzuwandeln. Der Volkskindergarten, der seit 1860 Verbreitung fand, unterschied sich von den Kindergärten der Wohlhabenden vor allem darin, daß er die familiäre Erziehung weitgehend ersetzen mußte. Bertha von Marenholtz-Bülow hat die Defizite in der Entwicklung der Arbeiterkinder, verglichen mit den Kindern des Bürgertums, erkannt und beschrieben: »Die Hände und Finger dieser, ohne alle Pflege und Erziehung aufgewachsenen

Kinder, sind meist so steif und ungelenk, daß sie oft mehr als der dreifachen Zeit wie die anderen Kinder bedürfen, um die ersten Anfänge der Kindergartenbeschäftigungen auszuführen. Einige dieser kleinen Wilden, welche ich darin unterwies, waren blödsinnig. Den Ball, den man ihnen in die Hand gab, hielten sie nicht einmal fest; wochenlang zerrissen sie stets die Streifen Papier, die zum Flechten dienen sollten, und die sämtlichen Gegenstände, die man ihnen gab, wurden in den Mund gesteckt. Dabei waren sie anfangs kaum aus einem halbschlafenden Zustande zu erwecken, der es unmöglich machte, ihre Aufmerksamkeit länger als wenige Minuten zu fesseln. Im Freien, bei den Bewegungsspielen, setzten sie sich meist zur Erde und wollten dann nicht wieder aufstehen, verfielen auch oft nach kurzer Beschäftigung wirklich in Schlaf ... Eingezogene Erkundigungen erklärten diesen unnatürlichen Zustand dadurch, daß die Kinder von den Müttern für die Tageszeit eingeschlossen waren, während diese zur Arbeit gingen. Wohl mit einigen Nahrungsmitteln versehen, aber ohne Mittel zur Beschäftigung gelassen, hatten sie fast immer geschlafen« (Marenholtz-Bülow 1875[2], 44).

Laufgitter – schon Mitte des 19. Jahrhunderts in Kinderbewahranstalten gebräuchlich – in der Kinderpflegeanstalt der mechanischen Weberei zu Linden bei Hannover. Leipziger Illustrierte Zeitung 1884.

Daraus folgte für Marenholtz-Bülow, daß in einem Volkskindergarten nach einer anderen Konzeption gearbeitet werden mußte, um die Erziehungsdefizite auszugleichen. Sie kritisierte die bestehenden Bewahranstalten, die ihrer Aufgabe nicht gerecht werden könnten, da sie nicht die notwendigen Anregungen und kindgemäßen Beschäftigungen boten. Hatten die Bewahranstalten eine soziale Aufgabe wahrgenommen, indem sie die körperliche Pflege und Betreuung der Kinder übernahmen, so sollte der Volkskindergarten darüber hinaus eine Stätte der Erziehung sein. Dabei suchte man die Erziehungsziele und -methoden an der realen Lebenssituation der Kinder auszurichten.

Jetzt trat ein neues Erziehungsziel zu der emotionalen und kognitiven Förderung der Fröbelschen Konzeption hinzu: die Erziehung zu »Ordnung und Reinlichkeit«. Die körperlich und seelisch vernachlässigten Kinder sollten im »Volkskindergarten« die Versäumnisse der frühen familiären Erziehung aufholen. Verbunden mit der Erziehung zur Arbeit berücksichtigte der Volkskindergarten die soziale Lage der Arbeiterkinder. »Dazu dienen z.B. das Matten- und Korbflechten, das Bandweben an einem eigens dazu eingerichteten Webstuhl, das Tonmodellieren, Papierarbeiten und Ausschneiden für Konditorei- und Buchbinderbedarf und dergleichen mehr. Diese Dinge können selbst schon im Kindergarten als kleiner Erwerbszweig dienen ... sollen aber den Kindern nur Mittel sein, ihre Liebe zu Eltern ... tätig ausdrücken zu können. Der eigentliche Gelderwerb, das für sich gewinnen wollen, soll in diesem Alter noch fern gehalten werden« (Mahrenholtz-Bülow 1875², 38f.). Diese Modifikationen wurden auch deshalb eingeführt, um den Einwänden, daß die Arbeiterkinder in den Kindergärten verwöhnt und ihren Familien entfremdet würden, zu begegnen.

Das Ziel des Fröbelschen Kindergartens war die allseitige Entfaltung und Entwicklung des Individuums sowie die Selbstbestimmung des Menschen. Er blieb eine Erziehungsstätte des Bürgertums. Im Volkskindergarten, der die Massenerziehung der Bewahranstalten fortsetzte, wurden zwar Fröbels Spielgaben eingeführt, jedoch war ihre Anwendung aufgrund fehlender oder äußerst mangelhafter Ausbildung der Erzieherinnen zumeist eine mechanische Nachahmung der vorgegebenen Muster.

Kreisspiele – ein wichtiges Element in Fröbels Kindergartenpädagogik – fanden auch Eingang in die Kinderpflegeanstalt der mechanischen Weberei zu Linden bei Hannover. Leipziger Illustrierte Zeitung 1884.

Da die inneren mathematischen Zusammenhänge der Spielgaben nicht erkannt wurden, konnte ihre bildende Kraft nicht wirksam werden. Die Defizite in der Entwicklung der Arbeiterkinder und deren Ursachen, die in den Sozialisationsbedingungen lagen, wurden zwar bereits erkannt und beschrieben, jedoch gelangten die Anstrengungen einer kompensatorischen Erziehung nicht über eine Erziehung zur Anpassung hinaus. Durch die Erziehung zur Arbeit, Sauberkeit und Ordnung förderte man die im Produktionsprozeß gewünschten Verhaltensformen von Arbeitern.

Ein neuer Frauenberuf entsteht

Mit der Gründung der Kindergärten hatte Fröbel eine neue Einrichtung der Kleinkindererziehung und zugleich einen neuen Frauenberuf geschaffen, für den eine eigene Ausbildung erforderlich war. Fröbel hatte schon 1839 in Blankenburg Kurse für Mädchen und Frauen abgehalten und sie zu Kindergärtnerinnen ausgebildet.

Später in Keilhau bildete er in Kursen von einem halben Jahr Kinderpflegerinnen und Kindergärtnerinnen aus.

1849 bildete sich in Hamburg ein »Allgemeiner Bildungsverein deutscher Frauen«, aus dessen Statuten in unserem Zusammenhang folgendes interessiert: »1. *Zweck*: Verbreitung humaner Bildung, ohne Rücksicht auf konfessionelle Unterschiede. 2. *Bildungsmittel.* Hochschulen für das weibliche Geschlecht, Kindergärten, Verbindung der Erziehung der Familie mit dem Unterricht der Schule, Armenpflege, Krankenpflege« (Siebe/Prüfer 1922, 158f.). Dieser Bildungsverein gründete eine Hochschule für Frauen, deren Rektor Karl Fröbel, ein Neffe Friedrich Fröbels, wurde. Der erste Bildungsplan umfaßte neben Religion, Philosophie und Sprachen auch Erziehungslehre und Übungen im Kindergarten. Die Hochschule für Frauen bestand jedoch nur kurze Zeit. Nach der gescheiterten Revolution von 1848 wurde sie ein Opfer der wieder erstarkenden Reaktion. »Die Beziehungen der Hamburger Frauenhochschule zu den freireligiösen Gemeinden genügte den Gegnern, die Anstalt durch gedruckte Pamphlete zu verdächtigen. Sie wurde als ›Herd der Demagogie dargestellt, wo unter dem Mantel der Wissenschaft revolutionäre Pläne geschmiedet würden‹. Viele Eltern wurden dadurch irre gemacht und erlaubten ihren Töchtern nicht den Besuch der Schule. Der Mangel an Hörerinnen brachte die Anstalt in finanzielle Schwierigkeiten, und sie mußte geschlossen werden« (ebd., 161).

Nachdem 1861 das Kindergartenverbot aufgehoben wurde, entstanden in vielen Städten aufgrund privater Initiativen Seminare für Kindergärtnerinnen. Henriette Goldschmidt (1825–1920) war Gründerin des »Vereins für Familien- und Volkserziehung« sowie des Seminars für Kindergärtnerinnen in Leipzig. Sie hat jahrzehntelang in der Frauenbewegung und im Fröbelverband mitgearbeitet und sich in ihren Schriften und Vorträgen mit pädagogischen Problemen des Kindergartens auseinandergesetzt. Sie verfaßte im Auftrag des »Bundes deutscher Frauenvereine« eine Petition an die deutschen Regierungen wegen der »Einordnung der Fröbelschen Erziehungs- und Bildungsanstalten (Kindergärten und Seminare für Kindergärtnerinnen) in das Schulwesen der Gemeinden und des Staates«. Sowohl die Kindergärten als auch die Seminare für

Kindergärtnerinnen unterlagen damals der Gewerbeordnung, nicht aber der Schulordnung. So konnte jeder ohne Nachweis seiner Vorbildung Kindergärten und Seminare für Kindergärtnerinnen eröffnen. Die 1898 verfaßte Bittschrift enthielt folgende Forderungen: Ein besonderes Gesetz oder eine Novelle zum Schulgesetz sollte die Kindergärten der staatlichen Schulaufsicht unterstellen. Jede Gemeinde sollte verpflichtet werden, Kindergärten in Verbindung mit der Volksschule zu errichten, zu deren Besuch alle Kinder mindestens zwei Jahre vor ihrem Eintritt in die Schule verpflichtet werden sollten. Anstelle der privaten Seminare für Kindergärtnerinnen sollten staatliche Anstalten die Ausbildung der Kindergärtnerinnen übernehmen. Die Kindergärtnerinnen sollten den Lehrerinnen gleichgestellt werden (Siebe/Prüfer 1922, 114ff.). Wie erwartet, hatte die Eingabe zunächst keinen anderen Erfolg, als daß Konservative gegen den Kindergartenzwang, in dem sie einen Angriff auf die Familie sahen, polemisierten. Das preußische Kultusministerium bezog die Ausbildung der Kindergärtnerinnen 1908 in den Lehrplan der Frauenschulen ein und erließ 1911 Prüfungsbestimmungen für Kindergärtnerinnen und Jugendleiterinnen.

1910 konnte Henriette Goldschmidt die Idee einer Frauenhochschule in Leipzig realisieren. Diese Hochschule konnten alle Frauen vom vollendeten 18. Lebensjahr an besuchen. Neben den freien Vorlesungen, die allen Frauen offenstanden, waren außerdem Studienkurse zur Ausbildung auf verschiedene Frauenberufe vorgesehen. Es wurden eingerichtet:

1. Studienkurse für Lehrerinnen an Kindergartenseminaren, Frauenschulen und anderen Lehranstalten und
2. Studienkurse für soziale Berufstätigkeit.

Als die Hochschule eröffnet wurde, hatten sich fast 900 Frauen eingeschrieben. Aus wirtschaftlichen Gründen konnten sich aber nur wenige Frauen ein volles Studium an der Hochschule leisten. Hinzu kam, daß der Staat nach und nach für alle Frauenberufe Ausbildungs- und Prüfungsvorschriften erlassen hatte, denen sich die Leipziger Hochschule nur noch anpassen mußte. Das hatte zur Folge, daß die Aufnahmebedingungen erleichtert und die Studienzeiten gekürzt werden mußten. So war die Hochschule de facto bereits 1921 eine Berufsschule für Frauen, und ist in »Sozialpädagogisches Frauenseminar« umbenannt worden (vgl. Kap. XIV).

Die Vergesellschaftung der Kleinkindererziehung erforderte Berufserzieher mit Spezialkenntnissen in der Psychologie des Kindes und in den Methoden einer kindgemäßen Förderung. Erst allmählich bildeten sich im Verlauf des 19. Jahrhunderts Kindergärtnerinnenseminare, in denen in einer engen Verbindung zur Praxis zunächst in einem einjährigen, später in einem zweijährigen Kurs Kindergärtnerinnen ausgebildet wurden. Doch alle Versuche, eine Angleichung der Ausbildung und der beruflichen Stellung des Kleinkinderziehers an den Lehrer zu erreichen, scheiterten ebenso wie die Schaffung eines Ausbildungsganges auf Hochschulniveau.

III
Die Stellung des Kindergartens in der Republik von Weimar

Forderungen

Mit der Gründung der Weimarer Republik schien es, daß sich nun den progressiven Kräften die Chance böte, die Strukturen des Bildungswesens und der Jugendhilfe zu verändern. Vor der Verabschiedung des Reichsgesetzes für die Jugendwohlfahrt (RJWG) vom 9.7.1922 fanden Diskussionen und Konferenzen statt, auf denen die Stellung und die Aufgaben der privaten und der öffentlichen Fürsorge geklärt werden sollten. Allerdings waren die Möglichkeiten des Staates, grundlegende Veränderungen durchzusetzen, gering, da das wirtschaftliche und soziale Elend nach dem verlorenen Krieg den Staat zwang, sich in seinen Maßnahmen auf vorhandene Organisationen zu stützen.

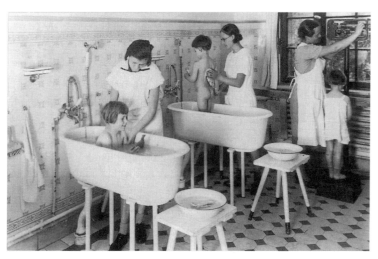

Gesundheitserziehung im Kindergarten des Pestalozzi-Fröbel-Hauses, Berlin 1925.

Die freien Wohlfahrtsverbände erwiesen sich als unentbehrlich, weil der Staat weder auf Spenden noch auf ehrenamtliche Helfer verzichten konnte. So traten die Vertreter der privaten Fürsorge recht selbstbewußt auf und stellten ihre Forderungen an den Staat. »In den Ministerien und städtischen Körperschaften breche sich immer mehr die Überzeugung Bahn, daß nur durch ein Zusammenarbeiten von öffentlicher und privater Fürsorge das Ziel zu erreichen sei. Für diese Zusammenarbeit sei zu fordern, staatlicher Schutz und staatliche Fürsorge der privaten Fürsorge. Der staatliche Schutz dürfe nicht zur hemmenden Schutzaufsicht werden ... Die staatliche Förderung sei zu erstreben in Form von geldlichen Beihilfen und in der Berücksichtigung bei der steuerlichen Gesetzgebung« (Jugendfürsorge, Mitteilung der Deutschen Zentrale für Jugendfürsorge Okt./Dez. 1919, 82).

Eine Abgrenzung zwischen den Aufgaben der privaten Fürsorge und der öffentlichen Fürsorge wurde ebenfalls erörtert. Vertreter der privaten Fürsorge vertraten die Auffassung, daß Krippen, Kindergärten und Horte unter der Trägerschaft der privaten Verbände bleiben sollten. Dagegen befürworteten die Sozialdemokraten eine allgemeine Kindergartenbesuchspflicht und forderten die Einbezie-

Eine von Diakonissen geleitete Kinderschule in Mühlheim/Ruhr, um 1925.

hung des Kindergartenwesens in das gesamte Schulwesen. »Der Ausdruck ›schulpflichtig‹ könnte irreleiten. Nicht etwa sollen die Kleinen in Institute, wie unsere heutigen Schulen, gezwängt und dort noch vor der heutigen Schulzeit mit abgezogenem Wissen vollgestopft werden. Wohl aber sollen die Einrichtungen, die wir heute Kindergarten nennen, innerlich und äußerlich ausgebaut und an Zahl so vermehrt werden, daß sie für die ganze Jugend von Beginn des vierten bis Ende des siebten Lebensjahres ausreichen« (Droescher 1919, 2). Auf einer Tagung des Deutschen Fröbel-Verbandes forderte Lilly Droescher, daß der pädagogische Wert des Kindergartens anerkannt und daß er den Volksschulen gleichgestellt werden sollte. »Es müssen daher auch die entscheidenden Prinzipien der öffentlichen Volksschule auf ihn sinngemäß Anwendung finden: es darf keine Scheidung der Kindergärten nach sozialen Rücksichten, nach Klasseninteressen geben; der Kindergarten muß in allen seinen Teilen und Darbietungen unentgeltlich sein; und der Kindergarten muß weltlich sein, er darf nicht zum Tummelplatz irgendwelcher religiöser oder gar konfessioneller Nebenabsichten herabgewürdigt werden« (Droescher 1919, 3).

Eine allgemeine Kindergartenbesuchspflicht lehnte L. Droescher ab, weil im vorschulischen Alter die Bindung des Kindes an die Mutter noch so eng ist. Sie plädierte für eine eingeschränkte Besuchspflicht, und zwar sollte der Kindergarten für alle Kinder zur Verfügung stehen, denen zu Hause die richtigen Entwicklungsmöglichkeiten fehlten. Lilly Droescher wollte, daß der Kindergarten eine Vorbereitungsklasse nach Art der Fröbelschen Vermittlungsgruppe enthielte, deren Besuch obligatorisch sein sollte. Fröbel verstand darunter die Zusammenfassung der Kinder des Jahrganges, der unmittelbar dem Grundschulbesuch vorausgeht. Das Ziel dieser Gruppe sollte es sein, die Kinder durch spezielle Übungen auf die Schule vorzubereiten.

Diskussionen und Empfehlungen der Reichsschulkonferenz

Die Reichsschulkonferenz unter der Leitung des sozialdemokratischen Staatssekretärs Heinrich Schulz fand vom 11. bis 19. Juni 1920 im Reichstagsgebäude in Berlin statt. Die Reichsschulkonferenz konnte keine Beschlüsse fassen, aber ihre Empfehlungen hatten weitreichende Bedeutung für eine Vereinheitlichung des Schulsystems und für das Jugendwohlfahrtsgesetz. An der Konferenz nahmen Vertreter von Behörden und Verbänden sowie Einzelpersonen teil, die das Reichsministerium des Innern eingeladen hatte. Wichtigster Beratungspunkt war der Schulaufbau der künftigen Einheitsschule, und im Zusammenhang damit wurden auch das Kindergartenwesen und seine Beziehung zur Jugendwohlfahrt und zur Schule erörtert. Das Reichsministerium des Innern hatte folgende Berichterstatter zum Problem der Einheitsschule berufen: 1. Binder, einen Verfechter des Gymnasiums; 2. Voß, der für eine Konfessionsschule eintrat; 3. Kerschensteiner, der sich für eine vierjährige Grundschule mit einer darauf aufbauenden stark differenzierten Einheitsschule einsetzte; 4. Karsen, ein Vertreter des Reichsbundes entschiedener Schulreformer; 5. Tews, Vertreter des Deutschen Lehrervereins, der ebenso wie Karsen für eine Einheitsschule vom Kindergarten bis zur Hochschule focht.

Binder, Voß und Kerschensteiner sahen im Kindergarten eine überwiegend sozialfürsorgerische Institution für die Kinder, deren Eltern ihre Erziehungspflicht nicht erfüllten. Für Karsen hingegen war der Kindergarten eine Bildungsstätte, die von allen Kindern besucht werden sollte.»So ist der Kindergarten unbedingt zunächst fakultativ zu fordern. Möchte er bald allgemein werden. Prinzipiell sei betont, daß er nicht Kinderbewahranstalt ist, sondern bewußte Schule, die die Kinder durch systematisch an bestimmte Zentralisationspunkte angeschlossene Beobachtung und durch ein kindliches Spiel nach und nach zur bewußten Gemeinschaftsarbeit heranbildet. Der Kindergarten gebe nicht nur Anregung für die Anschauung, sondern auch für Herz, Phantasie und Intellekt und übe außer der manuellen Betätigung auch die durch das Wort« (Die Reichsschulkonferenz, 1921, 110).

Tews vertrat die Auffassung, daß der Kindergarten ganz in den Aufbau einer künftigen Einheitsschule einzubeziehen sei. Unter Punkt 5 seiner Grundforderungen schrieb er: »Das deutsche Volk hat darum in Zukunft nur *eine öffentliche Schule*, die vom Kindergarten bis zur Hochschule aufsteigt« (ebd., 151). Der Besuch des Kindergartens sollte freiwillig sein, jedoch für Kinder, denen eine geordnete häusliche Erziehung nicht zuteil würde, zur Pflicht gemacht werden.

Bereits bei den fünf Berichterstattern zeigte sich das Spektrum unterschiedlicher politischer Meinungen, jedoch fanden die eigentlichen Auseinandersetzungen bei den eingehenden Erörterungen im Ausschuß »Kindergarten« statt. Unter den 15 Ausschußmitgliedern waren acht Vertreter der Kirchen; hinzu kamen unter anderem je ein Vertreter des Fröbel-Verbandes, der Landesregierung, des deutschen Lehrervereins und der Berufsorganisation der Kindergärtnerinnen und Hortnerinnen.

Die beiden Ausschüsse »Kindergarten« und »Jugendwohlfahrt und Schule« erzielten eine grundsätzliche Einigung darüber, daß der Kindergarten eine Einrichtung der Jugendwohlfahrt sein müsse und nicht der Schule angegliedert werden sollte. Im Ausschuß »Kindergarten« wurden zu der Frage, wer künftig Träger der Kindergärten sein sollte, divergierende Meinungen vertreten und folgende Anträge gestellt:

1. Die Vertreter der Kirchen vertraten die Auffassung, daß die Einrichtung und Unterhaltung von Kindergärten Sache der privaten Fürsorge sei.
2. Die Delegierten der Sozialdemokratie lehnten den konfessionellen Kindergarten ab. Sie forderten: »Die Errichtung von Kindergärten ist ausschließlich Sache der Gemeinden und des Staates. Die bestehenden Einrichtungen der freien Liebestätigkeit müssen als solche innerhalb einer bestimmten Zeit in öffentliche Kindergärten umgewandelt werden. Bis zu dieser ›Säkularisierung‹ müssen sie den gleichen hygienischen und pädagogischen Anforderungen wie die öffentlichen unterworfen werden« (ebd., 693). Der Kindergarten sollte die Vorstufe zur Einheitsschule sein, die noch geschaffen werden sollte.

3. Der Deutsche Fröbel-Verband suchte zwischen beiden Positionen zu vermitteln, indem er vorschlug, daß zunächst der Staat bzw. die Gemeinde die Pflicht hat, Kindergärten im Bedürfnisfall einzurichten. Die Kindergärten der Vereine sollten als Ersatz zugelassen werden, wo sie in ausreichendem Maße vorhanden waren.

Da die Vertreter der Kirchen im Ausschuß die Mehrheit hatten, wurde der erste Antrag angenommen. Ferner verabschiedete der Ausschuß folgende Leitsätze:

1. Recht und Pflicht der Erziehung der Kinder im vorschulischen Alter liegen grundsätzlich bei der Familie.
2. Der Kindergarten hat seinem Wesen und seiner Bestimmung nach eine wertvolle Ergänzung der Familienerziehung zu leisten.
3. Für Eltern, die ihre Kinder in den Kindergarten schicken wollen, muß die Möglichkeit dazu geboten werden.
4. Soweit die freie Wohlfahrtspflege dem Bedürfnis nach Kindergärten nicht ausreichend zu entsprechen vermag, haben Staat und Gemeinde Kindergärten einzurichten.
5. Leiterin und Erzieherinnen müssen entsprechend ausgebildet sein.
6. Die Einrichtungen der freien Wohlfahrtspflege sind den öffentlichen grundsätzlich gleichzuachten.
7. Die Überwachung übt der Staat aus. Erfahrene Jugendleiterinnen sind hinzuzuziehen.
8. Wenn die sittliche, geistige und körperliche Entwicklung eines Kindes gefährdet ist, muß der Besuch eines Kindergartens verbindlich gemacht werden.
9. Kinder, die zwar schulpflichtig, aber nicht schulfähig sind, sollen nach Möglichkeit einer Vorklasse zugeführt werden. Die Vorklasse ist Teil der Volksschule.

Die ersten drei Punkte, die im Grunde nur höchst allgemeine Feststellungen enthielten, wurden einstimmig angenommen. Anlaß zu heftigen Auseinandersetzungen war Punkt vier, in dem sichergestellt werden sollte, daß die Verbände Vorrang vor der öffentlichen Fürsorge haben würden. Die Minderheit formulierte einen eigenen Antrag, der jedoch nicht einmal zur Abstimmung gelangte: »Die Errichtung der Kindergärten ist Sache der Gemeinden und des Staates. Einrichtungen der Freien Liebes- und Wohlfahrtspflege sind innerhalb einer Übergangszeit bis zum Jahre 1930 den öffentlichen Kindergärten anzugliedern« (ebd., 694) und in die Einheitsschule einzugliedern. Aber die Wohlfahrtsverbände und damit insbesondere die Kirchen nutzten ihre Mehrheit im Ausschuß, um sich durchzusetzen und als Träger den Kindergarten weiterhin für sich zu beanspruchen. Die vom Kindergartenausschuß verabschiedeten Leitsätze bildeten die Grundlage für das Jugendwohlfahrtsgesetz. Wichtige politische Entscheidungen fielen also bereits auf der Reichsschulkonferenz, obgleich diese Konferenz keine Beschlüsse fassen, sondern nur Empfehlungen aussprechen konnte.

Der Kindergarten als Aufgabe der Jugendhilfe

Die Notlage der Kinder nach dem Ersten Weltkrieg war so offensichtlich, daß eine gesetzliche Regelung der Kinder- und Jugendfürsorge unumgänglich war. Wie schon von der Reichsschulkonferenz empfohlen, wurde der Kindergarten als Teil der Jugendhilfe im Reichsjugendwohlfahrtsgesetz (RJWG) von 1922 verankert. Im folgenden sei hier nur auf die Paragraphen eingegangen, die für die Errichtung von Kindergärten sowie für die Gestaltung der Arbeit im Kindergarten relevant waren. Im ersten Paragraphen des RJWG wurde das Recht des Kindes auf Erziehung erstmalig in einen Gesetzestext aufgenommen. »§ 1. Jedes deutsche Kind hat ein Recht auf Erziehung zur leiblichen, seelischen und gesellschaftlichen Tüchtigkeit.« Aus dem »Recht auf Erziehung« kann nicht generell abgeleitet werden, daß benachteiligende Faktoren hinsichtlich der Persönlichkeit der Eltern und ihrer Verhältnisse aufgehoben werden müßten. Ein Rechtsanspruch wurde damit nicht begründet. »Jedoch läßt sich der Gesetzgeber des RJWG, entsprechend dem Übergang vom Rechtsstaat zum Wohlfahrtsstaat, von dem Gedanken leiten, nach Möglichkeit dem Kinde normale Erziehungsbedingungen zu schaffen« (Friedeberg Polligkeit 1955^2, 62).

Puppenecke im Pestalozzi-Fröbel-Haus, Berlin 1925.

Evangelische Kinderschule in Kettwig, um 1925.

Das bedeutete zwar einen Fortschritt gegenüber früheren Auffassungen, da es die Verantwortlichkeit des Staates hinsichtlich der Erziehung der Kinder stärker betonte, änderte aber nichts an der Rechtsauffassung, daß staatliche Stellen nur »fallweise« eingreifen durften, »insoweit eine Verletzung der elterlichen Erziehungsrechte und -pflichten« (ebd., 59) vorkam. Der Gesetzgeber bewirkte also keineswegs eine Abschwächung des Erziehungsrechtes der Eltern. »Im Gegenteil zeigt das Gesetz in seinen weiteren Bestimmungen eine starke Zurückhaltung in dieser Beziehung« (ebd., 63). Auch gegenüber den freien Wohlfahrtsverbänden und der freien Liebestätigkeit trat das Jugendamt zurück. In dem § 4 wurde die schwache Stellung des Jugendamtes gegenüber den freien Verbänden deutlich: »§ 4. Aufgabe des Jugendamtes ist ferner, Einrichtungen und Veranstaltungen anzuregen, zu fördern und gegebenenfalls zu schaffen« (ebd., 2).

Damit war das Primat der Wohlfahrtsverbände gesichert. Das Jugendamt konnte nur aktiv werden, wenn die Einrichtungen der privaten Fürsorge nicht ausreichten oder bestimmte Aufgaben nicht wahrnahmen. Zu den durch das Jugendamt zu fördernden Einrichtungen ist unter Absatz 4 die »Wohlfahrt für Kleinkinder« genannt. Gemeint war damit in erster Linie die Gesundheitsfürsorge. In bezug auf Kleinkinder wurde nur von Wohlfahrt, nicht aber von Erziehung gesprochen. Der Erziehungsgedanke war gegenüber dem der Pflege völlig in den Hintergrund getreten. In den Erläuterungen zum RJWG hieß es unter der Überschrift »Kleinkinderfürsorge«: »Insbesondere müssen für die aufsichtsbedürftigen Kleinkinder Tagesheime (Krippen, Kinderbewahranstalten, Kleinkinderschulen, Kindergärten) in ausreichender Zahl und fachlich geschultes Personal (Schwestern, Kleinkinderlehrerinnen, Kindergärtnerinnen und Helferinnen) vorhanden sein« (ebd., 111).

Ansätze einer pädagogischen Wertung des Kindergartens, die auf der Reichsschulkonferenz noch spürbar waren, wurden hier nun endgültig beiseitegedrängt. Zwei Jahre zuvor hatte auf der Reichsschulkonferenz ein Mitglied der preußischen Landesregierung gegen die Auffassung protestiert, den Kindergarten als Bewahranstalt für »aufsichtsbedürftige Kleinkinder« anzusehen. Damit würde der Kindergarten zu einer »Auslese besonders benachteiligter Kinder«

und zu einer »Straf- und Armeleuteanstalt« herabgedrückt werden (Reichministerium des Innern 1921, 946). Im RJWG hat sich nun gerade diese Auffassung vom Kindergarten als Bewahranstalt durchgesetzt und die Kindergärten in den folgenden Jahrzehnten geprägt; sie blieben dann auch fast ausschließlich Aufgabe der privaten Wohlfahrtsverbände, insbesondere der konfessionellen Verbände. Der sozialfürsorgerische Aspekt trat wieder zunehmend in den Vordergrund, so daß der Kindergarten zu Recht als eine »Pflegestätte unschulischer kindlicher Ausdrucks- und Lebensformen« (Mollenhauer 1968[4], 129) beschrieben werden konnte.

Mit der Verabschiedung des RJWG waren die Weichen für die gesellschaftliche Kleinkindererziehung für lange Zeit gestellt. Eine entschiedene Pädagogisierung der Einrichtungen wurde nicht vorgenommen, und auch die im nächsten Kapitel dargestellten Konzeptionen psychoanalytisch orientierter Kleinkinderzieher bleiben zunächst ohne Einfluß auf die von den Wohlfahrtsverbänden getragenen Kindergärten.

IV
Der Einfluß der Psychoanalyse auf die Kindergartenpädagogik

Ansätze psychoanalytischer Pädagogik

Seit den Anfängen der Psychoanalyse haben Pädagogen wie z.B. Aichhorn, Bernfeld, Zulliger, Pfister u.a. versucht, deren Ergebnisse für die Erziehung nutzbar zu machen. Bereits in den zwanziger Jahren haben Nelly Wolffheim und Vera Schmidt Erziehungskonzeptionen für das Vorschulalter entworfen, die die Erkenntnisse der Psychoanalyse einbezogen. Die psychoanalytische Pädagogik hat Kindererziehung und Sozialisationsforschung vor allem dadurch bereichert, daß sie die Erziehung nicht nur als eine absichtlich veranstaltete Maßnahme interpretierte, sondern zugleich die unbewußt wirkenden Triebkräfte des Kindes und des Erziehers in ihre Überlegungen einbezog. Die Psychoanalyse lehrte den Erzieher, das Verhalten des Kindes als sichtbaren Ausdruck von gelösten oder ungelösten Konflikten zu verstehen. Die ersten Versuche, psychoanalytische Erkenntnisse im Hinblick auf ihre pädagogische Relevanz zu prüfen, begannen in den zwanziger Jahren. Plattform der pädagogischen Diskussion war die seit 1926 erschienene *Zeitschrift für psychoanalytische Pädagogik*, die Heinrich Meng und Ernst Schneider herausgaben. Damals glaubten manche Autoren, daß man durch geeignete Erziehungsmittel einer neurotischen Entwicklung des Kindes vorbeugen könnte. Vor allzu großem Optimismus warnte damals schon Sigmund Freud, der darauf hinwies, daß man die Erziehungsarbeit nicht mit psychoanalytischer Beeinflussung verwechseln dürfe, daß die Psychoanalyse zwar als Hilfsmittel herangezogen werden könnte, daß sie aber nicht geeignet sei, an deren Stelle zu treten (Freud 1969² GW XIV, 566). Dem Erzieher wird es jedoch durch dieses neue Verstehen der im Kind wirkenden unbewußten Triebkräfte ermöglicht, in angemessener Weise auf das Verhalten des Kindes zu reagieren. Der psychoanalytisch gebildete Erzieher weiß, daß er seine Intentionen mit den Ich-Kräften des Kindes verbinden muß, damit Triebbedürfnisse nicht verdrängt, sondern gemeistert werden. Im Mittelpunkt der Diskussion stand damals die Frage, wie die Zügelung der ungebändigten Triebkräfte durch die Erziehung so gefördert werden könnte, daß eine neurotisierende Entwicklung vermieden wird.

Vera Schmidts Kinderheim-Laboratorium

1921 schuf Vera Schmidt durch das von ihr gegründete Kinderheim-Laboratorium in Moskau ein Modell frühkindlicher kollektiver Erziehung. Unter der wissenschaftlichen Begleitung des psychoneurologischen Instituts sollte in diesem Heim für Kinder zwischen einem und fünf Jahren nach psychoanalytischen Grundsätzen gearbeitet werden. Durch einen Wechsel im Direktorium trat ein überzeugter Gegner der Psychoanalyse an die Spitze des Instituts, das daraufhin dem Kinderheim-Laboratorium jede weitere Unterstützung versagte. Etwa zur gleichen Zeit wurden die finanziellen Mittel gesperrt. Mit Unterstützung des deutschen und russischen Bergarbeiterbundes konnte das Heim zwar noch kurze Zeit weiterarbeiten, jedoch mußte die Anzahl der Erzieher und der Kinder erheblich reduziert werden. Die Auflösung des Kinderheims fiel etwa in die gleiche Zeit, als der kulturelle und politische Aufschwung der Revolutionszeit erstarrte. Seit Lenins Erkrankung 1922 und nach seinem Tod 1924 verschärfte sich die Tendenz, kritische Diskussion durch administrative Entscheidungen zu ersetzen. In den ersten Jahren nach der Revolution hatte es ernsthafte Bestrebungen gegeben, sich in Schule und Elternhaus auf eine kollektive Erziehung umzustellen, die dem Kind die Selbststeuerung seiner Bedürfnisse gestattete. Nach wenigen Jahren setzte sich jedoch nicht nur auf politischem Gebiet eine rückschrittliche Tendenz durch, die die Rückkehr zu autoritären und patriarchalischen Formen der Erziehung einleitete.

Wichtigste Voraussetzung für den Aufbau der pädagogischen Arbeit im Sinne der Psychoanalyse war die Ausbildung der Erzieherinnen, die nicht psychoanalytisch geschult waren, sondern diese Ausbildung erst im Laufe ihrer Mitarbeit erhielten. Die Basis der erzieherischen Arbeit sollte die positive Übertragung sein. Um diese herzustellen, waren die Erzieherinnen angewiesen, die Kinder nicht zu strafen, ja nicht einmal in strengem Ton mit den Kindern zu sprechen. Jede subjektive Beurteilung sollte unterbleiben. Lob und Tadel waren nach Vera Schmidt Urteilsäußerungen der Erwachsenen, die nur dazu dienten, den Ehrgeiz des Kindes anzustacheln. Die Erzieherinnen sollten den Kindern gegenüber mit Liebkosungen und Zärtlichkeiten sparsam umgehen. Sie mußten sich darauf beschränken, die Liebesbeweise der Kinder herzlich aber zurückhaltend zu erwidern. Durch die Erziehung sollten dem Kind Hilfen gegeben werden, das Lustprinzip allmählich aufzugeben und sich der Realität anzupassen. Damit das Kind diese Anpassung ohne größere Schwierigkeiten vollziehen konnte, versuchte man, ihm die Realität so angenehm wie möglich zu gestalten. Jede primitive Lust, auf die das Kind verzichtete, sollte durch »rationale Freuden« ersetzt werden.

Für die Erziehung stellte sich die Aufgabe, dem Kind die Beschränkungen der Triebbefriedigung durch verschiedene Maßnahmen zu erleichtern:

a. Die Forderungen müssen sich aus den täglichen Lebensbedingungen und den Lebensordnungen der Kindergemeinschaft ergeben. Sie dürfen nicht Willkür der Erwachsenen sein.
b. Anstatt dem Kind direkte Befehle zu geben, die nur seinen Widerstand hervorrufen, soll ihm vernünftig erklärt werden, was von ihm verlangt wird.
c. Das Kind soll aus Liebe (Übertragung) auf gewisse Triebbefriedigungen verzichten. Dieser Verzicht gibt dem Kind ein Bewußtsein der eigenen inneren Kraft. Gelungener Triebaufschub steigert das Selbstwertgefühl.
d. Die Anpassung an die Realität gelingt am leichtesten Kindern mit starkem Selbstbewußtsein und Unabhängigkeitsgefühl.

Gegen politische Widerstände und Vorurteile ihrer Umgebung hat Vera Schmidt sich für eine triebfreundliche Erziehung eingesetzt. Als der politische Kurs in der Sowjetunion sich änderte, mußte sie ihren Modellversuch abbrechen.

Die Unterdrückung der Psychoanalyse im nationalsozialistischen Deutschland führte dazu, daß eine intensive Auseinandersetzung mit Vera Schmidt erst in der antiautoritären Erziehungsbewegung Ende der 60er Jahre erfolgte. Obwohl das Kinderheim-Laboratorium kaum mehr als zwei Jahre bestand, hat es der Diskussion zur Anwendung psychoanalytischer Erkenntnisse in der Erziehungswissenschaft wichtige Impulse gegeben.

Nelly Wolffheim

Nelly Wolffheim (1879–1965)

Lebensweg

Nelly Wolffheim (1879–1965) entstammte einer Berliner jüdischen Familie und wuchs in gesicherten Verhältnissen auf. Bereits seit früher Kindheit litt sie unter verschiedenen Krankheiten (Magenkrämpfe, Sehstörungen, Lähmungen), die sie monatelang ans Bett fesselten. Aufgrund ihres schlechten Gesundheitszustandes wurde sie mit 14 Jahren aus der Schule herausgenommen und erhielt Privatunterricht. Unter dem Einfluß der Frauenbewegung, mit der sie durch ihre Lehrerin in Kontakt gekommen war, entschloß sie sich, einen Beruf zu ergreifen, was damals für Frauen bürgerlicher Herkunft nicht üblich war. »Ich erklärte meinem ziemlich entsetzten Vater, ich wolle Kindergärtnerin werden, um geldlich unabhängig zu sein, um nicht später eine Vernuftehe eingehen zu müssen« (Wolffheim, 1964, 90).

Sie absolvierte sehr erfolgreich die Ausbildung am Pestalozzi-Fröbel-Haus in Berlin und arbeitete als Kindergärtnerin in einem jüdischen Volkskindergarten am Prenzlauer Berg (Berlin). »Damit hatte sie sich einen Kindergarten im proletarischen und ärmlicheren Osten der Stadt hinter dem Alexanderplatz ausgesucht, der in einer völlig anderen Gegend als der ihr bekannte und wohlhabende Berliner Westen lag. Der Kontrast zwischen den Kindern verschiedener Gesellschaftsschichten war für sie ein ›überwältigender‹. Ihre Tätigkeit beschrieb Nelly Wolffheim mehr als 60 Jahre danach immer als ein ›… Fiasko, unter dem ich natürlich schwer litt. Ich verstand weder Disziplin zu halten, was damals erste Vorbedingung für einen Erfolg war, noch gelang es mir, eine gute Atmosphäre zu schaffen, und alles ging drunter und drüber. Ich regte mich jeden Tag von neuem auf, ehe ich den Kindergarten betrat: Was wird wohl heute wieder geschehen?‹« (zit. nach Kerl-Wienecke 2000, 44)

Die mit ihrer Arbeit verbundenen physischen Anstrengungen und psychischen Belastungen führten dazu, daß die 21jährige an einer schweren Gehstörung erkrankte, die sie zwang ihre Arbeit aufzugeben. Erst nach zehnjähriger Unterbrechung konnte sie ab 1910 wieder mit Kindern arbeiten.

1921 las sie Freuds »Traumdeutung« und war von der Psychoanalyse fasziniert. Sie begab sich in psychoanalytische Behandlung, durch die sie den Zusammenhang zwischen ihren unbewußten psychischen Konflikten und ihrer Krankheit erkannte. Von 1923 an war sie zu den Ausbildungskursen der Berliner Psychoanalytischen Gesellschaft zugelassen und trug wesentlich zur Einrichtung einer pädagogischen Studiengruppe bei.

Die nationalsozialistische Machtergreifung bedeutete für sie als Jüdin einen tiefen Einschnitt in ihrem Leben. »Ich und mein ganzes Schicksal wurden zuerst davon betroffen. Auf einmal hörte alles auf, nicht nur alle Arbeit, sondern auch alle Ideale, für die man sich eingesetzt hatte. Prinzipien, für die ich kämpfte, waren entwertet. Man mußte lernen, sich abzufinden, mußte auch versuchen, nicht moralisch unterzugehen in dieser Welt von Mißachtung, die alle Juden umgab ... Dann aber hatte ich das Glück, meine größte und fruchtbringendste Arbeit zu finden mitten im Chaos oder eigentlich durch dasselbe« (Wolffheim, 1964, 172f.). Da jüdischen Mädchen der Besuch der Universität oder anderer Ausbildungsanstalten durch die Nazis untersagt wurde, forderte die jüdische Beratungsstelle für Auswanderer Nelly Wolffheim auf, einen Ausbildungskurs für Kindergärtnerinnen einzurichten. (Alle Juden, die nach Palästina auswandern wollten, mußten eine praktische berufliche Qualifikation nachweisen.) Sie begann 1934 mit einem zweijährigen Kurs für etwa zehn Schülerinnen; später wurde das Seminar von durchschnittlich 70 Schülerinnen besucht, und zehn Lehrkräfte wurden beschäftigt. »Zwischenfälle aller Art infolge des Eingreifens der Nazibehörden haben die Leitung des Seminars sehr erschwert und mich in einer dauernden Spannung gehalten. Trotzdem, als ich im März 1939 das Seminar schloß, tat ich es mit sehr großem Bedauern« (ebd., 173). Die Schließung erfolgte, weil die meisten Schülerinnen und Lehrerinnen emigriert waren.

Als auch Nelly Wolffheim 1939 kurz vor Ausbruch des Zweiten Weltkriegs nach England auswanderte, war sie bereits 60 Jahre alt. Da sie als Emigrantin keine Arbeitserlaubnis erhielt, mußte sie schlechtbezahlte Schwarzarbeit annehmen. Sie betreute Kinder, gab Erziehungskurse für junge Mädchen, stellte Beschäftigungsspiele für Kinder her und arbeitete als »Kopfmodell« in einer Kunstschule – »schlug Kapital aus meiner prägnanten Häßlichkeit«, wie sie schrieb.

Nach Kriegsende nahm sie ihre publizistische Tätigkeit wieder auf und veröffentlichte in deutschen Fachzeitschriften eine Reihe von Aufsätzen, die jedoch – wie die psychoanalytisch orientierte Pädagogik insgesamt – kaum beachtet wurden. Nelly Wolffheim starb 1965 in England.

Die Aufgaben des psychoanalytisch orientierten Kindergartens

In Berlin gehörte Nelly Wolffheim zu den ersten Pädagogen der zwanziger Jahre, die die Erkenntnisse der Psychoanalyse aufgriffen und sich um die Entwicklung einer psychoanalytischen Pädagogik bemühten. Sie blickte bereits auf eine langjährige Praxis als Kindergärtnerin zurück, als sie 1922 begann, ihre Kindergartenpädagogik nach psychoanalytischen Erkenntnissen umzugestalten. Auch nach Hitlers Machtergreifung setzte sie zunächst ihre Arbeit in Berlin fort, bis auch sie schließlich 1938 nach England emigrieren mußte.

In ihrem theoretischen Aufsatz (Wolffheim [1930] 1966) geht es ihr zunächst um die Frage, welchen Beitrag der Kindergarten unter psychoanalytischem Aspekt zur Entwicklung der Kinder leisten kann. Danach soll der Kindergarten

1. dem Kind helfen, sich an die Realität anzupassen;
2. Fehler der familiären Entwicklung ausgleichen und
3. zu starke, hemmende Bindungen an die Eltern lockern.

Wie auch Aichhorn (1977[9]) ging Nelly Wolffheim davon aus, daß das kleine Kind noch nicht sozial denken und handeln kann, daß es noch »a-sozial« ist und erst in der Erziehung dazu gebracht werden soll, asoziale Tendenzen aufgeben und auf die Bedürfnisse anderer Rücksicht zu nehmen. Das verlangt vom Kind bereits so viel Einschränkungen, daß der Erzieher darüber hinaus keine Versagungen setzen sollte. Der Erzieher darf seine Position als Erwachsener nicht dazu ausnutzen, um Macht auszuüben. Die Kindergruppe, in der sich die Kinder miteinander identifizieren, hilft den Kindern, sich anzupassen, weil Einschränkungen und Zusammenstöße mit Gleichaltrigen leichter verarbeitet werden als Konflikte mit Erwachsenen. Aus der Kindergemeinschaft ergeben sich Forderungen an das Kind, so daß ein darüber hinausgehender Zwang unnötig, ja schädlich ist. »Diese aus der Gemeinschaft erwachsenden Einschränkungen sind ein wesentlicher Wert des Kindergartens ... Wollten wir dem Kind alle Versagungen ersparen, würden wir es auf seiner Entwicklungsstufe stehenlassen‹; nur durch Einschränkungen wächst das Kind« (Wolffheim [1930] 1966, 134).

Darüber hinausgehende absichtliche Versagungen durch den Erzieher lehnte Nelly Wolffheim entschieden ab. Der Erzieher sollte es möglichst weitgehend den Kindern selbst überlassen, sich in der Gemeinschaft zurechtzufinden. Allein die Tatsache, daß der Erzieher als ein Erwachsener den Kindern gegenübersteht, bedeute, daß jedes Eingreifen einen Druck, einen Zwang darstellt.

Fehler der familiären Erziehung bestehen vor allem in zu frühen und zu starken Anpassungsforderungen, in der Neigung der Erwachsenen, zuviel erziehen zu wollen. Nelly Wolffheim sah daher die Gefahren für das Kind in dem »Erziehungszwang« der Erwachsenen und stellt fest, daß der Kindergarten oftmals die Aufgabe habe, das Kind »unartiger« zu machen, d.h. seiner Überangepaßtheit entgegenzuwirken. Über das Verhalten eines solchen allzu braven Kindes berichtet Nelly Wolffheim:

»Hannelore kam mit fünf Jahren in den Kindergarten, weil der Kinderarzt der zu strengen häuslichen Erziehung entgegenwirken wollte. Sie schien zuerst etwas erstaunt über den bei uns herrschenden freien Ton und benahm sich – wie es zu Hause verlangt wurde – sehr wohlerzogen. Nach einiger Zeit hörte ich sie aber zu einem anderen Kinde sagen: ›Du, gehe hin und kneife Paul!‹ Sie traute sich noch nicht, es selbst zu tun, aber daß sie es überhaupt als Wunsch aussprach, war ein Fortschritt und schien uns ein Erfolg zu sein. Es dauerte dann auch nicht mehr lange, bis Hannelore sich in ihrem Verhalten soweit änderte, daß sie sich gelegentlich auch einmal eine ›Ungezogenheit‹ gestattete« (ebd., 135).

Nelly Wolffheim kritisiert, daß die Erziehung gemeinhin das Kleinsein des Kindes betont. Dagegen fordert sie, Selbständigkeit, Zutrauen und Sicherheit des Kindes sollten gestärkt werden; dazu gehört, daß das Kind sich aus der Übermacht des Erwachsenen befreit. Daraus folgt nun aber nicht – dieser Eindruck könnte fälschlicherweise entstehen – daß sich die Kindergärtnerin aus der Erziehung zurückziehen solle. Im nahen Kontakt zur Erzieherin werden die Gefühlsbeziehungen aus der Familie auf sie übertragen. Jedoch erfahren die Kinder schon bald, daß der Kindergarten keine Wohnung, die Kindergärtnerin nicht die Mutter und die anderen

Kinder nicht die Geschwister sind. Sie erweitern ihre personalen Beziehungen im Kindergarten und lockern dadurch die Bindung an die Eltern, insbesondere an die Mutter. Es handelt sich hierbei nicht nur um eine quantitative Erweiterung von Beziehungen, sondern ebenfalls darum, daß das Kind gleichzeitig neue Verhaltensweisen erprobt.

Das Kindergartenkind befindet sich dem Alter nach in der ödipalen Phase; und es ist zu erwarten, daß sich die ödipalen Konflikte in irgendeiner Weise auch im Kindergarten zeigen. Nelly Wolffheim geht den Fragen nach, wie sich diese Konflikte im Kindergarten äußern und welche Möglichkeiten der Kindergarten hat, zur Überwindung der ödipalen Konflikte beizutragen. Die Erzieherin soll nicht die Kinder beherrschen, sondern soll einen nahen Kontakt zum Kind haben, der es dem Kind ermöglicht, eine positive Übertragung herzustellen. Das Liebesbedürfnis des Kindes soll von der Kindergärtnerin verständnisvoll beantwortet werden. »Es gehört zu den Erkenntnissen, die die Psychoanalyse der Pädagogik gebracht hat, daß wir das Übertragungsverhältnis nutzbar machen. Aus Liebe, also freiwillig, wird es dem Kind leichter, sich anzupassen und Verzichte zu leisten« (ebd., 136). Zugleich soll das Kind intensive Beziehungen zu anderen Kindern entwickeln. Voraussetzung dafür war in jedem Fall eine kleine Kindergruppe, die es nur in den wenigen Privatkindergärten gab.

Im Rivalisieren um eine bevorzugte Stellung gegenüber einem Elternteil richten sich die Angriffe des Kindes häufig gegen Geschwister, insbesondere gegen die jüngeren. Tritt nun das Kind in den Kindergarten ein, so zeigen sich die aus geschwisterlichen Beziehungen resultierenden Konflikte meist verstärkt. Das Kind sieht in den anderen Kindern unbewußt Konkurrenten, die ebenfalls nach der ungeteilten Zuwendung der Kindergärtnerin streben. Erst ganz allmählich kann sich das feindselige Gefühl in eine soziale Bindung umwandeln. Nach Nelly Wolffheim entwickeln sich die ersten Keime eines Zusammengehörigkeitsgefühls dadurch, daß sich die Kinder mit ihresgleichen identifizieren. Sie warnt davor, eine äußerliche Anpassung auch als innerlich vollzogen anzusehen. Werden ungewöhnliche soziale Gefühle wie Selbstverleugnung bei einem Kind beobachtet, so handelt es sich häufig um eine Überkompensierung asozialer Tendenzen, die gelegentlich später zu einem heftigen Durchbruch kommen. »Wir lernten durch die Tiefenpsychologie die Gefahren eines musterhaften Verhaltens verstehen, und keinesfalls darf der suggestive Einfluß, der von der geliebten Leiterin ausgeht, dazu benutzt werden, die Anforderungen des kindlichen Überichs zu sehr hinaufzuschrauben« (ebd., 111). Es muß den Kindern vielmehr gestattet sein, auch aggressive Auseinandersetzungen mit anderen Kindern ohne Schuldgefühle auszuleben. »Zusammenstöße mit Altersgenossen haben meist nicht die störende Wirkung wie die Konflikte mit Erwachsenen. Überlassen wir es daher den Kindern, im möglichst weitgehendem Maße sich selbst in der Gemeinschaft zurechtzufinden« (ebd., 113).

Nelly Wolffheim kritisierte, daß in vielen Kindergärten die Kinder zur Teilnahme an Gemeinschafts- und Kreisspielen gezwungen würden. Diese erzieherisch gemeinte Maßnahme diene allenfalls einer äußeren Anpassung, die aber nicht innerlich vollzogen werde. Erst mit etwa 3 ½ Jahren sei das Kind fähig, sich in die Spielgedanken anderer einzufühlen. Zwar spielt es bereits wesentlich früher gerne in Gegenwart anderer Kinder, aber meist spielt es neben den anderen Kindern seine eigenen Spiele.

Sondert sich ein Kind im Kindergarten ständig ab, so stehe das wohl immer im Zusammenhang mit Kräften, die im Unbewußtsein wirksam sind. Von außen kommende Beeinflussung vermag da kaum etwas auszurichten. Die Freundschaft mit einem anderen Kind kann oftmals eine Brücke zu den anderen Kindern bilden. Eine andauernde Absonderung des Kindes läßt auf die tiefergehende seelische Störung schließen. Ein wichtiger Vorteil der Kindergemeinschaft liegt vor allem in der Gemeinsamkeit des Erzogenwerdens. Nelly Wolffheim unterscheidet dabei zwei Aspekte: zum einen werden Gebote und Verbote weniger als persönliche Strafe empfunden, da man sie mit anderen teilt; und zum anderen erziehen sich Kinder gegenseitig, indem sie sich miteinander identifizieren und aneinander anpassen.

Die Beziehungen der Kinder zu Erwachsenen außerhalb der Familie und zu anderen Kindern tragen dazu bei, ödipale Konflikte schneller zu überwinden. Der Kindergarten bietet Möglichkeiten, sich mit anderen Erwachsenen zu identifizieren, ohne daß dabei

Konflikte und Schuldgefühle in dem Maß mobilisiert werden wie in der Familie. Nelly Wolffheim beobachtete, daß die Kinder zunächst die familiären Konflikte auf die Kindergärtnerin und die Kindergruppe übertrugen. Da die erwachsenen Bezugspersonen möglichst wenig eingriffen, konnten die Kinder ihre Konflikte ausagieren. Sie waren damit der Verarbeitung zugänglich, das Kind konnte neue Erfahrungen machen und festgefahrene Verhaltensweisen so aufgeben.

»Kinderspiel und Kinderarbeit« von Nelly Wolffheim, 1930c.

Bei der Aufnahme eines Kindes in den Kindergarten sollte darauf geachtet werden, in welcher Phase der Entwicklung das Kind sich befindet. Das Verhalten des Kindes gibt Aufschluß über seine inneren Konflikte. Äußert es einen übergroßen Trennungsschmerz, so deutet das auf eine zu große Abhängigkeit hin. Wenn jüngere Geschwister da sind, kann auch die Eifersucht des älteren Kindes dazu führen, daß es Angst hat, von der Mutter verlassen zu werden. Zu energische Versuche seitens der Kindergärtnerin, das Kind zum Bleiben zu überreden oder gar zu zwingen, können dem Kind den Beginn im Kindergarten zum Trauma werden lassen. Nelly Wolffheim empfahl, daß die Mutter eine Weile beim Kind im Kindergarten bleiben solle, bis es die Fremdheit überwunden hat. Meist wirkt die Anziehungskraft der anderen Kinder so stark, daß das Kind sich zu ihnen hingezogen fühlt und die anfänglichen Schwierigkeiten rasch überwindet. Bleiben aber Angst und Ablehnung trotzdem bestehen, so kann es unter Umständen empfehlenswert sein, den Kindergartenbesuch zunächst einmal abzubrechen und später an anderer Stelle erneut einen Versuch zu machen. In besonders schwierigen Fällen kann es notwendig sein, eine Erziehungsberatungsstelle aufzusuchen, denn auf der Kindergartenangst kann später Schulangst aufbauen. Nelly Wolffheim wertet die Kindergartenangst als ein Symptom für eine Fehlentwicklung, die einer rechtzeitigen therapeutischen Beratung und möglicherweise auch Behandlung bedarf.

Zu den Erscheinungen der ödipalen Phase gehören auch Reizbarkeit, Aufregungs- und oft auch Angstzustände, für die sie u.a. folgendes Beispiel nennt:

»Wenn zum Beispiel die fünfjährige Susanne in meinem Kindergarten stets, nachdem ihr Vater abgereist war (was häufig geschah), verstimmt und äußerst anlehnungsbedürftig in den Kindergarten kam, so mußte dies auffallen. Sie war dann immer widerspenstig, tat bewußt, was sie nicht tun sollte, alberte mit den Kindern, beschäftigte sich nicht recht, und ihre Eßstörung verschlimmerte sich in diesen Zeiten. Der Zustand hielt an, bis der Vater zurückgekehrt war. Die starke Gefühlsbeziehung des Kindes zu seinem Vater trat deutlich hervor« (Wolffheim [1930] 1966, 105).

Kennen die Erzieher im Kindergarten die Ursachen für solche kindlichen Verhaltensweisen, so können sie durch interessante Beschäftigungen das Kind zumindest zeitweise entlasten. Positive Beziehungen zur Kindergärtnerin und den anderen Kindern können helfen, den ödipalen Konflikt zu verarbeiten.

Äußerungsformen der infantilen Sexualität im Kindergarten

Die ödipale Phase ist die Blütezeit frühkindlicher Sexualität, und ihre Äußerungen sind in einem Kindergarten, der die Sexualität nicht tabuisiert und unterbindet, zu erwarten. Jedoch kamen die Kinder aus Familien, in denen die Eltern Fragen der Sexualerziehung zurückhaltend oder abweisend gegenüberstanden. Demnach hatte Nelly Wolffheim es mit Kindern zu tun, die durch die häusliche Erziehung bereits »verbogen« waren. Die Diskrepanz zwischen der Offenheit psychoanalytischer Erziehung im Kindergarten und repressiver familiärer Sexualerziehung führte zu Schwierigkeiten. Nelly Wolffheim nahm auf die Einstellung der Eltern Rücksicht. Ausgangspunkt für eine freie Sexualerziehung war für sie daher die Elternarbeit. »Bei der vielfach noch außerordentlichen Rückständigkeit mancher Eltern würden häufig Schwierigkeiten entstehen, wenn wir einem Kinde, wie es dem psychoanalytischen Pädagogen selbstverständlich ist, in wünschenswerter Weise Auskunft gäben« (Wolffheim [1930] 1966, 118). Sie sah es als vordringlich an, auf Elternabenden und in Einzelsprechstunden zu versuchen, Mütter und Väter für eine freie Sexualerziehung zu gewinnen. »Nur eine richtige Belehrung der Eltern kann uns die wünschenswerte Freiheit dem Kinde gegenüber verschaffen« (ebd.).

Werden im Kindergarten die sexuellen Strebungen der Kinder nicht so stark unterdrückt wie im Elternhaus, so äußern sie sich recht unverhohlen als Eltern- oder Doktorspiele. Die weitverbreiteten »Doktorspiele« mit einem gegenseitigen Betasten nahm Nelly Wolffheim zwar als typische Erscheinung dieser Altersstufe hin, suchte aber dennoch die Kinder davon abzulenken. »Da man nie wissen kann, ob der eine (passive) Teil nicht einen erstmaligen und heftigen Anreiz erhält, dessen Tragweite wir im Einzelfall nicht übersehen können, werden wir gut tun, auch im Interesse einer Realitätsanpassung des Kindes solchen Spielereien entgegenzuwirken« (ebd., 122). Die überaus vorsichtige Haltung Nelly Wolffheims entsprang offensichtlich ihren Erfahrungen mit den Eltern der Kinder. Sie versuchte einen Erziehungsstil zu finden, der zwar nicht die Fehler der Eltern wiederholt, jedoch die Kluft zwischen der Erziehung im Kindergarten und im Elternhaus nicht allzu groß werden läßt.

Im Kindergarten wurden auch die Folgen einer repressiven frühkindlichen Sauberkeitsdressur sichtbar. Eine zu frühe oder zu rigide Sauberkeitserziehung kann zu Reaktionsbildungen führen, etwa einem übertriebenen zwanghaften Sauberkeitsbedürfnis, das mit der Angst einhergeht, sich schmutzig zu machen. Bereits die Erzieher im Kindergarten haben es mit Kinder zu tun, die durch die Reinlichkeitserziehung im Elternhaus in bestimmter Weise geprägt wurden. Beginnende Fehlentwicklungen können hier erkannt und korrigiert werden. Nelly Wolffheim beobachtete in ihrem Kindergarten, daß Kinder sich an schmutzigen Dingen und Ausdrücken, die mit den Ausscheidungsfunktionen im Zusammenhang standen, freuten. Sie interpretierte dieses Verhalten als ein Überbleibsel aus der analen Phase, in der alle Kinder die Lust haben, mit ihrem Kot zu schmieren, und teilte eine Reihe von Beobachtungen mit:

> »*Rita (5 Jahre) weigerte sich, sich bei der Gymnastik auf den Boden zu setzen. Mütterlicher Ermahnungen eingedenk, erklärte sie: ›Das darf man doch nicht. Da ist es doch schmutzig.‹ Nach wenigen Augenblicken: ›Ich tu es doch‹, und strahlend fortfahrend, ›Schmutz ist doch schön.‹ – Anni (4 Jahre) liebte es sehr, da man sie nicht hereinließ, durch eine Bretterritze in das ländliche Klosett zu sehen, wenn es benutzt wurde. Und die dreijährige Gerda ging mit dem größten Vergnügen in das nämliche Klosett, hob immer wieder den Deckel auf schaute hinein und zog den Geruch durch die Nase*« (ebd., 123).

Das erste Beispiel zeigt, wie durch häusliche Erziehung Hemmungen und Ängste erzeugt wurden; zugleich konnte sich das Kind aber im Kindergarten von diesen Hemmungen befreien, konnte sie kompensieren, vorausgesetzt, daß die Erzieherin die Probleme aus der analen Phase erkannte und durch ein entsprechendes Spielangebot Gelegenheit zur Verarbeitung bot. Eine Unterdrückung kindlicher Sexualäußerungen durch Verbote führt nicht zur Verarbeitung der Triebregungen, sondern zu Verdrängungen und Heimlichkeiten. »Dem fünfjährigen Peter war zu Hause der Gebrauch analer Worte strengstens untersagt. Er benützte eine günstige Gelegenheit im Kindergarten, zog sich allein in eine Ecke zurück und tat nichts als immer wieder und mit sichtlichem Vergnügen die zu Hause verbotenen Worte auszusprechen« (ebd., 123). Für die weitere Entwicklung des Kindes ist es wichtig, daß anale Bedürfnisse nicht ausschließlich der Verdrängung anheimfallen. Das verurteilt nun aber den Erzieher keineswegs zum Nichtstun. Er sollte vielmehr die Interessenrichtung der einzelnen Kinder beobachten, um durch geeignete Beschäftigungen primitive Befriedigungsformen in höherwertige umzuleiten. Der Umgang mit Sand, Wasser, Farbe und Tonerde unterstützt dabei die Sublimierung analer Triebbedürfnisse.

Kinderfreundschaften

Im Alter von vier bis fünf Jahren gehen Kinder intensive Freundschaften ein, deren erotischer Charakter oft nicht zu übersehen ist. Nach Beobachtungen von Nelly Wolffheim waren solche Freundschaften recht verbreitet. Sie berichtete über einige Fälle solcher Kinderfreundschaften, beobachtete ihren Verlauf und stellte die Frage, welchen Einfluß sie auf die Entwicklung des Kindes haben:

> »Peter (5 Jahre) war ein besonders intelligenter Junge, der sicher und bestimmt auftrat. Er hörte aber auf im Kindergarten als selbständige Persönlichkeit hervorzutreten, nachdem sich Paul seiner in Freundschaft bemächtigte. Die beiden zogen sich von den anderen zurück, spielten nur allein – möglichst in einer Nische, in der man sie nicht sah – und Paul suchte Peter zu onanistischen Spielereien zu verführen.

> *Günther (4. bis 6. Jahr) hatte eine Freundin Gerda (ungefähr gleich alt) außerhalb des Kindergartens, die ihn beherrschte und der er ganz ergeben war. Er – der sonst absolut nicht bescheiden war – fühlte sich neben ihr klein und unbedeutend. Er ließ von ihr mit sich machen, was sie wollte. So hörte die Mutter im Nebenzimmer, wie Gerda mehrfach wiederholte: ›Der ‚Zipfel' muß ab, wozu ist der denn da?‹ Und als die Mutter hineinging, sah sie, daß Gerda dem Jungen strähnenweise Haar abschnitt. Diese Handlung muß symbolisch verstanden werden. Das passive Verhalten Günthers zeigte, daß er seine Männlichkeit seiner Liebe opferte. Als Günthers Mutter einmal unfreundlich zu Gerda war, erfolgte gegen letztere ein starker Zärtlichkeitsausbruch, während er sonst in seiner Freundschaft eher spröde war ... Gerda wirkte dem Kindergarten entgegen. Eines Tages wollte Günther nicht mehr in den Kindergarten gehen; es ergab sich, daß Gerda den Kindergarten ›doof‹ fand und es ihm auch gesagt hatte, er solle lieber bei ihr bleiben. Es scheint mir wahrscheinlich, daß das Sich-schwer-Einleben, unter dem Günther lange Zeit litt, mit Gerda im Zusammenhang stand. Günther schloß sich nicht an die anderen Kinder an, weil sein Gefühlszentrum – eben Gerda – außerhalb des Kindergartens lag.*
>
> *Erst nach zwei Jahren etwa befreundete er sich intensiver mit einem Jungen, spielte aber außerdem mit den meisten anderen Kindern. Dies war zu einer Zeit, als sich auch aus äußeren Gründen die Freundschaft mit Gerda gelöst hatte«* (Wolffheim [1930] 1966, 127).

In den emotionalen Beziehungen versucht der eine Partner den anderen zu beherrschen und abhängig zu machen. Insofern zeigen diese Beispiele, wie sich die unterdrückende Erziehung in der Familie auch in der Gestaltung sozialer Beziehungen im Kindergarten auswirkt. Dem Kindergarten gelingt es hier nicht, die Einflüsse der Familienerziehung auszugleichen. Es erscheint aber konsequent, wenn Gisela Hundertmark (1969) insbesondere die negativen Folgen erotisch gefärbter Freundschaften unter Kindern herausstellt, die von nachteiligem Einfluß auf das Kind seien. »Eine erotisch gefärbte Freundschaft (kann) auch dazu führen, daß starke Eifersucht, Kampf um Alleinbesitz, Abhängigkeiten auftreten. Oft werden auch Zärtlichkeiten gesucht, und es kann zu onanistischen Spielereien kommen; Kinder sind übererregt und leiden unter der Heftigkeit ihrer Gefühle« (Hundertmark 1969, 32). Gisela Hundertmark beurteilt die Chancen, solche intensiven Freundschaften erzieherisch zu beeinflussen, gering, plädiert folglich dafür, daß die Erzieherin sie unterbinden sollte. Wir müssen uns fragen, weshalb Kinder ihre Freundschaften so gestalten, daß sie z.B. ihren Partner beherrschen wollen. Offenbar zeigt sich hier bereits, daß die Kinder durch die Erziehung geschädigt sind, so daß ihre Beziehungen neurotische Symptome aufweisen. Mit der Unterdrückung der Kinderfreundschaften lassen sich die Fehlformen von Partnerbeziehungen nicht verändern. Wir müssen klar erkennen, daß deren Ursachen in den Strukturen der Sozialbeziehungen in der Familie liegen. Aufgabe der Kleinkinderziehung sollte es sein, Methoden zu entwickeln, mit denen die Einwirkungen der familialen Sozialisation aufgearbeitet werden können. Im Kindergarten sollten die Kinder lernen, nach und nach innige Beziehungen miteinander aufzubauen und eine positive Einstellung zur Sexualität zu entwickeln.

Das verhaltensgestörte Kind im Kindergarten

Verhaltensstörungen von Kindern haben ihre Ursache meist in unbewußten Konflikten. Die Verhaltensstörung selbst ist als ein Symptom dieser unbewußten Konflikte aufzufassen. Eine Unterdrückung oder Bekämpfung des Symptoms allein nützt wenig, denn solange die Ursache nicht beseitigt ist, wird das alte Symptom sich dem erzieherischen Einfluß entweder als unzugänglich zeigen, oder aber ein Symptom verschwindet, und ein anderes störendes Verhalten tritt an seine Stelle.

Bei der Frage, welche Hilfen es im Kindergarten für verhaltensgestörte Kinder gibt, nennt Nelly Wolffheim an erster Stelle die Beratung der Eltern, denn selbst die therapeutische Behandlung eines Kindes kann nicht viel helfen, wenn die Eltern nicht zu einer verständnisvollen Haltung veranlaßt werden. Nelly Wolffheim lehnt es ab, daß die Leiterin des Kindergartens die therapeutische Behandlung übernimmt, weil eine Therapie keine pädagogische Maßnahme sei. Jedoch muß der Erzieher Kenntnis darüber haben, ob ein Kind in therapeutischer Behandlung ist, weil sich daraus Schwierigkeiten im Kindergarten ergeben können. Die therapeutische Behandlung kann nur dann erfolgreich sein, wenn das Kind eine positive Übertragung zum Analytiker aufbaut. Nelly Wolffheim beobachtete, daß sich dadurch die Übertragung auf die Erzieherin im Kindergarten abschwächte und Schwierigkeiten im Kindergarten folgten.

> »Vor Beginn ihrer Analyse spielte Erna wenig; sie liebte es mehr, sich zu unterhalten ... Bald nach Beginn der Analyse suchte sie mich nicht mehr auf, um sich auszusprechen. Das Vielreden ließ überhaupt nach. Sie begann zu spielen, allein und mit anderen Kindern, und schloß sich intensiv einem kleinen Mädchen an, das sie beherrschte. Mehr und mehr wurde aus der ›kleinen Erwachsenen‹ im Kindergarten ein ausgesprochen ungezogenes Kind. Erna, die früher so überaus artig war, daß es auffallen mußte, und die zum Beispiel in Tränen ausbrach, als ich allen Kindern vorhielt, sie seien gar zu laut gewesen, – dieses Kind konnte sich nun nicht genug tun, gegen die Kindergartenregeln zu verstoßen. Ich hatte jeden Einfluß auf Erna verloren« (Wolffheim [1930] 1966, 148).

Zur Bedeutung des Spiels

Zu den besonderen Schwierigkeiten, die die Erzieher ratlos machen können, gehören aggressive Verhaltensweisen. Die aggressiven Affekte, die sich z.B. in Tierquälerei und in Zerstörungssucht zeigen, können nicht »moralisch beeinflußt werden« (Nelly Wolffheim), auch Strafen oder Verbote werden die im Unbewußten verborgenen Konflikte nicht aufdecken. Der Weg zur Bearbeitung unbewußter Konflikte ist das Spiel, denn im freien Spiel zeigen sich – nach der psychoanalytischen Theorie (Anna Freud) – die Konflikte des Kindes. »Spiel ist die Umgestaltung der Realität in lustbringender Form. Spiel bringt wie der Traum Wunscherfüllung. Im Spiel kann das Kind ungestraft das tun, was ihm die Erziehung verwehren muß. Verbotenes kann hier in erlaubter Form ... erlebt werden« (Wolffheim [1930] 1966, 138).

Die psychoanalytische Spieltheorie besagt, daß Situationen, die das Kind passiv erlitten hat, im Spiel in eine aktive Situation verwandelt werden. Was dem Kind zuvor als drohende Macht gegenübergetreten ist, wird im Spiel verarbeitet. Das Spiel hat eine kathartische, also reinigende Wirkung. Das Kind verarbeitet im Spiel Spannungszustände, die es bewußt noch nicht bewältigen könnte. Die therapeutischen Möglichkeiten des Spiels sind von der Psychoanalyse entdeckt worden und bilden seither ein wichtiges Element der Kindertherapie (Melanie Klein, Anna Freud, Hans Zulliger). Im Kindergarten hat das freie Spiel besonderen Wert für die Sozialerziehung. Im gemeinsamen Spiel sind eine Vielzahl von möglichen sozialen Beziehungen enthalten. Das Kind tritt zu anderen in Beziehung, und es nimmt im Rollenspiel wechselnde Rollen ein. Im Spiel kann das Kind Zorn, Quälsucht und Machtwillen ausleben, und daher sollten Rohheitsakte im Spiel nicht unterbunden werden. Sie stellen vielmehr eine Abfuhr von Affekten dar, die unerwünschten Handlungen in der Realität vorbeugen. Nelly Wolffheim beobachtete, daß Kinder in ihren Spielen Brände, Hauseinsturz, Zusammenstöße, also Vernichtung, darstellten. Spiele dieser Art entstehen aus unverarbeiteten Konflikten, und auch dann wenn die Problematik dem Kind nicht durch Verbalisieren bewußt gemacht wird, hat das Spiel eine befreiende und lösende Wirkung.

Psychoanalyse und Kindergarten

Nelly Wolffheim hat den Aufsatz, in dem sie über ihre Erfahrungen im Kindergarten berichtete, »Psychoanalyse und Kindergarten« genannt und nicht etwa »Psychoanalytische Pädagogik im Kindergarten«. Das hatte seinen guten Grund, denn sie war sich durchaus bewußt, daß die Psychoanalyse ihrer Herkunft nach eine ärztliche Wissenschaft ist und daß eine Integration von Psychoanalyse und Erziehungswissenschaft nicht so ohne weiteres gelingen kann. Vergegenwärtigen wir uns ihren theoretischen Ansatz:

Sie revidiert das Bild und die Vorstellung, die sich die normative Pädagogik von der Natur des Menschen gemacht hatte. Das bedeutete, daß sie die seelische Struktur des Menschen mit Es, Ich und Über-Ich als Gegebenheit annahm. In der Erziehung sollten die aus dem unbewußten stammenden Konflikte berücksichtigt werden. Sie erkannte, daß eine strenge und fordernde Erziehung zu einem rigiden Über-Ich führt und neurotische Fehlentwicklungen fördert. Das geeignete pädagogische Mittel zur Verarbeitung der unbewußten Konflikte war das freie Spiel, das daher im Kindergarten gefördert werden sollte.

Die Psychoanalyse hatte entdeckt, daß sich die kindliche Entwicklung in bestimmten Phasen vollzog. Die Konsequenz war, daß die Erziehung bestimmte kindliche Verhaltensweisen – insbesondere Sexualäußerungen – tolerieren mußte, weil sie als Teil einer normalen Entwicklung erkannt wurden. Damit der Mensch befähigt wird, Triebansprüche einerseits sowie Forderungen der Realität und des Über-Ichs andererseits in Einklang zu bringen, braucht er als regelnde Instanz ein starkes und flexibles Ich. Die Erziehung muß darauf zielen, das Ich zu stärken. Für Nelly Wolffheim stand der Abbau autoritärer Abhängigkeiten im Vordergrund. Sie sah, daß die Kindergruppe als erzieherisches Mittel eine positive Wirkung auf ichgerechte Verarbeitung von Konflikten hatte, während die Autorität der Erwachsenen das Kind erdrücken kann, und sie forderte, daß der Erzieher sich zurückhalten sollte.

Es war Nelly Wolffheims Verdienst, daß sie durch direkte Kinderbeobachtungen die Erkenntnisse Freuds über die Entwicklung des Menschen bestätigte. Sie verstand ihre pädagogische Arbeit im Sinne einer Psychohygiene als Neurosenprophylaxe. Sie wies immer wieder auf die Gefahren hin, die von einem Zuviel an Erziehung ausgehen. Allerdings müssen wir heute kritisieren, daß sie einen zu engen Begriff von den Möglichkeiten der Erziehung hat, die sie zwar für notwendig hielt, deren Aufgaben sie aber vor allem in der Einschränkung der Befriedigung von Triebbedürfnissen sah.

V
Montessoris Konzeption einer Elementarerziehung

Maria Montessori

Maria Montessori (1870–1952)

Die pädagogischen Schriften der italienischen Ärztin Maria Montessori (1880–1952) haben in der ganzen Welt Verbreitung gefunden und die Kleinkinderziehung beeinflußt. Maria Montessori kritisierte den Drill, die Reglementierung und die Unfreiheit der Erziehung in der Schule. Im System von Belohnungen und Strafen erkannte sie die Mittel, mit denen aus unterdrückten Kindern gehorsame und unterwürfige Bürger gemacht wurden. Sie setzt dem ihre Forderung nach einer Erziehung ohne Zwang entgegen, durch die die Kräfte des Kindes sich entfalten können. Von diesen humanistischen Ideen ausgehend, hat sie eine Erziehungslehre entwickelt, die insbesondere durch ihre vielfach erprobten Methoden kognitiver Förderung eine große Verbreitung gefunden hat. Sie betont, daß die Pädagogik sich nicht auf philosophische Spekulationen verlassen darf, sondern sich bemühen muß, ihre Erfahrungen und Experimente wissenschaftlich zu begründen. In den folgenden Abschnitten werden wir uns mit dem sozialen Engagements Montessoris für die Erziehung und Förderung des soziokulturell benachteiligten Kindes beschäftigen, mit ihren pädagogischen Grundsätzen der Freiheit, Unabhängigkeit und Selbständigkeit des Kindes sowie mit dem von ihr entwickelten didaktischen Material. Daran schließt sich die Diskussion der Kritik, die von Vertretern der Pädagogik Fröbels an Montessori geübt wurde.

Die soziale Aufgabe der »casa dei bambini«

Maria Montessori hat in dem Stadtteil San Lorenzo in Rom die »casa dei bambini« geschaffen, eine Einrichtung für Kinder zwischen drei und sechs Jahren, vergleichbar unseren heutigen Kindertagesstätten. Diese Kinderhäuser erfüllten soziale und pädagogische Aufgaben. Sie waren ein Teil eines Sanierungsprogramms der »Römischen Gesellschaft für zweckmäßiges Bauen«. Diese Gesellschaft hatte in einem Stadtviertel Roms 58 Häuser mit insgesamt 1.600 Wohnungen erworben, die alle in den achtziger Jahren des 19. Jahrhunderts erbaut waren und keinerlei sanitäre Einrichtungen enthielten. »Diese Gegend hätte man den menschlichen Müllhaufen der Stadt nennen können, denn dort konnte man alles Mögliche durcheinander finden, Gutes und Nützliches, aber auch Faules und Totes. In diesem Viertel lebten Arbeiterfamilien gleich neben Verbrechern, Prostituierten und solchen, die in äußerstes Elend geraten waren. Innerhalb eines Versuches, sowohl die Wohnmöglichkeiten als auch den Charakter der Gegend zu verbessern, hatte man die ordentlichen Familien aus der Arbeiterklasse gesammelt und große Mietshäuser für sie aufgebaut« (Böhm 1971, 9). Nach der baulichen Sanierung von zunächst vier Häusern wurde den Mietern die Auflage erteilt, für die Pflege und Instandhaltung des Hauses selbst zu sorgen. Da in der Regel beide Elternteile arbeiteten, blieben die Kinder im vorschulischen Alter sich selbst überlassen und wurden zu »unverständigen kleinen Vandalen« (Montessori 1930,

55). In jedem der vier Häuser wurden die Kinder zwischen drei und sieben Jahren in einem großen Saal gesammelt und von einer Lehrerin unterrichtet. Maria Montessori übernahm 1907 die Leitung und nannte sie »casa dei bambini« (»Kinderhaus«). Das Kinderhaus wurde indirekt von den Mietern finanziert. Da sie die Instandhaltung des Hauses selbst übernahmen, konnte die Gesellschaft das dafür vorgesehene Geld für die Kinderhäuser verwenden. Daher war der Besuch des Kinderhauses unentgeltlich. Den Müttern wurde allerdings die Verpflichtung auferlegt, die Kinder sauber in das Kinderhaus zu schicken und wenigstens einmal wöchentlich mit der Leiterin über ihre Kinder zu sprechen. Für eine intensive Verbindung von Kinderhaus und Familie wurde dadurch Sorge getragen, daß die Erzieherin im Hause wohnte. »Dies ist eine Tatsache von sehr großer Bedeutung. Unter diesen nahezu wilden Leuten, in Häusern, wohin bei Nacht niemand unbewaffnet zu gehen wagte, lehrt nicht nur, sondern lebt das gleiche Leben wie die Bewohner, eine gebildete Frau, eine Lehrerin von Beruf, die ihre Zeit und ihr Leben dem Dienst ihrer Umgebung widmet« (Montessori 1930, 56).

Die Schule ist also in das Haus verlegt und wird noch dazu zum Eigentum der Gemeinschaft. Montessori schwebte vor, in den Häusern weitere Gemeinschaftseinrichtungen zu schaffen, wie eine Krankenstation, eine Gemeinschaftsküche, Leseräume u.ä. Sie verstand das Kinderhaus als einen ersten Schritt zur »Sozialisierung des Hauses« (ebd., 39). Das Kinderhaus war also nicht eine von den Familien entfernte Bildungseinrichtung; es gab – durch die unmittelbare Einbettung in die sozialen Beziehungen der Familie am Wohnort – die Möglichkeit, auf die Familien einzuwirken und das Interesse der Mütter an der Erziehung und Pflege der Kinder zu wecken. Die Mütter konnten das Kinderhaus jederzeit besuchen und das Leben ihrer Kinder dort beobachten. Dadurch sollten die Mütter angeleitet werden, die Erziehung ihrer Kinder weiterzuführen, wenn sie in die Schule kommen würden. Die Mütter waren z.T. Analphabeten, und als ihre Kinder im Kinderhaus lesen lernten, bemühten sich die Mütter, es ebenfalls von ihren Kindern zu lernen.

Zu dem sozialen Programm gehörte auch die Kontrolle der körperlichen Entwicklung der Kinder. Die Lehrerin stellte regelmäßig

Größe und Gewicht der Kinder fest und badete sie einmal wöchentlich, was bei einer Klasse von 50 Kindern keine Kleinigkeit war. Die Untersuchungen durch den Schularzt bezogen sich auf den körperlichen Gesamtzustand (Neigung zu Rachitis, frühe Lähmungserscheinungen, Sehvermögen usw.). Sodann hatte der Arzt u. U. auch therapeutische Maßnahmen zu ergreifen und die Mütter in der Pflege und Ernährung der Kinder zu beraten.

Die pädagogischen Methoden im Kinderhaus

Als Grundlage der Pädagogik Montessoris ist ihr Ziel zu nennen, die Unabhängigkeit und Selbständigkeit der Kinder in jeder Hinsicht zu fördern. Sie kritisierte die herkömmliche Erziehung, in der Kinder dadurch unselbständig gehalten würden, daß die Erwachsenen sie tendenziell wie ein Objekt behandelten, nicht aber wie einen Menschen, den man achten sollte. »Wir neigen dazu, die Kinder als Puppen anzusehen, und daher waschen wir sie und geben ihnen zu essen, als wären sie unsere Puppen ... Die Mutter, die ihrem Kind zu essen gibt, ohne jedes Bestreben, es zu lehren, wie man den Löffel selbst hält und ihn zum Munde führt, oder ihm dies vorzumachen, ist keine gute Mutter. Sie versündigt sich an der angeborenen Würde ihres Kindes« (Montessori 1930, 93).

Montessori forderte, die Würde des Kindes zu achten; daher verboten sich Lohn und Strafe in der Erziehung. Ähnlich wie auch Fröbel stand sie auf dem Standpunkt, daß das Kind nach Freiheit und Kraft aus seinem Inneren strebe. Nun hatte sie es im Kinderhaus durchaus auch mit vernachlässigten Kindern zu tun, die teilweise auch Verhaltensstörungen zeigten. Wie verhielt sich die Erzieherin, wenn ein Kind störte? Störende Kinder wurden von den anderen abgesondert, an einen Tisch in der Ecke des Zimmers gesetzt, von wo aus sie die anderen Kinder sehen konnten. Sie erhielten die Materialien, mit denen sie sich gern beschäftigten. Diese Maßnahme sollte keinesfalls den Charakter einer Strafe erhalten, vielmehr nahm man an, daß das Kind innerlich nicht so geordnet sei, um sich sozial angepaßt verhalten zu können. Die Ruhe, sich allein beschäftigen zu können, und die liebevolle Zuwendung der Erzieherin sollten dem Kind helfen, innerlich geordnet und zufrieden zu werden. Montessori, das sollte hier eingefügt werden, hatte sich keiner psychologischen Richtung angeschlossen, sie hatte aufgrund ihrer Erfahrungen als Ärztin und ihrer pädagogischen Modellversuche eigene psychologische Anschauungen entwickelt, in denen der Begriff des »innerlich geordneten Kindes« eine zentrale Rolle spielte. Über die Maßnahmen, die dem Kind helfen sollten, die Fähigkeiten zum gesellschaftlichen Zusammenleben zu entwickeln, schrieb sie:

> »*Das abgesonderte Kind wurde immer mit besonderer Sorgfalt behandelt, fast als ob es krank wäre. Und wenn ich selbst das Schulzimmer betrat, ging ich gleich auf ein solches Kind zu und war zärtlich zu ihm, als ob es ein ganz kleines Kind wäre ... Ich weiß nicht, was in der Seele der Kinder vor sich ging, die wir einer besonderen Zucht unterwerfen mußten, jedenfalls war aber die Besserung immer vollständig und anhaltend*« (ebd., 98).

Die Einrichtung des Kinderhauses und die Beschäftigungsmittel

Die pädagogische Arbeit im Kinderhaus beginnt mit der Einrichtung der Räume. Wenn in ihnen Kinder zu Unabhängigkeit und Selbständigkeit geführt werden sollen, so müssen alle Einrichtungsgegenstände den kindlichen Proportionen entsprechen und auf seine Bedürfnisse abgestimmt sein. Damals waren in den meisten Kleinkindereinrichtungen festgeschraubte Bänke und Tische üblich. Man war der Meinung, daß alles besonders fest und stabil sein müßte, damit es durch Ungeschicklichkeit oder Mutwillen der Kinder nicht zerbrochen würde. Montessori hingegen möblierte die Kinderhäuser mit beweglichen kleinen Tischen und Stühlen, mit niedrigen Waschbänken, die es den Kindern erlaubten, alle häuslichen Verrichtungen selbst zu tun. Disziplin hieß nun nicht stillsitzen und ruhig sein, sondern mit Geschicklichkeit und Rücksichtnahme tätig werden.

Auch bei ihrem didaktischen Material ging Montessori davon aus, daß es nur dann gut und gelungen war, wenn das Kind damit selbsttätig lernen konnte. Das Montessori-Material ist über den Kreis von Montessori-Schulen hinaus bekannt geworden und hat in viele Kindergärten, Schulkindergärten und Vorschulklassen Eingang gefunden, die ansonsten nicht nach der Montessori-Methode arbeiten. Fehlverhalten und Irrtümer des Kindes bei der Anwendung des Materials konnte das Kind meist selbständig erkennen und durch wiederholte Versuche korrigieren, sonst halfen die Eingriffe der Erzieher, mit ihm die »richtige«, eindeutige Verwendung zu üben.

Eine Gruppe von Materialien diente der Übung der Sinne (Tastübungen, Erziehung des Geschmacks- und Geruchssinnes, Übungen der Wahrnehmung, Erziehung des Gehörsinnes). Als Beispiel wähle ich die Übungen mit den Einsatzfiguren. Zehn kleine Holzzylinder, deren Basis stufenweise um etwa 2 mm abnimmt, werden in entsprechende Öffnungen in einen Block gesetzt. Das »Spiel« besteht darin, daß die Zylinder herausgenommen, gemischt und wieder in die passenden Öffnungen eingesetzt werden müssen. Der Wert der Übung besteht im Unterscheiden des körperlichen Umfangs der einzelnen Zylinder. Ein Kind kann dabei selbst kontrollieren, ob es die Übung richtig macht. »Die Selbstverbesserung leitet das Kind dazu an, seine Aufmerksamkeit auf die Unterschiede des Umfangs zu lenken und die verschiedenen Stücke miteinander zu vergleichen. Gerade in diesem Vergleich liegt die geistig-sinnliche Übung« (Montessori 1930, 161). Nach den Feststellungen Montessoris wiederholten die Kinder in der Regel die Übungen einige Male, bis sie sicher beherrscht wurden, dann hatten sie das Interesse verloren. Das Montessori-Material ist also kein Spielzeug, mit dem das Kind wieder und wieder spielt, sondern es ist ›Lehrmaterial‹, das so konzipiert ist, daß die Lehrerin nicht ständig eingreifen muß, sondern die Selbsttätigkeit des Kindes im Vordergrund steht.

Auch in der »intellektuellen Erziehung« (M. Montessori) des Kindes soll mit größter Einfachheit vorgegangen werden. Hierbei geht es wie bei der Erziehung der Sinne darum, daß die Aufmerksamkeit des Kindes isoliert auf einen Gegenstand gelenkt wird. Der

Gleichgewichtsübungen im Montessori-Kindergarten, Berlin um 1920.

erste Schritt ist die »Namengebung«. So berührt z.B. die Lehrerin die glatte und anschließend die rauhe Karte und sagt dazu: »Das ist glatt, das ist rauh.« In der nachfolgenden Probe soll die Lehrerin herausfinden, ob das Kind Namen und Sache assoziiert. Sie fragt also: »Welches ist glatt, welches ist rauh?« Das Kind deutete auf den jeweiligen Gegenstand. Macht das Kind hierbei Fehler, so darf es nicht verbessert werden, sondern die Lehrerin unterbricht den Unterricht und nimmt ihn ein andermal wieder auf. Montessori lehnt die Verbesserung ab, weil hierin ein unausgesprochener Tadel liegt, der das Kind möglicherweise entmutigt. Bereits vierjährige Kinder lernen nach den Methoden Montessoris lesen und schreiben. Mit Hilfe von Buchstaben aus Sandpapier können die Kinder tastend die Umrisse erfassen, Wörter zusammensetzen und, da Schreibvorübungen gleichzeitig vorgenommen werden, können die Kinder überraschend schnell lesen und schreiben. Die Kombination von Wahrnehmung und Tasten hatte Montessori durch ihre Arbeit mit lernbehinderten Kindern kennengelernt und sie für die Zwecke des Kinderhauses verändert.

Montessori baute ihre Methode so aus, daß sie nicht auf Kinder im vorschulischen Alter beschränkt blieb; aus den Kinderhäusern sind Montessori-Schulen entwickelt worden, in denen ähnliche Prinzipien gelten wie im Kinderhaus, auf die wir in diesem Zusammenhang aber nicht näher eingehen können. Nach Montessoris Methode dürfen die Kinder das Material nur nach dem ihm innewohnenden Zweck gebrauchen. Verwenden sie es phantasiemäßig, dann werden die Kinder ermahnt, wie der folgende Bericht von Hilde Hecker zeigt. Hilde Hecker war eine deutsche Kindergärtnerin, die, aus der Erfahrung des Fröbelschen Kindergartens kommend, in Rom 1914 an einem Kursus teilnahm, der von Maria Montessori für die Einführung ihres Materials und ihrer Methode abgehalten wurde. Zu den Vorträgen und Diskussionen gehörten auch Hospitationen in Kinderhäusern. »In den verschiedenen Häusern der Kinder in Rom hatte ich beim Hospitieren manchesmal gesehen, daß die Kinder dort auch das Material zum Spiel nahmen, und ihre Phantasie stark in spielende Tätigkeit trat. Ich sehe da z.B. einen kleinen Jungen vor mir, der die Blöcke mit den Einsatzzylindern ausgeleert hatte, alle Zylinder beiseite nahm und die beiden dicksten als Räder unter den Block legte, und diesen strahlend als Wagen auf dem Tisch hin und her rollte. Er bekam es von der Leiterin verboten« (Hecker/Muchow 1931, 33).

Die gesamte Erziehung war auf die Realität ausgerichtet, wohingegen das freie Spiel kaum Förderung erfuhr. Nelly Wolffheim (1928, 72ff.) sah die Geringschätzung des freien Spiels als einen bedeutsamen Irrtum Montessoris an.

In den zwanziger Jahren gab es eine lebhafte Diskussion darüber, ob die Kleinkinderziehung nach den Grundsätzen Fröbels oder Montessoris auszurichten wäre. Man versuchte in einem Kindergarten in München herauszufinden, mit welchem Material sich die Kinder lieber beschäftigten. In diesem Kindergarten wurde den Kindern die Möglichkeit gegeben, zwischen Fröbel- und Montessori-Material auszuwählen. Dabei stellte sich heraus, daß die Kinder sich ungefähr dreimal häufiger dem Fröbel-Material zuwandten. Über den allgemeinen Eindruck im Montessori-Zimmer hieß es: »Am häufigsten fanden sich jene Kinder ein, die durch ihre ganze Veranlagung zu intensiver, konzentrierter Arbeit neigen, ferner ruhebedürftige, nervöse Kinder, da die kleine Gruppe ... und die Stille im Raum ihnen zusagte ... Die Schulreifen kamen, um sich mit den ›schweren Sachen‹ zu beschäftigen, wie sie sagten; sie meinten dabei die geometrischen Figurenkarten und Formen, die Farbschattierungen, die Glocken; die jüngeren kamen des Würfelturms und der Stangen wegen ... Im allgemeinen konnte zur Zeit des größten Arbeitseifers große Ruhe unter den Kindern beobachtet werden. Lärm, laute Geräusche wurden als Störung empfunden, besonders von nervösen Kindern ... Nach der konzentrierten Arbeit schienen die Kinder in Illusionsspielen nach Anregungen aus dem Fröbel-Zimmer Erholung zu suchen und zu finden« (Lex 1932, 209).

Dieser Vergleich ergab, daß mit den verschiedenen Materialien unterschiedliche Bedürfnisse der Kinder befriedigt werden konnten. Das Montessori-Material förderte eher die intellektuelle Entwicklung der Kinder, nach der sie auch verlangten, wohingegen ihre emotionalen Bedürfnisse eher mit dem Fröbel-Material befriedigt werden konnten.

Die Lehrerin

Die Anwendung des Montessori-Materials und die Befolgung des Prinzips der Unabhängigkeit und Selbständigkeit des Kindes erforderte eine konsequente Änderung des Verhältnisses zwischen Kind und Erwachsenem. Es verlangte von dem Erwachsenen die Achtung vor dem Kind und den Verzicht auf Zwang und Herrschaft in der Erziehung. Das bedeutet nun aber nicht den Rückzug der Lehrerin, wohl aber größte Zurückhaltung, um die Aktivität des Kindes zu ermutigen und nicht durch die Autorität von Erwachsenen zu lähmen. In der Montessori-Klasse gibt es kaum eine gemeinsame Unterweisung der Kinder. Der Unterricht erfolgt meist individualisierend. Die Kinder wählen das Material, mit dem sie arbeiten wollen, und die Lehrerin greift nur ein, wenn die Kinder Hilfe benötigen. Über die Arbeitsweise gibt am besten folgende Schilderung Auskunft:

»Da sehen wir vierzig kleine Wesen, im Alter von drei bis sieben, ein jedes emsig mit seiner Arbeit beschäftigt; das eine ist an einer der Übungen für die Sinne; ein anderes nimmt eine arithmetische Übung vor; wieder ein anderes hantiert mit den Buchstaben; hier wird gezeichnet, dort werden Stoffe auf die kleinen hölzernen Rahmen befe-

stigt, oder von ihnen abgenommen, dort wird abgestaubt. Manche sitzen an den Tischen, andere auf Matten auf dem Boden ... Die Lehrerin geht ruhig umher und zu jedem Kind hin, das ihr ruft« (Montessori 1930, 322).

Nicht Tadel oder Ermahnungen hatten diese »Zucht« (Montessori) bei den Kindern hervorgebracht, sondern die Arbeit mit dem Material. Die Lehrerin soll im Hintergrund bleiben, soll eigentlich passiv sein und dennoch mit größter Aufmerksamkeit die Kinder beobachten. Sie soll nur dann eingreifen, wenn Kinder das Material nicht in der vorgesehen Weise handhaben.

Obwohl sich die Montessori-Bewegung in der ganzen Welt ausgebreitet hat, haben Montessori-Kinderhäuser und -Schulen in Deutschland nur eine geringe Bedeutung erlangt. Allerdings hat ihr Material in viele Kindergärten und Vorschulklassen Eingang gefunden, ohne daß zugleich ihre pädagogischen Methoden übernommen wurden. Eine Kritik der Montessori-Pädagogik muß sich vor allem mit der einseitigen intellektuellen Stimulierung auseinandersetzen, durch die das freie Spiel, das der Förderung der Kreativität dient und zugleich eine therapeutische Wirkung hat, entschieden zu kurz kommt. In ihrer Konzeption fehlen ebenfalls Spiele, in denen durch die Interaktion in der Gruppe soziales Lernen ermöglicht wird.

Die Pädagogik Montessoris, die einen sehr entschiedenen Schwerpunkt in der Förderung benachteiligter Kinder hatte, wird in Deutschland nur in z.T. recht teuren privaten Einrichtungen gepflegt und ist damit in der Regel nur Kindern der gehobenen Mittelschicht zugänglich.

VI
Der Kindergarten im Dritten Reich

Grundzüge nationalsozialistischer Pädagogik

In der Republik von Weimar hatten die progressiven Kräfte, politisch repräsentiert durch die Parteien der Linken und die Organisationen der Arbeiterbewegung, sich gegen die konservativen Kräfte, repräsentiert durch wechselnde Konstellationen von rechten Parteien bis hin zur Mitte, nicht behaupten können. Aus der Weltwirtschaftskrise, die Mitte 1929 einsetzte, folgten Inflation und Massenerwerbslosigkeit. Die Wahlen im September 1930 brachten den ersten großen Wahlsieg der NSDAP. In den zahlreichen Wahlen zwischen 1930 und 1932 hatte auch die Kommunistische Partei, die vor allem von den Erwerbslosen gewählt wurde, einen hohen Stimmenzuwachs zu verzeichnen gehabt. Jedoch wuchs die nationalsozialistische Bewegung rascher, weil ihr zunehmend frühere Wähler der bürgerlichen Parteien zuliefen. Das Bündnis des Bürgertums mit dem Kleinbürgertum in der Wirtschaftskrise verhalf schließlich den Nazis zur Macht: Nach einem kurzen Zwischenspiel der Regierung des Generals Schleicher wurde Hitler auf Drängen maßgeblicher Kreise der Wirtschaft zum Reichskanzler eines Minderheitenkabinetts ernannt. Bereits in den darauffolgenden Wochen wurden die Arbeiterorganisationen, die Gewerkschaften, die Sozialdemokratische Partei und die Kommunistische Partei aufgelöst. Auch die den Organisationen der Arbeiterbewegung zugehörigen oder nahestehenden Jugend- und Wohlfahrtsverbände wurden verboten. Fortschrittliche Pädagogen wie Siegfried Bernfeld, Wilhelm Reich, Edwin Hoernle und viele andere mußten emigrieren, oder sie starben wie Otto F. Kanitz im Konzentrationslager. Sozialistische und demokratische Ansätze in der Erziehung wurden unnachgiebig ausgerottet.

Mit der Machtübernahme der Nationalsozialisten setzte auch im Bereich der vorschulischen Erziehung eine Entwicklung ein, die schließlich zum Abbruch aller pädagogischen Experimente führte, die sich einer sozialistischen und/oder psychoanalytischen Konzeption verpflichtet fühlten. Die rigorose Ablehnung aller fortschrittlichen und demokratischen Erziehungsziele resultierte aus der Ablehnung der in diesem Bereich bis dahin für wesentlich erachteten Gebiete wie Sozialpädagogik, Psychologie und Psychoanalyse. An die Stelle der zumindest in Ansätzen vorhandenen Versuche einer wissenschaftlich begründeten Kleinkinderziehung trat nationalsozialistische Propaganda.

Autorität und faschistoide Tendenzen hat es seit dem Kaiserreich im Erziehungswesen Deutschlands gegeben. Bereits im Kindergarten sollte während des Ersten Weltkrieges »vaterländische Gesinnung« gepflegt werden, wie der Auszug aus einem Beschäftigungsplan für den Kindergarten von 1915 zeigt (Pappenheim [1915] 1971, 252):

Lieder, Gedichte, Spiele	Beschäftigungen und Arbeiten
Patriotische u. Heimatlieder. Kriegsgebete. Freie Gebete d. Kinder.	Verzieren von Feldpostkarten mit Eichenblättern, Blumen, Fahnen. (Auszeichnen und Zeichnen).
Soldaten- und Marschierspiele	Anfertigung von Soldatenausrüstung: Helm, Säbel, Mütze u.a.m. durch Falten u. Kleben u. v. Aufstell-Soldaten. Pferde zeichnen, basteln.
Reiter- und Pferdespiele	Pferde zeichnen, basteln.
Kriegsspiele. Der Kaiser ist ein lieber Mann. Er wohnt im Hauptquartier.	Im Sandspiel werden Schützengräben gebaut.
Heimatlieder. Deutschland, Deutschland.	Sammeln, Ausbessern, u. Anfertigung von Spielzeug (und Kleidungsstücken) für Flüchtlinge.

Wir treten zum Beten. Heil dir im Siegerkranz Spiel von Hindenburg, Schwarz, Weiß, Rot, das sind drei schöne Farben.	Fahnen schneiden, kleben, zeichnen. Ketten und Flechtblätter in Nationalfarben. Verzieren der Bilder unserer Heerführer. Ausnähen, Ausschneiden von Orden.

Mit Beschäftigungen, Liedern und Erzählungen dieser Art sollten »Vaterlandsliebe, Tapferkeit und Pflichtgefühl« geweckt werden. Als Ziel der Beschäftigungen wurde ferner genannt: »Übung von pünktlichem Gehorsam; bewußte, gewollte Unterordnung, Friedfertigkeit, Dankbarkeit« (ebd., 126f.). Wir sehen an diesem Beispiel, bei dem es sich keinesfalls um einen extremen Einzelfall handelte, daß bereits im Kaiserreich der Boden für nationalsozialistische Ideen bereitet war. Wie meine Analyse zeigen wird, wurde den obengenannten erzieherischen Werten auch in der nationalsozialistischen Erziehungslehre besondere Bedeutung zugemessen. So stellt denn die nationalsozialistische Erziehungslehre durchaus nichts Neues dar, sondern hat sich aus autoritären und kleinbürgerlichen Vorstellungen, wie sie im wilhelminischen Deutschland sehr verbreitet waren, entwickelt.

Im Kern der nationalsozialistischen Ideologie stand die Rassenlehre, die eine primitive Übertragung der Theorie Darwins auf das soziale Feld war. Demnach galt die nordische Rasse als die höherwertige gegenüber minderwertigen Rassen, wie z.B. den Juden. Da die Vitalkräfte der minderwertigen Rassen stärker als die der höherwertigen seien, drohten sie die höherwertigen zu verdrängen. Züchtung und Auslese einerseits sollten die nordische Rasse stärken, und Vernichtung und Unterwerfung der minderwertigen Rassen andererseits sollten deren Einflüsse beschneiden. »Das ›gute Blut‹ (so besonders SS-Führer Himmler) müsse sich folglich verteidigen gegen das ›verdorbene Blut‹, das seine Qualität allen anderen durch Rassenmischung mitteile ... So erklärt sich auch die ›Endlösung der Judenfrage‹, die ›Ausmerzung‹ der Schädlinge« (Gamm 1964, 17).

Ernst Krieck, führender nationalsozialistischer Pädagoge, übernahm die Theorie der Rasse und erklärte: »Es soll vielmehr die

> Deutschland hat als erster Staat die Judenfrage gelöst. Durch die Nürnberger Gesetze zum Schutze des deutschen Blutes wurden Mischehen mit Juden verboten. Rassenschande wird nach diesem Blut-Schutzgesetz schwer bestraft. Den Beamten ist verboten, bei Juden zu kaufen. Unterschiede zwischen »anständigen« und »unanständigen« Juden sind unzulässig. Jüdische Geschäfte müssen als solche kenntlich gemacht werden. Der Jude lebt im Staat, ohne jedoch Staatsbürger und Gemeindebürger zu sein. Niemand kann zugemutet werden, als Gesellschafter forthin mit einem Juden zusammenzuarbeiten

Während des Dritten Reiches nahm die Verfolgung der Juden ständig schärfere Formen an und gipfelte in deren Vernichtung in Konzentrationslagern. Der obige Text stammt aus einem weitverbreiteten Lehrbuch, das sich vorwiegend an Fürsorger und Erzieher wandte.

herrschende und maßgebende nordische Rasse so ausgelesen und hochgezüchtet werden, daß sie zum festen Rückhalt, zum tragenden Rückgrat der ganzen Volksgemeinschaft wird« (Krieck 1935, 15). Die Erziehung hatte nach Krieck die Aufgabe, die rassischen Anlagen durch »artgemäße Lebensordnungen«, Lebensgehalte und Wertordnungen zur höchsten Entfaltung zu bringen. In der Pädagogik des Kleinkindes kam es demnach vor allem darauf an, im Sinne der Aufzüchtung der nordischen Rasse, die körperliche Entwicklung des Kindes zu kontrollieren.»Der Staat braucht ..., vor allem gesunde, lebenskräftige Menschen, die in frühester Kindheit schon entsprechend behandelt werden müssen, um später abgehärtet und gestählt den harten Anforderungen, die an diese gestellt werden müssen, standhalten zu können« (Kindergarten 1940, 106).

Der Kindergarten sollte sich von der »bisher einseitigen Erziehungseinrichtung zur Stätte der Gesundheitsführung« (Kindergarten 1940, 127) wandeln. Erziehungsziel war das »Heranzüchten kerngesunder Körper«. Dazu dienten die erster Linie die ärztliche Überwachung, die penible Einhaltung hygienischer Vorschriften sowie Turnen, Gymnastik und die »Freilufterziehung«, deren Forderungen nach Licht, Luft und Sonne zu Schlagworten wurden. Die körperliche Erziehung diente nicht allein dem gesunden Aufwachsen des Kindes, sondern sollte es im Sinne des Nationalsozialismus durch sportlichen Wettkampf zum begeisterten Kämpfer machen. Nach der Rassenlehre war die nordische Rasse kämpferisch, so daß es in der Erziehung darauf ankäme, daß diese Eigenschaften sich entfalten könnten. Dabei ignorierte man, daß das Kind im vorschulischen Alter in der Regel zu Konkurrenz und Wettkampf psychisch nicht bereit ist. Es geht dem Kind vielmehr darum, mit anderen und nicht gegen andere Kinder zu spielen. Sportliche Wettkämpfe entsprechen nicht seinem Bedürfnis. Beim Laufen z.B. paßt es sich dem Tempo seiner Spielgefährten an, und es bemüht sich, nicht schneller zu sein als andere. Nationalsozialistische Erziehung unterdrückte die Fähigkeit des Kindes zu Kooperation und Rücksichtnahme und förderte Spiele, in denen Mut, Kraft und kämpferische Einsatzbereitschaft verlangt wurden. Die Erziehung zum begeisterten Kämpfer und Soldaten begann bereits im Kindergarten. Da ganz allgemein in der nationalsozialistischen Erziehung körperliche Leistungsfähigkeit und Tüchtigkeit im Vordergrund standen, lag es nahe, die Leistungsfähigkeit bereits im vorschulischen Alter zu testen. 500 Kinder aus 20 Kindergärten wurden über mehrere Monate hinweg beobachtet, und ihre Leistungen im Weitsprung, Hochsprung, Laufen und Werfen wurden gemessen.

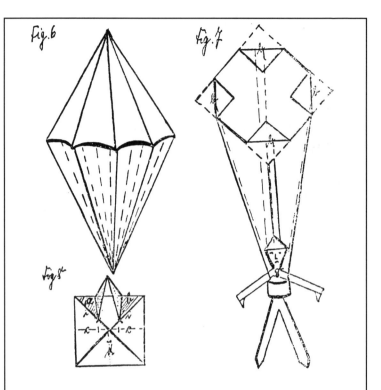

Fig. 7: Fallschirm aus Papier. Quadratisches Blatt kreuz=
weise falten, alle Ecken in gleichmäßigem Abstand nach oben
umbiegen und an den Faltlinien b kurz einschlitzen, um 4 Pa=
pierbänder so weit durchzuziehen, daß sie festgeklebt werden
können. Ein enger Papierring, in den ein Papiermännlein ge=
steckt wird, hält die vier Bänder unten zusammen.

Fig. 8: Fallschirmjäger (Phantasiefigur). Quadratisches
Blatt Papier senkrecht, quer und zweimal diagonal falten; nun
Faltlinien c, i und d bis zu den angegebenen Punkten einschnei=
den. Die oberen Eckflächen werden jetzt nach oben zum Kopf
mit Helm geschlagen, die angrenzenden mittleren Dreiecksflä=
chen spiralartig zu Armen gebogen und die beiden unteren qua=
dratischen Abschnitte zu Beinen geformt.

Anleitung zum Basteln von Kriegsspielzeug. 1941.

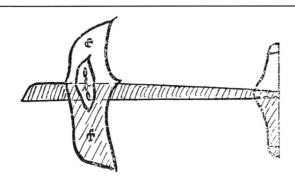

Fig. 9: Flugzeug aus Kartonpapier wird in der schraffierten Form doppelseitig ausgeschnitten, daß Linie a den Bruch bildet. Der Rumpf wird so zusammengeklebt, daß Flügel und Steuerflächen zu beiden Seiten flach abstehen. Bemalung oder Buntpapierverzierung b belebt das kleine Flugzeug.

Anleitung zum Basteln von Kriegsspielzeug. 1941.

Die errechneten Mittelwerte sollten der Kindergärtnerin helfen, festzustellen, ob ein Kind die zu erwartende Leistungsfähigkeit erreicht. »Die Bewältigung körperlicher und kämpferischer Leistungen dieser Art wirkt eben gestaltend auf die ganze Art des Kindes. Es wird erstaunlich rasch ein zwar verkleinerter, aber fix und fertiger Pimpf. Wir erleben diesen Wandel immer wieder mit Erstaunen« (Benzing 1941, 61).

Den Begriff der Schulreife ersetzte Benzing durch den der »Schultauglichkeit«. Er verstand darunter in erster Linie die körperlichen Fähigkeiten des Kindes, wie sie bei Wettkämpfen zu messen waren. Benzing schlug vor, sportliche Leistungsfähigkeit sowie Selbständigkeit des Kindes zu Kriterien für Schultauglichkeit zu machen. Die intellektuelle Entwicklung des Kindes könnte seiner Meinung nach weitgehend unberücksichtigt bleiben; denn körperliche und geistige Entwicklung verliefen ohnehin parallel. Neben der körperlichen Ertüchtigung spielte die Erziehung zur Wehrertüchtigung und zum Krieg eine besondere Rolle. Bereits im vorschulischen Alter setzte die Erziehung zum Krieg ein. Durch einen Erlaß wurde 1937 die »Pflege des Luftfahrtgedankens« allen Schulen zur Pflicht gemacht und auch vom Kindergarten aufgegriffen. Basteln von Flugzeugen, Zeppelinen, die Darstellung von Segelfluggelände im Sandkasten waren Beschäftigungsvorschläge für den Kindergarten. Schon dort sollte die »Begeisterung für die Luftfahrt« geweckt werden. Was 1937 noch Spiel war, wurde wenige Jahre später Ernst. Nach Beginn des Krieges traten Themen in den Vordergrund wie »Das Leben eines Kämpfers«, »Soldaten, Zelte, Kanonen – eine Bastelanleitung« (Möler 1941, 140), »Was muß die Kindergärtnerin vom Luftschutz wissen« (Winckelmann 1939, 198f.) und anderes.

In dem Bericht »Unsere Kinder erleben den Krieg« hieß es:
»*Rasch hat die Tante mit ihnen (den Kindern, Anmerk. d. Verf.) die Uniform gearbeitet. Dann gehts hinaus auf den ›Kasernenhof‹ zum Exerzieren. In Rolf erkennt man jetzt schon die Führernatur. Er schreitet als Hauptmann die Front ab ... Jetzt spielen sie nicht mehr Soldaten, jetzt sind sie Soldaten. Im Zimmer bauen indessen einige Jungen mit ihrer Tante Artilleriestellung. Bausteine werden im Halbkreis zu einem Wall aufgeschichtet ... In der Stellung laden die Soldaten die einfach gestalteten Kanonen mit Papierkugeln. Ein Dorf unweit der Stellung wird beschossen. Einzelne Häuser sind bereits zusammengefallen. Auf einem anderen Tisch entsteht ein Flugzeugplatz. In großen Hallen warten einige Faltflugzeuge auf den Start. Soldaten kommen aus der Kaserne, um die Flugzeuge zum Feindflug startbereit zu machen ... Diese Beschäftigungen sind gut und schön, einmal weil sie wenig Material beanspruchen, und dann in der Hauptsache, weil sie dem Kinde das große Erleben, den Krieg an der Front und in der Heimat veranschaulichen« (Zabel 1940, 83).*

Benzing beruft sich auf den Führer, wenn er sagt: »Wir wollen ein hartes Geschlecht heranziehen, das stark ist, zuverlässig, treu, gehorsam und anständig.« Angst, wie sie jedes Kind in seiner Entwicklung erlebt, paßte nicht in das Bild, das sich der Nationalsozialismus vom Kind gemacht hatte. In seiner Erziehung sollte das Kind stufenweise verschieden dosiertem Belastungsdruck ausgesetzt werden, um es seelisch abzuhärten. Der Gegenpol der Angst sollte die »Erziehung zur Furchtlosigkeit« (Benzing 1941, 63) sein. Demnach sollten in der Erziehung angstmachende Situationen nicht vermieden, sondern wohl dosiert werden als eine Vorbereitung für den Erwachsenen, als eine Tugend des Soldaten. »Auch der Tapfere kommt unter Belastungsdruck vorübergehend in eine Lebenslage, wo der Soldat von sich sagt, daß er den inneren Schweinehund überwinden muß« (ebd. S. 63). Ziel der Erziehung im Kindergarten war nicht die Förderung kognitiver Fähigkeiten, sondern die »Entwicklung des Charakters«.

Mädchenerziehung im Kindergarten

Die stark nach Geschlechtern differenzierende Erziehung setzte bereits im Kindergarten ein. An der Polarität der Geschlechtsrollen hielt die nationalsozialistische Erziehung fest, denn »der kleine Junge wird einmal ein deutscher Soldat werden, das kleine Mädchen eine deutsche Mutter« (Benzing 1941, 40f.).

Die Mädchen wurden durch entsprechende Spiele wie das Puppenspiel sowie die Erwartungshaltung ihrer Umwelt, daß sie sich in ganz bestimmter mädchenhafter Weise verhalten, auf die Übernahme der Geschlechtsrolle, so wie sie im Nationalsozialismus definiert war, vorbereitet. Pflegerische und häusliche Tätigkeiten galten als Ausdruck ihrer Geschlechtsanlagen. Die Mädchenerziehung unterschied sich nicht von der traditionellen Mädchenerziehung, wie sie auch heute noch zu finden ist. Der besondere Akzent nationalsozialistischer Erziehung der Mädchen lag darin, daß auch das Mädchen politisch erzogen wurde, nicht, um später einmal Aufgaben im politischen Leben zu übernehmen, sondern um eine deutsche Mutter zu werden, die ohne zu klagen, ihre Söhne dem Reich opfert.

Führer und Gefolgschaft

Durchgehendes Element der nationalsozialistischen Erziehung war die Übertragung des Führer-Gefolgschaft-Verhältnisses der Bewegung auf die Erziehung. Der Erzieher wurde nicht in seinem personalen Bezug zum Zögling gesehen, sondern »alle sollten sich in der Gefolgschaft vorfinden. Darin bekundet sich ein durch autoritatives Gebaren gekennzeichneter Befehlsstil« (Gamm 1964, 25).

Die Unterwerfung des einzelnen gegenüber dem Führer wurde von nationalsozialistischen Pädagogen uneingeschränkt bejaht. Die Sicherung des Gehorsams lag in der Bindung des einzelnen an den Staat, daher wurde der emotionale Aspekt in der Erziehung stark betont, denn »Aufklärung wirkt trennend und zersetzend ... Völkische und politische Erziehung arbeitet weniger mit Verstandesbeweisen, als mit Symbolen. In Hakenkreuz und Hitlergruß und im Glauben an das Dritte Reich steckt bindende Kraft« (Sturm 1933, 106). Der Grundsatz des nationalsozialistischen Staates »Autorität des Führers nach unten und Verantwortlichkeit des Geführten nach oben« (Kindergarten 1940, 107) sollte schon im Kindergarten gelten, indem das Autoritätsgefühl geweckt wurde und jeder einzelne von klein auf lernte, sich unterzuordnen. Bereits im Kindergarten wurde Adolf Hitler als eine übermächtige Vaterfigur aufgebaut. Der Mechanismus, dessen sich die Erziehung bediente, wurde von der Psychoanalyse als Übertragungsliebe beschrieben, d.h., man suchte die Gefühlslage des kleinen Kindes gegenüber seinem Vater als Brücke zu benutzen, um die erwünschte Bindung an den Führer zu erzielen. Die Gefühlslage des kleinen Kindes gegenüber seinem Vater ist ambivalent: Einerseits liebt es ihn wegen seiner Überlegenheit, und andererseits fürchtet es ihn. Liebe und Abhängigkeit sollten als Bindung und Unterwerfung durch eine autoritäre Erziehung dann zeitlebens erhalten bleiben. Die Kindergärtnerin sollte alles tun, was der Übertragung der Liebe zum Vater auf den Führer dienlich war. Gebetähnliche Sprüche lenkten das Kind und manipulierten seine Gefühle.

»Lieber Führer!
So wie Vater und Mutter
Lieben wir Dich.
So wie wir ihnen gehören,
Gehören wir Dir.
So, wie wir ihnen gehorchen,
Gehorchen wir Dir.

Nimm unsere Liebe und Treue,
Führer, zu Dir« (Kindergarten 1940, 42).

Auch in seinen Verhaltensweisen wurde das kleine Kind in den Bezug zum Führer gestellt. Dabei wurden die Verhaltensnormen an dem, »was dem Führer Freude macht«, ausgerichtet.

»Wer nicht weint, wenn es schmerzt,
Erfreut den Führer.
Wer mutig ist und beherzt,
Den liebt der Führer.
Wer andere angibt und Schlechtes sagt,
Betrübt den Führer.
Wer gute Kameradschaft hält,
Den liebt der Führer« (ebd.).

Die emotionale Bindung des Kindes an den Führer wurde nicht allein durch diese Sprüche angestrebt, sondern auch durch das Führerbild, das in jedem Kindergarten hing, und durch die Beteiligung der Kinder beim Hissen der Flagge. Der Verherrlichung Adolf Hitlers diente auch die Feier zum Geburtstag des Führers. Aus diesem Anlaß sammelten bereits Kindergartenkinder Metall. Der Bericht über die Sammlung, die Übergabe in der Parteisammelstelle und die Feier im Kindergarten strotzt zwar von Sentimentalität, zeigt aber, wie hier die Fähigkeit und Bereitschaft des Kindes, sich zu identifizieren, propagandistisch ausgenutzt wurde, um den Glauben an den Führer zu wecken. Um das zu illustrieren, seien hier einige Sätze zitiert, die darüber berichten, was die Kinder gesammelt und in den Kindergarten mitgebracht hatten:

»Täglich kamen neue Überraschungen. Mit roten Backen und strahlenden Augen erschienen sie zeitig am Morgen und hatten große und kleine Tablette, zinnerne Kaffeekannen, Eier-, Trinkbecher und Likörgläser aus Nickel, Serviettenringe, Einsätze für Teegläser und andere Gebrauchsgegenstände unter dem Arm oder in den Händen.
Ein vierjähriger Junge brachte ein Wertstück, das er, wie die Mutter sagte, schon seit früh 7 Uhr in der Hand gehalten und sich an dem

Glanz erfreut hatte. Er konnte die Zeit der Ablieferung kaum noch erwarten. Alle diese Geschehnisse wirken so, daß kleinste Kinder und schließlich die allerkleinsten von kaum drei Jahren irgend etwas organisiert hatten. Hufeisen, eine schwere Nickelsparbüchse, Blechspielzeug, Zinnsoldaten, Stanniol, so vieles, was Kinder gern für sich behalten hätten, wurde freudigen Herzens herbeigeschleppt. Uhrgehäuse, Türschlösser, Türklinken, Wasserhähne wurden gesammelt, es fehlte nicht viel, und die Kinder hätten die goldenen Kugeln von den Betten ihrer Eltern ohne deren Zustimmung abmontiert ... Wohl war den Kindern am Anfang sehr eindringlich gesagt worden, was mit dem vielen Metall geschehen sollte, und sie hatten es verstanden, daß Granaten, Kanonen und andere ihnen aus dem Krieg bekannte und interessante Kriegsgeräte daraus entstehen sollten. Wenn aber die vor der Übergabe schön blank geputzten Sachen ausgebreitet dalagen, erklang die Frage: ›Steckt der Führer sein Geld in meine Sparbüchse?‹ oder ›Macht sich der Führer die Türklinken an seine Tür in Berlin?‹ oder ›Braucht der Führer einen Wasserhahn?‹« (Zabel 1940, 83f.).

Die von den Kindern gesammelten Sachen wurden aufgebaut und die Eltern zur Besichtigung eingeladen. Die Kinder sahen sich »mit heiliger Scheu« den Aufbau an. Der »würdige Abschluß« der Sammeltätigkeit war die Abgabe der Spenden in der Parteisammelstelle.

»Zur festgesetzten Zeit bewaffneten sich die Kinder mit einem Gegenstand, den sie gestiftet hatten und den sie selbst tragen konnten, und nun ordnete sich der Festzug ... Langsam und feierlich setzte sich der Zug in Bewegung ... nun kam der Höhepunkt: ein Empfang in der Ehrenhalle der Parteisammelstelle.«

Im Anschluß daran wurde des Führers Geburtstag im Kindergarten gefeiert:

»Auf dem festlich gedeckten Tisch ... stand eines der schönen Bilder, die den Führer im Kreise von Kindern zeigen. Still, fast andächtig gestimmt, saßen alle Kinder davor und hörten in schlichten und für sie verständlichen Worten vom Führer, von dem großen Geschenk des deutschen Volkes, zu dem sie auch beigetragen hatten, und von dem

gewaltigen Zeitgeschehen, das alle deutschen Menschen in diesen Tagen erleben.
Zur Erinnerung an diese große Zeit und den von den Kindern so geliebten Führer erhielt jedes Kind ein Führerbild, das zu Hause dort, wo das Kind seine Spielecke hat, einen würdigen Platz finden soll. ›Meins kommt über mein Bett, dann sehe ich den Führer gleich, wenn ich aufwache!‹ riefen viele« (Zabel 1940, 84).

So wie die Lieder, Bastelarbeiten und Kampfspiele dem Ziel dienten, den Gefolgsmann und Kämpfer für Führer und Reich zu erziehen, sollten auch die Sagen Beispiel für ›arteigene‹ Lebenshaltung sein. Dabei sollten Erzählungen über das germanische Freibauerntum dazu dienen, germanische Lebensweise – als eine heldische Epoche überhöht dargestellt – propagandistisch zu verbreiten. Psychologische Feinheiten und Unterschiede wurden beiseite gelassen und in bewußter Vereinfachung und Primitivität wurde das Bild der germanischen Knabenerziehung dargestellt. Dabei wurde eine möglichst enge Übertragung auf die Erziehung im Dritten Reich suggeriert. Ausgangspunkt der Erziehung bei den germanischen Bauern waren demnach die rassisch bedingten Erbmerkmale. Die rechte Kriegsart, so hieß es, könne nicht durch Erziehung vermittelt werden, wenn sie nicht als Bluterbe gegeben sei. »Nur wo Kriegerart angeboren waren, konnte Kriegererziehung einen Sinn haben. Mit Freude werden daher in den Sagen Charakterzüge und Äußerungen der Kinder konstatiert, die auf diese Substanz, auf diese innere Prägung schließen lassen. Dabei bewertet man Eigenschaften wie Starrköpfigkeit, Eigensinn, Neigung zu Gewalttätigkeit durchaus positiv ... Wer sich schon als Vierjähriger beim Spiel nichts nehmen ließ und notfalls dazwischenzuschlagen bereit war, der versprach ein Kämpfer in den Reihen der Sippenmannschaft zu werden, auf dessen Bereitschaft die Sippe würde zählen können im Kampf um Ehre und Besitz« (Kindergarten 1939, 66).

So waren alle pädagogischen Inhalte und Methoden nahtlos in die nationalsozialistische Ideologie eingepaßt. Abhärtung und Kampfspiele sollten den körperlich leistungsfähigen Menschen hervorbringen; autoritäre Methoden der Gruppenführung sollten zu Gehorsam und Gefolgschaft gegenüber dem Führer vorbereiten.

Symbole und Feiern sowie nach den Kriterien nationalsozialistischer Erziehung ausgewählte Sagen und Märchen sollten die Bindung an den Führer festigen.

Bei der Darstellung der nationalsozialistischen Kindergartenpädagogik habe ich mich auf veröffentlichte Berichte gestützt, die allerdings noch keine Aussage darüber zulassen, in welchem Umfang diese Konzepte Eingang in die pädagogische Praxis fanden.

Manfred Berger hat den Versuch unternommen, ehemalige Kindergärtnerinnen, Seminaristinnen und Seminarleiterinnen zu ihren Erfahrungen und Haltungen zu befragen, machte dabei jedoch die Erfahrung, daß die Befragten die vergangene Zeit »verharmlosten oder beschönigten« oder »die nationalsozialistische Vorschulerziehung einfach in Abrede« stellten (Berger 1985, 15). Er mußte erkennen, daß sein Vorhaben nicht durchführbar war, »denn fast alle der befragten Personen gaben an, nichts, absolut gar nichts vom nationalsozialistischen Gedankengut angenommen, geschweige die nationalsozialistische Weltanschauung in die Praxis umgesetzt zu haben. Nur Frau B. Schneider berichtete mir von der nationalsozialistischen Durchdringung ihrer Kindergärtnerinnenausbildung. Nach dem 74. Interview gab ich mein Vorhaben auf und entschied mich, das Kindergartenwesen im Dritten Reich anhand von aufgefundenen Dokumenten darzustellen« (Berger 1985, 15).

Kindergarten und Familie

Obgleich sich der Nationalsozialismus zur Familie und ihrer zentralen Bedeutung für die Gesellschaft bekannt hatte, lag zwischen Ideologie und Praxis ein entscheidender Widerspruch. Die Familie erfuhr keineswegs die Förderung, die ihr ideologisch zugesichert wurde, sondern erlitt gerade im Dritten Reich einen empfindlichen Funktionsverlust. Nationalsozialistische Jugendorganisationen wie auch die ›Kinderlandverschickung‹ entzogen die Kinder weitgehend dem erzieherischen Einfluß der Eltern, an deren Stelle das NS-Regime zunehmend die Erziehung bestimmte; die Rolle der Familie reduzierte sich auf die Erzeugung des Nachwuchses. »Die nationalsozialistische Schulpolitik, aber stärker noch die Gestalt der seit 1936 für alle Kinder vom elften Lebensjahr ab obligatorischen Hitler-Jugend bedeutete eine zunehmende und klar erkennbare Einschränkung familiärer Rechte und Aufgaben. Zumal die Hitler-Jugend legte es auch bei den Zehnjährigen schon auf die Betonung der Unabhängigkeit vom Elternhaus, ja, unter Ausnutzung des Generationengegensatzes – der Feindschaft zu den Eltern an« (Gamm 1964, 440).

Im Sinne der Rassentheorie unterstrichen nationalsozialistische Pädagogen die besondere Bedeutung der Familie bei der »Züchtung« der germanischen Rasse. »Da die Familie die Fortpflanzung und den grundlegenden Teil der Aufzucht des Nachwuchses in geregelter Sozialform zu leisten hat, ist sie diejenige unter den Sozialordnungen, die dem natürlichen, blutmäßigen rassischen Lebensuntergrund am nächsten steht. Daher haben an der Familie die Maßnahmen der Bevölkerungspolitik und der Rassenhygiene ihre wichtigsten Ansatzpunkte. Gesundung der Familie als Zelle organischen Volkstums setzt ihre Eingliederung und Verwurzelung im Lebensraum des Volkes und seiner Eigentumsordnung ebenso voraus wie die unter rassenpflegerischen Gesichtspunkten sich vollziehende Gattenwahl, die Gleiches mit Gleichem zusammenschließt« (Krieck 1935, 19).

Die berufliche und politische Gleichberechtigung der Frau wurde im Dritten Reich als ›Entartung‹ abgelehnt. Ihre Unterdrückung rechtfertigte der Nationalsozialismus mit der Idealisierung der Frau als Mutter, wie es konservativen Anschauungen entsprach. »Die Frau ist aus der öffentlichen Lebenssphäre in Privatkreis und Familie zu führen, wo sie die geborene Herrscherin ist, und wo ihr auch keinerlei geistige Entfaltung verwehrt sein soll. Im öffentlichen Leben hat sie nichts verloren und bleibt subaltern: die politische Amazone, das Symbol femininer Zeitalter, ist Karikatur auf Mannheit und Weibheit gleichzeitig« (Schlemmer/Janensch 1935, 27). Die Abwehr emanzipatorischer Bestrebungen der Frauen erfolgte auf zweierlei Weise: Zum einen wurde »Hausfrau« zum eigentlichen Berufsziel jeder Frau, zur Lebensaufgabe schlechthin; zum anderen wurden Frauen auf sogenannte weibliche Berufe verwiesen, die entweder der Vorbereitung auf die Rolle als Hausfrau und Mutter dienten oder einen Ersatz für die Frauen darstellen sollten, denen »eigene Mutterschaft versagt war«.

Dieses Bild der Frau als Mutter und Hausfrau entsprach keineswegs der gesellschaftlichen Realität; denn mit der Überwindung der Weltwirtschaftskrise nahm die Erwerbstätigkeit der Frauen wieder zu. Nach 1933 hatten Kindergärten schließen müssen, weil Frauen arbeitslos wurden und ihre Kinder aus dem Kindergarten abmeldeten. »Demgegenüber habe sich jedoch in den folgenden Jahren, insbesondere 1936 und 1937, ein starker Zugang von Kindern, deren Mütter wieder Arbeit gefunden hatten, zu den städtischen Einrichtungen bemerkbar gemacht. Zunächst habe dieser Zugang noch nicht zur Schaffung neuer Kindergärten, sondern nur zur erheblich erhöhten Belegung der bestehenden, teilweise auch schon zu einer räumlichen und personellen Erweiterung geführt. Eine Vermehrung der Zahl der Kindergärten habe erst 1937 eingesetzt ... Das Bedürfnis nach neuen Kindergärten hat infolge der außerordentlich günstigen Arbeitseinsatzlage, die zur verschärften Heranziehung von weiblichen Arbeitskräften zwingt, im Jahre 1938 nicht nachgelassen, sich im Gegenteil noch erhöht« (Rösch 1938, 9). In Verbindung mit der allgemeinen Kriegsvorbereitung und dann insbesondere während des Krieges verstärkte sich die Erwerbstätigkeit der Frauen, und die Kindergärten stellten sich in ihren Öffnungszeiten darauf ein. »Die Öffnungszeiten der Kindertagesstätten wurden auf die Arbeitszeiten der Betriebe umgestellt, so daß die Kinder bereits um 6 Uhr gebracht werden können und, soweit erforderlich, auch sonnabends nachmittags, sonntags oder feiertags die Kindertagesstätten besuchen. Bei Nachtschichten brachten Helferinnen der Kindertagesstätten die Kinder zu Hause ins Bett, soweit es nicht durch Nachbarschaftshilfe der Frauenschaft möglich war. Um eine Überbelegung der Kindergärten zu vermeiden, wurden als Kriegsmaßnahme die Kinder ausgeschaltet, deren Betreuung zu Hause sichergestellt ist, so daß die Kindertagesstätten fast ausnahmslos von Kindern werktätiger Mütter besucht werden« (Rosenthal 1940, 185f.).

Der Kindergarten sollte sich darauf einstellen, daß die Erziehung der Kinder zum großen Teil von ihm geleistet werden mußte. Die Kinder sollten angeleitet werden, sich selbst zu beschäftigen, damit sie der Mutter nicht zur Last fielen. Der Kindergarten sollte vor allem nur die Spiele anbieten, die die Kinder auch zu Hause spielen konnten. Man wollte das Kind nicht der Mutter entfremden, wollte es anpassungsfähig machen und verzichtete daher darauf, die Mängel der häuslichen Erziehung ausgleichen zu wollen. Der Kindergarten sah es als seine Aufgabe an, der »arbeitenden Mutter erzogene Kinder zu geben« (Kindergarten 1934, 2, 21).

Die »Gleichschaltung« der Kindergärten

Die totalitären Machtansprüche des NS-Regimes waren darauf gerichtet, alle politischen und sozialen Bereiche der Gesellschaft zu kontrollieren. Dem Prozeß der »Gleichschaltung« waren zunächst die staatliche Bürokratie, Justiz, Armee und Presse unterworfen. Erst einige Jahre später wurden auch die sozialen Institutionen und privaten Organisationen der straffen Kontrolle zentraler Instanzen untergeordnet. Die freien Wohlfahrtsverbände sollten in der Nationalsozialistischen Volkswohlfahrt (NSV), die der NSDAP unterstand, gleichgeschaltet werden. Die Vielzahl der Trägerverbände bedingte die für Deutschland typische unübersichtliche, dezentralisierte Organisationsstruktur des Kindergartenwesens. Daher war es unmöglich, das gesamte Kindergartenwesen auf einen Schlag gleichzuschalten. Der Prozeß der Gleichschaltung, in dem ein Kindergarten nach dem anderen von der NSV übernommen wurde oder durch Sperrung der Mittel schließen mußte, zog sich bis 1941 hin.

Die Anzahl der Kindergärten war damals außerordentlich gering. In Berlin gab es bei einer Bevölkerung von fast 4 Millionen im Jahre 1925 nur 348 Krippen, Kindergärten und Horte (Statistisches Amt der Stadt Berlin, 1947). In den Kindergärten wurden 8.531 Kinder betreut. Bis 1930 erhöhte sich die Zahl der Kindergartenplätze auf 9.612. In den darauffolgenden Jahren sank die Zahl der in den Kindergärten betreuten Kinder wieder auf 8.053, was offensichtlich mit der hohen Arbeitslosigkeit zusammenhing. Wenn die Frauen ihren Arbeitsplatz verloren, haben sie meist auch ihre Kinder aus dem Kindergarten abgemeldet, um das Geld zu sparen. Erst

1938 wurde der alte Stand von 9.623 Kindern in Kindergärten wieder erreicht. Allerdings konnte nur ein Bruchteil der Kinder zwischen drei und sechs Jahren den Kindergarten besuchen, denn die Anzahl der Kinder dieser Altersstufe betrug damals in Berlin 148.337. Insgesamt wurden in Krippen, Kindergärten und Horten 18.595 Kinder versorgt; es handelte sich hierbei fast ausschließlich um Kinder berufstätiger Mütter. Fast 16.000 Kindergartenkinder hatten eine Mutter, die erwerbstätig war.

Die Kindergärten waren also auch aufgrund ihrer geringen Anzahl von geringem Interesse für die Nationalsozialisten. Der deutsche Gemeindetag in Berlin ermittelte 1935 (Rösch 1938, 9) durch eine Umfrage, wie viele Kindergärten der NSV, wie viele den anderen freien Wohlfahrtsverbänden und wie viele den Gemeinden und Städten unterstellt waren. Die Umfrage erstreckte sich auf insgesamt 201 Städte. Danach waren bis 1935 nur 27 städtische Kindergärten an die NSV oder andere nationalsozialistische Organisationen gegangen, davon allein 20 in Leipzig.

Nach einer Umfrage der Landesdienststelle Württemberg des Deutschen Gemeindetages vom 12.3.1937 gab es in 28 befragten Gemeinden 267 Kindergärten. Davon wurden:
- 53% von den konfessionellen Wohlfahrtsverbänden,
- 26,6% von den Gemeinden und nur
- 6,7% von der NSV getragen.

Der Rest unterstand sonstigen Organisationen bzw. Einzelpersonen (Rösch 1938, 8).

1938 befragte das Fürsorgeamt der Stadt Mainz 12 Städte nach der Trägerschaft ihrer Kindergärten (München, Frankfurt a.M., Stuttgart, Mannheim, Kassel, Wiesbaden, Mainz, Darmstadt, Heidelberg, Offenbach, Worms, Gießen). Dabei zeigte es sich, daß sich die Verteilung der Kindergärten auf die Träger noch kaum verändert hatte. In den zwölf Städten stellten die Kindergärten der NSV nur 7,6% der Kindergartenplätze. Die Kindergärten der freien Wohlfahrtsverbände erhielten in fast allen Städten noch Zuschüsse für die laufende Unterhaltung, gelegentlich auch Zuschüsse für den Neubau. Jedoch zeichnete sich hier bereits allmählich der Abbau aller Wohlfahrtsverbände und das Vordringen der NSV ab.

Fotomontage aus der Broschüre »Hilfswerk Mutter und Kind« des Amtes für Volkswohlfahrt, Berlin um 1937. Durch eigene Gründungen und durch die »Gleichschaltung« wuchs die Zahl der von der NSV getragenen Kindergärten. In Berlin stieg die Zahl der NSV-Kindergärten und -Horte von 2 im Jahre 1935 auf 34 im Jahre 1937.

»Für konfessionelle Kindergärten kommen Bau- und Einrichtungszuschüsse nicht in Betracht. Besoldungs- und Betriebszuschüsse hingegen werden noch solange weitergeleistet werden müssen, als es nicht gelungen ist, durch neue NSV-Kindergärten Ersatz zu schaffen. Dabei bietet sich bei der Bemessung des Zuschusses in gewissen Grenzen eine Möglichkeit, die Entwicklung zu beschleunigen« (Rösch 1938, 22).

Neben den konfessionellen Wohlfahrtsverbänden war der Deutsche Fröbel-Verband wichtigste Trägerorganisation für Kindergärten. Die gewaltsame Auflösung demokratischer Verbände soll hier am Beispiel des Fröbel-Verbandes gezeigt werden. Seit 1872 wurde die Zeitschrift *Kindergarten* vom Deutschen Fröbel-Verband in Zusammenarbeit mit dem Deutschen Verband für Schulkinderpflege sowie der Berufsorganisation der Kindergärtnerinnen, Hortnerinnen und Jugendleiterinnen herausgegeben. Auf Anweisung des Nationalsozialistischen Lehrerbundes (NSLB) wurde die Berufsorganisation bereits im Mai 1933 kooperatives Mitglied des NSLB Reichsfachgruppe der Kindergärtnerinnen, Hortnerinnen und Jugendleiterinnen (Kindergarten 1933, 151). Von nun an enthielt der *Kindergarten* die Mitteilungen des NSLB, soweit sie für die sozialpädagogischen Berufe relevant waren. Der Vorsitzende der Reichsfachgruppe der Kindergärtnerinnen wurde 1934 Verbandsleiter des Fröbel-Verbandes und Schriftleiter des *Kindergarten*. In zunehmendem Maße wurden nationalsozialistische Beiträge veröffentlicht, auf dem Umschlag erschien das Hakenkreuz, und im Oktober 1938 erklärte der Fröbel-Verband seine Auflösung. Von 1939 an nahm die NSV unmittelbar Einfluß auf die Zeitschrift und trat die Nachfolge des Fröbel-Verbandes an.

Die NSV-Kindergärten

Die NSV übernahm Kindergärten der Städte und Gemeinden und der freien Wohlfahrtsverbände, aber sie gründete auch selbst Kindergärten. »Die NSV unterhält mit Abschluß des Jahres 1938 4.781 Kindertagesstätten (Kindergärten, Krippen und Horte) als Dauereinrichtungen. Dazu kamen im Jahre 1938 5.575 Erntekindergärten, die größtenteils etwa drei Viertel des Jahres in Betrieb waren.

In diesen Einrichtungen arbeiteten 773 Fachkräfte und 7.576 Hilfskräfte, die im wesentlichen den Nachwuchs für die sozialpädagogische Arbeit darstellen« (Kindergarten 1933, 3). Die meisten neuen Einrichtungen der NSV entstanden auf dem Land. Besonders stark vermehrten sich die NSV-Kindergärten in Schlesien; dort bestanden:

am 1.5.1934   5 Kindertagesstätten
am 1.5.1935   189 Kindertagesstätten
am 1.5.1936   442 Kindertagesstätten,
bis 1940 erhöhte sich ihre Anzahl auf 1.600 Einrichtungen.

Die NSV hatte auch neue Formen wie den »Erntekindergarten« eingeführt, der nur während der Erntezeit unterhalten wurde. Der Bäuerin sollte während der Ernte die Sorge um die Kinder abgenommen werden, weil ihre Arbeitskraft auf dem Feld gebraucht wurde. Im Sommer 1937 bestanden ca. 6.000 bis 6.500 Erntekindergärten (Donath 1937, 141). Raumnot und Fachkräftemangel zwangen zur Improvisation. Die Kindergärten wurden in Gasthäusern, Schulen oder in leerstehenden Bauernhäusern untergebracht.

Gruppe eines »Erntekindergartens«.

Die von der NSV gegründeten »Erntekindergärten« sollten die Bäuerinnen während der Erntezeit von der Kinderbetreuung entlasten.

Da es nicht genügend ausgebildete Kindergärtnerinnen gab, wurden Kinderpflegerinnen oder junge Mädchen des BDM (Bund Deutscher Mädel) und des Reichsarbeitsdienstes eingesetzt.

In dem sogenannten »Mädel-Landjahr«, in dem schulentlassene Vierzehnjährige etwa 8 Monate in einem Lager lebten, sollten die Mädchen neben der nationalsozialistischen Erziehung zu Berufen geführt werden, die ihrer »weiblichen Wesensart« entsprachen. Daher hatten die meisten Lager einen Kindergarten eingerichtet, in dem die Mädchen umschichtig arbeiteten. Die Landjahrkindergärten waren Einrichtungen der einzelnen Lager und waren unabhängig von der NSV. Aufgrund einer Vereinbarung mit der NSV durften sie höchstens 25 Kinder aufnehmen, und sie durften sich nicht Kindergarten nennen, sondern nur die Umschreibung »Spielstunden für Dorfkinder« benutzen. Der Besuch dieses Lagerkindergartens war kostenlos. Er erfüllte vornehmlich zwei Aufgaben: Er entlastete die Frauen im Dorf vormittags, so daß sie für die Arbeit in der Landwirtschaft frei waren; außerdem sollte er die Mädchen, die dort arbeiteten, für sozialpädagogische Berufe interessieren. »Wir haben die Pflicht, die vorhandenen Anlagen im Mädel zur Entfaltung zu bringen und zu pflegen, damit sie Achtung und Verständnis, Lust und Liebe für die Berufe bekommen, die der weiblichen Wesensart entsprechen ... Es sind in jedem Jahr eine bestimmte Anzahl Mädel, die einen sozialen Beruf, sei es NS-Schwester, Kindergärtnerin oder Kinderpflegerin ergreifen wollen« (Donath 1937, 143).

Die Ausbildung der Kindergärtnerin und Kinderpflegerin

Nationalsozialistische Pädagogen gingen von einem starren Schema festgelegter Geschlechtsrollen aus und folgerten daraus, daß die Erziehung nach Geschlechtern getrennt zu verlaufen habe, wobei eine spezifische Mädchenerziehung die Mädchen auf ihre Aufgaben als Mütter und Hausfrauen vorbereiten sollte. »Die Erziehung des weiblichen Geschlechts muß eine andere sein als die des männlichen, wie überhaupt der radikalen Gleichmachungstendenz der modernen Kultur hinsichtlich des Geschlechtsunterschiedes entschieden entgegenzutreten ist. Das Geschlecht ist ein Naturwert, der nicht verwischt werden darf« (Schlemmer/Janensch 1935, 28). Pflegerische und erzieherische Tätigkeiten entsprachen dem vermuteten Wesen der Frau, wohingegen »der strebende männliche Geist sich vorwiegend für alle erobernden, forschenden, etwas erkämpfenden Berufe in Kunst, Wissenschaft und Technik eignet« (Schlemmer/Janensch 1935, 29).

Der Beruf der Kindergärtnerin galt als weiblicher Beruf, weil die Ausbildung der Kindergärtnerin zugleich als ein Beitrag zur Mütterschulung gewertet wurde. 1942 wurde die Ausbildung der Kindergärtnerin neu geregelt. Unterschiedliche Ausbildungsgänge der einzelnen Länder wurden aufgehoben, eine reichseinheitliche Ausbildung vom Reichsministerium für Wissenschaft, Erziehung und Volksbildung erlassen (Bestimmung über die Ausbildungsstätte,

Ausbildung und Prüfung von Kindergärtnerinnen im Kindergarten 1942, 111ff.). Die Ausbildung fand in Fachschulen statt. Mädchen, die das 16. Lebensjahr vollendet hatten, konnten aufgenommen werden, sofern sie einer nationalsozialistischen Organisation angehörten. Der erste Punkt der neuen Ausbildungsordnung betraf die nationalpolitische Erziehung. Sie »durchdringt alle Fachgebiete der Ausbildung. Im engeren Sinne dienen ihr die Fächer Reichskunde, Heimatkunde, Volkstumspflege und Deutsch ...

Der Unterricht geht aus von der Erb- und Rassenlehre, führt von der deutschen Geschichte zu Fragen der Volks- und Staatskunde der Gegenwart und verknüpft diese mit der Heimatkunde und der Volkstumspflege. Er zeigt die Volksordnung im Hinblick auf die biologischen, sozialen und volkswirtschaftlichen Zusammenhänge und gibt die erforderliche Einsicht für eine sinngemäße Durchführung der späteren Erziehungsarbeit«.

Die Erb- und Rassenlehre stellte die Grundlage für die Psychologie des Kindes dar. Die Kindergärtnerin sollte in ihrer Ausbildung auf die politischen Aspekte ihres Berufes vorbereitet werden. »Nun ist es nicht Aufgabe der Kindergärtnerin, von sich aus im engeren Sinne politisch zu arbeiten. Sie muß allerdings in engster Verbindung stehen mit allen an der grenzpolitischen Arbeit beteiligten politischen Organisationen von Partei und Staat und muß ihr Tun in die Gesamtarbeit sinnvoll einfügen. Sie muß persönlich eine eindeutige klare politische Haltung haben ... Meist ist die Kindergärtnerin Führerin des BDM, ja es kommt vor, daß sie zur Jungvolk-Arbeit herangezogen wird, weil es an führenden Kräften fehlt« (Schmid 1939, 157f.). Bedingt durch den starken Mangel an Kindergärtnerinnen wurden auch Kinderpflegerinnen, die vorher überwiegend in der Familie tätig waren, stärker zur Arbeit in Krippen und Kindergärten herangezogen. Um auch hier den Nachwuchs zu sichern, hatte die NSV 14 eigene Kinderpflegerinnenschulen errichtet, die den Kindergärtnerinnenseminaren angeschlossen waren. »Die Art der Ausbildung der zukünftigen Kinderpflegerin wird bestimmt durch das nationalsozialistische Erziehungsprinzip ... Die schicksalhafte Bedeutung der Vererbung einerseits, die Verantwortung des Erziehers sind Probleme, mit denen sich bereits die junge Kinderpflegerin auseinandersetzen muß« (Kindergarten 1939, 129).

Richtlinien über die Ausbildung der Kindergärtnerinnen vom 20. September 1942.

Bestimmungen über die Ausbildungsstätte, Ausbildung und Prüfung von Kindergärtnerinnen

§ 1. *Aufgabe der Kindergärtnerin*

Die Kindergärtnerin ist Erzieherin. Sie ist mütterliche Führerin der Kinder in Kindertagesstätten (Kindergärten und Horten) und Kinderheimen oder in der Häuslichkeit zur Unterstützung oder auch an Stelle der Mutter. Ihre Arbeit ist Dienst am Kinde und damit zugleich Dienst an Familie und Volk.

Zweiter Abschnitt: *Ausbildung*

§ 5. *Zweck der Ausbildung.*

Die Fachschule soll die Kindergärtnerin im Sinne des § 1 dieses Erlasses befähigen, ihren erzieherischen, pflegerischen und sozialen Berufsaufgaben gerecht zu werden.

§ 6. *Dauer der Ausbildung*

Die Ausbildung dauert zwei Jahre. Beim Nachweis besonderer Vorbildung kann diese Ausbildungsdauer bis auf 1½ Jahre verkürzt werden.

Die Genehmigung für die Durchführung von Sonderlehrgängen behalte ich mir vor.

§ 7. *Voraussetzungen für die Aufnahme der Schülerinnen*

(1) Die Aufnahme in eine Fachschule für Kindergärtnerinnen setzt voraus:
1. die Vollendung des 16. Lebensjahres, spätestens im Kalenderjahr des Eintritts,
2. eine angemessene Allgemeinbildung,
3. gründliche Vorbildung in der Hauswirtschaft (Hauswerk und Handarbeit),
4. eine gute Gesundheit,
5. die deutschblütige Abstammung,
6. den Besitz der deutschen Staatsangehörigkeit,
7. Zugehörigkeit zur NSDAP., zum BDM. oder zur NS.-Frauenschaft oder zum Deutschen Frauenwerk.

§ 10. *Stundentafel*

Unterrichtsfächer	Stundenzahl 1. und 2. Jahr

I. Nationalpolitische Erziehung:
     Reichskunde
     Heimatkunde und Volkstumspflege
     Deutsch
	5

II. Sozialpädagogische Erziehung:
     Erziehungslehre mit Psychologie
     Berufskunde
     Volkspflege
     Jugendschrifttumskunde
     Kinderspiel und Kinderarbeit
     Naturkunde
	12

III. Gesundheitserziehung und Gesundheitspflege:
     Leibeserziehung (Gymnastik, Volkstanz, Sport, Spiel)
     Leibesübungen mit Kindern
     Gesundheitslehre, Körperpflege und Kinderpflege
	8

IV. Werkliche und musische Erziehung:
     Hauswirtschaft (Hauswerk und Handarbeit)
     Werkarbeit
     Zeichnen und Formen
     Musik
	9

V. Praktische Erziehungsarbeit: Kindergarten, Hort, Heim	
	34

Anmerkung: Die Schülerinnen sind gehalten, während ihrer Ausbildungszeit an der Fachschule für Kindergärtnerinnen in der für sie zuständigen Gliederung der NSDAP. Dienst zu leisten und insbesondere an den politischen Schulungsveranstaltungen teilzunehmen.

Zusammenfassung

Insgesamt betrachtet, war die Erziehung im nationalsozialistischen Kindergarten trotz gegenteiliger Beteuerungen nicht auf die liberale Tradition Fröbels aufgebaut, sondern knüpfte an die Tradition der Bewahranstalten an, deren autoritäre Erziehung im nationalsozialistischen Kindergarten noch verstärkt wurde. Als besonders anfällig für faschistische Propaganda erwiesen sich insbesondere die Personen, die sich schon in früher Kindheit der Autorität der Eltern absolut unterworfen hatten. Durch die nationalsozialistische Erziehung sollte das Kind sich der väterlichen Autorität fügen und dem Führer gegenüber den gleichen kindlichen Gehorsam zeigen.

Neben der nationalsozialistischen Erziehung, wie sie sich etwa im Führer-Gefolgschaft-Verhältnis ausdrückte, oder der Wehrerziehung, blieben weitgehend traditionelle Elemente der Kindergartenpädagogik erhalten. Methodische Prinzipien des Fröbel-Materials wurden nach wie vor in den Fachschulen gelehrt. In Verkennung der liberal-demokratischen Konzeption Fröbels, sah man in ihm, da er als Kriegsfreiwilliger am preußischen Feldzug gegen Frankreich teilgenommen hatte, einen Vorläufer völkischer Erziehung.

Bereits im Kindergarten sollte eine strikte Rollentrennung der Geschlechter die Mädchen auf ihre Mutterrolle vorbereiten und die Knaben zu »Kämpfern für das Volk machen«. Gehorsam und Gefolgschaft gegenüber Adolf Hitler wurde durch die Schaffung emotionaler Bindungen an den Führer angebahnt. Die Forderung nach Gehorsam gegenüber der Kindergärtnerin als Führerin der Kinder sollte autoritäre Strukturen festigen.

Die Überbetonung körperlicher Leistungsfähigkeit gegenüber geistigen Fähigkeiten schuf ein autoritäres Gruppenklima, in der die »Hackordnung des Hühnerhofs« auf die Gruppe übertragen wurde. Idealisierungen und Überhöhung des »heldenhaften Menschen« bewirkten, daß die Kinder die realitätsgerechte Bewältigung ihrer Konflikte nicht lernten, wie überhaupt Konflikte, Entwicklungsschwierigkeiten der Kinder und ihre Individualität hinter einem Klischee verschwanden. Das Klischee des Kindergartenkindes war das fröhliche, kraftstrotzende und vor allem gesunde Kind, »rassisch hochstehender Nachwuchs«. Dieses klischeehafte Bild des

Kindes verdrängte jede Problematisierung der Arbeit im Kindergarten, weshalb auch die Beiträge in der gleichnamigen Zeitschrift im wesentlichen nationalsozialistische Ideologie boten und gegenüber den pädagogischen Beiträgen noch in den Jahren 1933 bis 1935 unter jedem Niveau waren. Propaganda hatte die pädagogische Diskussion ersetzt, und in den Kindergärten sollten Schulung und »Ausrichtung« an die Stelle von Erziehung treten.

Nach Gamm war im Nationalsozialismus der pädagogische Bezug Erzieher–Zögling ersetzt durch das Verhältnis Führer–Gefolgschaft. »Der Nationalsozialismus kannte keine Anthropologie des Kindes, und dementsprechend hatte das Kind kein Eigenrecht ... Der Reichsjugendführer Baldur von Schirach hat eine Antwort von erschütternder Deutlichkeit auf diese Frage gegeben und damit den Grund jenes Erziehungsdenkens enthüllt. »Mit ›Kinder‹ bezeichnen wir‹, so heißt es bei ihm, ›die nichtuniformierten Wesen niederer Altersstufen, die noch nie einen Heimatabend oder einen Ausmarsch mitgemacht haben‹« (Gamm 1964, 25).

VII
Die Entwicklung des Kindergartens von 1945 bis 1970

Die Wiederaufnahme der deutschen Kindergartentradition

Der Zusammenbruch des Dritten Reiches hinterließ ein durch Krieg zerstörtes Land. Deutschland war aufgeteilt in die vier Besatzungszonen der Siegermächte, und der mühselige Aufbau der zerstörten Städte und die Sammlung neuer politischer Kräfte, welche die Demokratisierung einleiten sollten, begann. Stand auch die Überwindung der materiellen Not im Vordergrund, so zeigte sich schon bald, daß auch in psychischer Hinsicht die tiefgreifenden Wirkungen des Nationalsozialismus und der Kriegsjahre nicht so bald zu überwinden sein würden.

Durch den Krieg hatten zahlreiche Kinder ihre Väter verloren; in vielen Familien stellten die aus der Kriegsgefangenschaft Heimkehrenden ein besonderes Problem dar, entweder weil sie sich in den veränderten Verhältnissen nicht mehr zurechtfanden oder weil sich ihre Frauen in den Jahren des Alleinlebens verändert hatten. Auch die Kinder litten unter den schwierigen Verhältnissen, und für die Kindergärtnerin war der Umgang mit den oft unterernährten und durch familiäre Konflikte belasteten Kindern schwierig.

In den ersten Nachkriegsjahren war auch für den Kindergarten der Wiederaufbau der beschädigten oder zerstörten Gebäude die vordringlich zu lösende Aufgabe, und die Frage nach der künftigen Organisationsstruktur der vorschulischen Erziehung trat demgegenüber in den Hintergrund. Nur in der sowjetisch besetzten Zone arbeiteten SPD und KPD Entwürfe für ein neues Schulgesetz aus, nach dem der Kindergarten in das Schulwesen integriert werden sollte. Diese Pläne sind dann später in der DDR realisiert worden, so daß dort der Kindergarten ein Teil des öffentlichen Bildungssystems war (s. Kap. XIV). Die Bundesrepublik hingegen knüpfte an die Tradition der Weimarer Zeit an, und nach und nach übernahmen die wiedergegründeten Wohlfahrtsverbände erneut die Kindergärten, die dadurch ihren privaten Charakter behielten.

Maßgeblichen Einfluß auf die pädagogische Konzeption hatten psychologische »Reifetheorien«, denen zufolge sich die geistig-seelische Entwicklung analog zum biologischen Wachstum vollzieht. Nach dem von diesen Reifetheorien zugrunde gelegten Entwicklungsmodell vollzieht sich die Entwicklung des Kindes durch intern gesteuerte Entwicklungsschritte. Diese Auffassung war, verbunden mit Fröbels Konzeption, im wesentlichen die Basis, von der aus sich die Kindergartenpädagogik der Nachkriegszeit entwickelte. Eine Grundannahme dieser Kindergartenpädagogik war es, durch eine kindgerecht gestaltete Erziehung das Kind schulreif werden zu lassen, ohne Methoden und Inhalte der Schule vorwegzunehmen.

Kinder spielen zwischen Trümmern. Frankfurt a.M. 1946.
Foto: Kurt Weiner.

Die nächste Stufe der kindlichen Entwicklung ergebe sich gleichsam von selbst, wenn nur die vorhergehende Stufe richtig ausgelebt werden konnte. So sah der Kindergarten seine Aufgabe darin, die

Umwelt pädagogisch anregend zu gestalten, damit der »kindliche Tätigkeitstrieb« (Fröbel) sich spontan entfalten konnte. Als charakteristischer Ausdruck des kindlichen Lebens in der vorschulischen Zeit galt vor allem das Spiel, und die Spielpflege war folglich der zentrale Kern der Kindergartenarbeit. Der Kindergarten sollte eine »bewahrte Kindheit« sichern und vor allem vor einer Beschleunigung der Entwicklung schützen, die durch die moderne industrielle Umwelt und die allgemeine Reizüberflutung hervorgerufen werde. »Wir wirken dem Treibhausklima der modernen Welt, die das Kind zur vorzeitigen Differenzierung seiner ganzheitlichen Antwort auf den Eindruck der Umwelt drängt, entgegen« (Hoffmann 1968, 347). Und an anderer Stelle heißt es: »Wir sind überzeugt, einen pädagogischen Widerstand gegen die durch unsere Zeitumstände immer stärker vorangetriebene Frühreife setzen zu müssen. Diesen Widerstand kann und soll der Kindergarten leisten« (ebd.).

Im Gegensatz zur Schule, in der auch immer ein bestimmtes Pensum erarbeitet werden muß, selbst dort, wo sich die Grundschule auf die vorwiegend spielerische Haltung des Kindes einstellte, sollte im Kindergarten nicht die Erreichung irgendeines Ziels, die Erfüllung eines Stoffplans verlangt werden. Nach dem Selbstverständnis des Kindergartens war es nicht seine Aufgabe, Inhalte zu vermitteln, sondern vielmehr die grundlegenden Fähigkeiten und Verhaltensweisen zu fördern, auf denen die Schule dann aufbauen konnte. »Und diese Fähigkeiten, wie Ausdauer und Beständigkeit, Konzentration und stärkere Sachlichkeit, Wirklichkeitstreue und allmähliche Überwindung des triebhaften Egoismus zugunsten eines geklärteren Gemeingefühls, wie Fröbel sagen würde, die also in alle Sphären des Seelischen hineinreichen und in der freien Geistigkeit gipfeln, werden erworben in der Aktivität des Kindes selber« (Blochmann 1961, 70).

Für die jüngeren Kinder galt, daß der Kindergarten eng an die beschützende und bewahrende Art der Familienerziehung anknüpfte. Jedoch sollte mit den älteren gezielt und differenziert gearbeitet werden.

Eine Sonderstellung nahm daher die Gruppe der 5- bis 6jährigen Kinder innerhalb des Kindergartens ein. Während dieses letzten Jahres im Kindergarten vollzieht sich bei den meisten Kindern der

Wandel zum Schulkind. Daher sollten diese Kinder nach Möglichkeit eine eigene Gruppe bilden, die sogenannte Vermittlungsgruppe. Ihre Aufgabe ist es, die Kinder von der Spielhaltung zur Arbeitshaltung zu führen. Die Grundlage für die Arbeitshaltung ist die Fähigkeit des Kindes zu spielen. »Die Vokabel ›vorschulische Erziehung‹ ist uns also nicht in dem Sinn erfüllt, daß wir ein spielendes Lernen so früh wie möglich beginnen lassen und dem Kind durch sinnreiche Spiele die schulischen Elementarkenntnisse zum wirklichen Erwerb in den Weg schieben, sondern vorschulische Erziehung bedeutet uns die Erziehung in der Zeit vor dem Schulanfang mit dem eigenen Auftrag: durch Spielpflege die Bild- und Gestaltungskräfte des Kindes zu intensivieren« (Hoffmann 1968, 348). Konsequenterweise fordert Erika Hoffmann, daß die Vermittlungsgruppe innerhalb des Kindergartens bleiben und nicht der Schule angegliedert werden sollte. Im Gegensatz zur Schule sind Leistungsprinzipien und Konkurrenz dem Kindergarten fremd, denn es gibt keine Aufgabe, kein Ziel, das erreicht werden müßte. »Im Kindergarten ist immer das vorhandene Maß der kindlichen Selbständigkeit und seine unbewußte geistige Zielsicherheit ... die Grundlage, auf der die ganze Arbeit aufbaut« (Blochmann 1961, 327).

Man vertraute auf die spontane Reife und Entwicklung des Kindes, die sich einstellen würden, wenn dem Kind eine ihm gemäße, pädagogisch gestaltete Umwelt, wie sie der Kindergarten ist, geboten würde. Frühreife einerseits und eine verzögerte Reife andererseits werden als schädliche Folgen der modernen industriellen Umwelt begriffen. Abschirmen und Bewahren sollten helfen, Frühreife vorzubeugen, die die Kinder daran hindere, ihr Spielalter vollkommen auszuleben.

Zur methodischen Arbeit im Kindergarten

Gibt es auch keinen Stundenplan wie in der Schule, so verläuft doch der Vormittag im Kindergarten nach festen Regeln. Elisabeth Blochmann nennt es den »Rhythmus des Lebens, d.h. der natürliche Wechsel zwischen Bewegung und Ruhe, Anspannung und Entspannung, Aufnehmen und Schlafen, der die Tagesordnung durchzieht« (Blochmann 1961, 329). »Nach dem eindrucksreichen Hinweg, kommt die Pause des Händewaschens, nach dem Freispiel, in dem innere Lebendigkeit abreagiert und zugleich gesteigert wird, die Sammlung durch das Morgenlied, nach der Pause des Frühstücks, währenddessen von selbst nicht viel geredet wird, die neue Anspannung des Bewegungs- und Turnspiels, des Spaziergangs oder der Gartenarbeit und schließlich die körperliche Ruhe, die zugleich doch geistige Aktivität ist wie das Kneten, Bauen, Malen und Singen. Darauf folgt dann noch die Sammlung im Schlußlied« (ebd.).

Charakteristisch für den Ablauf ist die Annahme, daß Kinder im Vorschulalter in relativ kurzen Zeitspannen einen Wechsel der Tätigkeiten brauchen. Dabei vollzieht man alle Tätigkeiten gemeinschaftlich. Selbst der gemeinsame Gang zur Toilette ist in den Ablauf eingeplant. E. Blochmann sieht zwar, daß individuelle Unterschiede nicht berücksichtigt werden, jedoch zieht sie hieraus keine pädagogische Konsequenz. »Eine Schwierigkeit liegt in solcher Rhythmisierung des Verlaufs deswegen, weil Ausdauer und Ermüdbarkeit der verschiedenen Kinder verschieden ist, und also doch eine gewisse Schablonisierung eintritt« (ebd., 330). Die Spontaneität des Kindes wird eingeschränkt, wenn Beginn und Ende eines Spiels von äußerlich gegebenen Regeln bestimmt werden und nicht sich aus dem Spiel entwickeln. Auch das starre Festhalten an bestimmten Frühstückszeiten oder einem anderen Zeitpunkt, zu dem alle Kinder eine Beschäftigung beginnen oder beenden, sind Merkmale einer Erziehung, die auf äußerliche Anpassung und Disziplinierung ausgerichtet ist. Gewöhnungen an bestimmte Verhaltensweisen werden hier gefordert, nicht aber selbständige Problemlösungsversuche.

Zur Problematik der Einschulung

Da allgemeine schulvorbereitende Maßnahmen fehlen, kommen Kinder mit den unterschiedlichsten Voraussetzungen in die Schule. Die Schule hat durchaus ein Interesse daran, die Kinder, die nicht ihren Anforderungen entsprechen, auszulesen, da der Lehrer in den

Anfangsklassen durch die damals noch hohen Klassenfrequenzen eine ausreichende Individualisierung des Unterrichts, um Defizite auszugleichen, nicht durchführen konnte. Von dem Kind werden bei Schuleintritt folgende Verhaltensweisen erwartet: Gliederungsfähigkeit, gute Beherrschung der Feinmotorik, willkürliche Aufmerksamkeit, Konzentrationsfähigkeit und Selbständigkeit.

Artur Kern hat 1951 durch sein Buch »Sitzenbleiberelend und Schulreife« die Schulreifediskussion in Gang gesetzt, die über etwa zwei Jahrzehnte ein wichtiges pädagogisches Thema blieb und es heute wieder ist.

Nach Feststellungen Kerns liegen die Gründe des »Sitzenbleiberelends« vor allem darin, daß nicht alle Kinder mit der Erreichung des schulpflichtigen Alters auch gleichzeitig schulreif werden. Die festgestellten Entwicklungsunterschiede, so meinte Kern, beruhten im wesentlichen auf dem in den Kindern angelegten unterschiedlichen Entwicklungstempo. Kern folgerte daraus, daß man die Anzahl der Sitzenbleiber senken könne, wenn man erstens generell das Einschulungsalter heraufsetze und wenn man zweitens, ungeachtet des Alters, nur die Kinder einschult, die bereits schulreif sind. Diese Diskussion hatte weitreichende bildungspolitische Konsequenzen.

Nach einem Beschluß der Kultusministerkonferenz vom 28./29.4.1955 legten die Länder der Bundesrepublik den Schulbeginn einheitlich auf das vollendete sechste Lebensjahr, d.h., daß zu Ostern alle Kinder schulpflichtig wurden, die zum 31.3. das sechste Lebensjahr vollendet hatten. Das hieß, daß in den meisten Bundesländern das Einschulungsalter um ein Vierteljahr heraufgesetzt wurde. 1963 stellte es die Kultusministerkonferenz in einem ergänzenden Beschluß den Ländern anheim, das Einschulungsalter noch einmal um drei Monate zu erhöhen. Durch diese Maßnahmen hoffte man, daß der Anteil zurückgestellter Kinder gesenkt werden könnte. Nach Berechnungen von Tietze (1973) wurde jedoch der Anteil zurückgestellter bzw. überaltert eingeschulter Kinder nur unwesentlich und nur für kurze Zeit beeinflußt. In Berlin, so stellte Tietze fest, »ist der Trend zur Zunahme der Einschulung überalterter Kinder keineswegs gebrochen, sondern setzt sich bis 1963 fort und erreicht sogar 18,3%« (Tietze 1973, 23).

Neben einer generellen Heraufsetzung des Einschulungsalters

wurden Schulreifetests entwickelt und auf breiter Basis angewandt. Der Begriff von Schulreife, auf dem diese Tests basieren, ist ein normativer Konsens darüber, welche Fähigkeiten zu Beginn der Schulzeit vorauszusetzen sind. Dieser normative Konsens ist im wesentlichen abhängig von den Inhalten und Methoden der Primarstufe.

Ein weiterer Einwand, der gegen die Praxis der Zurückstellung geltend gemacht wurde, war der, daß zwischen den Tests und den im ersten Schuljahr erbrachten Leistungen nur eine geringe Übereinstimmung besteht. Folglich sind die Schulreifetests als ein prognostisches Instrument wertlos. Nicht nur die Anforderungskriterien sondern auch die Verfahrensweise in der Anwendung der Tests kritisierte Lotte Schenk-Danziger. Sie bezweifelt, daß in Gruppentests objektivierbare Daten zu gewinnen seien, und meint, daß die Handhabung der Tests zu falschen Entscheidungen führe. »Diese Gruppentests werden – entgegen den Intentionen ihrer Verfasser – immer häufiger zur alleinigen Unterlage für die Rückstellung verwendet ... In den Fällen zweifelhafter Schulreife sind Einzeluntersuchungen durch Psychologen vorgesehen. Diese Empfehlung scheint in der Praxis niemals konsequent zur Durchführung gelangt zu sein, vielleicht deshalb, weil der schulpsychologische Dienst den Arbeitsanfall nicht bewältigen kann, hauptsächlich aber, weil den testenden Lehrern die Zweifel an der Richtigkeit ihrer Entscheidungen gar nicht kommen« (Schenk-Danziger 1969, 27).

Der Schulkindergarten

Da durch das Zurückstellen allein die Defizite schulunreifer Kinder nicht aufgeholt werden können, hat der Deutsche Ausschuß für das Erziehungs- und Bildungswesen in seinem Gutachten »Schulreife und Schulkindergarten« (1957) den Ausbau von Schulkindergärten empfohlen, die der Schule angegliedert werden sollten. Schulkindergärten sind heilpädagogische Erziehungs- und Bildungseinrichtungen für Kinder im schulpflichtigen Alter, die wegen mangelnder Schulreife zurückgestellt wurden. Der Begriff »Schulkindergarten« ist nicht einheitlich von allen Ländern übernommen worden, in Hessen z.B. wird von Vorklassen gesprochen.

In den Schulkindergarten sollen nur solche Kinder aufgenommen werden, bei denen man erwarten kann, daß sie innerhalb eines Jahres ihre Defizite aufholen können; Kinder mit stärkeren Behinderungen und Störungen sollen einem Sonderkindergarten zugeführt werden.

Der Ausbau der Schulkindergärten erfolgte außerordentlich langsam. 1961 gab es im Bundesgebiet einschließlich West-Berlin nur 272 Schulkindergärten, die insgesamt 6.000 Kinder betreuten. Bis 1969 stieg die Anzahl der Schulkindergärten auf 768 Einrichtungen für etwa 20.000 Kinder. Die Stadtstaaten Hamburg mit 109 und Berlin mit 118 Schulkindergärten verfügten über ein relativ dichtes Netz, wohingegen die Chancen zurückgestellter Kinder, einen Platz in einem Schulkindergarten zu erhalten, in den Ländern Saarland (7 Einrichtungen mit 132 Plätzen) und Baden-Württemberg (5 Einrichtungen mit 132 Plätzen) außerordentlich gering waren (Höltershinken 1971, 213). Im Jahre 1970 konnten in Hessen nur 36% der zurückgestellten Kinder eines Aufnahmejahrgangs in Schulkindergärten gefördert werden (Der Hessische Kultusminister 1970).

Der Schulkindergarten unterscheidet sich vom Kindergarten in erster Linie dadurch, daß er von Kindern mit Entwicklungsdefiziten besucht wird. Nach Erika Hoffmann sind die meisten schulunreifen Kinder vorher nicht in einem Kindergarten gewesen. »Ihr Rückstand ist oft begründet in der noch nicht erfolgten Ablösung von der Mutter, in verwöhnter Unselbständigkeit, im Mangel an Bereitschaft, mit Gleichaltrigen umzugehen – oder es handelt sich gerade umgekehrt um Schäden der Vernachlässigung, Verkümmerung aus Mangel an Zuwendung« (Hoffmann 1968, 349). Bei der Klärung, welche Voraussetzungen erfüllt sein müssen, damit ein Kind schulreif wird, nennt sie folgende Punkte:

1. Ein Kind muß die Phasen der Entwicklung voll durchlaufen. Überspringt es Stufen der Entwicklung, so schadet das dem Kind.
2. Die moderne technisierte Welt gestattet kein wirklich kindgemäßes Leben. Deshalb muß ein besonderer Schonraum geschaffen werden, in dem kleine Kinder noch kleine Kinder sein dürfen.

3. Das kindliche Spiel muß in seiner undifferenzierten Ganzheitlichkeit anerkannt werden als die dem Kindergarten angemessene Bildungsform, auf die die Grundschule aufbauen kann.
4. Es muß ein gleitender Übergang zur Schule geschaffen werden, wobei die Grundschule eine derartige Auflockerung anstreben muß, damit sie bruchloser als bisher an den Kindergarten anschließen kann (ebd.).

Erika Hoffmann lehnt es ab, schulische Methoden bereits im Schulkindergarten einzuführen, wodurch ja auch der Übergang gleitend gestaltet werden könnte, weil sie Schulunreife als verspätete Reife auffaßt. Demnach hat der Schulkindergarten die Aufgabe, »Ruhe und Schutz zum Ausreifen der verspäteten Entwicklung« zu geben oder zum Aufholen der Versäumnisse in der ersten Stufe. Bei der Frage, worin die schulunreifen Kindern den schulreifen unterlegen sind, nennt sie zwei Punkte:

1. Mangelnde Kontaktreife (sich behaupten und sich einfügen) und
2. mangelnde Begriffsreife (Fehlen der Grundbegriffe der Zeit, der Zahl, der Raumlage usw). (Hoffmann 1961, 99)

Der Schulkindergarten soll demnach ein Jahr der Nachreife sein. Folglich kann der Vorgriff auf schulische Arbeitsweise nicht Aufgabe des Schulkindergartens sein. Erika Hoffmann fordert sogar, daß aus den Schulkindergärten schulisches Material, das zum bloßen Nachahmen anregen könnte, fernbleiben soll.

Schüttler-Janikulla kritisierte die Konzeption der Schulkindergärten: »So hat die deutsche Schulkindergarteneinrichtung bis auf wenige Ausnahmen keinen Standort innerhalb einer umfassenden Vorschulerziehung gefunden. Bei ihrer eingeengten, theoretisch zum Teil antiquierten Konzeption hat sie außer dem Fröbelschen Ansatz auch keine eigenen Methoden zur Förderung der geistig-seelischen Kräfte des Vorschulkindes entwickeln können« (Schüttler-Janikulla 1968, 69). Aber zu einer positiven Einschätzung des Schulkindergartens gelangen vergleichende Untersuchungen zwischen zurückgestellten Kindern, die einen Schulkindergarten besucht haben, und denen, die diese Möglichkeit nicht hatten. Die ersteren zeigten bei der erneuten Einschulung signifikant bessere Leistungen im Schulreifetest als die letzteren (Tietze 1973, 35).

Zwar ist der Schulkindergarten ein positiver Ansatz, insgesamt stellt er jedoch keine befriedigende Lösung dar. Seine Arbeit beginnt erst, wenn bereits Defizite in der Entwicklung festgestellt wurden, sie beginnt also zu spät. Die Dauer des Besuchs von einem Jahr ist in vielen Fällen zu kurz, um Entwicklungsrückstände zu kompensieren. Beim Übergang von der heilpädagogischen Gruppe im Schulkindergarten in die damals noch überfüllten Grundschulklassen wurden die Kinder vor neue Anpassungs- und Leistungsanforderungen gestellt, denen sie trotz der intensiven Förderung im Schulkindergarten häufig nicht gewachsen waren.

Kritik am Kindergarten

In der Bundesrepublik standen in den sechziger Jahren nur für etwa ein Drittel aller Kinder zwischen drei und sechs Jahren Plätze in Kindergärten zur Verfügung. Eine Erhöhung hielt man nicht für wünschenswert, denn noch galt der Kindergarten als eine sozialfürsorgerische Einrichtung ohne Bildungsauftrag. Entsprechend dem geringen Ansehen war auch der Ausbildungsstand der Mitarbeiterinnen niedrig. Es bestand ein eklatanter Mangel an fachlich qualifiziertem Personal. Nur etwa 45% der Mitarbeiterinnen hatte eine abgeschlossene Ausbildung als Erzieherin oder (seltener) als Sozialpädagogin. Neben Kinderpflegerinnen, Kinderkrankenschwestern und Praktikantinnen gab es eine große Zahl von Kräften, die überhaupt keine pädagogische Ausbildung hatte. Ausgedrückt in konkreten Zahlen hieß dies folgendes: Das Verhältnis von
Jugendleiterin/Sozialpädagogin : Kinder = 1:1.500
Kindergärtnerin/Erzieherin : Kinder = 1:52
(Deutscher Bildungsrat 1970, 105).

Drei Aspekte verhinderten, daß sich der Kindergarten aus sich heraus reformieren konnte:
1. Er galt als eine sozialfürsorgerische Einrichtung, nicht aber als

eine pädagogische Institution mit einem eigenen Bildungs- und Erziehungsauftrag. Brezinka (1961) vertrat die Auffassung, daß eine gute Familienerziehung in jedem Fall dem Kindergarten überlegen sei. Deshalb sollte nur dann von ihm Gebrauch gemacht werden, wenn die Familie versagt.
2. Eine konservative Sozial- und Bildungspolitik verhinderte die Vermehrung der Kindergartenplätze, um den Trend zur Berufstätigkeit der verheirateten Frauen mit Kindern nicht indirekt zu unterstützen, sondern ihm entgegenzuwirken.
3. Die Ausbildung der Erzieher oblag nicht wissenschaftlichen Hochschulen, sondern Fachschulen. Dadurch gab es keine für die Ausbildung bedeutsamen Forschungen auf diesem Gebiet.

Erst mit der Veröffentlichung des »Strukturplanes für das deutsche Bildungswesen« (1970) zeigte es sich, daß aus den Ergebnissen der Sozialisationsforschung pädagogische Konsequenzen gezogen werden sollten. Man anerkannte, daß die Familie als alleinige Sozialisationsinstanz für das Kind im vorschulischen Alter unzureichend war, weil es seine Lernmöglichkeiten beschränkte.

1. In der Familie hat das Kind nur begrenzt Möglichkeiten, soziale Rollen und Verhaltensmuster kennenzulernen. Das erzeugt Verhaltensunsicherheit und mangelnde Umstellungsfähigkeit, wenn es diesen Rahmen verläßt.
2. Um in Distanz zur eigenen Position treten zu können, muß es frühzeitig Einstellungsalternativen kennenlernen.
3. Viele Eltern neigen dazu, ihre Kinder an sich zu binden, und hemmen damit ihre Persönlichkeitsentwicklung mit der Folge, daß häufig Fehlentwicklungen und Verhaltensstörungen auftreten.
4. Durch die Berufstätigkeit beider Eltern und durch beengte Wohnverhältnisse können zusätzliche Erziehungsprobleme auftreten, welche die Eltern überfordern.

Mit diesen Thesen wurde die gesellschaftspolitische Bedeutung frühkindlicher Erziehung bestätigt. Zugleich kritisierte der Strukturplan das an Geborgenheit und Mütterlichkeit orientierte Selbstverständnis des Kindergartens sowie seine Arbeitsweise: »Unter curricularem Aspekt wirkt das Geschehen im Kindergarten unsystematisch, ohne konkrete Zielvorstellung und zufallsbestimmt, so sehr auch die einzelnen Tätigkeiten und Spiele die Umwelt des Kindes bereichern können« (Deutscher Bildungsrat 1970, 104).

Angesichts der aus den USA bekanntgewordenen Versuche der Frühförderung von Kindern wurde die Praxis des Kindergartens als unzureichend empfunden und kritisiert. »Die pädagogische Praxis des heutigen Kindergartens entspricht der Theorie des selbsttätig reifenden Kindes. Man wartet darauf, was das Kind in seiner Entwicklung selbsttätig hervorbringt, um dann das herangereifte Vermögen zu stärken und zu fördern. Die an diesen pädagogischen Leitgedanken orientierten Spiele und Tätigkeiten der heutigen Kindergärten bedeuten durchaus eine Bereicherung der Lebenswelt der Kinder. Der pädagogische Erfolg bleibt jedoch meist hinter dem zurück, was von einer modernen Kleinkindpädagogik im Kindergarten erwartet wird und nach neueren Forschungen auch erwartet werden darf ...« (Deutscher Bildungsrat 1970, 46).

Der Kindergarten, der über Jahrzehnte hinweg ausschließlich ein Gegenstand der Sozialpolitik war, wurde nun mit den Anforderungen und Erwartungen von Bildungspolitikern konfrontiert. Durch eine frühzeitige Förderung sollten soziale Benachteiligungen ausgeglichen werden, durch ihn sollten Kinder gezielt auf die Anforderungen der Schule vorbereitet werden. Die durch die Bildungspolitik in Gang gesetzte Reform hat in dem darauffolgenden Jahrzehnt die Institution Kindergarten grundlegend verändert.

VIII
Neue Elterninitiativen

Zur Theorie der antiautoritären Erziehung

1967/68 erfaßte die Studentenbewegung die Universitäten der Bundesrepublik. Die Vorbereitung der Notstandsgesetze, die wachsende Aggression im Vietnamkrieg und die gewaltsame Einmischung der USA in Angelegenheiten der dritten Welt führten zu einem radikalen Protest, in dessen Sog nicht nur die sozialistische Studentenschaft geriet, sondern von der auch bislang unpolitische oder liberale Studenten erfaßt wurden. Das Ausmaß und die Formen des Protestes gingen weit über vergleichbare Protestbewegungen hinaus. Die Studentenbewegung hatte starke »antiautoritäre« Wurzeln. Im Anschluß an die These Marcuses (1967), daß in der Überflußgesellschaft des späten Kapitalismus Triebverzicht und Unterdrückung der Bedürfnisse über das gesellschaftlich notwendige Maß hinaus aufgrund tradierter Forderungen nach gesellschaftlicher Anpassung erzwungen würden, verstand sich die antiautoritäre Bewegung als Negation und Kampfansage an die autoritäre Gesellschaft. Die kritische Gesellschaftstheorie von Adorno und Horkheimer war der Rahmen, in dem die gesellschaftlichen Strukturen analysiert wurden. Demnach waren die Familie und bestehenden Erziehungssysteme (Kindergarten, Schule, Hochschule und die Formen der betrieblichen Ausbildung) die wichtigsten Träger eines Sozialisationsprozesses, in dem autoritäre Charakterstrukturen erzeugt wurden. Die antiautoritäre Bewegung war insbesondere in ihren Anfängen als der kollektive Versuch zu verstehen, sich selbst von den Zwängen erstarrter Institutionen sowie von den durch die Erziehung verinnerlichten Normen und Hemmungen autoritärer Charakterstrukturen zu befreien. Sichtbarer Ausdruck dieses Versuchs waren die zahlreichen Gründungen von Gegeninstitutionen, in denen – wie in einer vorweggenommenen Utopie – Formen und Möglichkeiten menschlichen Zusammenlebens in einer befreiten, sozialistischen Gesellschaft zumindest ansatzweise sichtbar gemacht werden sollten. Den etablierten Parteien wurde die von allen bekannten Organisationsformen abweichende lockere Formierung der APO (außerparlamentarische Opposition) entgegengesetzt; die neuentstandenen Kommunen und Wohnkollektive verstanden sich als Alternative zur Familie; gegen die Ordinarienuniversität sollte die »kritische Universität« neue Möglichkeiten des Lernens ohne Zwang aufweisen; den traditionellen Kindergärten, deren autoritäre Erziehung angeprangert wurde, stellte man das Modell des »antiautoritären Kinderladens« gegenüber. Nach dem Scheitern der Kampagne gegen die Notstandsgesetze erkannte man, daß isolierte Aktionen, die sich auf den Hochschulbereich beschränkten, erfolglos sein mußten. Die antiautoritäre Studentenbewegung suchte ihre Basis zu verbreitern und sah in der Arbeiterschaft ihren Bündnispartner. Für die Arbeit im Sozialisationsbereich hatte das weitreichende Konsequenzen, weil die pädagogische Arbeit mit Unterschichtkindern nunmehr auch politisch befürwortet und begründet wurde.

Die Gründung der Kinderläden

Die ersten Kinderläden entstanden 1968 in Berlin. Die Initiative hierzu ging vom »Aktionsrat zur Befreiung der Frau« aus. Politisch engagierte Frauen waren es leid, am Rande der antiautoritären Bewegung stehengelassen zu werden. Nur eine kollektive Erziehung ihrer Kinder konnte sie – zumindest teilweise – von ihren Hausfrauen- und Mutterpflichten freisetzen und ihnen die Möglichkeit zur Emanzipation geben. Von Berlin aus breiteten sich die Kinderläden vor allem in den Universitätsstädten der Bundesrepublik aus. An den Kinderläden beteiligten sich insbesondere Eltern der gebildeten Mittelschicht, Studenten, Lehrer und Sozialpädagogen.

Die Kinderladenbewegung hat die theoretischen Ansätze der psychoanalytischen und sozialistischen Pädagogen (Vera Schmidt, Siegfried Bernfeld, Wilhelm Reich u.a.) rezipiert, die von der Erziehungswissenschaft bis dahin nicht zur Kenntnis genommen worden waren. Auf dieser Grundlage hat die antiautoritäre Erziehungs-

Eltern, Kinder und Bezugspersonen des 1976 gegründeten Kinderladens Fontanestraße e.V. in Kassel beteiligen sich an einer Demonstration in Kassel, auf der mehr Geld für Kindergärten und Kinder generell gefordert wurde.
Foto: Kinderladen Fontanestr. e.V.

bewegung ihre Erziehungsziele und -konzeptionen entwickelt. Ich fasse im folgenden die Konzeptionen, so wie sie in den Selbstdarstellungen von Kinderläden dargelegt wurden, zusammen.

Die Erziehung soll von den Bedürfnissen der Kinder ausgehen und es ihnen ermöglichen, frei von Zwängen heranzuwachsen. Eine freie Erziehung soll den Kindern Freude am Dasein sichern.

Neills (1965) Erziehungsmodell Summerhill beeinflußte anfangs die Praxis der Kinderläden, wie das Programm der Frankfurter Kinderschule zeigt, dem das von Neill entworfene Prinzip der Selbstregulierung zugrunde lag: »Unser Erziehungsprogramm beruht auf dem Prinzip der Selbstregulierung der kindlichen Bedürfnisse, d.h., das Kind soll in jedem Alter und auf allen Lebensgebieten (wie Essen, Schlafen, Sexualität, Sozialverhalten, Spielen, Lernen usw.) seine Bedürfnisse frei äußern und selbst regulieren können« (Busche 1970, 191). Als beispielhaft für eine triebfreundliche Erziehung galten insbesondere Alexander Neill und Vera Schmidt. In der Problematisierung dieses Ansatzes, der sich zunächst die Forderung Neills zu eigen machte, daß dem Kind eine glückliche Kindheit zu sichern sei, stellte sich die Frage nach der gesellschaftlichen Realität, in der notwendigerweise eine freie Bedürfnisbefriedigung Konflikte hervorrief.

Diesen Ansatz kritisierte Regine Dermitzel. Sie stellte die Forderung auf, daß das Kind in den ihm gemäßen Formen – durch Spiele und Kindertheater – auf diese Konflikte vorbereitet werden sollte. Dabei suchte man den gesellschaftskritischen Ansatz in das psychoanalytische Erziehungskonzept zu integrieren. Die antiautoritäre Erziehung wollte eine Stärkung des Ichs, damit es flexibel auf die Anforderungen der Realität, des Gewissens (Über-Ich), sowie der Partialtriebe, der Abkömmlinge des Es, reagierte. Das Ich sollte befähigt werden, Konflikte zu verarbeiten statt mit traumatischen Frustrationen zu reagieren. Als Ich-Pädagogik sei sie die notwendige Voraussetzung dafür, daß Menschen die Fähigkeit entwickeln, die Widersprüche der Gesellschaft zu erkennen, sich nicht in blinder Anpassung ihren Anforderungen zu unterwerfen, sondern autonom zu handeln.

Mit der Umorientierung der antiautoritären studentischen Bewegung zur Arbeiterklasse zielte auch ihre Erziehungsbewegung auf die Emanzipation des Arbeiterkindes. Einen wichtigen Stellenwert in der Diskussion erhielt die Rezeption des kommunistischen Pädagogen Edwin Hoernle (1883–1952). Hoernle, ein ehemaliger Theologe, hatte sich in den zwanziger Jahren in zahlreichen Aufsätzen mit Fragen der sozialistischen Erziehung auseinandergesetzt. Hoernle begriff die Erziehung als eine Funktion der Gesellschaft, in der Klassengesellschaft also als eine Funktion der herrschenden Klasse. Die Wechselwirkung zwischen politischen Auseinandersetzungen und Erziehung sollte nicht allein ein theoretisch analysierbares Verhältnis bleiben, sondern in der täglichen Praxis der erzieherischen Arbeit sollte dieser Bezug für die Erzieher und zu Erziehenden hergestellt werden. Konsequenterweise lehnte er Erziehungsexperimente ab, die nicht mit politischer Praxis – und das heißt für ihn mit einer proletarischen Bewegung – verbunden waren. Hoernle vertrat die Auffassung, daß die gesamte erzieherische Arbeit in den Händen der Kommunistischen Partei liegen sollte.

Hoernles dogmatische Forderung, daß neben der KP keine autonomen Erziehungsorganisationen bestehen dürften, ist bereits in den zwanziger Jahren von Wilhelm Reich kritisiert worden; denn die Bindung von Erziehungsorganisationen an eine Partei setzte – wenn auch auf einer anderen Ebene – die autoritäre Erziehung fort.

Über die Ziele der in den zwanziger Jahren gegründeten kommunistischen Kindergruppen schreibt Hoernle: »Drei Gesichtspunkte sind für uns maßgebend, unsere Kindergruppenarbeit ist eine Erziehung:

a) zur schöpferischen Initiative (Selbsthilfe und Aktivität des Kindes ...)
b) zur kollektiven Arbeit (progressive Selbstverwaltung, Kinderorganisation, Arbeitsgemeinschaft im Gegensatz zu den die Kindergemeinde künstlich atomisierenden Methoden der bürgerlichen Schule ...)
c) zum proletarischen Klassenkampf (aktive Teilnahme an Organisation, Agitation und Aktion des revolutionären Proletariats im Rahmen der kindlichen Fähigkeiten, angewandte proletarische Klassenethik im Gegensatz zum bürgerlichen Moral- und Religionsunterricht, d.h. Eingliederung in die Klassenfront der Erwachsenen)« (Hoernle [1923] 1969, 169f.).

In der Analyse zur Situation des proletarischen Kindes berief sich Hoernle zwar auf Kanitz (1925), aber im Gegensatz zu Kanitz, der das proletarische Kind auch als ein von seinen proletarischen Eltern unterdrücktes beschrieb, behauptete Hoernle, daß es zwischen den Interessen des Proletarierkindes und denen des Proletariats keinen Gegensatz gäbe. Hoernle vernachlässigte die psychologische Dimension der Eltern-Kind-Beziehung vollständig.

Die Diskussion der Erziehungskonzeption Hoernles hat Teile der studentischen Linken seit 1970 beeinflußt. Über die Umorientierung von der antiautoritären Bewegung zum Marxismus-Leninismus und die Konsequenzen für die Erziehungsbewegung hieß es: »Nicht mehr die klassenunspezifische Revolte assoziierter Einzelner und ihre erzieherische Stützung konnte nun das Ziel der revolutionären Erziehung sein. Revolutionäre Erziehung mußte als Teil der Wiederaufnahme des Klassenkampfes begriffen werden« (v. Werder 1972, 14).

Als organisatorische Konsequenz erfolgte die Gründung proletarischer Kinder- und Schülerläden. Gegen die antiautoritäre, sich auf die Psychoanalyse stützende Erziehung wurde der Vorwurf erhoben, daß hierdurch eine weitere Privilegierung von Mittelschichtkindern erfolge. Außerdem werde die Bedürfnisbefriedigung im Kinderladen zur Folge haben, daß »diese Kinder überhaupt nicht mehr dazu imstande sein können, sich mit der Realität auseinanderzusetzen. Das bedeutet politisch, daß so diese Menschen dann nicht gelernt haben, zu Triebaufschub fähig zu sein, was für langfristig gezielten Widerstand notwendig ist« (Knirsch u.a. 1969).

Gegen antiautoritäre Kinderläden wurde ferner vorgebracht, daß in ihnen keine Arbeiterkinder seien. Die Gründe hierfür lägen in der Konzeption der Kinderläden als Selbsthilfeprojekte.

»1. Die Eltern müssen viel Zeit für die Erziehung ihrer Kinder aufbringen.
2. Beide Elternteile nun müssen in gleicher Weise an Erziehungsfragen interessiert und engagiert sein.
3. Beide Eltern müssen in der Lage sein, sich mit Hilfe von Büchern zu informieren. Sie müssen also die Techniken der wissenschaftlichen Arbeit beherrschen …
4. Die Eltern müssen die Fähigkeit besitzen oder entwickeln, sich mit staatlichen oder kirchlichen Institutionen auseinanderzusetzen.
   Arbeiter können sicher diese Bedingungen nicht erfüllen« (Busche 1970, 191).

Kinderläden können aber als Selbsthilfeprojekte nicht auf die aktive Mitarbeit der Eltern verzichten. Daher war es nicht möglich, das Modell der Kinderläden auf Projekte mit Arbeiterkindern zu übertragen, die oft schon nach kurzer Existenz beendet wurden, wohingegen viele Elterninitiativen, die aus der Tradition der antiautoritären Bewegung entstanden sind, kontinuierlich gearbeitet und sich zu stabilen Institutionen entwickelt haben.

Die meisten Kinderladeneltern gehen bürgerlichen Berufen nach, die ihnen ein höheres Einkommen, mehr Sozialprestige und Bildung sichern als Arbeitern. Folglich entsprechen die Sozialisationsbedingungen für die Kinder denen des (akademischen) Mittelstandes. Welche Verpflichtungen Eltern eingingen, die ihr Kind in einem Kinderladen anmeldeten, soll das folgende Beispiel verdeutlichen:

> **»Richtlinien über die Mitarbeit im Kinderladen Suarezstraße:**
> I.
> 1. Zur Mitarbeit im Kinderladen verpflichten sich beide Eltern, insbesondere betreut ein Elternteil oder eine Bezugsperson einmal in der Woche die Kinder mit. Wenn die Kindergruppe 12 Kinder umfaßt und eine Kindergärtnerin ständig beschäftigt wird, bedeutet das, daß die Eltern etwa einmal im Monat mit der Betreuung aussetzen können.
> 2. Weitere Aufgaben der Eltern sind die Instandhaltung von Räumen und Einrichtungen einschließlich des Spielzeugs.
> 3. Zur Mitarbeit gehört auch die Teilnahme an der wöchentlichen Arbeitsbesprechung
>
> II.
> Der Kinderladengrundbeitrag beträgt 5% vom Nettoeinkommen der Familie, mindestens aber DM 50,00 im Monat. Außerdem entstehen Essenskosten in Höhe von DM 17,00 pro Kind pro Monat.
>
> Der Kinderladenbeitrag kann in Härtefällen ermäßigt werden.
>
> III.
> Die Aufnahme eines Kindes in die Kinderladengruppe setzt voraus:
> 1. Die Eltern des Kindes müssen zunächst an vier Arbeitsbesprechungen teilgenommen haben.
> 2. Die Eltern zahlen für die von den anderen Eltern geleistete Vorarbeit eine Aufnahmegebühr in Höhe eines Monatsbeitrages.

> 3. Sie akzeptieren die theoretische Arbeitsgrundlage der Gruppe und nehmen an der theoretischen Schulung der Gruppe teil.
> 4. Das Alter des aufzunehmenden Kindes muß zum Alter der Kinder der Gruppe passen.
> 5. Die Aufnahme eines neuen Kindes setzt die Zustimmung von 2/3 der Mitglieder der Gruppe voraus.
>
> IV.
> Die Kündigung des Kindergartenverhältnisses ist spätestens am 15. eines Monats zum Ende des folgenden Monats möglich.
>
> V.
> Wenn Elternteile nachhaltig gegen die Richtlinien verstoßen, können sie mit 2/3-Mehrheit der Mitglieder der Kinderladengruppe ausgeschlossen werden. Der Antrag auf Ausschluß eines Mitgliedes muß rechtzeitig bekanntgemacht werden«
> (zit. nach Winterle 1985, 43f.).

Folgerungen für die »politische Sozialisation«

In der Forschung über politische Sozialisation unterscheidet man zwischen manifester und latenter politischer Sozialisation: »Unter latenter politischer Sozialisation versteht man all die Sozialisationsprozesse, die nicht unmittelbar, aber mittelbar die Entstehung bestimmter politischer Einstellungen und Verhaltensweisen beeinflussen könnten, also im Grunde alle Einflüsse, die während der Kindheit auf das Kind einwirken. Demgegenüber versteht man unter manifester politischer Sozialisation die Beeinflussung des Kindes durch unmittelbar politische Einflußfaktoren wie etwa politische Symbole (Fahne des Landes, Freiheitsstatue etc.), Einstellungen der Eltern und Lehrer zu politischen Parteien oder unmittelbaren Gegenständen« (Nyssen 1971, 37).

Für die latente politische Sozialisation war die psychoanalytische Erziehung im Kinderladen eine notwendige Voraussetzung insofern, als sie Angstfreiheit und kritisches Urteilsvermögen anstrebt. Jedoch muß sich die latente politische Sozialisation mit manifester politischer Sozialisation verbinden, um sich langfristig auf die politischen Einstellungen von Kindern und Eltern auszuwirken.

Gegen die politische Sozialisation im Kinderladen ist zu Recht der Vorwurf der »Indoktrination« erhoben worden. Hierzu schreibt Bott: »Es gibt vereinzelt Kinderläden, in denen Vierjährige ehrfürchtig Mao-Sprüche auswendig lernen müssen, wie Kinder in katholischen Kindergärten Bibelsprüche lernen und zum Beten angehalten werden. In beiden Fällen wird indoktriniert, d.h., Kinder werden gezwungen, unkritisch die Ideologie der Erzieher zu übernehmen« (Bott 1970, 11).

Indoktrination ist in jedem Fall strikt abzulehnen, jedoch will ich betonen, daß eine Erziehung ohne die Vermittlung von Werturteilen undenkbar ist. Kein Erzieher kann sich wertneutral verhalten; es geht also vor allem darum, daß eigene Werturteile transparent gemacht werden. Erst wenn der Erzieher mitteilt, was er für gut und wahr bzw. für schlecht und unwahr hält, ermöglicht er es den Kindern, sich mit seinen Werturteilen auseinanderzusetzen.

Lernen, also auch politisches Lernen, soll von den Erfahrungen der Kinder ausgehen. Da aber Kinder im vorschulischen Alter kaum von sich aus einen Bezug zwischen ihren Erfahrungen und dem Gesellschaftssystem herstellen können, sind der politischen Erziehung enge Grenzen gesetzt. So rät denn Nyssen, »lieber auf manifeste politische Sozialisation zu verzichten, als in reinen Politunterricht abzugleiten« (Nyssen 1971, 38).

Eltern-Kind-Gruppen

Unter dem Einfluß der antiautoritären Kinderläden sind im ganzen Bundesgebiet und in Berlin ungezählte Eltern-Kind-Gruppen entstanden. Die Ursachen für die Elterninitiativen lagen sicherlich nicht nur in der geringen Anzahl von Kindergartenplätzen, sondern auch in den von diesen Institutionen abweichenden Erziehungszielen und -praktiken der aktiven Eltern. So unterschiedlich die einzelnen Eltern-Kind-Gruppen auch arbeiten, so ist ihnen allen gemeinsam, daß Eltern in Zusammenarbeit mit den Bezugspersonen die Konzeption erarbeiten, die familiäre Erziehung diskutieren und das eigene Verhalten kritisch reflektieren.

In den Eltern-Kind-Gruppen wird die Relation von 6 bis 8 Kindern pro »Bezugsperson« als notwendige Voraussetzung für eine nichtautoritäre Erziehung angesehen. Da die Erziehung in diesen Initiativen sich stark an den Bedürfnissen und Interessen der Kinder orientiert, glaubte man, daß Programme und Pläne nicht notwendig seien, ja mehr noch, daß sie die Entfaltung schöpferischer Fähigkeiten behinderten.

Solange die Erzieher es mit Kindern aus der Mittelschicht zu tun hatten, die aufgrund ihrer familiären Sozialisation vielfältige Anregungen in die Gruppe einbrachten, deren Phantasie und schöpferische Fähigkeiten gut entwickelt waren, konnte man weitgehend nach diesem Prinzip verfahren. Aus den Wechselbeziehungen zwischen den artikulierten Bedürfnissen der Kinder und den bereitwillig auf diese eingehenden Bezugspersonen hat sich ein bestimmtes Repertoire pädagogischer Angebote entwickelt, von denen man meist spontan und nur kurzfristig Gebrauch machte (Rollenspiele, Feuermachen, Kochen und Backen, Besichtigung von Arbeitsstät-

Sich verkleiden, in Rollen schlüpfen und singen: musische Bildung (Kinderladen Fontanestraße, Kassel). Foto: Kinderladen Fontanestraße e.V.

ten, Werken u.a.m.). Im Bereich des sozialen Lernens ging es darum, daß Kinder bereits im Vorschulalter ihre Umwelt kennenlernen und für soziale Probleme sensibilisiert werden sollen, etwa durch die Besichtigung von Stadtvierteln unterschiedlicher sozialer Struktur. Zur Förderung der Kreativität wurden verschiedene Materialien bereitgestellt (Bastelmaterial, Orff-Instrumente, Malutensilien, Fingerfarben).

Die Nachteile dieser Arbeitsweise ohne einen Gesamtplan liegen auf der Hand:

Weder die Bezugsperson noch die Eltern haben einen genauen Überblick, welche Lernprozesse und Erfahrungen Kinder im Verlauf der Erziehung im Kinderladen machen. Folgen die Erzieher überwiegend den spontanen Einfällen der Kinder, so bleibt die pädagogische Arbeit im Kinderladen unverbindlich und zufällig. Der hohe Anspruch, die Praxis ständig zu reflektieren, kann angesichts drängender organisatorischer und finanzieller Probleme nicht immer eingelöst werden. Da es keinen Gesamtrahmen für die pädagogischen Angebote gibt, ist es schwierig, langfristig geplante Lernprozesse einzuleiten. Als ein Mangel erscheint diese Verfahrensweise vor allem dort, wo Kinder aus einem anregungsärmeren häuslichen Milieu kommen, denen der Kinderladen strukturierte Lernprozesse anbieten müßte. Insbesondere die Gruppen, die in Arbeitervierteln mit Kindern gearbeitet haben, kritisierten daher die pädagogische Konzeption der antiautoritären Kinderläden und wandelten sie ab.

Sexualerziehung

Obgleich im allgemeinen Fragen der Sexualerziehung in den vergangenen Jahren mit größerer Offenheit diskutiert wurden und zahlreiche Veröffentlichungen zur Sexualerziehung der mittleren Kindheit und des Jugendlichen vorliegen, fehlen methodische und didaktische Hilfen für Kleinkinderzieher fast gänzlich. Das führt dazu, daß bei Erzieherinnen große Unsicherheit besteht, wie sie auf die Äußerungen kindlicher Sexualität reagieren sollen. Es ist das Verdienst der Kinderladenbewegung, daß sie das noch immer tabuierte Thema der kindlichen Sexualität aufgegriffen und eine repressionsarme Sexualerziehung versucht hat. Für Erzieher liegt ein besonderes Problem der Sexualerziehung darin, daß sie sich an ihre eigenen Gefühle und Erlebnisse in der frühen Kindheit nicht erinnern können. Daher fällt es Eltern und Erziehern schwer, die Sexuallust der Kinder zu akzeptieren, da für viele Sexuallust mit Schuldgefühlen verknüpft ist. Eine richtig verstandene Sexualerziehung darf sich nicht darauf beschränken, Sexualwissen zu vermitteln, also »aufzuklären«, sondern sie muß sie in die Erziehung insgesamt einbetten.

Als ein Beispiel dafür, wie in Elterninitiativen das Problem der Sexualerziehung gesehen wurde und nach welchen Prinzipien das pädagogische Handeln sich richtete, sollen im folgenden die Grundsätze, nach denen in einem seit 1972 bestehenden Kinderladen Sexualerziehung betrieben wurde, zitiert werden:

»*1. Sexuelle Spiele von Kindern untereinander unterliegen keinerlei Verboten oder Beschränkungen.*
2. Ein gegenseitiges Teilhaben am Sexualleben zwischen Eltern und Kindern,
   a) so daß das kindliche Neugierde- und Wißbedürfnis der Erwachsenensexualität gegenüber nicht unterdrückt wird;
   b) daß Kinder nicht in irgendeiner Weise Aktivitäten von seiten eines Erwachsenen nach sexueller Befriedigung ausgesetzt sind.
3. Es ist nicht erforderlich, dem Erziehungsanspruch nach absoluter sexueller Freiheit des Kindes durch ein vorgegebenes scheinliberales Sexualverhalten gerecht zu werden, sondern eher durch ein offenes unverfälschtes Verhalten dem Kinde seine eigenen Ängste und Schwierigkeiten im Umgang mit der Sexualität näherzubringen.
4. Stärkere Betonung des Rechts des Erwachsenen auf ein eigenes individuelles Sexualbedürfnis, das nicht immer auf die Bedürfnisse des Kindes eingehen will.
5. Selbstregulierung in der Reinlichkeits- und Sauberkeitserziehung.
6. Die frühkindliche Sexualität darf keinen Verdrängungsmechanismen unterliegen.
7. Vollkommene Bejahung des menschlichen Körpers und seines Bedürfnisses nach Nacktheit und sexueller Befriedigung.«
(Winterle 1985, 80f.)

Die freie Sexualerziehung in den Elterninitiativen hat in den siebziger Jahren auch in den öffentlichen Einrichtungen zu einer Liberalisierung geführt. Jedoch wird in den öffentlichen Kindergärten und Kindertagesstätten die Sexualität des Kindes nur begrenzt akzeptiert, und in vielen Einrichtungen wird z.B. Nacktheit nicht geduldet.

Umgang mit kindlichen Aggressionen

Von Anfang an bereitete der Umgang mit aggressiven Verhaltensweisen mehr Schwierigkeiten als die Tolerierung kindlicher Sexualität. Als grundsätzliche Orientierung galt auch für den Umgang mit den Äußerungen kindlicher Aggressionen, daß sich Erwachsene nicht einmischen sollten, denn nur so würde es der Gruppe möglich sein, eigene Formen des Zusammenlebens zu entwickeln. Das Prinzip der Selbstregulierung sollte also auch auf den Umgang mit kindlichen Aggressionen angewandt werden. In einer vergröbernden und oft mißverstandenen Rezeption der psychoanalytischen Theorie meinte man, daß das Ausleben der aggressiven Impulse Teil einer gesunden Persönlichkeitsentwicklung sei, wohingegen die Unterdrückung der Aggression zu Schuldgefühlen und neurotischen Fehlentwicklungen führe. Welche Konsequenzen diese Prämissen für die pädagogische Praxis hatten, beschreibt Frank Mehler in einer kritischen Auseinandersetzung mit der Praxis der Kinderläden: »Was also tun, wenn ein Kind ein anderes – oder mehrere ein anderes – schlagen, treten, beißen, Haarbüschel ausreißen? Zu beobachten und zu hören ist immer wieder, daß viele Erwachsene gar nichts machen, sie schauen nur zu. Da können Kinder weinen und schreien, Eltern und Erzieher stehen beobachtend dabei« (Mehler 1986, 29). Die Folge dieser Erfahrung ist, daß Kinder Angst haben, in den Kinderladen zu gehen, und die Eltern dann versuchen, »ihre Kinder mit allen möglichen Tricks zum Besuch des Kinderladens zu überreden« (ebd.). Mehler kritisiert die Strategie der Nichteinmischung, da dies den Kindern signalisiert: »Ich kann euch nicht helfen – schlagt nur weiter. Der Stärkere wird gewinnen.« In seinem Bericht fügt Mehler noch eine weitere Beobachtung hinzu: Eltern reagierten bestürzt, wenn Kinder im Spiel Aggressionen (z.B. Cowboy und Indianer) darstellten. **Der** symbolische Umgang mit Gewalt werde anscheinend als **bedrohlicher** erlebt als der Anblick aufeinander einschlagender **Kinder.** Dabei gebe der symbolische Umgang mit Gewalt den Kindern Gelegenheit, den Umgang mit aggressiven Phantasien und Ängsten zu erproben, wobei sie auch zwischen symbolischer und realer Welt zu unterscheiden lernten. Zusammenfassend schreibt Mehler: »Um es auch hier wieder deutlich zu sagen, nicht jeder aggressive Konflikt unter Kindern erfordert die Einmischung durch Erwachsene. Falsch ist aber die Einstellung, daß aggressive Konflikte unter Kindern selbst gelöst werden können. Wenn Erziehung nur Beobachtung und Neutralität bedeutet, sollte man aufhören, von Erziehung zu reden« (Mehler 1986, 29).

Zusammenfassung

Zusammenfassend läßt sich sagen, daß die Kinderladenbewegung den öffentlichen Einrichtungen des Elementarbereiches ein Modell entgegengesetzt hat, das zum Nachdenken und zu Veränderungen zwang. Von den pädagogischen Ansätzen der Kinderläden und der Eltern-Initiativgruppen sind viele Anregungen ausgegangen, die von den Kindergärten aufgegriffen worden sind.

Das bezieht sich in erster Linie auf den Bereich des sozialen Lernens, die Einbeziehung der Umwelt in die Pädagogik des Kindergartens, eine flexiblere Handhabung der Zeitstruktur und z.T. auch der Sexualerziehung, jedoch gelten gerade in diesem Bereich noch vielfach die alten Tabus.

Obgleich die bestehenden Elterninitiativen mit finanziellen Schwierigkeiten zu kämpfen haben, weil sie nur in geringem Umfang durch öffentliche Mittel gefördert werden, haben sie sich auch nach dem Zerfall der antiautoritären Bewegung stabilisieren können. Jedoch hat der Elan der Anfangsjahre deutlich nachgelassen. Über den gegenwärtigen Stand der Kinderläden heißt es in einem sehr kritischen Beitrag von Paul Walter: »Der diskursive Erfolg der antiautoritären Kinderladenbewegung hat im Laufe der Jahre bei den Kinderladen-Eltern und -Erziehern eine Haltung begünstigt,

In der Regel verbringen die Kinder des Kinderladens Fontanestraße,
Kassel, wöchentlich einen Tag im Wald.
Foto: Kinderladen Fontanestraße e.V.

sich auf den Lorbeeren der Vergangenheit auszuruhen. Die resignative Normalität des eigenen Tuns wird mit dem grandiosen Bewußtsein kaschiert, sich auf den richtigen, progressiven Pfaden zu bewegen, ohne dafür noch etwas Besonderes leisten zu müssen. Auf diese Weise verkümmert die theoretische und argumentative Potenz, die einst die Kinderladenbewegung zum ernstgenommenen Widerpart der etablierten Pädagogik gemacht hat« (Walter 1986, 25).

IX
Der Waldorfkindergarten

Die Anziehungskraft der Waldorfpädagogik

Freie Waldorfschulen und -Kindergärten erfreuen sich etwa seit Mitte der siebziger Jahre einer wachsenden Nachfrage, die zu zahlreichen Neugründungen geführt hat. Von 1974 bis 1981 hat sich die Zahl der Schulen nahezu verdoppelt, die Zahl der Schüler stieg von 11.500 auf ca. 32.000, es gab 130 Waldorfkindergärten (Ullrich 986, 238). 1986 waren es bereits 100 Schulen mit rund 43.500 Schülern und 238 Kindergärten (Berichtsheft des Bundes freier Waldorfschulen 1986, 22). Suchen wir nach den Gründen, warum sich zunehmend mehr Eltern für die Waldorfpädagogik interessieren, so treffen wir vor allem auf eine veränderte Einstellung gegenüber der staatlichen Schule. Barz (1984) interpretiert den großen Zulauf als »eine Flucht vieler Eltern vor der staatlichen Schule und ihrem beinahe schon sprichwörtlichen ›Schulstreß‹« (Barz 1984, 157). Auch Ullrich (1986) sieht einen Zusammenhang zwischen der Bildungsreform, die stark auf eine strukturelle und curriculare Reform ausgerichtet war, in erster Linie eine Verwissenschaftlichung des Unterrichts anstrebte, und der parallel dazu steigenden Nachfrage nach Waldorfkindergärten und -schulen. Viele Eltern wenden sich von der »verkopften«, leistungs- und wettbewerbsorientierten öffentlichen Schule ab und suchen in alternativen Einrichtungen nach einer ganzheitlichen Pädagogik, in der – wie es die Reformpädagogik ausdrückte – »Kopf, Herz und Hand« gleichermaßen gebildet werden. »Waldorfpädagogik kennt kein anderes Lehrziel als die Hilfe zur Entfaltung der eigenen menschlichen Anlagen. Von außen oktroyierte Lehrziele, wie stufenweise vorgeschrieben der beste Staatsbürger, der beste Christ oder Wirtschaftstreibende entstehe, verhindern gerade dieses charakterliche Lernergebnis. Vom Kind ausgehen, sogar individuell in jeder Klasse und nicht auf abstrakte Programme Erwachsener hin ausrichten, ist allein menschengerecht, praxis- und lebensnah. Daraus folgt, daß Waldorfpädagogik auf die volle Entfaltung der Persönlichkeit und nicht auf die bloße Wissensvermittlung ausgerichtet ist« (Rössel-Majdan 1984, 22f.). Mit dieser pädagogischen Zielsetzung und der darin enthaltenen Wertorientierung ist die Waldorfpädagogik insbesondere für jene Eltern attraktiv, die den neuen sozialen Bewegungen nahestehen.

Barz (1984) vergleicht die Waldorfpädagogik mit der Reformpädagogik und kommt zu dem Ergebnis, daß sich in den folgenden zentralen Bereichen Übereinstimmungen ergeben, die es gerechtfertigt erscheinen lassen, Rudolf Steiner »in die reformpädagogische Bewegung einzuordnen« (Barz 1984, 34), auch wenn dies von anthroposophischer Seite nicht so gesehen wird:

»1. Das pädagogische Programm wurzelt in einer umfassenden *Kulturkritik*.
2. Die Erziehung orientiert sich an einer neuen Sicht des Kindes, eine Pädagogik »*vom Kinde aus*« wird angestrebt.
3. Die Bedeutung der *Kunst als Erziehungsmittel* wird ganz groß geschrieben. Die Tätigkeit des Erziehens wird zum künstlerischen Problem.
4. Erziehung soll den ganzen Menschen erfassen. *Ganzheitliche Menschenbildung* lautet das Paradigma« (ebd., 21).

Rudolf Steiner, Gründer der anthroposophischen Bewegung, hat schon in seinen Vorträgen und Schriften vor dem Ersten Weltkrieg die theoretischen Grundlagen seiner Pädagogik formuliert. Eine Gelegenheit der praktischen Umsetzung ergab sich aber erst 1919, als er die Leitung der von Emil Molt, Inhaber der Waldorf-Astoria-Zigarettenfabrik, gegründeten Waldorfschule übernahm. Die Schule begann mit 253 Schülern, davon 150 Kindern der in der Waldolf-Astoria-Zigarettenfabrik beschäftigten Arbeiter (Deuchert 1986, 79). In der neuen Schule sollten eine »neue Unterrichtsmethode, Unterrichtsbehandlung, eine neue Erziehungsmethode und Erziehungsbehandlung« entwickelt werden. Als Privatschule sollte sie unabhängig von staatlichem Einfluß sein. Bis heute orientiert sich die Waldorfschule an dem von Steiner entwickelten Modell:

– Waldorfschulen sind äußerlich nicht differenzierte Einheits-/Gesamtschulen.
– Als Privatschulen mit besonderer pädagogischer Prägung haben sie eigene Lehrpläne und Unterrichtsmethoden entwickelt, in denen sie sich an dem anthroposophischen Menschenbild und seinen Entwicklungsvorstellungen orientieren.
– Die Schülerpersönlichkeit soll ganzheitlich gefördert werden; d.h., theoretische, künstlerisch-musische und handwerklich-praktische Fächer stehen gleichberechtigt nebeneinander.
– Es gibt in der zwölfjährigen Waldorfschule keine Zensuren und keine Versetzungen im herkömmlichen Sinne.
– In einer eigenen Ausbildungsstätte werden Lehrer und Erzieher für die Arbeit in Waldorfschulen und -kindergärten ausgebildet. Die Ausbildung orientiert sich an der Lehre Rudolf Steiners.

Die erste Waldorfschule hatte noch keinen Kindergarten, was vorwiegend finanzielle Gründe hatte und von Rudolf Steiner außerordentlich bedauert wurde. »Es ist mir daher ein immer ganz besonderer Schmerz gewesen, daß wir für die Stuttgarter Waldorfschule erst Kinder bekommen können, die schon das in Mitteleuropa als schulpflichtig bezeichnete Alter erreicht haben. Es wäre mir eine tiefe Befriedigung, wenn auch schon das jüngere Kind in die Freie Waldorfschule hereingenommen werden könne« (Steiner [1921] 1985, 120).

Wie es für viele »Bewegungen« charakteristisch ist, hat sich auch die anthroposophische Bewegung gegenüber von außen kommenden Einflüssen abgeschirmt, indem sie zu ihrer Selbstverständigung eigene Publikationsorgane schuf, in denen Theorie und Praxis der anthroposophischen Pädagogik diskutiert werden. Das mag einer der Gründe dafür sein, weshalb in pädagogischen Handbüchern und Lexika die Waldorfpädagogik gar nicht oder höchstens am Rande erwähnt wird. Aus erziehungswissenschaftlicher Sicht befassen sich Barz (1984) und Ullrich (1986) kritisch mit der anthroposophischen Pädagogik. Hermann Ullrich (1986) setzt sich »kritisch mit dem philosophischen und wissenschaftlichen Geltungsanspruch der Erziehungslehre Steiners« auseinander und kommt dabei zu dem Ergebnis, »daß der Glaube, man verdanke Steiner eine theoretisch gültige Grundlegung der Ziele, Inhalte und Methoden der Erziehung, fallengelassen werden muß. Ungeachtet dieser theoretischen Schwächen wird aber der Praxis der Waldorfpädagogik eine eigene pädagogische Dignität zugestanden« (Ullrich 1986, 7). Zu einer vergleichbaren Einschätzung gelangt auch Barz, wenn er in seiner Darstellung des Waldorfkindergartens abschließend feststellt, daß »die praktischen Erziehungsvorstellungen der Waldorfpädagogik trotz ihrer spekulativen Grundlagen einer wissenschaftlichen Überprüfung über weite Strecken standhalten« können (Barz 1984, 137). In Konsequenz dieser Einschätzung liegt die Frage nahe, »ob es berechtigt ist, die Praxis der Waldorfpädagogik von ihrem ideologischen Überbau abzukoppeln und als nützliche, praktisch brauchbare Erziehungstechnologie zu interpretieren« (ebd.). Barz meint, daß sich die Praxis auch unabhängig von der Anthroposophie verstehen und begründen lasse, daß aber die »Anthroposophie als kontinuitätsstiftende Glaubensgemeinschaft« eine wichtige Rolle spiele, denn ohne sie »wären Entfaltung, Überwintern (während der Zeit des nationalsozialistischen Verbots) und Ausbau der Waldorfpädagogik nicht möglich gewesen« (ebd., 139). Sicherlich liegt eine wichtige Funktion der anthroposophischen Bewegung darin, Orientierung und Kontinuität zu schaffen. Wesentlich scheint mir aber auch zu sein, daß das von der Anthroposophie entworfene Menschenbild die pädagogische Haltung des Erziehers begründet, so daß die Praxis von der Theorie nicht abgekoppelt werden kann.

Die anthroposophische »Menschenkunde« und »Entwicklungslehre«

In seiner kritischen Auseinandersetzung mit der Anthropologie Rudolf Steiners schreibt Ullrich (1986): »Die Anthroposophie Rudolf Steiners stellt kein einheitlich systematisiertes, widerspruchsfreies Gedankengebäude dar, obwohl dies von Steiner und seiner Schülerschaft immer wieder behauptet worden ist. Bei gleichbleibender Problemstellung unterliegen die Auffassungen Steiners beträchtlichen Wandlungen, sind Brüche und Neuansätze nicht zu übersehen« (Ullrich 1986, 76). Ullrich unterscheidet grob drei Perioden in Steiners Denken: eine vortheosophisch-monistische (bis etwa 1900), eine theosophisch-antievolutionistische und ab ca. 1917 eine Wiederanlehnung des Theosophen Steiner an Gedanken der romantisch-idealistischen Philosophie.

Steiner beschreibt die Anthroposophie als einen Erkenntnisweg, der »das Geistige im Menschenwerden zum Geistigen im Weltall führen möchte, (denn) ... es schlummern in jedem Menschen Fähigkeiten, durch die er sich Erkenntnisse über höhere Welten erwerben kann« (Steiner, zit. nach Wehr 1977^2, 13). Da die Anthroposophie den Menschen als Teil einer übersinnlichen Welt begreift, will sie auch alles dasjenige erfassen, »was an übersinnlichem Wesen innerhalb dieses Lebens zwischen Geburt und Tod sich auslebt als Zeuge davon, daß der Mensch einer übersinnlichen Welt angehört« (Steiner [1922] 1977^2, 11). Hierzu gehört auch die Vorstellung von der Reinkarnation des Menschen. In einem Vortrag vor Theologen sagte Steiner, daß das »wiederholte Erdenleben« des Menschen nicht etwa ein »Vorurteilsdogma«, sondern gesicherte Erkenntnis der anthroposophischen Geisteswissenschaft sei. »Im Sinne dieser Erkenntnis leben wir z.B. jetzt in diesem Leben zwischen der Geburt und dem Tode so, daß wir auf der einen Seite in uns haben die Impulse der physischen Vererbung... Aber wir haben außerdem in uns die Impulse, welche den früheren Lebensläufen angehören und dem Leben zwischen dem Tod und einer neuen Geburt. Die Welt, in der wir leben zwischen dem Tod und einer neuen Geburt, schließt nun Fakten ein, die nicht unter dem Gesetz von der Erhaltung des Stoffes und der Erhaltung der Kraft sind« (Steiner 1921, 11). Diese Bereiche könnten mit naturwissenschaftlichen Methoden nicht erforscht und erkannt werden. Die anthroposophische Geisteswissenschaft respektiert die Erkenntnisse der modernen Naturwissenschaft, akzeptiert aber nicht die durch sie gesetzten methodologischen Erkenntnisgrenzen. Für die »Menschenerkenntnis«, die die wesentliche Voraussetzung jeder Erziehung sei, gilt das naturwissenschaftliche Denken als unzulänglich, weil es das »spirituelle Leben« nicht erkennen könne. »Diese Naturwissenschaft, sie kann uns Aufschluß geben über das Körperliche des Menschen, sie kann uns Aufschluß geben über den Verlauf der körperlichen, physiologischen Funktionen, während des physischen Lebens des Menschen. Aber diese naturwissenschaftliche Erkenntnis, sowie wir sie treiben, indem wir mit äußeren Werkzeugen experimentieren, indem wir mit äußeren Sinnen beobachten, sie hat gerade in der Zeit, in der sie so groß geworden ist, nicht vermocht, in das eigentliche spirituelle Leben des Menschen tiefer hineinzudringen. Das ist kein Tadel, den ich damit aussprechen will; das war die große Aufgabe der Naturwissenschaft« (Steiner [1922] 1956, 11).

Intuitives Denken und eine bildhafte Auffassung von der Wirklichkeit gehören zu den Grundzügen der anthroposophischen Geisteswissenschaft, wobei Steiner das Leiblich-Materielle des Mikrokosmos als einen Ausdruck des Übersinnlichen interpretiert.

Durch systematische und konzentrierte Meditationsübungen soll der Mensch zu einer höheren Erkenntnis des Weltganzen gelangen. Dabei versteht Steiner die Meditation als eine »innerliche Forschungsmethode«, die ebenso ausgebildet werden könne wie »die äußerliche chemische oder astronomische Versuchsmethode« (Steiner [1921] 1985, 75). Imagination, Inspiration und Intuition sind dabei aufeinander aufbauende Stufen der »übersinnlichen Erkenntnis« (ebd., 73). Steiner lehnt logisches, naturwissenschaftliches Denken nicht ab, »aber aufgebaut werden soll auf dieser Intellektualität, auf diesem scharfen Denken, dasjenige, was dann in die spirituelle Welt hineinführt« (ebd., 42). Die anthroposophische Geisteswissenschaft will die Kluft zwischen Leben und Erkennen, zwischen Wissenschaft und Kunst, Technik und Ethik überwinden. »Grundsätzliche Grenzen der Erkenntnis gibt es für den Anthroposophen schon deshalb nicht, weil der Mensch mit seiner Fähigkeit zur Geist-Erkenntnis selbst zum Reich des Geistigen gehört« (Ullrich 1986, 79).

Steiners »Menschenkunde«, die bis heute die Grundlage für die Waldorfpädagogik darstellt, liegt ein dreigliedriges Menschenbild zugrunde: Leib, Seele und Geist. »So ist der Mensch Bürger dreier Welten. Durch seinen Leib gehört er der Welt an, die er auch mit seinem Leibe wahrnimmt; durch seine Seele baut er sich seine eigne Welt auf; durch seinen Geist offenbart sich ihm eine Welt, die über die beiden andern erhaben ist« (Steiner 1955, 29). Die Entwicklung des Menschen vollziehe sich in drei mal drei Siebenjahresstufen, in denen ein Schwerpunkt der Entwicklung auf der Entfaltung der leiblichen, seelischen und geistigen Anlage des Menschen liege. »Die leibliche Entwicklung, das Erziehungsalter, umfaßt die drei Jahrsiebente mit den Übergängen Schulreife (Zahnwechsel), Erdenreife (Pubertät), Lebens- und Schicksalsreife (Mündigkeit). Die seelische Reife wird mit der Entfaltung der Empfindungsseele, der Verstandes- und Gemütskräfte und der Bewußtseinskraft im Jahrsiebt der Lebensmitte beschrieben. Und die mögliche Entwicklung der geistigen Kräfte wird wiederum bis in das Pensionsalter in drei Stufen untergliedert. Die Bedeutung des ersten Jahrsiebents liegt für den Erzieher darin, daß alle über die Sinne vermittelten Eindrücke »einverleibt« werden durch das nachahmende, im Spiel tätig werdende Lernen, weil der Leib als Instrument der Seele und des Geistes gesund heranwachsen soll. Seele und Geist sind vorhanden, aber entfalten sich über die Selbstfindung in der Kindheit und Jugend erst nach und nach. Was in der frühen Kindheit erfahren wird, hat seine Bedeutung für den ganzen Lebenslauf« (v. Kügelgen in einem Brief an die Verfasserin vom 19.12.1986).

Ähnlich wie das psychoanalytische Persönlichkeitsmodell davon ausgeht, daß frühkindliche Erfahrungen von Bedeutung noch für den Erwachsenen sind, geht auch die Anthroposophie von einer »geschichteten Struktur der menschlichen Seele« aus, wobei auch im Erwachsenen die früheren Stufen der Entwicklung weiterbestehen. »Der Mensch trägt als erwachsener Mensch durch sein ganzes Leben hindurch die drei Metamorphosen der Seelenkräfte in sich. Auch wenn er glaubt, allein auf der letzten Metamorphose weiterzubauen, bleiben doch auch die früheren Stufen weiter bestehen« (Lievegoed [1946]^{1}1979^2, 84). Deshalb wird auch der ersten Periode bis zum 7. Lebensjahr eine große Bedeutung beigemessen. Von besonderer Bedeutung für die Entwicklung des Kindes zwischen dem 3. und 6. Jahr ist das bildnerische Gestalten. Weil das Kind in dieser Stufe seiner Entwicklung damit beschäftigt ist, sein Weltbild aufzubauen, verspüre es den Drang, dies auch nach außen darzustellen.

Die erste Lebensperiode wird charakterisiert durch eine »große Offenheit gegenüber der Welt ... Mit unbegrenztem Vertrauen tritt es der Welt entgegen« (Lievegoed [1946] 1979^2, 12). Im Unterschied dazu erschafft sich das Kind in der mittleren Kindheit eine eigene Welt, »die Außenwelt dringt höchstens bruchstückweise herein und die Elemente der Außenwelt werden in die eigene Welt aufgenommen und darin umgeformt, bis sie in diese hineinpassen« (ebd.). Erst in der dritten Periode sucht das Kind die Wirklichkeit, die es erobern will. Lievegoed stellt diese Entwicklungsprozesse in der folgenden Grafik (ebd., 12) dar:

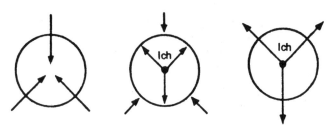

Mit dieser Grafik will er das Verhältnis des Kindes zur Außenwelt in den verschiedenen Lebensabschnitten verdeutlichen. In der ersten Periode dringen Eindrücke von außen in das Kind ein. In der zweiten Periode ist das Kind eine geschlossene Einheit. Vom Ich-Mittelpunkt aus wirken die Kräfte »bis an die Peripherie der eigenen kleinen Welt«. Äußere Eindrücke werden nur aufgenommen, »nachdem sie einen ›Verdauungsprozeß‹ durchgemacht« haben. In der dritten Periode ist die Hauptrichtung von innen nach außen. »Die Außenwelt will erobert und umgeformt werden« (Lievegoed [1946] 1979^2, 13).

Das Spiel als Entfaltung schöpferischer Phantasie

Im folgenden Abschnitt wird uns die Frage beschäftigen, wie die theoretischen Grundlagen der Antroposophie im Kindergarten in pädagogisches Handeln umgesetzt werden sollen. Das folgende Zitat nennt die wichtigsten Elemente der Waldorfpädagogik: Es ist die pädagogische Grundhaltung des Erziehers und enthält eine ganzheitliche Auffassung vom Lernen und vom Spiel, in dem das Kind seine schöpferische Kraft entfalten kann. »Den Erzieher im Waldorfkindergarten bestimmt die Ehrfurcht vor dem werdenden

Menschen, mit dem man nicht experimentieren darf, dessen Lernen im Erleben mit allen Sinnen besteht, dessen Hingabe an das Spiel den Ernst und das Engagement vorbildet, mit dem er später im Beruf und in seinen persönlichen Verantwortungen stehen wird« (v. Kügelgen 1979, 6).

Das Spiel ist die dem Kind eigene Art, sich mit der Umwelt auseinanderzusetzen und Erfahrungen zu verarbeiten. Dem Spiel mißt Steiner für die Entwicklung der Intelligenz und des Gefühls große Bedeutung bei, und deshalb ist die Spielförderung eines der wichtigsten Anliegen der Waldorfpädagogik. Mit dem gleichen Ernst, mit dem das Kind in seinen Spielen lebt, kann es sich später als Erwachsener mit seiner Arbeit verbinden. Im Unterschied zur Arbeit des Erwachsenen, die sich in die äußere Zweckmäßigkeit der Welt einfügen müsse, beruhe die Betätigung des Kindes »auf Impulsen, die aus seinem Innern, seiner Phantasie heraus aufsteigen, ohne daß dabei zweckvolles Handeln anderen Menschen oder der Sprache gegenüber verantwortet werden müßte« (Jaffke 1983, 46). Im Spiel ahmt das Kind vielfach Erlebnisse und Erfahrungen seiner Umwelt nach, »und nachahmend ergreift es die Arbeitstätigkeit des Erwachsenen und gestaltet daraus ein zweckfreies Spiel« (ebd.). Die Waldorfpädagogik betrachtet das Spiel als »Nachahmung täglicher Erlebnisse und zwar in ständig sich wandelnder, Neues entdeckender Weise und ohne von einem Zweck bestimmt zu sein« (Jaffke 1983, 50).

Die Waldorfpädagogik geht davon aus, daß Kinder einen Nachahmungstrieb haben, wobei sie nicht nur die Handlungen nachahmen, sondern auch die Stimmungen, Gefühle und Einstellungen des Erwachsenen übernehmen. Folglich soll der Erwachsene dem Kind Vorbild sein, und deshalb stellt Kranich fest: »Nur ein freundlicher, heiterer, interessierter, tatkräftiger und aufrichtiger Mensch wirkt positiv auf die Kinder« (Kranich 1979, 14). Förderung der kindlichen Persönlichkeit ist gleichbedeutend mit der Förderung der Nachahmung; »d.h. die spontane, von innen sich entfaltende willentliche Aktivität. Das ist völlig unautoritär, Nachahmung kann man nicht befehlen. So hat man denn auch festgestellt, daß Kinder gerade aufgrund des unautoritären nachahmenden Lernens im Gegensatz zu einem autoritär aufgedrängten Verhalten eine besondere innere Selbständigkeit und Persönlichkeitskraft entwickeln« (Kranich 1979, 13).

Sprachförderung durch Nachahmung:

Die Waldorfpädagogik lehnt spezielle Sprachförderungsprogramme ab, denn auch der Sprachentwicklung liegt das Prinzip des nachahmenden Lernens zugrunde. Die Voraussetzung hierfür ist, daß die Erzieher selbst eine reiche und grammatisch differenzierte Sprache sprechen. Erzählen gilt als wirksamer als Vorlesen. Abgelehnt werden Radio und Schallplatte. »Denn bei diesen technischen Medien befindet sich das Kind in einer abstrakten unnatürlichen Situation, weil ihm die Sprache primär menschliche Äußerung ist und die Wahrnehmung der Sprache zugleich Wahrnehmung bestimmter menschlicher Qualitäten bedeutet« (Kranich 1979, 15). Hingegen fördert das darstellende Spiel die Sprachkompetenz.

Das Kind soll Sinnvolles erleben:

Im Sinne einer ganzheitlichen Auffassung des Lernens spielt der Erlebnisbereich eine wesentliche Rolle in der Waldorfpädagogik – ein Gedanke, der auch schon in der Reformpädagogik lebendig war und sich in den Konzepten der Gemeinschafts- und Erlebnisschulen ausdrückte. Sinnvolles Erleben ist dann gegeben, wenn das Kind Handlungen beobachtet, »bei denen für das Kind der zweckmäßigsinnvolle Zusammenhang zwischen den einzelnen Teilprozessen einsichtig werden kann. Überschaubaren Handlungen in einer Welt, die mehr und mehr dieses durch Maschinen ersetzt, kommt in der vorschulischen Erziehung besondere Bedeutung zu: Waschen, Backen, auch handwerkliche Tätigkeiten, Nähen, Brotbereiten vom Dreschen über das Mahlen des Kornes bis zum Backen. Es geht hier nicht um eine romantische Handwerksideologie oder ähnliches, sondern um Anschauungen, an denen das Kind im Erfassen des Zusammenhangs in seinem Denken und in seiner Intelligenz angeregt wird« (Kranich 1979, 16). »Das wird ergänzt durch Besuche bei Handwerkern, Bauern usw. Wenn die Kinder nun das, was sie so erleben und verstehen, nachahmend im Spiel ausgestalten, so ist das *kindliche Tun von Sinn und Intelligenz* geordnet und durchdrungen. Die Intelligenz lebt da nicht, wie bei verschiedenen anderen Vorhaben zur kognitiven Förderung, losgelöst im Kopf des Kindes, sondern in der willentlichen Tätigkeit und im Erleben, d.h. mit der Persönlichkeit des Kindes verbunden« (ebd.).

Vom Leben lernen:

Möglichst viele Tätigkeiten soll das Kind im Lebenszusammenhang beobachten und daran teilnehmen können. Folglich sollen so viel als möglich die notwendigen Arbeiten in den Kindergartenplan aufgenommen werden. Zum Beispiel: »*Häusliche Arbeiten*, wie Kochen, Backen, Spülen, Waschen, Bügeln, Fegen, Wischen, Blumenpflege. *Spielzeugherstellung und -pflege*: Dazu gehören unter anderem Sägen, Raspeln, Schnitzen, Leimen, Reparaturen jeder Art, Nähen, Stopfen. *Gartenarbeit*: Graben, Säen, Pflanzen, Gießen, Jäten, Mähen, Ernten. Hinzu kommen Erlebnisse auf Spaziergängen, z.B. Müllautos, Straßenbauer, Holzfäller, Kaminfeger, die Frau in der Heißmangelstube, die Arbeiter in der benachbarten Gärtnerei« (Jaffke 1979, 34).

»*Entsprechend der Auffassung, daß in der ersten Lebensphase die Außenwelt auf das Kind einwirkt und das Kind prägt – die Anthroposophen sprechen von der ›Einverleibung aller frühen Erlebnisse‹ – wird der Gestaltung der äußeren Gegebenheiten große Bedeutung beigemessen. Die Umgebung des Kindes soll ›gesundend, harmonisierend, förderlich‹ gestaltet sein. Besondere Bedeutung habe alles, was durch das Ohr an das Kind herantritt. Was da die Stimme der Mutter, ihr Sprechen oder Singen, der zarte Klang eines Saiteninstruments wie der Leier bewirken können, ist leicht einzusehen. Man braucht sich nur energisch genug in einen Vergleich mit den Geräuschen technischer Übermittlungsgeräte (Radio, Schallplatten) einzufühlen, um zu verstehen, wodurch ein fein nuanciertes Hören gefördert oder verdorben werden kann« (Jaffke 1983, 52).*

Bis etwa zum 7. Lebensjahr lernt nach Auffassung der Waldorfpädagogik das Kind durch Nachahmung. »Jeder Appell an intellektuelles Lernen erscheint demgegenüber als unsachgemäß verfrüht, ja sogar störend« (ebd., 47). Im Spiel erwirbt das Kind Grundhaltungen, die später nur unter großen Mühen erlernt werden könnten: »Ordnung, Sorgfalt, Hingabe, Geduld, gute Gewohnheiten, Moralität und Phantasie« (ebd., 47).

Die Spielstufen

Entwicklungsprozesse des Kindes während des ersten »Jahrsiebts« vollziehen sich in klar aufeinander aufbauenden Entwicklungsstufen: den drei Spielstufen. Auf der ersten Spielstufe bis zum 3. Lebensjahr ahmt das Kind die Handlungen der Mutter nach, ohne deren Sinnhaftigkeit schon zu verstehen. Auf der zweiten Spielstufe vom 3. bis zum 5. Lebensjahr (Phantasiealter) ist die Nachahmung des Erwachsenen ebenfalls der Ausgangspunkt des kindlichen Spiels, das aber nun stärker von der Phantasie des Kindes bestimmt wird. Zur Förderung des Spiels ist es notwendig, daß Kinder in ihrer Umgebung etwas »Sinnvolles erleben«. »Ein wesentliches Mittel für die Entfaltung des produktiven Denkens und der Intelligenz ist beim Spielen unter der Bedingung gegeben, daß die Kinder aus ihren bisherigen Erlebnissen reichliche Anregungen haben und daß das Material, das ihnen zur Verfügung steht, ihre Tätigkeit nicht einschränkt« (Kranich 1979, 16). Denken und Intelligenz sollen nicht aus ihrer inneren Verbindung zum Erleben gelöst werden. Deshalb lehnt die Waldorfpädagogik z.B. die Arbeit mit den sogenannten logischen Blöcken ab, weil hier einseitig das Denken gefördert wird. Auf der dritten Spielstufe (5. bis 7. Jahr) ist das Spiel noch immer an der Tätigkeit des Erwachsenen orientiert, aber hinzu tritt »im Kind ein Bild, eine Vorstellung von dem, was es tun möchte« (Jaffke 1983, 50).

Spielzeug

Bei der Herstellung des Spielzeugs für den Waldorfkindergarten wird größter Wert auf die Qualität des Materials gelegt, das auf jeden Fall aus organischen Stoffen gefertigt werden soll. Gegenstände aus dem organischen Bereich bleiben naturbelassen oder wenig ge-

Rohmaterial Wolle für die »gestaltende Phantasie« im Waldorfkindergarten Reutlingen.

formt. Plastikspielzeug wird grundsätzlich abgelehnt, denn dadurch werde »der Tastsinn belogen und finde keine Anregung; die Phantasie darbt an der neutralisierten Perfektion des Kunststoffes und prallt an ihr zurück« (Barz 1984, 53). Als wichtig wird angesehen, daß das Material die Tätigkeit nicht einschränkt. »Wenn dann ein Kind nicht aus Würfeln oder anderen geometrisch geformten Klötzen, die schon durch ihre Gleichförmigkeit ziemlich langweilig und in ihrer Verwendung vorgeprägt sind, sondern aus unregelmäßigen Hölzern und Klötzen, wie man sie bekommt, wenn man dicke Äste oder kleine Baumstämme zersägt, einen Turm oder ein anderes Gebäude baut, so muß das Kind immer wieder neue Probleme lösen. Es befindet sich da in einer interessanten Situation, weil nichts vorgegeben ist. Wenn ein Kind mit solchen zum Teil recht unregelmäßigen Klötzen zu bauen anfängt, kommt es immer wieder zu neuen Situationen, indem etwas abgestützt werden muß, indem etwas ausgesucht werden muß. Wenn das Kind ein Gebäude aus solchen Dingen aufbaut, muß es oft von Situation zu Situation neue Probleme produktiv lösen, ohne dafür Anleitung zu haben« (Kranich 1979, 16). Vorgefertigtes Spielzeug ist nicht erwünscht, weil es das produktive, problemlösende Lernen nicht genügend fördert. »Es ist eindrucksvoll, was Kinder leisten können, wenn sie nicht zu sehr vorgefertigte Materialien haben; wenn sie kein Puppentheater haben, sondern ihr Puppentheater selber herrichten, wenn kein Haus da ist, sondern aus einfachstem Material gebaut wird. Gerade dadurch, daß nichts mechanisch verläuft wie z.B. bei dem Zusammenstecken der LEGO-Bausteine, kann das Kind auf seiner Stufe eine geistige Lebendigkeit entwickeln, die durch keines der vorhandenen Programme möglich wird« (ebd., 16f.).

Wichtigstes Ziel der Waldorfpädagogik ist die Anregung der Vorstellungskraft, der Phantasie des Kindes; deshalb sollen die Gegenstände nur andeutungsweise realistisch und naturgetreu gestaltet werden. Dies gilt insbesondere für die Puppen. Kranich verdeutlicht dieses Prinzip mit folgendem Beispiel: »Da wird eine denkbar einfache Puppe durch das Vorstellen, durch die Phantasie zu einem Kinde, dann zu einem König. Gerade dadurch, daß der Gegenstand nicht die naturalistische Wiedergabe eines Kindes oder Königs ist, kann das Kind ganz im innern Prozeß seine Vorstellungskraft ent-

Der Waldorfkindergarten in Essen hat eine interessante Dachgestaltung.

Spielende Kinder vor dem Waldorfkindergarten Stuttgart-Sillenbuch.

wickeln. Da fixiert sich das Vorstellen gerade nicht in einer äußeren Endform«, sondern es wird die »Beweglichkeit des Vorstellens« als Voraussetzung der Intelligenzentwicklung gefördert« (ebd., 17). Die Puppe gilt nicht als ein Spielzeug nur für Mädchen, sondern »ist für beide Geschlechter notwendig ... Die Puppe ist das Bild des Menschen und damit für jedes sich entwickelnde Menschenwesen dasjenige, das am meisten sein eigenes Gestaltwerden in der Phantasie herausfordert und belebt« (Jaffke 1983, 55). Auch hier gilt, daß die einfachste, nur angedeutete Form als die die Phantasie am meisten anregende ist und daß folglich die erste Puppe des Kindes eine einfache, nur aus einem Tuch geknotete Puppe sein sollte. Denn »je weniger ein Kind an perfektionierten Dingen bekommt, desto mehr muß es mit eigener Kraft leisten« (ebd., 57).

X
Die Reform des Kindergartens

Der Kindergarten in der bildungspolitischen Diskussion

In den fünfziger Jahren entdeckten Bildungsforscher den Zusammenhang von wirtschaftlichem Wachstum einerseits und dem Bildungswesen andererseits. Internationale Vergleichsuntersuchungen zeigten, daß die »reichen« Länder mehr als die »armen« im Bildungsbereich investierten, und in einem Umkehrschluß nahm man an, daß ein Land um so reicher sein würde, je mehr es im Bildungswesen investiere. Europäische Vergleichsuntersuchungen ergaben, daß die Bundesrepublik einen relativ geringen Anteil ihres Bruttosozialprodukts für das Bildungswesen aufwendete. Nur ein kleiner Anteil eines Altersjahrganges erreichte höherwertige Schulabschlüsse, und man befürchtete, daß künftig nicht genügend qualifizierte Arbeitskräfte herangebildet werden.

Die Diskussion über die Reform des Bildungswesens erlangte 1958 eine kaum vorstellbare Popularität, als es der Sowjetunion gelang, vor den Amerikanern einen Flugkörper (»Sputnik«) in eine Umlaufbahn um die Erde zu schießen. Dieser Erfolg der Russen provozierte bei vielen Amerikanern die Frage, ob ihr Bildungssystem weniger leistungsfähig sei, und sie befürchteten, bei dem Wettlauf der beiden Großmächte um die Vorherrschaft auf technischen und wissenschaftlichen Gebieten endgültig ins Hintertreffen zu geraten, wenn sie nicht auf dem Gebiet der Bildung enorme Anstrengungen unternehmen würden. Im gleichen Zeitraum wurden neue Ergebnisse der Sozialisationsforschung bekannt, wonach die intellektuelle Leistungsfähigkeit eines Menschen nicht allein das Ergebnis ererbter Begabung ist, sondern daß die Höhe der Intelligenz durch Erziehungs- und Bildungsmaßnahmen beeinflußbar ist. Insbesondere solche Maßnahmen, die bereits im frühen Kindesalter einsetzen, seien erfolgversprechender als eine erst im Schulalter beginnende Förderung. In der Folge dieser Diskussion wurde in den USA ein nationales Programm zur Frühförderung sozial benachteiligter Kinder in Gang gesetzt. In dem weltweit bekannt gewordenen Headstart-Program (Headstart = Vorsprung) wurden von 1964 bis 1968 ca. 2 Millionen soziokulturell benachteiligte Kinder von 4 bis 5 Jahren jeweils ein Jahr lang gefördert; durch dieses spezielle Programm sollte ihre defizitäre Sozialisation kompensiert werden. Man erhoffte sich, daß dadurch mehr Chancengleichheit bei Schuleintritt hergestellt würde, so daß mehr Kinder als zuvor höherwertige Schulabschlüsse erlangten. Dieser in der Geschichte des amerikanischen Bildungswesens größte Versuch, durch kompensatorische Erziehungsprogramme Bildungsrückstände sozial benachteiligter Kinder zu beheben, erfüllte nicht die in ihn gesetzten Hoffnungen. Bei der Auswertung der Forschungsergebnisse zeigte sich, daß kurzfristige Kompensationsstrategien nicht den gewünschten Erfolg brachten, da sozialpolitisch bedingte Mängellagen durch pädagogische Programme allein nicht ausgeglichen werden können.

Im Verlauf der sechziger Jahre wurde in der Bundesrepublik Deutschland die Forderung nach einer Erhöhung der Kindergartenplätze unüberhörbar. Die Sozialisationsforscher hatten einen Zusammenhang zwischen vorschulischer Förderung und einem späteren Schulerfolg festgestellt, so daß nunmehr der Kindergartenbesuch eine neue Bewertung erfuhr. Er galt nicht mehr primär als eine soziale Einrichtung für Kinder, deren Mütter berufstätig sein mußten, sondern als eine familienergänzende Bildungseinrichtung, durch deren Besuch auch Kinder aus dem Bildungsbürgertum profitieren konnten. Unter der sozialliberalen Regierungskoalition wurde die seit langem diskutierte Reform des Bildungswesens in Angriff genommen. Für den Kindergarten bedeuteten die vom Deutschen Bildungsrat formulierten Bildungspläne eine Wende, bezogen sie doch erstmals die vorschulische Erziehung in die Bildungsplanung mit ein.

Nach den Vorstellungen des 1970 vorgelegten Bildungsberichtes der Bundesregierung wurde dem Ausbau des Elementarbereiches Priorität eingeräumt.

Folgende Ziele sollten erreicht werden:

- Die Zahl der Plätze in Vorschuleinrichtungen sollte innerhalb von zehn Jahren verdoppelt werden;
- die durchschnittliche Gruppenstärke sollte auf ein pädagogisch vertretbares Maß gesenkt werden;
- neue Curricula sollten entwickelt werden, die vor allem die kognitiven Fähigkeiten des Kindes fördern;
- die Ausstattung der Kindergärten mit Material sollte verbessert werden;
- der Übergang vom Kindergarten in die Grundschule sollte so gestaltet werden, daß die Kontinuität der Erziehungs- und Bildungsprozesse gewahrt bleibt. Zur Diskussion stand, ob die 5jährigen die Eingangsstufe der Schule oder weiterhin den Kindergarten besuchen sollten.

Mittels eines großzügig ausgestatteten Modellversuchsprogramms sollten die Entwicklungen im Elementarbereich gefördert, Lösungen entwickelt und erprobt werden, die dann auf die Regeleinrichtungen übertragen werden sollten.

Am Beispiel des Frankfurter Modellversuchs »Kita 3000« sollen die mit dem raschen Ausbau und der Reform verbundenen Probleme dargestellt werden.

Der Verlauf des Modellversuchs »Kita 3000« in Frankfurt am Main

Das Modell »Kita 3000« zeichnete sich dadurch aus, daß nicht nur eine quantitative Erhöhung der Plätze und eine inhaltliche Neubestimmung der Erziehung im vorschulischen Alter vorgenommen werden sollten, sondern es sollten auch neue Arbeits- und Organisationsformen erprobt werden.

Diese weitgesteckten Reformziele führten dazu, daß das Projekt von Anfang an im Zentrum kommunalpolitischer Auseinandersetzungen stand, die entscheidend zu dem konfliktreichen Verlauf des Modells beitrugen.

1971 *Die Stadtverordnetenversammlung in Frankfurt beschließt, 28 Kindertagesstätten innerhalb von zwei Jahren zu errichten.*
Zur damaligen Zeit herrscht ein Mangel an ausgebildeten Erzieherinnen. Bundesweit haben nur etwa die Hälfte der in den Kindergärten beschäftigten Mitarbeiterinnen eine fachliche Ausbildung. Auch in Frankfurts Kindertagesstätten fehlen Erzieherinnen, und etwa 100 Stellen können nicht besetzt werden.

1972 *wird deshalb eine Werbeagentur beauftragt, durch eine großangelegte Werbekampagne Mitarbeiter für die neuen Kindertagesstätten zu werben. Mit der Zusicherung der folgenden Arbeitsbedingungen sollten Arbeitskräfte angeworben werden, die sich unter »Normalbedingungen« wohl kaum entschließen würden, in einer Kindertagesstätte zu arbeiten:*

– vollbezahlte sechswöchige Vorbereitungskurse,
– Möglichkeit der Teilzeitarbeit,
– kollegiale Leitung,
– Fort- und Weiterbildungsmöglichkeiten,
– überdurchschnittliche Bezahlung.

Gesucht wurden: »Kindergärtnerinnen und Kinderpflegerinnen, Jugendleiterinnen, Jugendpflegerinnen, Erzieherinnen, Hortnerinnen, Sozialarbeiterinnen und Sozialarbeiter. Außerdem suchen wir Mitarbeiterinnen und Mitarbeiter, die ihr Spezialwissen in Musik, Werken, Sport, Handarbeit, Kunsterziehung oder Grafik für die Betreuung von Kindern zur Verfügung stellen wollen« (Anzeigentext der Werbeagentur »wir« vom 19.11.71).
In den neuen Kitas sollen nach den Vorstellungen der führenden Frankfurter Sozialdemokraten folgende Ziele realisiert werden: »Erziehung zu sozialem Verhalten, Selbstbestimmung und Selbststeuerung, Abbau sozial bedingter Ungleichheiten« (Anzeige des Stadtschulamtes im Stern vom 16.8.72).

> Im Einvernehmen mit dem Stadtschulamt und dem Kultusministerium stellt die VHS Dozenten ein, die die eingehenden Bewerbungen sichten und beurteilen, die Vorbereitungskurse für die künftigen Mitarbeiter durchführen und in maßgeblicher Weise für die inhaltlichen Planungen und die Entwicklung einer neuen Organisationsstruktur verantwortlich sind. Die Dozenten kommen z.T. aus der Kinderladenbewegung und dem Arbeitskreis Kritische Sozialarbeit, wodurch, wie noch zu zeigen sein wird, Einflüsse von diesen Bewegungen auf Inhalte und Organisationsstruktur der Kitas ausgehen.
>
> *1972–74 werden 27 neue Gebäude für Kindertagesstätten fertiggestellt. 9 davon werden als Ersatz für unzulänglich untergebrachte Kindertagesstätten zur Verfügung gestellt. 18 neue Kindertagesstätten werden eröffnet und arbeiten nach dem neuen Modell als »Kitas«.*

In der Vorbereitungs- und Aufbauphase konstituiert sich eine provisorische Selbstorganisation des Projektes: An die Stelle der üblichen Leitungsstruktur tritt das Kita-Team, dem alle pädagogischen und sonstigen Mitarbeiter angehören und das alle Angelegenheiten der Kita in Selbstverwaltung regelt. Des weiteren delegiert jede Kita einen Mitarbeiter in den Kita-Rat, der wöchentlich zusammentritt und als ein Verbindungsorgan zur Verwaltung und zur Projektleitung fungiert. Es wird seitens des Kita-Rates zäh mit der Stadt verhandelt, um die Selbstorganisation und die Teamarbeit der Kitas durch entsprechende Arbeitsverträge abzusichern. Über zwei Jahre haben sich die Verhandlungen zwischen Mitarbeitern der Kitas und der Stadt hingezogen, bis die Stadtverordnetenversammlung die »Sondergeschäftsanweisung« verabschiedet, in der die Ziele und Organisationsformen der Kitas geregelt sind. Sie läßt erkennen, daß die SPD weitgehende Zugeständnisse an die Forderungen der Mitarbeiter gemacht hat.

Durch die kurze Geschichte des Kita-Projektes ziehen sich Kon-

In Frankfurt wurden von 1972 bis 1974 27 neue Kindertagesstätten in Fertigbauweise errichtet. Foto: Klaus Meier-Uhde, 1975.

flikte, die immer wieder Schlagzeilen in der Presse machen und zu heftigen Debatten der Stadtverordneten führen. Es sind dies vor allem Konflikte mit der Verwaltung, in denen es um Probleme von Sauberkeit und Ordnung geht und um die Vorwürfe von Erziehern und Eltern, daß die rasch hochgezogenen Gebäude zahlreiche Baumängel aufweisen und daß die räumliche Konzeption und Ausstattung der angestrebten »komplementären und emanzipatorischen Erziehung« nicht angemessen sei.

Bei den Kommunalwahlen 1977 erreicht die CDU die Mehrheit und kündigt, ihrem Wahlversprechen folgend, die Beendigung des Kita-Projektes an. Im Stadtschulamt wird eine Arbeitsgruppe gegründet, die mit der Umwandlung der Kitas in herkömmliche Kin-

Im Abkehr von der nüchternen Fertigbauweise der 70er Jahre (vgl. S. 168) wurden in Frankfurt a.M. Anfang der 90er zehn sehr unterschiedliche Kitas nach den Entwürfen namhafter Architekten erbaut. Hier ein Kindergarten des österreichischen Malers und Architekten Friedensreich Hundertwasser in Form einer Arche mit begeh- und bepflanzbarem Dach.
Foto: Luigi Ungarisch, 1933.

dertagesstätten beauftragt wird, d.h. Ende der Teamarbeit in den Kitas und Besetzung der Leiterinnenstellen.

Einflüsse aus der Kinderladenbewegung und dem Arbeitskreis Kritische Sozialarbeit

Für die Entwicklung der Kitas war die an der VHS angesiedelte Arbeitsgruppe, deren Mitglieder die verschiedenen Richtungen der Kinderladenbewegung in Frankfurt repräsentierten oder dem Arbeitskreis Kritische Sozialarbeit (AKS) angehörten, von außerordentlicher Bedeutung. Dieses Team hatte weitgehende Entscheidungsbefugnisse: Ihm oblag die Einführung der neuen Mitarbeiter und Mitarbeiterinnen in sechswöchigen Kursen, und es entwickelte pädagogische Zielvorstellungen und Vorstellungen zur Organisationsstruktur. Über das sogenannte VHS-Team gelangten Vorstellungen aus den sozialpädagogischen Bewegungen in die Kitas. Es wurde hier der Versuch unternommen, die in Gegeninstitutionen gewonnenen Erfahrungen auf öffentliche Erziehungseinrichtungen zu übertragen.

Vergegenwärtigen wir uns im folgenden die pädagogische Diskussion, die mit dem Beginn der Kinderladenbewegung einsetzte (siehe auch Kapitel VIII, S. 132ff.). Der erste Kinderladen in Frankfurt wurde 1967 gegründet. In seinen theoretischen Ansätzen bezog er sich auf die psychoanalytische und sozialistische Erziehungsdiskussion der zwanziger Jahre, wie sie u.a. in der »Zeitschrift für psychoanalytische Pädagogik«, die von 1926 bis 1937 erschienen ist, geführt wurde. Die Theorien Wilhelm Reichs, der den Zusammenhang von gesellschaftlicher Unterdrückung und repressiver Sexualmoral und -erziehung analysiert hat, wurden von der Kinderladenbewegung aufgegriffen, und die Befreiung der kindlichen Sexualität wurde gefordert. Für die praktische Arbeit im Kinderladen galt die von A. S. Neill gegründete Schule Summerhill als Vorbild.

In der Problematisierung dieses Ansatzes, der sich zunächst die Forderungen Neills zu eigen machte, daß nämlich dem Kind eine glückliche Kindheit zu sichern sei, stellte sich die Frage nach der gesellschaftlichen Realität, in der eine freie Bedürfnisbefriedigung notwendigerweise Konflikte hervorrief. Auch in der Kinderladenbewegung in Frankfurt hatte man sich Anfang der siebziger Jahre von der studentisch geprägten antiautoritären Erziehungsbewegung hin zur proletarischen Erziehung umorientiert. Damit verbunden war eine kritische Auseinandersetzung mit der Psychoanalyse, die als bürgerliche Theorie überwunden werden sollte. Dennoch wurde in Frankfurt – zumindest in einem relevanten Teil der Kinderladenbewegung – die Orientierung an der Psychoanalyse nicht aufgegeben. Regine Dermitzel formulierte die Ziele einer sich als antiautoritär und sozialistisch verstehenden Erziehung wie folgt: »... die Ziele der Arbeit in den sozialistischen Kinderkollektiven (definieren sich)

1. an den Bedürfnissen der Kinder nach freier Triebbefriedigung sowie nach intensiver sinnlicher und intellektueller Erfahrung und Auseinandersetzung mit ihrer Umwelt,

2. an den Bedürfnissen der Eltern, die Isolierung zu durchbrechen und in Elternkollektiven theoretisch und praktisch die Erziehung ihrer Kinder selbsttätig zu organisieren, und
3. an der Notwendigkeit, Kinder heranzuziehen, die fähig sind, die Widersprüche dieser Gesellschaft ohne neurotische Charakterdeformationen ›auszuhalten‹ und kollektiv die Verhältnisse im aktiven Widerstand zu verändern« (Dermitzel 1971, 120).

In der antiautoritären Erziehung kam der neuen Sicht des Verhältnisses Kind–Erwachsener besondere Bedeutung zu. Durch die Bildung von Kinderkollektiven sollte die Übermacht der Erwachsenen gemildert bzw. aufgehoben werden und damit dem Kind die Möglichkeit autonomen Handelns gesichert werden. Die Erwachsenen selbst – so lautete die Forderung – müßten sich verändern, wenn sie repressionsfrei mit Kindern umgehen wollten; dies sollte durch die ständige Reflexion des eigenen Verhaltens im Elternkollektiv bewirkt werden.

Bei der Frage, wie nun die Erfahrungen aus der antiautoritären Erziehung auf öffentliche Kindertagesstätten zu übertragen sind, gab es seitens des VHS-Teams eine deutliche Abgrenzung von der antiautoritären Erziehung. Insbesondere die Einbeziehung der Eltern in die pädagogische Arbeit konnte nicht in der gleichen Weise erfolgen wie in den Kinderläden. In der wissenschaftlichen Begleituntersuchung heißt es hierzu: »Angesichts der zu erwartenden mit der sozialen Realität im Projekt unmittelbar zusammenhängenden Probleme war diese Abgrenzung – obwohl als Vorbereitung der Erzieher von beschränkter praktischer Effektivität – an sich absolut erforderlich. Denn so aufklärerisch die kritische, antiautoritäre Theorie auf das Erzieherbewußtsein gegenüber den herkömmlichen Erziehungsmethoden in Familie und Kindergarten gewirkt hat, die praktizierte antiautoritäre Erziehung war für eine Elternarbeit mit breiten Bevölkerungsschichten völlig ungeeignet« (Flaake u.a. 1978, 322).

Die Unterschiede in den pädagogischen Auffassungen zwischen dem Stadtschulamt und dem VHS-Team machte sich an den Begriffen »kompensatorische Erziehung« und »komplementäre Erziehung« fest. Kita-Mitarbeiter kritisierten den Begriff der kompensatorischen Erziehung, weil er von der Annahme eines Defizits bei den Kindern ausgehe, das es zu beheben gelte. Kompensatorische Erziehung führe zu einer Anpassung von Arbeiterkindern an die Mittelschichtnormen, und dies lehnten die Kita-Mitarbeiter ab. Sie forderten eine komplementäre und emanzipatorische Erziehung, die den Kindern neue Erfahrungen vermittele und das soziale Lernen fördere. Diese Vorstellungen schlagen sich auch in der Sondergeschäftsanweisung nieder. Dort heißt es in den pädagogischen Grundsätzen:

»Kindererziehung muß heute bedeuten: komplementäre Erziehung und emanzipatorische Erziehung. Komplementäre Erziehung geht unmittelbar von der sozialen Erfahrung schichtspezifisch benachteiligter Kinder aus, mit dem Ziel, Voraussetzungen zur Emanzipation des Kindes von Abhängigkeit und Bevormundung zu schaffen. Emanzipatorische Erziehung will Selbstbestimmung über das eigene und Mitbestimmung über das gemeinsame Leben ermöglichen, um zu politischem Handeln zu befähigen. Erziehungsmethoden müssen entwickelt werden, die den Kindern die sozialen Zusammenhänge, in denen sie leben, erfahrbar machen. Dazu müssen Kinder die Gelegenheit erhalten, miteinander soziale Erfahrungen zu machen, die sie befähigen, Probleme an ihren Interessen orientiert rational zu lösen.

Über die Verarbeitung von sozialen Erfahrungen macht sich die emanzipatorische Erziehung die Entwicklung von Kontaktfähigkeit, sozialer Sensibilität, kooperativen Gruppenverhaltens und solidarischen Handelns zur Aufgabe« (Stadt Frankfurt a.M. 1978).

Die Realisierung dieser pädagogischen Ziele erforderte nach Auffassung des VHS-Teams und der Mitarbeiter auch eine neue Organisationsstruktur, durch die die Mitbestimmung und Selbstorganisation gesichert ist. Diese Forderungen kamen vorwiegend von den im AKS organisierten Erziehern und Sozialarbeitern. Im Zusammenhang mit den organisatorischen Vorstellungen griff der AKS auf rätedemokratische Ideen zurück, die zuvor schon die Studentenbewegung wiederentdeckt hatte. Durch eine Delegierung von Führungsaufgaben und ein Rotationsprinzip sollte verhindert werden, daß sich in den Kitas Hierarchien ausbildeten. Flaake u.a. berichten, daß sich schon 1971 in einem internen Papier des AKS der erste »Vorschlag für eine kollektive Leitung der Kindertagesstätten« findet. Dieser Vorschlag sah vor:

– »den Erzieherrat,
– das Kindertagesstättenkollektiv, das die Erzieherinnen, Vertreter der Kindergruppen, der Eltern, das Wirtschaftspersonal und einen Vertreter des Trägers umfassen sollte, und
– die Tagesstättenvollversammlung, die das Tagesstättenkollektiv und alle Eltern einbezieht.«

Zum Erzieherrat wird ausgeführt, daß dieser alle bisherigen Aufgaben der Leiterin übernehmen soll.

»*Der Erzieherrat berät und entscheidet gemeinsam alle organisatorischen Angelegenheiten, wobei einzelne gewählte Erzieher mit der Durchführung bestimmter Aufgaben beauftragt werden können, z.B. die Abrechnung, Vertretung gegenüber Institutionen, Verhandlungsbeauftragter.*

Das Erzieherkollektiv erarbeitet Vorschläge für folgende Bereiche, die im Kindertagesstättenkollektiv zur Diskussion gestellt werden:
– *allgemeine Erziehungskonzeption;*
– *Diensttagesplan, Tageslauf;*
– *Gruppenverteilung und Aufteilung;*
– *Aufnahme und Entlassung von Kindern;*
– *Aufnahme und Entlassung von Fachkräften;*
– *Beurteilungen, Zeugnisse;*
– *laufende Materialbeschaffung;*
– *Spielzeugbestellung, Kindertagesstätten-Einrichtung«.*
(AKS Papier zit. nach Flaake u.a. 1978, 67)

Das sind im wesentlichen auch jene Forderungen, um deren Durchsetzung die Kita-Mitarbeiter mit der Verwaltung und dem Stadtparlament zäh gerungen hatten. In der Sondergeschäftsanweisung ist die Teamarbeit in den Kitas festgelegt worden, womit eine der wesentlichen Forderungen der Mitarbeiter erfüllt wurde. Die Mitarbeiter hatten darüber hinaus noch die Bildung des Kita-Rates und seine Absicherung in ihren Arbeitsverträgen gefordert. Aufgabe des Kita-Rates sollte es sein, sowohl bei Konflikten innerhalb einzelner Teams als auch zwischen Team und Verwaltung zu vermitteln; des weiteren sollte er Mitbestimmungsrechte bei der Einstellung von Mitarbeitern, bei allen pädagogischen Fragen und bei der Fortbildung von Mitarbeitern erhalten. Diese Forderungen der Mitarbeiter konnten nicht durchgesetzt werden, und der Kita-Rat, der zunächst von den Mitarbeitern gebildet worden war, mußte 1974 aufgelöst werden. Die im AKS entwickelten Vorstellungen zur Selbstorganisation der Kitas konnten also nur teilweise realisiert werden. Im Grunde legte die Sondergeschäftsanweisung nur fest, daß die Funktionen, die in einer herkömmlichen Kindertagesstätte die Leiterin wahrnimmt, auf das Team der Mitarbeiter verteilt wurde, wobei ein für ein Jahr gewählter Sprecher für die Außenkontakte zum Stadtschulamt und zur Verwaltung zuständig war. Weitergehende Mitbestimmungsrechte ließ die Sondergeschäftsanweisung nicht zu.

Für viele Mitarbeiter war die Zusage, daß sie in einem Team ohne direkten Vorgesetzten arbeiten können, ein wesentliches Motiv, sich überhaupt für die Arbeit in einer Kita zu interessieren. An das Team war der Anspruch gestellt, alle anstehenden Aufgaben der Organisation, der Verwaltung und der pädagogischen Planung kooperativ und kollegial zu bewältigen. Da keiner der Mitarbeiter und Mitarbeiterinnen zuvor schon Erfahrungen in einer Teamarbeit hatte sammeln können, mußten die Fähigkeiten hierzu im Projekt selbst erworben werden. Zugleich standen die Mitarbeiter unter großem »Erfolgszwang«, denn gerade die Organisationsform war zwischen Mitarbeitern und Stadt ein strittiger Punkt. So verwundert es nicht, daß es in einzelnen Teams zu enormen Spannungen kam, und da in den ersten zwei Jahren keine Supervision stattfand, fühlten sich die Mitarbeiter überfordert und mit ihren Problemen alleingelassen. Vorausgesetzt wurde bei dem Anspruch auf Teamarbeit auch die Bereitschaft und Fähigkeit, zusätzliche Arbeit zu übernehmen und sich über das übliche Maß hinaus zu engagieren. In der Analyse der Teamkonflikte heißt es: »Vorausgesetzt wurde eine weitgehende Bereitschaft aller Teammitglieder zu dieser Form kollektiver Arbeit, die notwendig auch erforderlich macht: Bereitschaft zur unbezahlten Mehrarbeit, Bereitschaft zur Offenheit und zur Veränderung, die Fähigkeit, Kritik zu üben und zu ertragen. Zu gering eingeschätzt wurden die Hindernisse und Erschwernisse, die in folgenden Momenten lagen:

Lernfähigkeit und Lernbereitschaft auf emotionalem und intellektuellem Gebiet ... und die Möglichkeit zu alternativem Handeln sind sozialstrukturell, biographisch und situativ unterschiedlich ausgeprägt und voneinander abhängig« (Flaake u.a. 1978, 148). Belastend und frustrierend waren auch die ständigen politischen Auseinandersetzungen um das Projekt, wodurch die anfänglich hohe Motivation der Mitarbeiter allmählich zerstört wurde.

Wenn wir das Modell Kita 3000 vor dem Hintergrund der erziehungswissenschaftlichen und sozialpädagogischen Diskussion zur Reform der Elementarerziehung betrachten, so fällt auf, daß die hier thematisierten Probleme in der ersten Phase bis etwa 1975 keine Rolle spielten. In der erziehungswissenschaftlichen Diskussion Anfang der siebziger Jahre wurde vor allem die curriculare Entwicklung für den Vorschulbereich problematisiert. Beherrscht wurde die Diskussion zur Reform des Elementarbereichs zunächst vom funktionsorientierten Curriculumansatz. Unter diesen Begriff fallen alle jene Versuche, die durch Trainingsprogramme und Übungsmaterialien eine Verbesserung des kindlichen Leistungs- und Entwicklungsstandes in der Denkfähigkeit, der Differenzierung der Wahrnehmung und der Sprachfähigkeit versprachen. Correl, ein maßgeblicher Vertreter dieses Ansatzes, vertrat die Auffassung, daß schon im vorschulischen Alter mit dem systematischen Lernen begonnen werden sollte, um das Kind gezielt auf die Anforderungen der Schule vorzubereiten. Mittels programmierter Instruktionen sollten Fertigkeiten wie das Lesen frühzeitig trainiert werden (siehe auch S. 186ff.).

Entgegen diesem Trend in der Vorschulerziehung haben das VHS-Team und die Kita-Mitarbeiter einen pädagogischen Ansatz entwickelt, der, von den Erfahrungen der Kinder ausgehend, soziales Lernen ermöglichen sollte. In der Praxis zeigte sich jedoch die Diskrepanz zwischen der weit fortgeschrittenen theoretischen Diskussion und Reflexion und der Problematik der Umsetzung in die Praxis. Diese Schwierigkeiten konnten erst ab 1975 systematisch bearbeitet werden, als die Kitas in das Erprobungsprogramm des Deutschen Jugendinstituts in München einbezogen wurden. In einem umfassenden und breit angelegten Programm haben dort sogenannte Moderatoren versucht, zwischen den Wissenschaftlern, die das Curriculum zum sozialen Lernen entwickelt haben, und den Praktikern, die es in ihren Einrichtungen umsetzen sollten, zu vermitteln. Die Stadt verband mit dieser Maßnahme die Hoffnung, den Kitas hierdurch zu einem tragfähigen pädagogischen Konzept zu verhelfen und die Konflikte in und um die Kitas zu verringern. Heidi Fischer (1978), eine der beteiligten Moderatoren, schreibt, daß diese Maßnahme bei den Mitarbeitern jedoch den Verdacht aufkommen ließ, daß alle Konflikte auf eine ungenügende Qualifikation der Mitarbeiter und auf Defizite in der Planung und Gestaltung der pädagogischen Arbeit zurückgeführt werden sollten. Dies bewirkte bei den Mitarbeitern eine kritische Distanz zu den Wissenschaftlern, die große Schwierigkeiten hatten, die Kitas in das überregionale Erprobungsprogramm einzubinden.

Beendigung des Modellversuchs »Kita 3000«

Von 1975 an erhielten die Kitas wissenschaftliche Beratung und Unterstützung: Die Supervision sollte helfen, Teamkonflikte zu bearbeiten, die Moderatoren sollten die Umsetzung der pädagogischen Zielvorstellungen verbessern und die wissenschaftliche Begleitforschung schließlich sollte den gesamten Verlauf des Modellversuchs dokumentieren. Mit diesen Maßnahmen verband sich die Hoffnung, die unübersehbaren Schwierigkeiten und Konflikte zu beheben und damit das Ende des Projektes aufzuhalten. Dies konnte nicht gelingen, weil vor allem die Supervision zu spät eingesetzt hatte, denn die Konflikte waren inzwischen eskaliert.

Innerhalb einiger Teams hat es unterschiedlich motivierte Mitarbeiter gegeben; solche, die vor allem die politischen Forderungen durchsetzen wollten und sich hierbei stark nach außen betätigten, und andere, die sich voll auf die pädagogische Arbeit konzentrierten und den »Politischen« vorwarfen, daß sie über ihr politisches Engagement die pädagogische Arbeit mit den Kindern vernachlässigten. Die ständigen Auseinandersetzungen mit der Verwaltung zermürbten die Teams. Seitens der Verwaltung wurde in erster Linie das äußere Erscheinungsbild der Kitas kritisiert, wohingegen die

Kita-Mitarbeiter über unzweckmäßige Raumaufteilung und schlampige Bauausführung klagten.

Äußerst negativ hat es sich ausgewirkt, daß das Projekt zu einem kommunalpolitischen Zankapfel geworden war, so daß schließlich die CDU im Wahlkampf 1976 die Auflösung der Kitas für den Fall ihres Sieges ankündigte. Als sie im Frühjahr 1977 die Kommunalwahl in Frankfurt gewann, löste sie ihr Wahlversprechen ein: Die Sondergeschäftsanweisung wird außer Kraft gesetzt, die Mitarbeiter erhalten Änderungskündigungen, in denen ihnen normale Arbeitsverträge angeboten werden, die Stellen für Kindertagesstätten-Leiterinnen werden ausgeschrieben und trotz des erheblichen Widerstandes der Kita-Mitarbeiter auch besetzt, die Kita-Teams werden aufgelöst und die Mitarbeiter auf die insgesamt 96 Kindertagesstätten verteilt.

Vergeblich haben sich viele Kita-Mitarbeiter und Kita-Eltern gegen die Auflösung der Kitas gewehrt. In der Auflösungsphase erscheinen fast täglich Berichte über Aktionen und Streiks in den Zeitungen. In dieser Situation macht es sich negativ bemerkbar, daß es zwischen den herkömmlichen Kindertagesstätten und den Kitas keine gemeinsamen Interessen gibt. Der Status der Kitas als Modell hat dazu geführt, daß diese als »Reforminseln« angesehen wurden und daß die Mitarbeiterinnen in den anderen Kindertagesstätten erst sehr spät und zögernd sich mit den Forderungen der Kitas solidarisierten.

Lehren aus dem Modell »Kita 3000«

Auf der Seite der negativen Bilanz ist festzuhalten, daß alle Versuche, Hierarchien in den Kindertagesstätten abzubauen und an ihre Stelle neue Arbeitsformen mit Selbstorganisation der Mitarbeiter zu setzen, zurückgenommen wurden. Die Phase der Selbstorganisation aller 18 Kitas durch den Kita-Rat hat nur bis 1974 gedauert, denn unter dem Druck der Verwaltung hat sich der Kita-Rat auflösen müssen, als ihm durch die Verabschiedung der Sondergeschäftsanweisung eine rechtliche Absicherung seiner Arbeit nicht zugestanden wurde. Mit der Beendigung des Kita-Projektes wurden

Plakat von Gerald Ahrens, 1980. Nach der Beendigung des Modellversuchs »Kita 3000« haben enttäuschte Erzieher und Eltern ein selbstverwaltetes »Kinderhaus – Kita im Exil« gegründet, in dem sie die in der Kita entwickelten Ansätze fortsetzen.

jedoch auch die Kita-Teams abgeschafft und die alte Struktur wiederhergestellt. Zurückgenommen wurde auch die reduzierte Gruppenstärke (Kita 1:10; KT 1:16). Damit wurden die Arbeitsbedingungen entscheidend verschlechtert.

Aufgrund der sich nicht erfüllenden Hoffnung, daß man ausgehend von den Kindertagesstätten insgesamt ein erweitertes Mitbestimmungsrecht im öffentlichen Dienst durchsetzen könnte, schied ein Teil der Mitarbeiter aus. Insbesondere der Anteil der Männer, der zeitweilig 17% betrug, ging wieder zurück.

In der Bewertung dieser Entwicklung möchte ich Albert Siepe zustimmen, der sagt, daß die zeitliche Nähe der Protestbewegung mit der Reformdiskussion zur Folge hatte, daß sich die sozialpädagogische Bewegung in einem Klima politischer Liberalisierung und reformerischer Tendenzen zunächst repressionsfrei entfalten konnte, daß aber andererseits »ihre revolutionären Forderungen und radikalen Effekte durch administrative, rechtliche und sozialpolitische Reformmaßnahmen unterlaufen und – um ihre weitergehenden politischen Forderungen verkürzt, integriert« wurden (Siepe 1985, 68).

Auf der positiven Seite Bilanz steht, daß den Forderungen der Bildungsreform mit dem quantitativen Ausbau entsprochen wurde. Des weiteren hat sich das Qualifikationsniveau der in den Kindertagesstätten Beschäftigten wesentlich verbessert. Waren Ende der sechziger Jahre nur die Hälfte der Mitarbeiterinnen als Erzieherinnen ausgebildet, so finden wir in den achtziger Jahren kaum noch Mitarbeiter ohne fachliche Qualifikation. Das Ziel einer Angleichung des Qualifikationsniveaus an das des Grundschullehrers ist jedoch nicht erreicht worden.

Das Curriculum soziales Lernen ist weiterhin ein wichtiger und nicht mehr wegzudenkender pädagogischer Ansatz in den meisten Kindertagesstätten, wenn auch zu beobachten ist, daß mit dem Fortfall der wissenschaftlichen Begleitung und Unterstützung die Weiterentwicklung stagniert. Erhalten und fortgeführt wurde die intensive Elternarbeit in den Kitas.

Die Tendenz vieler Erzieherinnen, Sozialpädagogen und Sozialarbeiter zur Resignation, ihr Rückzug ins Private oder in Therapiegruppen wird von ihnen selbst häufig damit begründet, daß sich die in der Reformphase geweckten Hoffnungen und Erwartungen, mittels Erziehung Gesellschaftsveränderungen herbeizuführen, nicht erfüllt hätten. Die verkrusteten Strukturen pädagogischer Institutionen widerständen hartnäckiger als angenommen allen reformerischen Bemühungen, und insbesondere die reformerisch Engagierten hätten sich hierbei aufgerieben. Finanzielle Restriktionen und restaurative Tendenzen in Politik und Gesellschaft hätten nicht nur eine Stagnation bewirkt, sondern darüber hinaus auch das durch die Reform zeitweilig Erreichte wieder rückgängig gemacht. So finden wir in der Bewertung der Reformen der siebziger Jahre überwiegend die Einschätzung, daß die Reform gescheitert sei. Dem kann ich so pauschal nicht zustimmen. Ich teile eher die Position von Siepe, der sich in seiner 1985 veröffentlichten Dissertation mit der Jugendhilfediskussion der siebziger Jahre auseinandersetzt und zu einer sehr nüchternen Einschätzung der Reformen in diesem Bereich gelangt. Er schreibt: »Im Kontext reformorientierter Gesellschaftspolitik hatte die Jugendhilfereform eine besondere Stellung inne. Sie war anderen gesellschaftlichen Reformbereichen –‚etwa der Reform des Bildungswesens – nachgeordnet. Es hat den Anschein, als habe die Reform der Jugendhilfe eher zum Ziel gehabt, Entwicklungsrückstände aufzuholen, veraltete Organisations- und Arbeitsformen zu modernisieren als die gesellschaftlichen Strukturen der Jugendhilfe zu reformieren. Aufgabe der Jugendhilfe war es, Anpassungs- und Modernisierungsleistungen zu erbringen« (Siepe 1985, 3).

Der quantitative Ausbau

Nach den Vorstellungen des Deutschen Bildungsrates (1970) sollte die Anzahl der Kindergartenplätze bis 1980 drastisch erhöht werden. Bis dahin sollten für 75% aller Drei- und Vierjährigen und für 100% der Fünfjährigen Plätze in Vorschuleinrichtungen zur Verfügung stehen. Um dieses Ziel zu erreichen, mußten neue Gebäude errichtet und mehr Personal eingestellt werden. Da für die Einrichtung und Unterhaltung von Kindergärten und Kindertagesstätten die Kommunen zuständig sind, diese jedoch aus eigenen Mitteln die Erhöhung der Kindergartenplätze kaum erreichen konnten, wurden sie von den Ländern und vom Bund finanziell unterstützt. Aufgrund dieser Anstrengungen stieg die Anzahl der Kindergartenplätze von 32,8% im Jahr 1960 auf 78,8% aller Kinder zwischen drei und sechs Jahren, im Jahre 1980. Mit dem Sinken der Geburtenrate entstand jedoch in den achtziger Jahren ein neues Problem, die sogenannte Bedarfsüberdeckung. Von den in Hessen z.B. zur Verfügung stehenden 151.000 Kindergartenplätzen waren 1982 ca. 127.000 belegt. Das Angebot an Kindergartenplätzen überstieg also die Nachfrage. Dies hat dazu geführt, daß Kindergartengruppen geschlossen und damit Einrichtungen verkleinert wurden. Obwohl rein rechnerisch genügend Kindergartenplätze zur Verfügung stehen, entstehen regionale Engpässe in der Versorgung (s. Bildungskommission des Dt. Bildungsrates 1970, Anhang, Tabelle 6). Da noch immer eine Gruppenstärke von 25 Kindern je Gruppe vorgeschrieben ist, kann eine Gruppe nur dann bestehen bleiben, wenn diese Zahl, mindestens aber 20 Kinder, angemeldet ist. Sinkt die Zahl der angemeldeten Kinder unter diesen Richtwert, dann kann keine Gruppe gebildet werden, und das heißt, daß die angemeldeten Kinder abgewiesen werden. Paradoxerweise haben also die steigenden wie auch die sinkenden Geburtenraten zu Engpässen in der Versorgung geführt, wenn auch die Situation bei sich verringernder Nachfrage nicht so dramatisch ist wie bei der steigenden Nachfrage in den sechziger Jahren.

Der »Vorschulstreit« – oder: Wohin mit den Fünfjährigen?

Bei der Reform der vorschulischen Erziehung spielte die Frage, wie und wo die Fünf- bis Sechsjährigen am besten auf den Schulbesuch vorbereitet würden, eine wichtige Rolle. Zu dieser Frage heißt es im Bildungsgesamtplan: »Das pädagogische Angebot für die Fünfjährigen soll so gestaltet werden, daß sich in Verbindung mit darauf aufbauenden veränderten Curricula des Primarbereiches ein gleitender Übergang in das schulische Lernen ergibt. Die Frage der organisatorischen Verknüpfung der Einrichtungen für Fünfjährige mit dem Elementarbereich oder dem Primarbereich (Eingangsstufe) wird auf der Grundlage der Entwicklung und Erprobung besonderer Curricula und Organisationsformen (Modellversuche) zu klären und dann zu entscheiden sein« (Bund-Länder-Kommission für Bildungsplanung 1973, 10).

Gefördert durch die Modellversuchspolitik des Bundes und der Länder wurden unterschiedliche pädagogische Konzepte der Frühförderung entwickelt und erprobt. In wissenschaftlich abgesicherten Vergleichsuntersuchungen sollte festgestellt werden, ob die an den Grundschulen eingerichteten Vorschulklassen die fünf- bis sechsjährigen Kinder besser auf die Schule vorbereiten als die Kindergärten. Damit hat die Schule indirekt erstmals den Versuch unternommen, das Schuleintrittsalter herabzusetzen, wenn auch zunächst nur für relativ wenige Kinder in den Versuchsklassen. Hierbei gab es zwei unterschiedliche Modelle:

1. Die *Vorschulklassen* nahmen Fünfjährige auf, um sie ein Jahr lang auf die ansonsten normal verlaufene Einschulung vorzubereiten.
2. Die *Eingangsklassen* hingegen waren auf zwei Jahre angelegt, d.h., sie fassen das »0.« und das 1. Schuljahr zu einer Einheit zusammen. Die Eingangsklasse wird in der Regel von einer Sozialpädagogin oder Erzieherin und einem (einer) Lehrer(in) gemeinsam geführt. Durch diese Kooperation soll sichergestellt werden, daß, ausgehend von sozialpädagogischen Arbeitsprinzipien, die Kinder allmählich an schulische Lernformen herangeführt werden.

Bei diesen Versuchen ging es auch um die Frage, ob das Einschulungsalter für alle Kinder herabgesetzt werden sollte. Um Grundlagen für diese Entscheidung zu erhalten, hatte die Landesregierung von Nordrhein-Westfalen eine Vergleichsuntersuchung von 50 Vorschulklassen mit 50 Modellkindergärten in Auftrag gegeben. Die Modellkindergärten unterschieden sich von den Vorschulklassen konzeptionell vor allem dadurch, daß sie weniger spezielle schulvorbereitende Fähigkeiten trainierten als vielmehr für ein breites pädagogisches Angebot sorgten. Über die Prinzipien der Modellkindergärten heißt es:

»– Kindergartenarbeit ist nicht nur familienergänzende Erziehung, sondern sie hat einen eigenständigen Bildungs- und Erziehungsauftrag.
– Sie bietet ein breit angelegtes anregendes Angebot, das die freie Entfaltung kindlicher Aktivitäten im Spiel, aber auch das frühe Lernen fördert.
– Die Erziehung im Kindergarten respektiert die entwicklungspsychologische Ausgangslage, betreibt aber zugleich eine ausdrückliche Förderung des Lernens. Sie beschränkt sich nicht auf bloße Behütung des Reifens.
– In Übereinstimmung mit der Sozialisationsforschung versteht sie Begabung als Lernfähigkeit, die eine Voraussetzung der Erziehung ist, aber die zugleich ein vorrangiges Ziel der Erziehung darstellt.
– Die Arbeit im Kindergarten soll milieubedingte Bildungsschranken abbauen« (Schmalohr 1970).

Bei der curricularen Entwicklung für den Kindergarten geht es nicht um die Festsetzung bestimmter zu lernender Inhalte im Sinne eines schulischen Lehrplanes, sondern um die optimale Organisation von Lernprozessen. Schulisches, d.h., systematisches Lernen wird von Vertretern der Kindergartenpädagogik abgelehnt. Im Gegensatz zu manchen Vorschulklassen und Eingangsstufen soll weder das frühe Lesenlernen noch die Frühmathematik zum verpflichtenden Teil des Curriculums gemacht werden. Im Kindergarten sollen die Kinder gemäß ihren individuellen Voraussetzungen gefördert werden. Defizite in der Entwicklung müssen zwar registriert werden, damit sie durch entsprechende pädagogische Angebote aufgearbeitet werden können, keinesfalls aber soll wie in der Schule eine Beurteilung und Benotung erfolgen. Bei der Anerkennung, daß Planungen im Rahmen der Kindergartenarbeit notwendig sind, soll jedoch genügend Raum für Improvisation bleiben, um spontane Bedürfnisse und Initiativen der Kinder aufgreifen zu können. Im Zentrum der Kindergartenarbeit soll daher weiterhin die Pflege des Spiels stehen. Es wird akzeptiert, daß der Kindergarten auch die Aufgabe hat die Mütter zeitweilig von der Erziehung und Beaufsichtigung der Kinder zu entlasten. Nach wie vor wird eine wichtige

Aufgabe darin gesehen, den Kindern ein unbeschwertes Zusammenleben zu ermöglichen und eine freie Entfaltung ihrer Aktivität und Spontaneität zu gewährleisten. Neu hinzu kommt das Bemühen, Begabungen zu erkennen und systematisch zu fördern und bewußt sozial bedingte Defizite zu kompensieren.

Für die Curriculum-Entwicklung in Vorklassen und Eingangsstufen nennt der Strukturplan für das Bildungswesen (Bildungskommission des Deutschen Bildungsrates 1970) nur globale Ziele und dabei insbesondere drei Fähigkeitsbereiche, die gefördert werden sollen:

- Orientierungs- und Konzentrationsfähigkeiten,
- Wahrnehmungs- und motorische Fähigkeiten,
- begriffliche und sprachliche Fähigkeiten.

Dabei geht man von der Vorstellung aus, daß das vorschulische Lernen als der Beginn eines Kontinuums geplanter Lernprozesse konzipiert werden soll.

Für den Kindergarten stellte die gesamte Diskussion eine ungeheure Herausforderung dar und bewirkte einen Schub von innovatorischen Maßnahmen, die in zwei Richtungen wiesen. Die einen wollten die Mängel der Kindergartenpädagogik beheben, indem sie den Kindern ein gezieltes Funktionstraining anboten, und die anderen wollten im Sinne einer ganzheitlichen Pädagogik eine Didaktik des Kindergartens entwickeln (Situationsansatz). Lückert, Schüttler-Janikulla und Correll waren die wichtigsten Vertreter eines auf der Lerntheorie basierenden Funktionstrainings. Sie entwickelten Programme zum frühen Lesenlernen, zum Sprachtraining und zur Frühmathematik und förderten damit die Tendenzen zur Verschulung des Kindergartens. Auch viele unsicher gewordene Eltern drängten die Erzieherinnen, in dieser Richtung zu arbeiten. Zwar ist heute deutlich geworden, daß ein spezifisches Funktionstraining im frühen Kindesalter nicht angemessen ist, aber dennoch wirkt sich die Erwartung von Eltern und Schule auf den Kindergarten aus, was den Leistungsdruck der Schule schon in den Kindergarten vorverlegt. Der Kindergarten wurde durch die Modellversuchspolitik in die Konkurrenz zur Schule gezwungen und stand unter einem großen Legitimationsdruck. Vordergründig betrachtet ging es darum, wer von beiden, Schule oder Kindergarten, das »bessere« pädagogische Konzept hatte, aber letztendlich war es die Wiederbelebung des alten Streites zwischen Staat und freien Trägern um die Fünfjährigen.

So verwundert es denn auch nicht, daß der Streit um die Fünfjährigen nicht durch die Ergebnisse der wissenschaftlichen Vergleichsuntersuchungen entschieden wurde, denn diese hatten ergeben, daß bei entsprechender Ausstattung und einem kindgerechten Programm beide Institutionen die ihnen anvertrauten Kinder förderten und daß Unterschiede nicht belegbar waren. In der Stellungnahme der Bund-Länder-Kommission für Bildungsplanung heißt es: »Die Auswertung der bisherigen Modellversuche hat als wichtigstes Ergebnis erbracht, daß für eine einheitliche organisatorische Zuordnung der Fünfjährigen entweder zum Elementarbereich oder zum Primarbereich keine klaren Anhaltspunkte bestehen. Es zeichnet sich ab, daß der Besuch einer vorschulischen Einrichtung für die Förderung der Gesamtpersönlichkeit bedeutsamer ist als der Besuch einer bestimmten Art vorschulischer Einrichtungen« (Bund-Länder-Kommission für Planungsplanung 1976, 7).

Aufgrund dieser Aussagen wurde ein weiterer Ausbau von Vorschul- und Eingangsstufenklassen nicht vorgenommen; z.T. wurden sie in den folgenden Jahren fortgeführt, etliche sind aber auch geschlossen worden.

XI
Curriculare Entwicklungen

Definition

Der Begriff *Curriculum* stammt aus dem Lateinischen und bedeutet »Lauf«, »Wettlauf« oder auch »Lebenslauf«. Durch den Erziehungswissenschaftler Saul B. Robinsohn wurde er 1967 in die pädagogische Diskussion eingeführt und ersetzte den bis dahin üblichen Begriff des Lehrplans. Robinsohn kritisierte, daß die schulischen Lehrpläne lediglich eine Sammlung von Lernstoffen sind, daß in ihnen keine Aussagen zu übergeordneten Zielen, zu Planungen und zur Kontrolle von Lernprozessen gemacht werde. Des weiteren fehle ihnen ein begründeter gesellschaftlicher Bezug. Mit der Einführung des Begriffs *Curriculum* sollten folgende Problembereiche einer Bearbeitung zugänglich gemacht werden:

- Bestimmung übergeordneter und konkreter Lernziele;
- Umsetzung in konkrete Lerninhalte und Lernorganisation;
- Überprüfung (Evaluation) des Gelernten.

Mit dem Begriff *Curriculum* ist also ein begründeter Zusammenhang von Lernziel-, Lerninhalts- und Lernorganisationsentscheidungen gemeint. Zwar hat die Diskussion um die Curriculum-Entwicklung ihren Ausgangspunkt in der Schule, jedoch wurden die dort entwickelten curricularen Ansätze aufgegriffen und auf den Bereich der vorschulischen Erziehung übertragen.

In den traditionellen Ansätzen der Kindergartenpädagogik von Fröbel und Montessori sind die Vermittlungsprozesse in ein ganzheitliches pädagogisches Konzept eingebunden. Damit unterscheiden sie sich grundlegend von modernen didaktischen Konzepten, die sich nicht an einem übergeordneten Menschen- und Weltbild orientieren, sondern die Vermittlung bestimmter Qualifikationen anstreben. »An die Stelle einer ›Philosophie des Kindseins‹ tritt die empirische Sozialwissenschaft, sei es unter dem Vorzeichen eines pragmatisch-technologischen Erziehungsverständnisses, sei es mit dem Anspruch ›kritisch-emanzipatorischer‹ Aufklärung« (Retter 1978, 137).

Der Deutsche Bildungsrat (1975) unterscheidet vier unterschiedliche curriculare Ansätze. Ein Curriculum kann demnach seinen Schwerpunkt haben

- in der Verbesserung einzelner psychischer Funktionen oder bestimmter Fertigkeiten (funktionsorientierter Ansatz);
- in der Einführung in bestimmte wissenschaftliche Disziplinen oder unterrichtliche Bereiche (wissenschafts- oder disziplinorientierter Ansatz);
- im Auffinden und Bearbeiten bestimmter Lebenssituationen des Kindes (situationsorientierter Ansatz);
- in der Orientierung an allgemeinen Aufgaben der Sozialisation, wie sie von der Sozialisationsforschung aufgezeigt wurden (sozialisationsorientierter Ansatz).

Die drei erstgenannten Ansätze haben im Bereich der Elementarerziehung praktische Bedeutung erlangt, wohingegen der sozialisationsorientierte Ansatz für die Praxis bedeutungslos blieb, jedoch stellte er den theoretischen Bezugsrahmen für den situationsorientierten Ansatz dar, er ist gewissermaßen in ihm aufgegangen. Im folgenden sollen das funktionsorientierte, das wissenschafts- oder disziplinorientierte und das situationsorientierte Curriculum vorgestellt werden.

Der funktionsorientierte Ansatz

»Der Begriff ›funktionsorientierter Ansatz‹ ist ein Sammelbegriff für all jene Versuche, durch Trainingsprogramme und Übungsmaterialien eine Verbesserung des kindlichen Leistungs- und Entwicklungsstandes in den verschiedenen Persönlichkeitsbereichen zu erreichen« (Retter 1978, 138). Psychologische Forschungen hatten belegt, daß Kinder schon früher als bislang angenommen spezifische Fertigkeiten, wie zum Beispiel das Lesen, erwerben können. Zugleich wurde behauptet, daß sich die Intelligenz eines Kindes hierdurch positiv beeinflussen ließe. Der traditionellen Kindergartenpädagogik warfen Psychologen wie Correll und Lückert vor, daß sie es versäumten, Kinder gezielt zu fördern.

Die Folge war, daß Anfang der siebziger Jahre eine Fülle von Materialien und Programmen zum Training verschiedener Funktionsbereiche auf den Markt kamen und von Erziehern wie auch von Eltern mit dem Ziel der Intelligenzförderung eingesetzt wurden, was unmittelbar Folgen für die Produktion von Lern- und Spielmaterial hatte. »Nicht unerheblich waren die Produktions- und Absatzsteigerungen der Spiel- und Lernmittelhersteller im Zuge des Vorwurfs der ›kulturellen Vernachlässigung‹ unserer Klein- und Vorschulkinder und der intensivierten frühkindlichen Begabungs- und Bildungsförderung ab 1966/67. Bei Otto Maier, Ravensburg, hatte sich z.B. von 1970 auf 1971 der Umsatz um 50% auf 45 Mill. erhöht. Einer im Zuge der ›Frühlesebewegung‹ 1967 bis 1969 erschienenen Fülle von Leselernspielen (z.T. ›ab 2 Jahren‹) folgte eine sprunghaft ansteigende Produktionsflut von sogenannten ›idealen Lernspielzeugen‹, ›Trainingsmappen‹, ›pädagogisch wertvollen didaktischen Lernspielen‹, ›Lehrgängen‹, ›didaktischen Spiel- und Arbeitsmaterialien‹, ›Begabungs- und Intelligenzartikeln‹« (Klinke 1978, 244).

Correll vertrat die Auffassung, daß schon im vorschulischen Alter mit dem systematischen Lernen begonnen werden sollte, um Kinder auf das Lernen in der Schule vorzubereiten. Mittels programmierter Instruktionen sollten Fertigkeiten wie z.B. das Lesen frühzeitig trainiert werden. Correll hat ein Leselernprogramm entwickelt, das in Familien, Kindergärten und Vorschulklassen weit verbreitet war. Die ebenfalls von ihm entwickelte Leselernmaschine hingegen konnte wegen der hohen Produktionskosten nur in einzelnen Fällen erprobt werden. Correll hebt die Vorzüge der Leselernmaschine gegenüber dem nichtmaschinellen Programm hervor: »Während z.B. beim nichtmaschinellen Programm der Programmtext durch die Mutter oder eine Kindergärtnerin dargeboten werden muß und hierbei allerlei subjektive emotionale Beziehungen das Ergebnis positiv oder negativ beeinflussen können, ist für die Darbietung des Programms bei Verwendung unserer Maschine keine Betreuungsperson mehr nötig. Vielmehr befindet sich hier das Kind im ausschließlichen Dialog mit der Maschine ... Die Maschine bleibt in ihren Anweisungen immer gleich höflich und freundlich, selbst wenn das Kind sie zwingt, ein und dieselbe Information 10- oder 20mal zu wiederholen« (Correll 1970, 20).

Corrells »Leselernmaschine« für Vorschulkinder.

Correll meint, daß im Lauf eines Vormittags der Lehrer etwa drei Sequenzen von je 20 bis 30 Minuten programmierten Lernens durchführen kann. Er hatte festgestellt, daß nach dem Durcharbeiten des Leselernprogramms der Intelligenzquotient im verbalen Bereich um durchschnittlich 18 Punkte gestiegen war. Dabei war der Zuwachs bei geringer Intelligenzausgangsleistung am höchsten, wohingegen bei hoher Intelligenzausgangsleistung (z.B. IQ = 134) der Zuwachs gleich Null war. Langfristige Beobachtungen ergaben jedoch, daß der Vorsprung der Versuchsgruppe gegenüber der Kontrollgruppe wieder verlorenging und im 1. bis 2. Schuljahr kein Unterschied mehr feststellbar war. Diese Ergebnisse haben letztlich dazu geführt, daß die Bedeutung des frühen Lesenlernens für die Intelligenzentwicklung stark relativiert wurde und folglich seither in der Praxis der Elementarerziehung kaum noch eine Rolle spielt.

Ich muß den Ansatz Corrells generell kritisieren, weil er insgesamt zu kurz greift. In ihm werden Bedürfnisse des Kindes nach freiem Spiel und nach selbstbestimmtem Lernen ungenügend berücksichtigt. Auch die Erfolge in der Förderung sozial benachteiligter Kinder bleiben hinter den Erwartungen zurück, weil unterprivilegierte Kinder eines vielfältig stimulierenden Anregungsmilieus bedürfen, das ihnen durch programmierte Instruktionen nicht geboten werden kann. Auch Gerd Iben, der sich kritisch mit amerikanischen Sprachförderungsprogrammen auseinandergesetzt hat, weist auf die Gefahren hin, die mit einem von sozialen Kontexten abgehobenen Programm verbunden sind: »So wenig man auf die Verbesserung von Wortschatz, Satzstruktur und Begriffsbildung verzichten kann, bleibt doch die Beschränkung darauf bei einem von der Lebenssituation sozial benachteiligter Kinder abgetrennten Funktionstraining bestehen ... Auch verleitet dieser Ansatz zu einer Sichtweise, die Unterschichtssprache bloß als defizitär betrachtet und ihre Träger diskriminiert« (Iben 1973, 293).

Insgesamt gesehen bietet das programmierte Lernen im Elementarbereich nur sehr eingeschränkte Möglichkeiten des Lernens, denn gerade jene Verhaltensweisen, die auf Selbstbestimmung und Selbstentfaltung zielen, können in Programmen, die isoliert einzelne Fähigkeiten und Fertigkeiten trainieren, nicht gefördert werden. Das gilt nicht für bestimmte ›Lernspiele‹, die inzwischen einen festen Platz im Rahmen der Elementarerziehung gefunden haben und mit Erfolg zur Förderung eingesetzt werden. Dazu gehören Steck-, Knüpf- und Legematerialien, Puzzle, Memory, Lottospiele und einfache strategische Spiele. Dies »können hervorragende Spielmittel sein und tragen dann sicherlich auch zur Verbesserung kognitiver Leistungen oder zur Festigung sozialer Beziehung bei – wenn sie den Kindern im Rahmen eines pädagogischen Konzeptes frei zur Verfügung stehen« (Retter 1978, 139).

Das wissenschaftsorientierte Curriculum

Der wissenschafts- oder disziplinorientierte Ansatz entwickelt die Lernziele und Lerninhalte aus der den Wissenschaften zugrunde liegenden Struktur. Wissenschaftsbezogenes Lernen ist eine Forderung an den modernen schulischen Unterricht und wurde von daher auch für den Elementarbereich gewünscht. Hier ist allerdings eine Einschränkung zu machen: Das wissenschaftsorientierte Curriculum ist nur für die Altersstufe der 5- bis 6jährigen konzipiert und in Vorklassen und Eingangsstufen erprobt worden. Für den Kindergarten hat dieser Ansatz kaum eine Bedeutung erlangt.

Ausgangspunkt dieses Ansatzes ist die These, daß es möglich ist, die einzelnen Disziplinen derart auf ihre Grundbegriffe zurückzuführen, daß diese auf jeder Altersstufe vermittelbar sind. Die Folge dieses Ansatzes ist es, daß Methoden und Inhalte der Grundschule in den vorschulischen Bereich vorverlegt werden, wie wir anhand des Stuttgarter Vorklassenmodells (Gebauer u.a. 1971) sehen werden. In enger Anlehnung an schulisches Lernen werden für die Vorklasse folgende Arbeitsbereiche vorgeschlagen:

1. Spiel:	Rollenspiel, Stegreifspiel, Handpuppenspiel, konstruktive Spiele, Regelspiele.
2. Spracherziehung:	Erzählungen, Nacherzählungen, darstellendes Spiel, Benennung von Tätigkeiten, Eigenschaften, Mengen; Beachtung, Verstärkung und gegebenenfalls Korrektur (Ausnahme Stotterer!) spontaner sprachlicher Äußerungen der Kinder; Gespräche im Kreis; freie Bildbeschreibung; Gedichte, Lieder, Leseübungen.
3. Kognitive Förderung:	Strukturierung im visuellen und im akustischen Bereich; Strukturierung der übrigen Sinnesorgane; Orientierung in Raum und Zeit; Symbolverständnis.
4. Umweltbegegnung:	Biologie; Physik und Technik, Verkehr, Heimat, Wetterkunde.

5. Musikerziehung
6. Bewegungserziehung
7. Bildnerisches Gestalten
8. Religiöse Erziehung.

Auch das von Belser (1972) für die Hamburger Eingangsstufen entwickelte Curriculum ist den disziplinorientierten Ansätzen zuzurechnen. Allerdings unterscheidet es sich von dem Stuttgarter Modell dadurch, daß es nicht einzelnen Fächern folgt, sondern fächerübergreifend konzipiert ist. Belser unterscheidet zwei Gruppen von Lernfeldern:
I. Die *allgemeinen* Lern- und Aktivitätsfelder und
II. die *speziellen* Lern- und Aktivitätsfelder.

Durchgehendes methodisches Prinzip ist das Spiel, das als ein fundamentales Bedürfnis und Hauptinhalt von Kindern im Alter von 5 bis 6 Jahren uneingeschränkt akzeptiert wird. In dem »Stundenplan« der Vorschulklasse wird daher die Hälfte der Zeit dem Spiel vorbehalten. Übrigens gibt es keinen starren Stundenplan und die im Curriculum vorgegebene Zeiteinteilung dient als ungefähre Richtschnur.

I. Allgemeine Lern- und Aktivitätsfelder
  1. Leben in sozialen Bezügen
  2. Gesprächsförderung
  3. Spielen.
II. Spezielle Lern- und Aktivitätsfelder
  1. Lernbereich Natur und Sachwelt
  2. Lernbereich Mathematik
  3. Lernbereich Musik
  4. Ästhetische Erziehung
  5. Lernbereich Sport.

Belser stellt den Anspruch, daß auch die Lernergebnisse elementarer Art wissenschaftlich richtig sein müssen, »auch wenn sie in vereinfachender Form dargeboten und erworben werden« (Belser

1972, 109). Dabei ist der handelnde, unmittelbare Umgang der Kinder mit den Gegenständen in der Regel der verbalen Darbietung durch den Pädagogen vorzuziehen. Die von Belser u.a. vorgelegten Curriculum-Materialien gehen von der Grundschuldidaktik aus und entwickeln spezifische Angebote für Kinder im Vorschulalter. Auch wenn dabei das Spiel – auch das freie Spiel – in das Curriculum einbezogen wird, übernimmt dieser Ansatz mehr Aspekte des schulischen Lernens, sowohl in bezug auf die Inhalte als auch auf die Methoden, als der Kindergartenpädagogik. Zu Recht kritisiert Retter, daß die Übertragung der freien Lern- und Spielatmosphäre des Kindergartens auf die Grundschule bislang nur unzureichend gelungen ist. »In der Tat stellt sich heute weniger das Problem, wie der Kindergarten sich durch Wissenschaftsorientiertheit und andere Unterrichtsprinzipien an der Schule orientieren soll; wichtig ist vielmehr die Frage, was die Grundschule von der Pädagogik des Kindergartens lernen kann, um ihrer Erziehungsaufgabe gerecht zu werden« (Retter 1978, 141).

Für den Elementarbereich spielt der wissenschaftsorientierte Ansatz kaum eine Rolle, seit bildungspolitisch entschieden ist, daß das Einschulungsalter nicht auf das 5. Lebensjahr festgesetzt wird, sondern daß die Erziehung und Bildung der 3- bis 6jährigen dem Kindergarten obliegt. Von Sozialpädagogen und Erziehern ist der wissenschaftsorientierte Ansatz für den Kindergarten meist abgelehnt worden, wenn auch vielfach spezielle Programme für die Gruppe der Kinder, die vor der Einschulung stehen, angeboten werden.

Das situationsorientierte Curriculum

Wesentlich größeren Einfluß als der wissenschafts- und der funktionsorientierte Ansatz hat der von der Arbeitsgruppe Vorschulerziehung am Deutschen Jugendinstitut in München, entwickelte situationsorientierte Curriculumansatz auf die Praxis der Elementarerziehung erlangt.

Von 1971 bis 1976 wurde das pädagogische Konzept des situationsorientierten Lernens in insgesamt elf Modellkindergärten der Länder Rheinland-Pfalz und Hessen in enger Zusammenarbeit von

Wissenschaftlern, Erziehern und Eltern entworfen. Finanziert wurden die Modellversuche und ihre wissenschaftliche Begleitung von den Sozialministerien der beteiligten Länder und dem Bundesminister für Bildung und Wissenschaft. In Rheinland-Pfalz nahmen etwa 520 Kinder und 45 pädagogische Mitarbeiter in den Modellkindergärten (1 Sozialpädagoge, 22 Erzieher, 22 Kinderpfleger/Berufspraktikanten) teil. Das Verhältnis Erwachsener zu Kind betrug etwa 1:12. In Hessen wurden etwa 450 Kinder und 42 pädagogische Mitarbeiter (5 Sozialpädagogen, 37 Erzieher, darunter 18 Berufspraktikanten für jeweils ein Jahr) in den Modellversuchen einbezogen. Im Mittelpunkt der Arbeit stand die Entwicklung des Curriculums »soziales Lernen«. In einer allgemeinen Formulierung des Ziels heißt es: »Die pädagogische Arbeit steht unter dem Ziel, Kinder verschiedener sozialer Herkunft und mit unterschiedlicher Lerngeschichte zu befähigen, in Situationen ihres gegenwärtigen und künftigen Lebens möglichst autonom und kompetent denken und handeln zu können« (Arbeitsgruppe Vorschulerziehung 1976, 15).

Im Sinne dieser pädagogischen Zielsetzung ist die Auswahl dessen, was als eine relevante Lebenssituation definiert wird, an folgende Kriterien gebunden:

– Die Lebenssituation soll für Kinder real erfahrbar und erfaßbar sein;
– sie soll »im Rahmen pädagogischer Arbeit mit drei- bis fünfjährigen Kindern und beteiligten Erwachsenen beeinflußbar erscheinen« (Gerstacker/Zimmer 1978, 194).

Damit wandelt sich auch die Rolle der Erzieher, ihr Verhältnis zu den Kindern und zu den Eltern. Sie sind nun nicht mehr die einzigen Experten des Lernprozesses. Ihre Aufgabe ist es vor allem, die Rahmenbedingungen herzustellen, in denen sich die sozialen und instrumentellen Lernprozesse verwirklichen können. Ihnen kommt die Aufgabe zu, Lernprozesse anzuregen und die dabei auftretenden Störungen zu analysieren und – wenn möglich – zu beseitigen.

Dies erfordert eine grundsätzliche Neuorientierung. Situationsbezogenes Lernen wird »als gemeinsamer Erfahrungs- und Kom-

Die Kinder des evangelischen Kindergartens der Christus-Kirchengemeinde in Frankfurt a.M. beim Bewässern »ihres« Baumes, für den sie die »Baumpatenschaft« übernommen haben.
Foto: Wilhelm Ullrich, 1986.

munikationsprozeß gesehen, in dem alle Beteiligten Lehrende und Lernende sein können, in dem Erzieher nicht mehr die allein sachverständige Rolle innehaben« (ebd., 198). Es ist unschwer zu erkennen, daß mit dieser Aufgabenbeschreibung des Erziehers Autorität und Hierarchie abgebaut werden, daß der Erzieher zur »Bezugsperson« wird. Dies ist der Ausdruck einer Entwicklung, die ohne die antiautoritäre Studentenbewegung nicht denkbar gewesen wäre.

Im Situationsansatz wird die Kritik der Entschulungsbewegung aufgenommen. Diese hatte die Bildungsinstitutionen wegen ihrer Abgeschlossenheit zur sozialen Umwelt kritisiert und dagegen vorgebracht, daß Lernen ohne gesellschaftlichen Bezug zu einer Entmotivierung und zur Lernverweigerung führt. Der situationsorientierte Ansatz befürwortet eine engere Verbindung zwischen dem Kindergarten und dem Gemeinwesen. Das bedeutet, daß die vorhandenen Möglichkeiten genutzt werden sollen, um soziales Leben in den Kindergarten hereinzuholen und/oder aus den Kindergarten herauszugehen, um Lernorte in der Nachbarschaft und der sozialen Umwelt zu entdecken. *Situationsanlässe* können alltägliche Vorfälle im Kindergarten, in der Familie oder im Gemeinwesen sein (Beispiel: Auseinandersetzungen beim gemeinsamen Spiel, wenn einer immer wieder die Regeln verletzt). In der darauffolgenden *Analyse* müssen entweder gezielt Informationen eingeholt werden (für die didaktische Einheit »Kinder im Krankenhaus« hat z.B. eine Erzieherin in der Aufnahmestation eines Krankenhauses hospitiert und ihre Beobachtungen protokolliert), oder aber durch einen Austausch vorhandener Informationen erfolgt die Situationsanalyse. Viele Situationen erfordern nur eine kurzfristige Reaktion, wie z.B. ein Spiel oder ein Gespräch. Manche Situationen erweisen sich jedoch als so gewichtig, daß daraus ein längerfristiges Projekt, eine didaktische Einheit, entsteht.

In der Umsetzung dieses theoretischen Ansatzes sind die sogenannten »didaktischen Einheiten« entwickelt worden. Die Themen dieser Einheiten lauten: »Kinder im Krankenhaus«, »Kinder kommen in die Schule«, »Werbung«, »Wochenende«, »Verlaufen in der Stadt«, »Über den Umgang mit Märchen«, »Wohnen«, »Kochen, Ausflug, Kinderfeste«, »Neue Kinder in der Gruppe«, »Müll«, »Kinder im Kindergarten«, »Meine Familie und ich«, »Tod«, »Was Kinder haben wollen«, »Was meine Eltern tagsüber tun«, »Kinder werden abgelehnt«, »Kinder allein zu Haus«, »Große und kleine Kinder«, »Wir haben Ferien«, »Fernsehen«, »Kinder und alte Leute«, »Gastarbeiterkinder«, »Kinder aus unvollständigen Familien«, »Aufräumen, Essen, Einschlafen«, »Spielsituationen« (Arbeitsgruppe Vorschulerziehung 1976, 42). Zu jeder der didaktischen Einheiten ist vielfältiges Material entwickelt worden; dazu gehören ein *Textteil* mit Erläuterungen zur Einführung, Materialien zur Situation, Hinweise für die Mitwirkung von Eltern und anderen Erwachsenen. Des weiteren gehört dazu ein *Materialteil* mit Kindergeschichten, Fotokarten, Bildkarten (grafische Darstellungen für Kinder), Fotoposter (Dokumentationen durchgeführter Projekte), Tonkassette und Filme.

An einem Beispiel soll dieser didaktische Ansatz verdeutlicht werden.

Verlaufen in der Stadt

»*Damit Kinder eine genaue Vorstellung von der Struktur ihrer unmittelbaren Umgebung bekommen, können sie versuchen, die Umgebung des Kindergartens in dreidimensionaler Form zu bauen: im Sandkasten oder auf dem Rasen, mit Bauklötzen, Plastilin oder Lego. Während des Bauens können sie immer wieder hinausgehen, sich die Umwelt wirklich ansehen und dann versuchen, sie nachzubauen. Modellbauten und Stadtplanspiele können Kinder anregen, sich auf Spaziergängen nach und nach bewußter zu orientieren und darüber zu sprechen, wo die anderen Kinder wohnen und wie man ein bestimmtes Ziel erreicht, z.B. das Schwimmbad, und von dort wieder zum Kindergarten zurückfindet. Es können erste Straßenpläne entstehen, anschaulich und sehr vereinfacht zunächst, auf denen Kinder mit Autos, Verkehrszeichen und Püppchen spielen können. Nach und nach werden Kinder abstraktere Symbole und Zeichen für Merkmale ihrer Umwelt in den Plan einsetzen, je nach Alter und Interesse der jeweiligen Kindergruppe. Es hat sich dabei gezeigt, daß es auch bei der Herstellung eines zweidimensionalen Stadtplans wichtig ist, daß die Kinder bei Spaziergängen immer wieder überprüfen, ob ihr Plan der Realität entspricht, und daß sie auf dem Plan Orientierungsspiele machen.*

Nachdem eine Kindergruppe in einem Kindergarten schon einen Stadtplan hergestellt und an der Wand befestigt hatte, entwickelten einige Kinder ein Rollenspiel: Sie falteten Häuser aus Pappe und Buntpapier und beklebten einen großen Stadtplan, der im Gymnastikraum auf dem Boden ausgebreitet war. Mit Biegepüppchen spielten sie dann ›Besuchen‹. Das Kind, das besucht wurde, beschrieb den anderen den Weg ›Erstaunlich war‹, berichtete die Erzieherin, ›daß die Kinder die Wege auch bei beträchtlicher Distanz genau beschreiben konnten. Die notwendigen Verkehrszeichen (Ampel und Zebrastreifen) hatten die Kinder vorher aus einer der herkömmlichen Verkehrstrainingsmappen ausgeschnitten und in den Plan eingeklebt. Die Verkehrsregeln wurden im Spiel beachtet, auf Verstöße gegen sie wiesen sich die Kinder gegenseitig hin. Das Spiel war intensiv, sie unterhielten sich angeregt miteinander,

> *übernahmen verschiedene Rollen und spielten begeistert und phantasievoll.*
> *Am nächsten Tag beobachtete die Erzieherin folgende Szene: Beate zu Regine: ›Du kannst mich doch besuchen.‹ Regine: ›Ich weiß doch gar nicht, wo du wohnst.‹ Beate zieht Regine zum Plan an der Wand und sagt: ›Komm her, ich zeig's dir auf dem Plan, da kannst du gleich sehen, wie du gehen mußt‹«* (Arbeitsgruppe Vorschulerziehung 1976, 88ff).

Da der Situationsansatz als ein offenes Curriculum konzipiert ist, sollen die didaktischen Einheiten je nach den spezifischen Bedürfnissen eingesetzt und verändert werden. Die Erzieher sollen sich dieses Materials frei bedienen und es nicht als ein vorgefertigtes Material einsetzen.

Diese Absicht der Arbeitsgruppe Vorschulerziehung drückt sich auch in der gewählten Überschrift ihrer Publikationen aus, die sie »Anregungen« genannt hat. Bei der Beurteilung dieses Curriculumansatzes muß die besondere Rolle der Wissenschaftler hervorgehoben werden. Das situative Curriculum wurde am Deutschen Jugendinstitut von einer Gruppe junger Wissenschaftlerinnen und Wissenschaftler unter Leitung des Berliner Erziehungswissenschaftlers Jürgen Zimmer entwickelt und wissenschaftlich begleitet. Die Wissenschaftler stellten an die Praktiker einen hohen Anspruch an Einsatzbereitschaft, Kooperationsfähigkeit und Kreativität. Zugleich boten aber die Bedingungen des Modellversuchs enorme Möglichkeiten für die Erzieher: In den zahlreichen Tagungen konnten sie ihre Erfahrungen austauschen, ihre pädagogische Arbeit wurde durch die Mitarbeit von Wissenschaftlern, aber auch z.B. durch Fotografen in hervorragender Weise dokumentiert und damit der Überprüfung und Reflexion zugänglich gemacht. Die Entwicklung des Curriculums, in das von Anfang an die Praktiker mit einbezogen waren, hat insbesondere während der Modellversuchsphase die pädagogische Praxis dieser Kindergärten verändert. Mit ziemlicher Sicherheit kann man sagen, daß dies auch auf jene Einrichtungen ausgestrahlt hat, die zwar nicht in den Modellversuch einbezogen waren, aber denen die didaktischen Einheiten verfügbar gemacht wurden. Inwieweit ein solcher innovatorischer Schub darüber hinaus trägt, hängt sehr weitgehend von den Qualifikationen der Erzieher und den räumlichen und sachlichen Bedingungen in den Kindergärten selbst ab.

XII
Der pädagogische Alltag im Kindergarten

Bildungs- und Erziehungsziele

Für die Festsetzung der Bildungs- und Erziehungsziele sind in erster Linie die Träger der Kindergärten verantwortlich. Im Jugendwohlfahrtsgesetz ist nämlich festgelegt, daß die Landesjugendämter lediglich darüber zu wachen haben, daß »in den Einrichtungen das leibliche, seelische und geistige Wohl der Minderjährigen gewährleistet ist. Die Selbständigkeit der Träger der Einrichtungen in Zielsetzung und Durchführung ihrer erzieherischen Aufgaben bleibt unberührt« (JWG § 78, Abs. 2). Des weiteren sollen die Landesjugendämter dafür Sorge tragen, daß die Betreuung durch »geeignete Kräfte« gesichert ist. Welche Qualifikationen als »geeignet« anzusehen sind, soll mit den Trägern einvernehmlich geregelt werden. Diesem gesetzlich vorgegebenen Rahmen folgen auch die Länder, sofern sie ein Kindergartengesetz erlassen haben. Dies ist bei allen Ländern mit Ausnahme von Hessen und Niedersachsen der Fall (Stand 1986). Die meisten Länder begnügen sich damit, in wenigen Sätzen die Aufgaben des Kindergartens zu umreißen und übertragen es den Trägern, »eigenverantwortlich auf der Grundlage des vorstehenden Auftrages Rahmenbildungskonzeptionen« zu erarbeiten (Land Bremen, Kindergarten- und Hortgesetz § 2, Abs. 4). In Hessen sind, um ein anderes Beispiel zu nennen, in Abstimmung mit der Liga der freien Wohlfahrtspflege‹ den kommunalen Spitzenverbänden und dem Landesjugendwohlfahrtsausschuß Grundsätze für die pädagogische Arbeit im Kindergarten erarbeitet worden, die allerdings nur den Rang von Empfehlungen haben, also letztlich unverbindlich sind. Einen ähnlichen Weg hat auch das Land Nordrhein-Westfalen beschritten, das »Arbeitshilfen zur Planung der Arbeit im Kindergarten« (Minister für Arbeit, Gesundheit und Soziales des Landes Nordrhein-Westfalen [Hrsg.] 1982[2]) herausgegeben hat. Dort heißt es im Vorwort: »Mit den Arbeitshilfen zur Planung der Arbeit im Kindergarten wurde 1974 ein neuer Weg der Bildungsplanung beschritten. Die Praktiker waren zu aktiver Mitarbeit aufgerufen worden; damit setzten sich die Arbeitshilfen bewußt von der richtlinienmäßigen Schaffung von ›Lehrplänen‹ ab. Die Arbeitshilfen sollten vor Ort die Diskussion anregen und die pädagogischen Mitarbeiter in Kindergärten herausfordern, Ansätze, Ziele, Inhalte und Methoden ihrer Arbeit kritisch zu überdenken.« Auch die Arbeitshilfen sind mit den Spitzenverbänden der öffentlichen und freien Wohlfahrtspflege abgestimmt worden. Bayern hat als einziges Bundesland mit den »Mindestanforderungen für die Erziehungs- und Bildungsziele« (Verordnung über die Rahmenpläne für anerkannte Kindergärten in Bayern, 4. DVBayKiG) Rahmenpläne erlassen, die – wenn auch auf sehr allgemeiner Ebene – inhaltlich Vorgaben für den Kindergarten darstellen. In den §§ 3 bis 10 werden die Erziehungs- und Bildungsziele in den folgenden Bereichen festgelegt:

– allgemeine Grundsätze,
– religiöse Erziehung,
– Sozialerziehung,
– elementare Kommunikations- und Kreativitätserziehung,
– Erziehung zu Umwelt- und Naturverständnis,
– Gesundheitserziehung,
– Spiel als Prinzip der Kindergartenerziehung,
– Zusammenarbeit mit Elternhaus und Grundschule.

In den allgemeinen Grundsätzen heißt es, daß das oberste Leitziel der pädagogischen Arbeit der »beziehungsfähige, wertorientierte, schöpferische Mensch (ist), der sein Leben verantwortlich gestalten und den Anforderungen in Familie, Staat und Gesellschaft gerecht werden kann« (§ 3). Der Kindergarten soll eine ganzheitliche Bildung anbieten, und es soll darauf geachtet werden, »daß die den Zielen zugeordneten Bildungsbereiche nicht voneinander unabhängig sind, sondern einander durchdringen« (§ 3). Die »religiöse Erziehung« (§ 4) steht in der Verantwortung des Trägers, der seinerseits nur den in der Bayerischen Verfassung verankerten allgemeinen Grundsätzen (Ehrfurcht vor Gott und Achtung vor religiöser Überzeugung) verpflichtet ist. Ziel der Sozialerziehung (§ 5) ist es, sowohl »eigene Bedürfnisse und Interessen zur Geltung zu bringen, eigene Gefühle und Ansichten zu äußern, sich anderer Angriffe zu erwehren als auch Bedürfnisse der anderen zu bejahen, eigene Bedürfnisse zurückzustellen, Alternativen zu finden und anzubieten, bei Konflikten nach angemessenen Lösungen zu suchen, Partnerschaften einzugehen und Freundschaften zu schließen, Verantwortung für andere zu übernehmen und für Schwächere und Behinderte einzutreten, fremde Lebensformen, Verhaltensweisen, Weltanschauungen und Einstellungen zu achten« (§ 5). Ziel der elementaren Kommunikations- und Kreativitätserziehung ist es, »die Bewegungsfreude, die Gestaltungsmöglichkeit, die Ausdrucksmöglichkeit des Kindes zu fördern und seine schöpferischen Fähigkeiten zu entfalten« (§ 6).

Im Rahmen der Erziehung zu Umwelt- und Naturverständnis soll das Interesse des Kindes an der Natur und Umwelt geweckt und gefördert werden. Das Kind soll hierbei »eine unmittelbare Beziehung zu Pflanzen und Tieren aufbauen, in seinem Naturverständnis und seiner Einsicht in elementare physikalische Gesetzmäßigkeiten gefördert werden, im Umgang mit einfacheren Materialien, Gebrauchsgegenständen und Werkzeugen Fertigkeiten erlangen, öffentliche Einrichtungen, die Arbeitswelt, die Welt der Technik und des Verkehrs kennenlernen und sich darin richtig verhalten können« (§ 7). Die Ziele der Gesundheitserziehung sind ebenfalls sehr allgemein gehalten. Dort heißt es, daß dem Kind Kenntnisse über Körperpflege und Hygiene und über mögliche Gefahren von Unfällen und Verletzungen vermittelt werden sollen. Des weiteren soll seine Bereitschaft zu einer gesunden Lebensführung gefördert werden.

Methodische und didaktische Hinweise, wie nun diese sehr globalen Ziele im Kindergarten realisiert werden sollen, welche Handlungsorientierungen daraus abzuleiten sind, fehlen. Damit erhalten die Träger und auch die Erzieherinnen in den Einrichtungen die Möglichkeit, diese Zielvorstellungen nach eigenen pädagogischen Vorstellungen in die Praxis umzusetzen.

Die bereits erwähnten »Arbeitshilfen« des Landes Nordrhein-

Westfalen gehen über die bloße Auflistung von Lernzielen hinaus, indem sie den »Versuch darstellen, die *Gesamtkonzeption* der pädagogischen Arbeit im Kindergarten zu skizzieren. Sie geben einen Bezugsrahmen, dessen Inhalte von Erziehern in eigener Verantwortung unter Bezug auf die konkrete Situation seiner Kindergruppe ausgefüllt werden müssen«. Methodisch orientieren sich die Arbeitshilfen an dem Situationsansatz, und folglich sind die sozialen Kompetenzen die wichtigsten Bildungs- und Erziehungsziele. Aus der allgemeinen Zielsetzung des Situationsansatzes, »dem Kind bei der Bewältigung seiner Lebenssituation zu helfen«, werden die folgenden Teilziele abgeleitet:

- Das Selbstvertrauen des Kindes soll gestärkt, sein Selbstbewußtsein entwickelt und stabilisiert werden;
- es soll Kenntnisse über seine Umwelt erlangen und
- es soll im Zusammenwirken mit der personalen Umwelt Bereitschaft zur Kommunikation entwickeln.

Dabei sollen die Inhalte der pädagogischen Arbeit von den Erlebnisbereichen des Kindes ausgehend entwickelt werden. Als Erlebnisbereiche werden verstanden:

»*Familie* (Eltern, Geschwister, Großeltern, Verwandtschaft usw.),
weitere mitmenschliche Umwelt (Straße, Geschäfte, öffentliche Einrichtungen, Arbeitsbereiche der Erwachsenen, Schule usw.),
Natur (Pflanzen, Tiere, Witterung, Naturereignisse, Jahreszeiten, Landschaftsformen usw.),
Technik (Haushaltsgeräte, Radio, Fernsehen, Telefon, Handwerkszeug usw.),
Kultur (frühere Zeiten, Mode, Raumgestaltung, Musik, Bücher, Erzählgut, Feste usw.),
religiöser und *weltanschaulicher* Wert- und Lebensbereich des Elternhauses.«

Die Grundlage für die Auswahl des jeweiligen Inhalts ist die Situationsanalyse in bezug auf die Erlebnisbereiche des Kindes und die angestrebten Lernziele.

Planung der pädagogischen Arbeit

Viele Erzieherinnen haben eine Abneigung dagegen, ihre pädagogische Arbeit mit den Kindern langfristig zu planen oder gar schriftlich fixierte Wochen- und/oder Monatspläne aufzustellen. Sie befürchten vor allem, hierdurch spontan entstehende Aktivitäten und Spiele von Kindern zu verhindern. Diese Bedenken und Einwände sind ernst zu nehmen, zumal Bestrebungen, schulische Lernformen schon im Kindergarten anzuwenden, gelegentlich zu einer »Verschulung« des Kindergartens beigetragen haben. Wir müssen uns vor Augen halten, daß Lernprozesse im Kindergarten in erster Linie durch Spielsituationen und soziale Situationen angeregt werden und daß es die Aufgabe der Erzieherinnen ist, hierfür die Voraussetzungen und Möglichkeiten bereitzustellen.

Die Mehrzahl aller Kindergärten steht, was vielen Erzieherinnen gar nicht bewußt ist, in der von Fröbel und seinen Schülerinnen begründeten pädagogischen Tradition, knüpft an sie an und sucht sie weiterzuentwickeln. Nach dieser Tradition bauen die Jahresplanungen auf die natürliche Folge der Jahreszeiten und die kirchlichen Feste auf. Diese gliedern den Ablauf des Jahres und geben die Höhepunkte von Festen und Feiern vor. Vielfach orientieren sich die geplanten pädagogischen Aktivitäten hieran, indem sie Vorbereitungen zu diesen »Höhepunkten« des Kindergartenalltags darstellen. Wie stark der Kindergarten auch in seiner heutigen Praxis dieser pädagogischen Tradition verpflichtet ist, zeigt anschaulich der unveröffentlichte Bericht von Helga Gandela, Erzieherin in einem evangelischen Kindergarten, der mir typisch zu sein scheint.

»Eine ganze Reihe von Themen ergeben sich durch festgelegte Feste oder Ereignisse im Jahr:

- *So wird die Vorweihnachtszeit durch ein Krippenspiel der Kinder in der Kirche beendet.*
- *Jede Gruppe feiert ein Faschingsfest unter einem sich selbst gestellten Thema, z.B. Zirkus, Seefahrt, Indianer.*
- *Am 19. März ist das Frühlingsfest. Alle Kindergruppen basteln Frühlingsstäbe mit bemalten Eiern und Bändern und ziehen singend durch die Straßen.*

- *Ostern.*
- *Geschenke basteln für den Muttertag.*
- *Schulkinderüberraschung und gemeinsames Frühstücken mit den Eltern am Morgen.*
- *Sommerfest und anschließend Ferien.*
- *Nach den Sommerferien: Aufnahme neuer Kinder.*
- *Erntedankfest in der Kirche.*
- *Herbstfest im Wald.*
- *Martinstag mit Laternenumzug.*
- *Nikolaustag.*
- *Des weiteren werden die Geburtstage aller Kinder im Kindergarten gefeiert.*
- *In unregelmäßigen Abständen singen die Kinder in einem nahegelegenen Altenwohnheim und beschenken die Bewohner mit selbstgebastelten Dingen.«*

Neben den pädagogischen Angeboten und Aktivitäten, die in Verbindung mit diesen Festen zu planen sind, haben viele Einrichtungen den Situationsansatz übernommen und planen längerfristig an-

Gespräche im Stuhlkreis fördern die kommunikativen Kompetenzen.
Kita in Berlin-Kreuzberg, Foto: Aden-Grossmann 2001.

gelegte Projekte. Durch solche »didaktischen Einheiten« soll die kognitive, sozial-emotionale, motorische und musische Entwicklung des Kindes gefördert werden. In diesen themenorientierten Projekten, die sich meist über mehrere Tage erstrecken, kommen unterschiedliche Methoden zum Tragen, wie z.B. Ausflüge machen, Ansehen von Bilderbüchern, Malen, Basteln, Rollenspiel, Gespräch über das Gesehene oder Erlebte etc.

Gestaltung des Tagesablaufs im Kindergarten

Der Tagesablauf ist im Kindergarten nicht wie in der Schule durch den 45-Minuten-Takt der Unterrichtsstunde reglementiert, jedoch verläuft der Vormittag auch dort nach relativ festen Regeln, die Elisabeth Blochmann den »Rhythmus des Lebens« genannt hat.

Vieles von dieser in Jahrzehnten entwickelten Tradition hat sich bis in die Gegenwart erhalten, wie das folgende Protokoll eines Vormittags im Kindergarten von 1985 erkennen läßt.

> **8 Uhr bis 10.15 Uhr: Freispiel**
>
> *Die Kinder spielen in Gruppen, allein mit der Praktikantin oder mit mir (d.h. der Erzieherin). Sie haben Zugang zu allen Spielen, Farben, Knete und anderen Materialien, z.B. Klebstoff, Schere usw. In dieser Zeit ist auch das freie Frühstücken. Jedes Kind kann selbst entscheiden, wann und mit wem es frühstücken will.*
>
> **10.15 Uhr bis 10.45 Uhr (ungefähr):**
>
> *Gemeinsames Aufräumen. Danach angebotene Beschäftigung, z.B. ein Bilderbuch wird vorgelesen und betrachtet, Spiele gespielt, ein zusammenhängendes Thema erarbeitet.*
>
> **11.30 Uhr bis 12 Uhr:**
>
> *Je nach Wetter gehe ich auf den Hof oder spazieren. Um 12 Uhr werden die Kinder von ihren Eltern abgeholt«* (Protokoll 1985).

Der Erziehungsstil des Kindergartens, der sich darum bemüht, flexibel auf die Bedürfnisse und Interessen des Kindes einzugehen, wird auch aus dem folgenden Protokoll von Grube (1982) deutlich. Er gliedert den Verlauf des Vormittags in Abschnitte von etwa 10 bis 20 Minuten, Gesprächskreis und Frühstück, geplante Aktivitäten und den Schlußkreis. Wie wir sehen, erfolgt die Strukturierung des Vormittags in ganz ähnlicher Weise wie in dem zuvor geschilderten Protokoll. Im Gegensatz zur Schule, in der darauf geachtet wird, daß der Unterricht pünktlich von allen Kindern gemeinsam begonnen wird, gestaltet der Kindergarten den Anfang flexibel, wie die folgende Schilderung zeigt:

> *»Es wird ein flexibler Beginn angeboten, jedoch sollten die Kinder bis spätestens 9 Uhr in der Gruppe eingetroffen sein. Dieser gleitende Beginn bietet den Erziehern, den Kindern und den Eltern genügend Spielraum zur individuellen Kontaktaufnahme und Kommunikation. Fast alle Kinder werden von einem Elternteil (oft der Mutter, manchmal dem Vater) bis in die Gruppe begleitet, so können hierbei schon einige Informationen ausgetauscht und Absprachen getroffen werden. Die Kinder finden eine relativ entspannte Atmosphäre vor, so daß der Übergang vom Elternhaus zum Kindergarten und das allmähliche Hineinfinden in die Gesamtgruppe entscheidend erleichtert wird.*
>
> *Die Erzieher verhalten sich in dieser Zeit mehr zurückhaltend, um den Kindern die Möglichkeit zu bieten, sich zu orientieren und entscheiden zu können, was sie tun wollen. Das Verhalten der Kinder ist sehr unterschiedlich: Einzelne benötigen die Hilfe und körperliche Nähe der Erzieher (z.B. Handhalten, am Rockzipfel/Hosenbein festhalten, auf dem Schoß sitzen usw.), andere bleiben scheinbar unschlüssig und sich im Raum umschauend irgendwo stehen; die meisten kommen jedoch recht selbstsicher und zielgerichtet in die Gruppe.*
>
> *Als Anreize stehen die meisten Materialien (Stifte jeglicher Art, Tuschfarben, Spiele und Bücher etc.) frei zugänglich zur Verfügung.*
>
> *So bilden sich Teil- und Kleingruppen ohne das Einwirken der*

> *Erzieher. In dieser Phase der Orientierung, der Kontaktaufnahme und erster Gespräche kommt den Erziehern die wichtige Aufgabe zu, die aktuellen Interessen der Kinder zu erfahren«* (Grube/Meiers 1982, 14ff).

Für Kinder, die ganztags den Kindergarten besuchen, besteht das bislang nicht befriedigend gelöste Problem darin, daß die tägliche Anwesenheitszeit des Kindes und die Arbeitszeit der Erzieherin nicht gleich sind; manchmal ist ein Kind länger im Kindergarten als die Erzieherin. Erzieherinnen in Ganztagseinrichtungen haben in der Regel gestaffelte Arbeitszeiten. Durch den Früh- und Spätdienst der Erzieherinnen muß ein Kind, das wegen der Arbeitszeiten der Mutter schon am frühen Morgen in den Kindergarten gebracht und erst am späten Nachmittag wieder abgeholt wird, sowohl die Gruppe als auch die Erzieherin im Laufe des Tages wechseln. Auch die Praxis, Halbtagskräfte einzustellen, trägt in den ganztägig geöffneten Kindertagesstätten dazu bei, daß Kinder mehrmals täglich einen Wechsel der Bezugspersonen verarbeiten müssen. Das hier auszugsweise wiedergegebene Protokoll des Zehnstundentages eines Kindergartenkindes zeigt, daß die dreieinhalbjährige Anette, Kind einer alleinstehenden berufstätigen Mutter, im Laufe eines Tages vier verschiedene Bezugspersonen hat.

6.30 Uhr:
Anette wird von ihrer Mutter im Kindergarten abgegeben. Sie wird von Beate begrüßt und ins Bett gelegt, obwohl sie um 5 Uhr aufgestanden und inzwischen völlig munter ist ...

7 Uhr:
Die zweite Kraft, Cilly, kommt, sie übernimmt die Schlafwache. Beate verläßt mit den Schulkindern den Raum, um in den Hort zu gehen.

8 Uhr:
Die Kinder dürfen aufstehen. Betten werden weggeräumt, Kin-

der angezogen. Doris, die neu hinzukommt, verläßt mit der Hälfte der Kinder den Raum. Anette ist mit dabei. Die Kinder dürfen jetzt spielen.

9 Uhr:
 Endlich kommt Uschi, Anettes Gruppenleiterin. Alle SO-Kinder der Kindergartenabteilung versammeln sich im großen Raum zum Morgenkreis (es wird gesungen und gespielt) ...

9.15 Uhr:
 Anettes Gruppe geht zum ersten Mal gemeinsam auf die Toilette. Die Kinder waschen sich die Hände ...

9.35 Uhr:
 Frühstück ...

10 Uhr:
Die folgenden eindreiviertel Stunden sind der längste Zeitraum, innerhalb dessen die Kinder kontinuierlich spielen können. Je nach Wetterlage bestehen drei Möglichkeiten zur Gestaltung:
  a) gutes Wetter: Anettes Gruppe geht mit Doris spazieren ...
  b) gutes Wetter: Alle Kinder verbringen den Vormittag auf dem Spielplatz des Kindergartens ...
  c) schlechtes Wetter. Die Gruppe spielt im Gruppenraum ...

11.45 Uhr:
 Erneuter gemeinsamer Toilettenbesuch, Händewaschen etc., anschließend Mittagessen.

12.30 Uhr:
 Toilette etc., Ausziehen der Kinder.

13 Uhr:
 Mittagsschlaf ...

15 Uhr:
Aufstehen, anziehen, Betten wegräumen, Toilette etc.

15.30 Uhr:
Kaffeetrinken. Die ersten Kinder werden abgeholt.

16 Uhr:
Cilly hat Dienstschluß. Sie übergibt je eine Hälfte ihrer Gruppe an Doris und Uschi. Durch das allmähliche Abholen der Kinder herrscht große Unruhe. Anette verliert ständig ihre Spielpartner und kommt zu keinem intensiven Spiel mehr. Die Auswahl des Spielmaterials ist beschränkt, um das Einräumen zu vereinfachen. Die Kindergärtnerin wird öfter von Eltern angesprochen. Sie kann sich den Kindern nicht mehr mit der notwendigen Aufmerksamkeit widmen.

17 Uhr:
Zu Anettes Gruppe kommen die Kinder von Doris, die inzwischen Dienstschluß hat. Kurz darauf wird Anette von ihrer Mutter abgeholt« (zit. nach Grossmann 1974, 87–89).

Die hier wiedergegebene Schilderung eines Tagesablaufs in einer Berliner Kindertagesstätte zeigt, daß die Zeitstruktur tatsächlich nicht nur von den Interessen und Bedürfnissen des Kindes bestimmt wird, sondern daß weitere Faktoren hinzutreten, nämlich die Arbeitszeiten der Eltern, die Entfernung zwischen Kindertagesstätte und Arbeitsplatz und die Arbeitszeit der Erzieherinnen. Diese allgemeinen gesellschaftlichen Rahmenbedingungen wirken unmittelbar auf die pädagogische Praxis ein.

Die räumliche Gestaltung

Die Frage, ob es gelingt, pädagogische Programme in die Praxis umzusetzen, hängt u.a. auch von den räumlichen Voraussetzungen ab. Vor allem die Realisierung eines nichtautoritären, an den Bedürfnissen der Kinder orientierten Erziehungskonzepts muß die Gestaltung der Räume sorgfältig bedenken. Fragen wir uns also zunächst, welche Anforderungen aus sozialpädagogischer Sicht an die Architektur zu richten sind. Es soll

- ein Erziehungsstil realisiert werden, der flexibel auf die Bedürfnisse des Kindes eingeht (z.B. kein »verordneter« gemeinsamer Mittagsschlaf);
- die Möglichkeit bestehen, Untergruppen zu bilden, die – ohne andere zu stören oder von ihnen gestört zu werden – eigenen Aktivitäten nachgehen (Binnendifferenzierung der Gruppenarbeit);
- Kindern die Möglichkeit gegeben werden, sich auch ungestört allein zu beschäftigen (dies ist vor allem häufig ein Bedürfnis von Kindern, die den Kindergarten ganztägig besuchen!);
- entsprechend den starken motorischen Bedürfnissen von Kindern zwischen drei und sechs Jahren bei gutem und bei schlechtem Wetter Gelegenheit zum Toben, Rennen, Klettern gegeben werden;
- das Spiel mit Sand, Wasser und Farben bei gutem und bei schlechtem Wetter möglich sein;
- die Selbständigkeit der Kinder gefördert werden, beispielsweise sollen die Spielmaterialien den Kindern möglichst frei zugänglich sein.

Der Raumbedarf für Kindertagesstätten wird von den Bundesländern durch Erlasse oder Gesetze geregelt. Dabei werden in Hessen 1,5 m^2 und in Bayern 2 m^2 pro Kind als ausreichend erachtet. Ältere Einrichtungen verfügen meist nur über Gruppenräume und die entsprechenden Verkehrsflächen (Flure, Garderobe, Nebenräume für die Aufbewahrung von Spielmaterial). An Einrichtungen, die nach 1975 gebaut sind, werden jedoch höhere Anforderungen hinsichtlich des Raumbedarfs gestellt. So fordert das Bayerische Kindergartengesetz von 1984 folgende Räume:

1. »für die einzelne Gruppe ein Gruppenhauptraum möglichst mit Handwaschbecken und mit mindestens 2 m^2 Nutzfläche pro Kind,
2. für je angefangene zwei Gruppen ein Gruppennebenraum (Intensivförderungsraum) mit mindestens 16 m^2,
3. für die Gesamteinrichtung
– in Kindergärten mit drei oder mehr Gruppen ein Mehrzweckraum mit mindestens 60 m^2 insbesondere für Rhythmik, Bewegungsspiele und Sport sowie als Ruheraum. In zweigruppigen Kindergärten soll ein entsprechender Mehrzweckraum vorhanden sein; auf ihn kann vor allem dann verzichtet werden, wenn seine Einrichtung zu einer unzumutbaren finanziellen Belastung für den Träger führen würde;
– ein Leiterinnenzimmer ...
– ein Personalraum in Kindergärten mit mehr als drei Gruppen,
– eine Teeküche ...
– Garderoben sowie für Spielmaterialien, Geräte und Reinigungsmittel ausreichende Abstellmöglichkeiten, bei denen die Kinder nicht gefährdet werden können,
– sanitäre Räume und Anlagen ...
– ferner ein Vorplatz beim Eingang zugleich als Elternwarteraum« (6. DVBayKiG vom 7.3.84).

Über die hier geforderte großzügige räumliche Ausstattung verfügen nur neue Einrichtungen. Da jedoch das Gros der Kindergärten Anfang der siebziger Jahre gebaut worden ist, als die Anzahl der Kindergartenplätze angehoben wurde, ist ihre räumliche Ausstattung wesentlich bescheidener. Existiert kein gesonderter Ruheraum, so stehen die Erzieherinnen vor dem Problem, wie sie den unterschiedlichen Bedürfnissen der Kinder gerecht werden sollen. Sollen sie zugunsten der müden Kinder von allen Kindern verlangen, sich mittags hinzulegen? Abgesehen davon ist auch das Aufstellen und Wegräumen der Liegen für den Mittagsschlaf umständlich, zumal zuvor alle Spiele weggeräumt werden müssen.

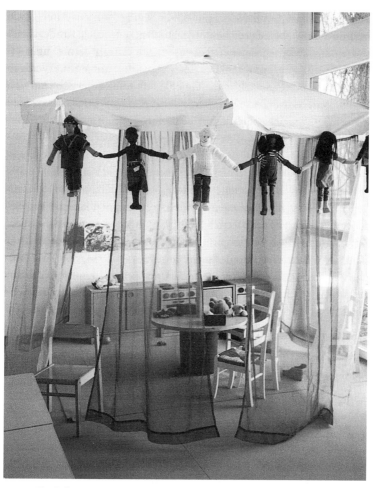

Ein Zelt grenzt einen Spielbereich für die jüngsten Kinder ein.
Kita in Berlin-Kreuzberg, Foto: Aden-Grossmann 2001.

Die Frage, welche Gestalt Kindertagesstätten haben sollten, können wir nicht losgelöst von der sehr viel weiteren Frage, wie Kinder in unserer Gesellschaft aufwachsen, diskutieren. Durchgängiges Strukturprinzip unserer Gesellschaft ist die Trennung von Wohnen und Arbeiten und die Separierung der nachwachsenden Generation in gesonderten pädagogischen Einrichtungen. Neuere ökologische Ansätze problematisieren dies und fordern, daß Anstrengungen unternommen werden müssen, um dieser Segregation der Altersgruppen und der Lebensbereiche entgegenzuwirken. Auch Kindertagesstätten stellen einen eigenen Lebensbereich dar, in dem Kinder einer relativ eng umgrenzten Altersspanne mit nur wenigen Erwachsenen meist weiblichen Geschlechts spielen, lernen und von ihnen betreut werden. Zur Veränderung dieser Struktur werden Vorschläge gemacht, die darauf hinzielen, Einrichtungen zu schaffen, die Begegnungsstätten für Kinder und Erwachsene sein können. »Als Annäherung an diese Utopie käme eine Einrichtung in Betracht, in der unter einem Dach neben der klassischen Kindertagesstätte z.B. auch offene Kinderarbeit betrieben wird, ein Jugendclub Platz findet, Angebote für Elterngruppen laufen, eine Seniorenwerkstatt ihren Betrieb aufnimmt oder eine Beratungsstelle unterkommt. Der Kindergarten wäre dann *Bestandteil eines Nachbarschaftszentrums*« (Landesjugendamt Hessen 1984, 38). Eine solche Kindertagesstätte käme dem pädagogischen Bemühen, das soziale Umfeld in die Arbeit einzubeziehen, sehr entgegen und würde einer Einschränkung des Erfahrungsraumes der Kinder vorbeugen.

Spielförderung

Für Kinder ist das Spiel ein unabweisbares, elementares Lebensbedürfnis, das den größten Teil ihrer wachen Zeit ausfüllt. »Sie spielen abends, bis sie darüber einschlafen, sie spielen auf dem Krankenbett, allen Mahnungen zum Trotz spielen sie in der Schule und im Straßenverkehr, auf dem Topf, beim Waschen und beim Essen« (Flitner 1983, 9). Kinder setzen sich spielend mit der Realität auseinander, verarbeiten durch das Spiel seelische Eindrücke, üben im Spiel ihre motorischen Fähigkeiten und erproben im Rollenspiel neue Verhaltensweisen. Die Bedeutung, die das Spiel für das Wohlbefinden des Kindes hat, den Beitrag, den es für seine emotionale, soziale und geistige Entwicklung leistet, ist unbestritten. Jedoch engen gesellschaftliche Bedingungen die freie Entfaltung des Spiels auf vielfache Weise ein. Die Entwicklung der Städte in den letzten Jahrzehnten hat den Lebensraum für Kinder immer stärker beschnitten. Auf die Gefahr dieser Entwicklung hat Alva Myrdal eindringlich hingewiesen: »Man muß der Tatsache ins Auge sehen, daß die moderne Zivilisation mit harter und schwerer Hand in das spontane Kinderspiel eingreift. Die Gestaltung des Raums zwischen den Wohngebäuden ist immer noch fast völlig ungeeignet für Kinder. Die meisten der umfangreichen Neubaugebiete in vielen Ländern sind häßliche Orte, ohne Liebe und Verständnis geplant. Dieser Hochmut, dieser Mangel an Einfällen, diese Mißachtung individueller Werte und Maßstäbe stellen eine weltweite Krankheit dar und machen eine der Tragödien der Überflußgesellschaften aus« (Myrdal 1973, 43). Aber nicht nur die kinderfeindliche Hochhausarchitektur, sondern auch der dichter gewordene Straßenverkehr hat die Kinder aus den öffentlichen Räumen vertrieben. In unseren Straßen sehen wir kaum noch spielende Kinder. Weitgehend verschwunden sind die in der Nachbarschaft sich bildenden Kindergruppen, in denen Kinder unterschiedlichen Alters miteinander spielten und damit auch die Kultur des Kinderspiels tradierten. Kinder sind heute auf die Wohnung als Spielort angewiesen, und das engt die Möglichkeiten der Wahl und Anzahl der Spielpartner ebenso wie ein wie die der Spiele.

Einen negativen Einfluß auf die Entwicklung der Spielfähigkeit haben auch die Massenmedien (Fernsehen, Video, Kassetten), die die Kinder mit Bildern bedrängen, die sie faszinieren und zugleich ängstigen. Wenn auch die positiven Möglichkeiten des Fernsehens nicht in Zweifel gezogen werden sollen, so muß doch auf die Gefahren, die es für die Entwicklung des kleinen Kindes hat, nachdrücklich hingewiesen werden. Sie liegen zum einen in den Inhalten, die auch im Nachmittags- und Frühabendprogramm für kleine Kinder ungeeignet sind, in der raschen Bildfolge und vor allem darin, daß an die Stelle des aktiven Umgangs mit Menschen und Sachen das passive Aufnehmen von Bildern tritt (Höltershinken 1979). Kinder konsumieren häufig die gleichen Sendungen wie die Erwachsenen, oder der Bildschirm wird als Babysitter benutzt. Unter diesen gesellschaftlichen Bedingungen kommt einer bewußten und intensiven Spielförderung im Kindergarten eine besondere Bedeutung zu. Wenn auch der Kindergarten diese gesellschaftlichen Rahmenbedingungen nicht verändern kann, so kann er dennoch in gewisser Weise einen Ersatz für den Verlust an Spielmöglichkeiten bieten. Vor allem kann er Mütter und Väter von der Notwendigkeit der Spielförderung überzeugen und sie für diese Aufgabe vorbereiten und sensibilisieren.

Im Kindergarten geht es also heute darum, durch eine entsprechende Gestaltung der Räume, durch die Bereitstellung von Zeit und Material die Voraussetzungen zu schaffen, unter denen sich das freie Spiel des Kindes entwickeln kann.

Für Spiele mit dem Bauernhof ist diese Ecke mit
Naturmaterialien gedacht.
Kita in Berlin-Kreuzberg, Foto: Aden-Grossmann 2001.

Da es die Erzieherinnen häufig auch mit Kindern zu tun haben, deren Spielfähigkeit ungenügend entwickelt ist, müssen sie durch behutsames Anleiten das Kind zum Spiel anregen. Im Gegensatz zur Arbeit, bei der es in erster Linie auf das Ergebnis der Bemühungen, das Produkt, ankommt, ist ein Produkt für das Spiel ziemlich unwichtig. Nicht das Ergebnis, sondern das Spiel selbst, die Tätigkeit, die es ermöglicht, die Spannung, die es erzeugt, machen den Reiz eines Spiels aus. Wenn sich auch das komplexe Geschehen im Spiel weitgehend einer Systematisierung entzieht, so ist es doch hilfreich, die Spiele nach folgenden Gruppen zu unterscheiden (wobei klar sein sollte, daß jedes Spiel Elemente verschiedener Spielarten enthalten kann):

- Rollenspiele,
- kreatives Gestalten,
- Bewegungsspiele,
- Regelspiele.

In den bei Kindern sehr beliebten Rollenspielen schlüpfen Kinder in die Rollen anderer Personen (Vater, Mutter, Kind, Lehrer, Astronaut) oder Figuren (Tiere oder Figuren aus der Welt der Comics); mit ihrer Phantasie beleben sie Gegenstände der Realität, und ein Bauklotz dient einmal als Auto und ein anderes Mal als Flugzeug. Mit diesen Spielen verarbeiten Kinder die Realität, antizipieren Rollen in ihrem künftigen Leben als Erwachsene oder verarbeiten Erlebnisse (z.B. einen Besuch beim Zahnarzt), indem sie das, was sie passiv erleiden mußten, nunmehr aktiv tun (der Puppe eine Spritze geben). Da alle Rollenspiele auch eine intensive Kommunikation der Kinder untereinander verlangen, werden durch sie die soziale Kompetenz und die Sprachentwicklung gefördert.

Immer wieder sind auch Erwachsene von dem Charme der »künstlerischen« Arbeiten von Kindern begeistert. Malen, Kneten und Töpfern stellen Ausdrucksformen kindlicher Weltsicht dar. Vor allem bei diesen kreativen Arbeiten sollten die Erzieherinnen größte Zurückhaltung üben und sich einer Lenkung und auch Bewertung der kindlichen Arbeiten enthalten. Zur gestalterischen Arbeit eignen sich nicht nur die herkömmlichen Materialien wie Farbe oder Plastilin, sondern auch alle möglichen Abfälle oder Zufallsfunde. Als Beispiel einer hervorragenden Förderung der kindlichen Kreativität ist die Arbeit einiger norditalienischer Kindertagesstätten – bekannt geworden unter dem Begriff der Reggio-Pädagogik – anzusehen; Bilder und Objekte – alle von Kindern im Vorschulalter hergestellt – wurden in einer vielbeachteten Ausstellung gezeigt. Über die Vorgehensweise der Erzieherinnen heißt es in dem Katalog: »Das Material zum Spielen, Gestalten und Lernen haben Eltern, Erzieher und Kinder gesammelt, reichhaltig sind Regale und Borde damit gefüllt. In Gläsern werden Steine, Sand und Äste aufbewahrt,

Knöpfe, Pailletten, Nägel, Reiskörner oder Perlen. Die Schachteln sind gefüllt mit Spitzen, Bändern, Borten, Stoffresten, Papier und Folien aller Art. Wie kleine Schmuckstücke liegen die Muscheln im Regal. Der Aufforderungscharakter des Materials und die übersichtliche, gut erreichbare Aufbewahrung ermuntern die Kinder zum aktiven Handeln« (Hermann u.a. 1984, 21). Nach diesem Konzept, das sich an der Pädagogik Montessoris orientiert, wird Wahrnehmung als ein aktiver Aneignungsvorgang der Umwelt verstanden. »Der Einsatz aller Sinne, wie Sehen, Hören, Tasten, Riechen und Schmecken, verstärkt das Erleben, Erforschen, Erlernen und Verstehen« (ebd., 25). Durch die Wahrnehmung wird auch die Gestaltung gefördert, beide bedingen einander. Als Resümee dieses pädagogischen Konzepts heißt es: »Die Prozesse der Wahrnehmung, Aneignung und Gestaltung stehen im Mittelpunkt der pädagogischen Arbeit und nicht ›Kunst als Produkt‹, wie die ästhetisch schönen Ergebnisse beim ersten Blick vielleicht vermuten lassen. Der Prozeß der Umsetzung ist kompliziert und fordert von den Erziehern Kenntnisse, Fantasie, Engagement und das Ernstnehmen der kindlichen Fähigkeiten und Bedürfnisse« (ebd.).

In der Nachfolge der Diskussion zur antiautoritären Erziehung sind die Regelspiele häufig kritisiert worden, weil durch sie Konkurrenz, nicht aber solidarisches Handeln eingeübt werde. Und überhaupt sei es schlecht, daß Kinder mit Regeln konfrontiert werden und nicht die Möglichkeit hätten, sich selbst Regeln zu geben. Neu und fruchtbar an dieser Kritik herkömmlicher Regelspiele ist, daß sie geholfen hat, darüber nachzudenken, welche Norm- und Wertvorstellungen den Spielen zugrundeliegen, was gewissermaßen ihr »heimlicher Lehrplan« ist. Anders als im freien Spiel sind bei den Regelspielen bestimmte Handlungen erlaubt, andere werden durch Regeln untersagt. Die Spannung des Spiels entsteht dadurch, daß durch strategisches und geschicktes Vorgehen oder durch das »Spielerglück« die teilnehmenden Spieler unterschiedlich begünstigt sind, und letztlich gibt es dann Sieger und Besiegte. Kinder erleben diese Spannungen sehr intensiv und lernen sie erst allmählich ertragen. Nun gehört die Fähigkeit, ein bestimmtes Maß an Versagungen aushalten zu können, ohne aggressiv oder sich zurückziehend (regressiv) darauf zu reagieren, zu den Kompetenzen, die jeder Mensch erlernen muß, um realitätstüchtig zu werden. Auch das Zusammenspielen von Kindern ist davon abhängig, ob die Kinder bereit und fähig sind, die Bedürfnisse anderer wahrzunehmen, eigene Wünsche und Bedürfnisse auszudrücken und sie manchmal zur Erreichung eines bestimmten Zieles zeitweilig zurückzustellen. Andererseits lernt das Kind im Spiel aber auch, sich gegenüber anderen durchzusetzen. Dadurch daß diese Fähigkeiten nicht in der Realität, sondern auf der Ebene des Spiels trainiert werden, haben Mißerfolge niemals den Charakter wirklicher Versagungen.

Bei dem Ziel, die Spielfähigkeit der Kinder zu fördern, werden von dem Erzieher in besonderem Maß Beobachtungsgabe und Einfühlungsvermögen gefordert. Die folgende Beschreibung eines Spielverlaufes macht dies deutlich.

Spiel mit Autos und Schiffen	
Anregung von Aktivitäten durch Materialangebot:	An einem Tag erhielten die Kinder von der Gruppenleiterin kleine Schachteln, Kartons und anderes wertloses Material zum Basteln. Sie klebten die Sachen einfach zusammen.
Impuls durch weiteres Materialangebot, Vorstrukturierung durch inhaltliche Anregung:	Die Erzieherin legte eine lange Rolle Papier auf den Tisch. Sie schlug den Kindern vor, die zusammengeklebten Schachteln als Häuser draufzukleben.
Gewährenlassen der sich entwickelnden Phantasien und des Schiff- und Autospielens.	Die hergestellten Gebilde waren bei den Kindern plötzlich statt dessen fahrende Autos auf einer Straße oder Schiffe auf einem Fluß, weil sie bei den Kindern entsprechende, individuell unterschiedliche Vorstellungen weckten. Das Spielen mit den Autos und Schiffen auf Straße und Fluß dauerte den ganzen Vormittag …

> *Mit ihrer Zurückhaltung ermöglichte es die Erzieherin den Kindern, die Spielaktivitäten ihren eigenen Bedürfnissen entsprechend auszugestalten. Dabei zeigte sich, daß die Kinder ein Spiel mit mehr Bewegungsmöglichkeiten erfanden, als es der Vorschlag der Erzieherin zugelassen hätte« (MAGS 1982).*

Eltern und Kindergarten

Bis weit in die sechziger Jahre hinein galt der Kindergarten als eine soziale Einrichtung, dessen Aufgabe es war, vorrangig die Kinder erwerbstätiger Mütter zu betreuen und zu erziehen. Da nur für etwa ein Drittel aller Kinder ein Platz in einer Einrichtung vorhanden war, wurden die aufzunehmenden Kinder nach sozialen Kriterien selektiert. Mit der Reform des Kindergartens, die etwa Anfang der siebziger Jahre einsetzte, wurde er zu einer Bildungseinrichtung aufgewertet. Zwar erfüllt der Kindergarten nach wie vor durch die Aufnahme von Kindern berufstätiger Mütter soziale Aufgaben, aber seine wichtige Funktion als familienergänzende Einrichtung wird heute allgemein anerkannt.

Dies bestätigt auch die Untersuchung von Mundt (1980), der bei einer Befragung von 2.200 Eltern zu dem Ergebnis kam, daß der Kindergarten insgesamt sehr positiv beurteilt wurde. Die überwiegende Mehrzahl der Eltern stimmte folgenden Aussagen zu:

»– Im Kindergarten können Kinder Dinge lernen, die sie zu Hause nicht lernen können;
– Kinder, die den Kindergarten besuchen, werden früher selbständig;
– Kinder, die in den Kindergarten gehen, haben es später in der Schule leichter;
– der Kindergarten kann sich um vieles kümmern, wozu Eltern keine Zeit haben;
– im Kindergarten kann das Kind seine Phantasie besser entfalten als zu Hause« (Mundt 1980, 114).

Nur sehr wenige Eltern meinten, daß Kinder im Kindergarten überfordert würden, aber immerhin ein Drittel der befragten Mütter vertrat die Auffassung, daß die Kinder im Kindergarten zu frei erzogen würden. Dieser Untersuchung zufolge haben Eltern ein lebhaftes Interesse am Kindergarten. 82% der Mütter und ein Drittel der Väter nehmen »regelmäßig« oder »häufig« an Elternveranstaltungen des Kindergartens teil. Nur selten sind es zeitliche Gründe, die Eltern davon abhalten, Veranstaltungen des Kindergartens zu besuchen (8% der Mütter; 34% der Väter). »Insgesamt ist die Bereitschaft der Eltern, von Müttern wie von Vätern, für die Mitarbeit im Kindergarten Zeit zu investieren, sehr hoch: vier Fünftel der Mütter und mehr als die Hälfte der Väter (57%) würde dafür mehr als eine Stunde pro Woche erübrigen können« (ebd., 180). Erstaunlich hoch ist der Anteil der Eltern, die an einer aktiveren Beteiligung im Kindergarten interessiert sind. Die überwiegende Mehrheit ist der Auffassung, daß die Arbeit im Kindergarten nicht nur Sache der Erzieherinnen und der Leiterin ist (69% der Mütter; 59% der Väter). Es reicht nach Meinung der meisten Eltern auch nicht aus, daß sich die Elternvertretung hierum kümmert (79% der Mütter; 73% der Väter). Die Tabelle auf S. 222 zeigt, an welchen Tätigkeiten Eltern interessiert sind.

Mundt hat in seiner Untersuchung festgestellt, daß Kinder aus Arbeiterfamilien im Kindergarten unterrepräsentiert sind. 80% der Kinder aus der oberen Sozialgruppe besuchten bereits mit vier Jahren den Kindergarten gegenüber von nur 58% der Vierjährigen aus der unteren Sozialgruppe (s. Mundt 1980, Anhang, Tabelle 4 und 5). »Das zentrale Motiv dafür, daß Arbeiterkinder insgesamt den Kindergarten weniger lange besuchen, ist also darin zu sehen, daß ihre Eltern öfter als in den beiden anderen Sozialgruppen nicht bereit sind, den jeweils damit verbundenen Aufwand auf sich zu nehmen. Entsprechend könnte das angeführte Motiv für den Verzicht auf den Kindergarten, daß das Kind ›noch zu klein dafür‹ ist, für einen Teil der Arbeiter unter den Eltern dahingehend ergänzt werden, daß es nicht zu klein für die soziale Situation ›Kindergarten‹ ist, sondern dafür, den Weg zum Kindergarten allein oder mit anderen Kindern zurückzulegen« (Mund 1980, 157). Mit der Aufwertung des Kindergartens zu einer anerkannten Bildungseinrichtung haben auch die Erwartungen und Anforderungen der Eltern eine neue Qualität erlangt. Oft in Verkennung der entwicklungsbedingten Grenzen systematischen Lernens im vorschulischen Alter – das eigentlich noch Spielalter sein sollte – erwarten viele Eltern eine gezielte schulvorbereitende Arbeit. Diese Eltern messen den Erfolg der Kindergartenarbeit allein daran, ob er jene Fähigkeiten fördert und trainiert, die sie als einen Garanten für den späteren Schulerfolg ihrer Kinder ansehen.

Eltern sind daran interessiert, sich an folgenden Tätigkeiten im Kindergarten zu beteiligen

(Basis: alle Eltern mit einem Kind im Kindergarten; jeweils zusammengefaßt »sehr interessiert« und »interessiert«; Angaben in %)

Beteiligungsform	Mütter (n = 1545)	Väter (n = 1276)
Elternabende zu Erziehungsfragen	86	68
Elternabende, um sich gegenseitig besser kennenzulernen	81	59
mit den Kindern basteln/spielen	78	54
Beteiligung an Spaziergängen/Ausflügen	71	46
mit den Kindern über Alltagsprobleme sprechen	70	54
Organisation von Kinderfesten/Basar	65	39
mit den Kindern Lernübungen machen (lesen, logisches Denken)	59	42
vorschlagen, was an Spielsachen gekauft werden soll	61	46
mit den Kindern Sport/Gymnastik treiben	57	55
den Kindern von meiner Arbeit berichten	41	55
Herstellung/Reparatur von Spielmaterialien	39	49

(Mundt 1980, 177)

Für Erzieher ist es nicht immer leicht, sich mit diesen leistungsorientierten Eltern auseinanderzusetzen. Eltern, die den Kindergarten mit solchen Erwartungen konfrontieren, fehlt es oft an Gelassenheit und Zuversicht im Hinblick auf die Entwicklung ihrer Kinder. Hier liegt die Aufgabe der Elternarbeit darin, bei den Eltern Verständnis für die Bedürfnisse ihrer Kinder zu wecken und ihnen zu vermitteln, daß gerade die Förderung der Spielfähigkeit für die Entwicklung des Kindes notwendig ist und daß ein überzogener Leistungsdruck eine Überforderung des Kindes ist, die gerade nicht leistungssteigernd wirkt.

Da der Besuch des Kindergartens freiwillig ist, obliegt es den Eltern zu entscheiden, wann sie ihr Kind für »reif« halten, einen Kindergarten zu besuchen. Nicht alle Kinder werden bereits vom dritten Lebensjahr an im Kindergarten angemeldet. Von Erzieherinnen und den meisten Eltern wird es für erforderlich gehalten, daß ein Kind zumindest das letzte Jahr vor Eintritt in die Schule den Kindergarten besucht.

Ob das Kind nun zu einem früheren oder späteren Zeitpunkt den Kindergarten besucht, hat offensichtlich relativ wenig Auswirkungen darauf, wie es auf den Wechsel von der Welt der Familie in die des Kindergartens reagiert. Unabhängig vom Alter reagieren die meisten Kinder darauf ängstlich und scheu. Anfangs sind ihnen die anderen Kinder und die Erzieherin fremd, ebenso die Räume. Kinder benötigen unterschiedlich lange, bis sie sich mit der neuen Umgebung vertraut gemacht und sich im Kindergarten eingelebt haben. Diese Zeitspanne, in der dem Kind besondere pädagogische Hilfen gegeben werden, nennen wir Eingewöhnungsphase. Erzieherinnen haben hierbei die Erfahrung gemacht, daß es wünschenswert ist, den Besuch des Kindergartens zunächst nicht allzu lange auszudehnen und daß die Anwesenheit der Mutter dem Kind hilft, sich mit den anderen Kindern und der neuen Umgebung vertraut zu machen und, als Wichtigstes, eine Beziehung zur Erzieherin aufzubauen. Genau so wichtig ist es aber, in dieser Zeit das Vertrauen der Mutter zu gewinnen, sie davon zu überzeugen, daß ihr Kind im Kindergarten gut aufgehoben ist; denn nicht nur das Kind kann unter Trennungsängsten leiden, sondern auch die Mutter. Das Verhältnis der Mutter zur Erzieherin wird sehr wesentlich davon bestimmt, ob in dieser Phase Rivalität und Konkurrenz entstehen oder, falls sie bereits vorhanden sind, abgebaut werden. Das folgende Beispiel zeigt, wie das Kind schrittweise an die neue Situation und die fremden Personen im Kindergarten gewöhnt wird und wie durch ein unzweideutiges Verhalten der Mutter es dem Kind gelingt, innerhalb von etwa zwei Wochen diesen Schritt in die Selbständigkeit zu leisten.

»Ute, 3 Jahre, weinte herzzerreißend, sobald die Mutter versuchte wegzugehen. Mit der Mutter zusammen wählte sie jeden Morgen ein Steckbrett als erstes Spielzeug aus und spielte friedlich damit, solange die Mutter in der Nähe war. Nach einer Woche brachte die Mutter Ute nur noch bis zur Tür, übergab sie der Erzieherin mit dem Versprechen, sie in einer Stunde – nach dem Einkaufen – wieder abzuholen. Ute schrie, stampfte und weigerte sich, ins Gruppenzimmer zu gehen. Für eine weitere Woche spielte sich dann täglich folgendes ab: Ute wollte im Flur sitzen bleiben, die Erzieherin brachte ihr das Steckbrett, mit dem Ute erst anfing zu spielen, wenn die Erzieherin sich entfernt hatte. Nach ca. 5 Minuten kam die Erzieherin ›rein zufällig‹ wieder auf den Flur, fing ein Gespräch mit Ute an und half ihr beim Spiel. Hatten die beiden dann durch das Steckbrett Kontakt gefunden, meinte die Erzieherin: ›Für mich ist das hier im Flur etwas unbequem, wollen wir uns nicht an einen Tisch setzen?‹ Ute spielte dieses Spielchen täglich von neuem mit, bis sie eines Tages sich munter von der Mutter verabschiedete und sofort ins Gruppenzimmer lief« (Funkkolleg 1975, 64).

Elternarbeit

Obgleich die dargestellten Untersuchungen belegen, daß fast alle Mütter, aber auch viele Väter daran interessiert sind, sich über die Arbeit im Kindergarten zu informieren und aktiv mitzuwirken, klagen viele Erzieherinnen über ein mangelhaftes Interesse der Eltern und schlecht besuchte Elternveranstaltungen. Diese Diskrepanz zwischen dem in Befragungen geäußerten Interesse und seiner Realisierung kann man erklären, wenn man nach Gründen sucht, die dem Gelingen der Elternarbeit entgegenstehen.

In allen einschlägigen Veröffentlichungen zur Elternarbeit im Kindergarten wird berichtet, daß Erzieherinnen ein negativ getöntes Bild von den Eltern, insbesondere den Müttern, haben. Sie meinen, daß Eltern in ihrer Lebensgestaltung zu wenig auf die Bedürfnisse des Kindes Rücksicht nähmen und daß sie nur daran interessiert seien, daß ihr Kind ordentlich sei und recht viel lerne. Eltern hingegen argwöhnen, daß sich die Erzieherin nicht genug um ihr Kind kümmere, und meinen vielfach, daß keine planmäßige pädagogische Arbeit erfolge. Es liegt auf der Hand, daß diese gegenseitigen Vorbehalte vor allem dann entstehen, wenn die Arbeits- und Lebenssituation wenig bekannt ist, und daß Vorurteile dieser Art Elternarbeit behindern. Das folgende Beispiel macht diesen Sachverhalt deutlich:

»– Im Alltag sieht die Erzieherin nicht die Notwendigkeit, weshalb die Mutter arbeiten geht. Was sie sieht, ist das Zuspätkommen beim Abholen.
– Im Alltag sieht die Mutter nicht die Anstrengungen der pädagogischen Arbeit. Was sie sieht, sind Kinder, die beim Abholen durcheinanderlaufen, während die Erzieherin z.B. anderen Eltern etwas erzählt« (Brauner 1979, 270).

Ein weiterer Grund für die unzulängliche Praxis wird darin gesehen, daß die Ausbildungsstätten nicht genügend auf die Methodik der Elternarbeit eingehen und daß für die Durchführung von Veranstaltungen für die Eltern die entsprechende Vorbereitungszeit fehle.

Elternarbeit als eine allgemein akzeptierte Aufgabe des Kindergartens hat sich erst in den siebziger Jahren entwickelt und durchgesetzt. Den Anstoß hierzu gab die Erkenntnis, daß die Erziehung im Kindergarten erfolgreicher verläuft, wenn sie von Elternarbeit begleitet wird.

Im Gegensatz zur Elternbildung geht es bei der Elternarbeit nicht um eine Vermittlung pädagogischer Kenntnisse durch die Erzieherin. »Elternarbeit ist vielmehr ein gemeinsamer Lernprozeß: Eltern und Erzieher diskutieren über Ziele und Methoden der Erziehung von Kindern, die dabei auftauchenden Probleme und

Lösungsvorschläge; Eltern und Erzieher lernen, daß Erziehung nicht etwas Statisches ist, sondern konkreten Veränderungen unterworfen ist, auf die aktiv Einfluß genommen werden kann« (Deutscher Verein 1980, 224). Zur Durchführung der Elternarbeit wurden differenzierte Methoden entwickelt, und detaillierte Anleitungen finden sich in zahlreichen Handreichungen. Im folgenden sollen daher nur einige der wichtigsten Situationen dargestellt werden.

Das Aufnahmegespräch:

Elternarbeit beginnt mit der ersten Kontaktaufnahme der Eltern mit dem Kindergarten; in der Regel ist dies die Anmeldung des Kindes. Von der Gestaltung dieser Situation hängt es ab, welchen Eindruck Eltern von der Einrichtung erhalten; dies wiederum kann die Bereitschaft der Eltern zur Zusammenarbeit fördern oder behindern. Es ist also keineswegs unwichtig, in welcher Atmosphäre das erste Gespräch stattfindet und ob Eltern die Gelegenheit erhalten, die Räume kennenzulernen und vor allem die Erzieherin, die ihr Kind betreuen wird. Voraussetzung hierfür ist, daß genügend Zeit für das Erstgespräch eingeplant wird.

Gespräche zwischen Tür und Angel:

Beim täglichen Bringen und Abholen der Kinder ergeben sich zwanglose Gespräche, in denen Informationen ausgetauscht werden können. Hier ist allerdings nicht die Gelegenheit zu einem intensiven Gespräch, da die Situation meist hektisch ist und Eltern oft in Eile sind. Dennoch stellen sie eine wichtige Möglichkeit dar, die Kommunikation mit den Eltern nicht abreißen zu lassen.

Sprechstunden:

Auf Wunsch der Eltern oder der Erzieherin werden Termine für Gespräche vereinbart, zu denen mehr Zeit und Ruhe nötig ist. Diese Gespräche können auch außerhalb der Einrichtung stattfinden, manchmal auch im Beisein der Leiterin.

Elternabend:

Je nach den anstehenden Themen finden diese für die Gesamtheit der Eltern oder für die Eltern einer Gruppe statt. Es wird allgemein empfohlen, die Themen der Tagesordnung mit den Eltern gemeinsam zu erstellen. Elternabende dienen in erster Linie dazu, Eltern über die Arbeit im Kindergarten zu informieren.

Feste und Feiern:

Eltern werden häufig in die Gestaltung von Festen und Feiern einbezogen. Dies ist eine der Gelegenheiten, bei denen Eltern, Kinder und Erzieherinnen zusammen etwas tun können. Auch Bastel- und Spielnachmittage erfreuen sich in der Regel großer Beliebtheit, und das unbeschwerte Zusammensein mit den Eltern kann sich günstig auf das allgemeine Klima auswirken. Jedoch sind diese Aktivitäten kein Ersatz für den Elternabend.

Hospitationen:

Abgesehen von der Eingewöhnungsphase, in der Eltern des längeren im Kindergarten verweilen, sind Hospitationen noch selten. Die Vorteile der Hospitation liegen darin, daß Eltern Gelegenheit haben, das Gruppenverhalten ihres Kindes zu beobachten, daß ihnen die Abläufe im Kindergarten anschaulich gemacht werden können und daß sie insgesamt einen Einblick in die Arbeitssituation der Erzieherin erhalten. Problematisch sind Hospitationen durch die Eltern dann, wenn ihre Rolle nicht zuvor geklärt wird und wenn sich die Erzieherin durch die Anwesenheit eines Vaters oder einer Mutter kontrolliert fühlt.

Vom Kindergarten in die Grundschule

Mit Vollendung des 6. Lebensjahres werden alle Kinder schulpflichtig. Mit ihrem Eintritt in die Schule beginnt ein neuer Lebensabschnitt, der sie vor Anforderungen stellt, die bislang nicht gestellt waren. Vergegenwärtigen wir uns die Unterschiede beider Institutionen:

Kindergarten	*Grundschule*
Flexibler Beginn zur immer gleichen Zeit. Spiele und Beschäftigungen stehen im Mittelpunkt.	Pünktlicher Beginn nach einem vorgegebenen Stundenplan. Allmähliches Heranführen an schulische Lernformen. Spiel und Beschäftigung werden zunehmend reduziert.
Die Raumausstattung mit Bau- und Puppenecke animiert zum Spielen.	Die Raumausstattung ist primär an den Unterrichtserfordernissen orientiert (Tafel, Tische und Stühle).
Im Freispiel folgt das Kind seinen momentanen Interessen und Bedürfnissen. Im Kindergarten wird das Kind dazu angehalten, angefangene Arbeiten fertigzustellen, aber die Erzieherinnen bestehen nicht darauf.	Ein bestimmtes Arbeitspensum wird als verpflichtend vorgegeben. Es wird erwartet, daß das Kind die Arbeit bis zu Ende durchhält.
Im Kindergarten wird nicht stringent geübt.	Gezieltes Üben wird erwartet; Lernen folgt einem vorgegebenen Plan.

Zwischen den Arbeitsformen im Kindergarten und in der Grundschule gibt es aber auch einige Gemeinsamkeiten: So wird im Anfangsunterricht in der Regel noch nicht im 45-Minuten-Takt unterrichtet, sondern auch hier folgt man wie im Kindergarten noch sehr weitgehend dem bisherigen Zeitrhythmus. Festzuhalten ist jedoch, daß der Unterricht in der Grundschule höhere Sachanforderungen stellt, denn es ist das Ziel, das Kind zu mehr Sachlichkeit zu erziehen, und dies ist zweifellos auch ein legitimes Ziel.

Die Schulfähigkeit eines Kindes wird an vielen Schulen durch einen sogenannten Schulreifetest ermittelt. Der Test soll zeigen, welchen Entwicklungsstand das Kind in den verschiedenen Bereichen hat. Im Hinblick auf den physischen Entwicklungsstand soll festgestellt werden, ob der Gestaltwandel bereits eingesetzt hat. In bezug auf die geistige Reife wird der Stand der Sprachentwicklung (Begriffe, Sprachverständnis), der optischen Wahrnehmung (Wahrnehmungsdifferenzierung, Gliederungsfähigkeit, Formauffassung und -wiedergabe), der Mengenerfassung, der Merkfähigkeit und der psychomotorischen Koordination erfaßt. Des weiteren soll durch Beobachtung erschlossen werden, ob das Kind auch in seelisch-sozialer Hinsicht die Schulfähigkeit erlangt hat; es soll fähig sein, sich von seinen Eltern zu lösen; es soll die Fähigkeit zur Interaktion mit Gleichaltrigen erlangt haben und eine gewisse Selbständigkeit haben (sich selbst an- und ausziehen können, Schuhe binden können).

Es ist unbestritten, daß der Schulreifetest ein wichtiges und hilfreiches diagnostisches Instrument sein kann, bestritten wird allerdings, daß er auch ein prognostisches Instrument ist.

So kritisierte denn die Kultusministerkonferenz (KMK): »Die in vielen Schulen eingesetzten Verfahren zur Feststellung der Schulfähigkeit erfassen den Entwicklungs- und Kenntnisstand des Kindes nur punktuell, nicht aber seine Entwicklungsmöglichkeiten. Sie geben kaum Hinweise auf die Lern- und Entwicklungshilfen, durch die das einzelne Kind angemessen gefördert werden kann. Deshalb sind Ergebnisse rein kognitiv ausgerichteter Schulfähigkeitstests als alleinige Grundlage der Entscheidung über die Aufnahme eines Kindes in die Schule nicht hinreichend« (Beschluß der KMK vom 23./24. Oktober 1997).

Der Anlaß dafür, daß sich die KMK mit Fragen der Einschulung beschäftigte, war der Wunsch, den hohen Anteil der zwar schulpflichtigen, aber vom Schulbesuch zurückgestellten Kinder (je nach Bundesland zwischen 5% und 14%) zu senken. Viele Eltern haben auch deshalb von der Möglichkeit, ihr Kind ein Jahr zurückstellen zu lassen, Gebrauch gemacht, weil sie glaubten, daß ihr Kind wenn es ein Jahr älter ist, mit größerer Sicherheit den Übergang von der Grundschule in das Gymnasium schaffen würde. Die Praxis der Zurückstellungen wie auch die Stichtagsregelung, nach der ein Kind beim Einschulungstermin das 6. Lebensjahr vollendet haben soll – vorzeitige Einschulungen waren nur auf Antrag möglich – führte in Deutschland dazu, daß das durchschnittliche Einschulungsalter bei 6 Jahren und 8 Monaten lag, wohingegen in Frankreich und England die Kinder bereits mit 5 Jahren eingeschult werden. Die Länder legen den Stichtag für den Beginn der Schulpflicht fest, der zwischen dem 30 Juni und dem 30. September liegen soll. (Beispiel: Stichtag 30. September; Geburtstag des Kindes 30. September; Einschulungstermin 1. August; Alter des Kindes bei der Einschulung: 5 Jahre, 10 Monate.) Die KMK will nun durch ihren Beschluß die Rückstellungsquoten in den Bundesländern reduzieren und vermehrt vorzeitige Einschulungen ermöglichen: »Neu ist, daß bis zum 31. Dezember geborene Kinder auf einfachen und selbst nach dem 31. Dezember geborene noch auf begründeten Antrag hin vorzeitig eingeschult werden können. Außerdem soll die Rückstellung nur noch im Ausnahmefall möglich sein.« So will man ein niedrigeres Einschulungsalter erreichen, ohne jedoch den Beginn der Schulpflicht für Kinder generell zu senken.

Der Übergang vom Kindergarten in die Schule stellt einen Einschnitt im Leben des Kindes dar; es wird erwartet, daß es sich von einem Kindergartenkind zu einem Schulkind entwickelt. Dies bedingt Veränderungen in seinem Selbstbild, in seinen Verhaltensweisen und Lebensgewohnheiten. Ob ein Kind diese Anforderungen mit Leichtigkeit bewältigt, hängt zum einen von seiner psychischen und physischen Entwicklung ab, aber sehr wesentlich auch davon, wie dieser Übergang von einer Institution in die andere pädagogisch vorbereitet und begleitet wird. Es wird im allgemeinen als wünschenswert erachtet, daß Erziehungs- und Bildungsprozesse eine gewisse Kontinuität aufweisen. Allerdings sollte auch nicht verschwiegen werden, daß diese Übergänge nicht nur eine Gefährdung darstellen, sondern daß sie auch als eine Herausforderung anzusehen sind, die dem Kind die Möglichkeit für neue Entwicklungen und geistiges Wachstum bieten. Nach einer Phase der Verunsicherung – der Identitätskrise – wird dann sichtbar, daß Kinder einen enormen Lernfortschritt gemacht haben, den sie, wären sie im Kindergarten geblieben, so nicht hätten machen können.

Die Notwendigkeit einer Zusammenarbeit von der abgebenden Institution (Kindergarten) mit der aufnehmenden wurde seit langem erkannt, und die Bundesländer haben Empfehlungen oder Richtlinien erlassen, um die Zusammenarbeit zwischen Kindergarten und Grundschule, die es in der Vergangenheit nur sporadisch gab, zu fördern. Im Mittelpunkt der Empfehlungen steht die Aufforderung an Kindergarten und Grundschule, einander über Ziele und Arbeitsformen zu informieren. Hierzu werden u.a. folgende Maßnahmen vorgeschlagen:

- »Die Lehrer des 1. Schuljahres sollten möglichst frühzeitig Kontakte mit den Erziehern und den Kindergruppen aufnehmen, aus denen Kinder in die betreffende Schule übergehen.
- Wechselseitige Hospitationen sowie die Teilnahme von Erziehern und Lehrern an gemeinsamen Besprechungen, bei welchen die Rahmenbedingungen (z.B. Stundenplan, Dienstplan, Ausstattung, Klassen- bzw. Gruppenstärke, Erlasse bzw. Richtlinien) und die pädagogischen Grundlagen (z.B. Erziehungsziele, Rahmenpläne, pädagogische Konzeptionen, Lehr- und Lernformen) der Erziehungs- und Unterrichtsarbeit erörtert werden sollten, fördern die Zusammenarbeit ebenso wie gemeinsame Unternehmungen und Projekte (z.B. Feste, Ausflüge usw.).
- Besuche von Kindergartengruppen in der Schule sind geeignet, Kindergartenkinder mit der Schule vertraut zu machen.
- Gegenseitige Abstimmung zwischen Kindergarten und Grundschule in Fragen der Verkehrserziehung sind wichtige Bestandteile einer gezielten Vorbereitung des Schuleintritts.
- Die Zusammenarbeit zwischen Erziehern und Lehrern kann zur fundierten Beurteilung der Schulfähigkeit der Kinder beitragen, die individuelle Beratung der Eltern verbessern und formalisierte Verfahren zur Feststellung der Schulfähigkeit überflüssig machen.

Die Abstimmung zwischen Schule und Kindergarten über die Ausstattung der Schule mit Spiel- und Lernmaterial, sowie die Übernahme von Anregungen aus dem Kindergarten und die Fortführung von Projekten und Initiativen des Kindergartens können die Arbeit im 1. Schuljahr unterstützen.

Die Teilnahme von Erziehern an Elternveranstaltungen der Schule zu Fragen des Übergangs wie auch die Teilnahme von Lehrern – insbesondere der Lehrer der zukünftigen ersten Klassen – an entsprechenden Elternveranstaltungen der betreffenden Kindergärten ist zweckmäßig« (Hessischer Kultusminister, Erlaß vom 25.2.1985).

Aber es soll nicht nur bei einem Austausch von Informationen bleiben; es wird auch die Durchführung gemeinsamer Veranstaltungen (Kindergartenfest, Schulfest, Tag der offenen Tür, gemeinsame Spiele usw.) empfohlen. Als besonders wichtig wird das Kennenlernen der in die Schule aufzunehmenden Kinder erachtet, und der künftige Grundschullehrer sollte schon vor der Schulaufnahme einen Besuch im Kindergarten machen, und umgekehrt sollten die Kinder auch schon die Schule und ihren künftigen Lehrer kennenlernen.

Dort wo der Kindergarten mit einem Hort verbunden ist, bleiben die Schüler der Kindertagesstätte als Hortkinder verbunden. Gerade für diese Kinder ist es wichtig, daß möglichst mehrere Kinder gemeinsam in eine Klasse aufgenommen werden, damit das später auftretende Problem der Überwachung der Hausaufgaben befriedigend gelöst werden kann. Dies allein sollte Grund genug sein, daß sich die Erzieherinnen darum bemühen, an der Zusammensetzung der Grundschulklassen mitzuwirken. In der Praxis haben sich vielfältige Formen der Zusammenarbeit von Kindergarten und Grundschule entwickelt, wenn es auch noch längst nicht selbstverständlich ist, daß Lehrer und Erzieher diese Kooperation als Teil ihres »normalen« pädagogischen Alltags begreifen.

XIII
Interkulturelle Erziehung

Zuwanderung in Deutschland – Vielfalt der Kulturen

Nachdem die Bundesregierung 1955 zuerst mit Italien und in den folgenden Jahren mit einer Reihe von anderen südeuropäischen Staaten Anwerbeverträge abgeschlossen hat, ist der Anteil der Ausländer in Deutschland kontinuierlich gestiegen.

Bis die wirtschaftliche Rezession Anfang der siebziger Jahre zu einem sprunghaften Anstieg der Arbeitslosigkeit führte, was den Anwerbestop 1973 zur Folge hatte, verbunden mit politischen Maßnahmen, die die Ausländer dazu bewegen sollten, in ihre Heimat zurückzukehren. Das bewirkte allerdings nur einen leichten Rückgang der Anzahl ausländischer Mitbürger von 4,6 Millionen im Jahre 1982 auf 4,3 Millionen 1984.

In den folgenden Jahren verlagerte sich die Zuwanderung nach Deutschland auf andere Gruppen: politisch Verfolgte, nachziehende Familienangehörige und EU-Bürger, die von dem Recht auf Freizügigkeit Gebrauch machten. Hinzu kamen Asylbewerber und Kriegs- und Bürgerkriegsflüchtlinge. Insgesamt lebten 1999 insgesamt 7,34 Millionen Ausländer in Deutschland darunter 1,85 Millionen aus EU-Ländern. Nach wie vor die größte Gruppe sind die Türken mit ca. 2,1 Millionen (28%).

Weitere Gruppen, die zwar sofort die deutsche Staatsbürgerschaft erhielten, jedoch ähnliche Integrationsprobleme hatten wie die zugewanderten Ausländer, waren jüdische Zuwanderer aus den Gebieten der ehemaligen Sowjetunion und Spätaussiedler.

In Deutschland bestehen für die verschiedenen Gruppen von Zuwanderern – je nach Voraussetzung – unterschiedliche Aufenthaltsrechte. Das sind: die befristete und die unbefristete Aufenthaltserlaubnis, die Aufenthaltsberechtigung, die Aufenthaltsbewilligung, die Aufenthaltsbefugnis, eine Aufenthaltsgestattung für

Asylbewerber sowie die Duldung, wenn bei ausreisepflichtigen Ausländern Abschiebehindernisse vorliegen.

Entgegen den anfänglichen Vermutungen und politischen Intentionen erwies es sich, daß die Mehrzahl der zugewanderten Familien langfristig bzw. auf Dauer in Deutschland bleiben wollen. »Weil sich in Deutschland für Zuwanderer vielfältige Möglichkeiten der Integration und des sozialen und wirtschaftlichen Aufstiegs bieten, zählt Deutschland im weltweiten Vergleich zu den Hauptzielländern von Migration« (Bundesministerium, 6. Familienbericht 2000, XIV).

Trotz des Anwerbestops stieg auch nach 1973 der Anteil der Ausländer aufgrund der Familienzusammenführung, insbesondere aber aufgrund des Geburtenüberschusses bei ausländischen Familien. Je länger jedoch die ausländischen Familien in Deutschland lebten, desto deutlicher passten sie sich in ihrer Familienplanung an die der deutschen Familien an. So sank die durchschnittliche Kinderzahl bei Türkinnen von 4,1 Kindern 1975 auf 2,5 im Jahr 1993. Damit liegt die durchschnittliche Geburtenrate bei Türkinnen deutlich über der der deutschen Frauen mit 1,3 Kindern, wohingegen die Anzahl der Kinder von Italienerinnen ebenfalls 1,3 betrug und die der Griechinnen mit 1,2 Kindern noch darunter lag (Bundesministerium, 6. Familienbericht 2000, 102).

Da Deutschland aufgrund der schrumpfenden deutschen Bevölkerung auf Zuwanderung angewiesen ist, ist die Politik seit 1998 darauf gerichtet, diese Zuwanderung zu akzeptieren und zu steuern. In der Koalitionsvereinbarung der Regierungsparteien SPD und Bündnis 90/Die Grünen vom 20. Oktober 1998 heißt es: »Wir erkennen an, dass ein unumkehrbarer Zuwanderungsprozess in der Vergangenheit stattgefunden hat und setzen auf die Integration der auf Dauer bei uns lebenden Zuwanderer, die sich zu unseren Verfassungswerten bekennen.« Das geforderte Bekenntnis zu den im Grundgesetz verankerten Verfassungswerten soll die Bundesrepublik vor extremistischen, antidemokratischen Gruppierungen schützen, jedoch wird damit nicht erwartet, daß Zuwanderer ihre religiöse und ethnische Identität aufgeben.

Drei Viertel der ausländischen Bevölkerung leben im Westen und Süden Deutschlands (Baden-Württemberg, Bayern, Hessen,

Nordrhein-Westfalen) und dort wiederum in den Ballungsgebieten. Eine hohe Konzentration von Ausländern finden wir auch in den Stadtstaaten Berlin, Hamburg und Bremen. Gering hingegen ist der Ausländeranteil in den neuen Bundesländern (ohne Ostberlin), wo nur 0,8% der Ausländer leben (Bundesministerium, 6. Familienbericht 2000, 65).

In den industriellen Ballungszentren konzentriert sich die ausländische Bevölkerung in bestimmten Wohnvierteln, so daß sich vielfach »Ausländer-Gettos« gebildet haben. Aus sozialwissenschaftlichen Untersuchungen wissen wir, daß die dort lebenden Ausländer wenig oder gar keinen Kontakt zur deutschen Bevölkerung haben und daß die Bildungschancen ihrer Kinder – meist durch mangelhafte Kenntnisse des Deutschen – geringer sind als die der deutschen Kinder.

Andererseits bietet das Leben dort seinen Bewohnern auch Geborgenheit in einem dichten Netz sozialer Beziehungen, und die Binnenintegration ermöglicht ethnischen Minderheiten, sich einen eigenen kulturellen Raum zu schaffen.

Nicht nur Kinder anderer ethnischer Herkunft und Sprache müssen sich mit ihrem sozialen Umfeld auseinandersetzen, auch viele deutsche Kinder erleben die Andersartigkeit fremder Kulturen. Kinder in Deutschland wachsen hinein in eine Gesellschaft spezieller Vielfalt, nämlich in die der verschiedenen Ethnien und Kulturen. Sie erleben, in Westdeutschland häufiger als in Ostdeutschland, in städtischen häufiger als in ländlichen Regionen, Menschen mit anderer Sprache, anderem Aussehen, anderen Umgangsformen. In den Großstädten sehen und erleben (west)deutsche Kinder Menschen, die in Moscheen gehen, Frauen, die Kopftücher tragen, Kinder, die spätabends auf der Straße spielen (dürfen), Familien, die in den Grünanlagen Picknick machen.

Die interkulturelle Erziehung zielt folglich darauf, die Vielfalt der Kulturen zu akzeptieren und dem Fremden vorurteilsfrei zu begegnen. »Der Erziehungsauftrag des Kindergartens, erste sozialisierende Voraussetzungen für eine erfolgreiche Integration zu schaffen, bedeutet konkret, allen Kindern Handlungsfähigkeit für den multikulturellen Alltag und seine gesellschaftsrelevanten Institutionen zu vermitteln« (Simon-Hohm 2001, 235).

Mit vielen Kissen und einem Wandbehang, Elementen der türkischen Kultur, haben Erzieherinnen einer großen Kindertageseinrichtung für Kinder zwischen 1 und 12 Jahren in Berlin-Kreuzberg eine »türkische Ecke« gestaltet. Sie wollen auf diese Weise dazu beitragen, die multikulturelle Vielfalt Kreuzbergs auch für deutsche Kinder sichtbar zu machen und den türkischen Kindern die Akzeptanz ihrer anderen ethnischen Herkunft vermitteln.
Foto: Aden-Grossmann, 2001.

Bilinguale Kinder im Kindergarten

Von Bilingualität (Zweisprachigkeit) sprechen wir, wenn neben der Muttersprache eine zweite Sprache erlernt wird. Das sind zum einen Kinder, deren Muttersprache nicht Deutsch ist und die als zweite Sprache Deutsch lernen (müssen), aber es sind auch Kinder, die in binationalen und bilingualen Familien aufwachsen, was schließlich in der Regel zu Mehrsprachigkeit führt.

Für Kinder mit nichtdeutscher Muttersprache ist die Fähigkeit, Deutsch zu sprechen, die entscheidende Voraussetzung dafür, daß sie später in der Schule erfolgreich sind.

Kita in Berlin-Kreuzberg: Deutsche und ausländische Kinder betrachten gemeinsam Bilderbücher.
Foto: Aden-Grossmann, 2000.

Folglich sind die Bestrebungen, die Chancen dieser Kinder im Bildungssystem zu erhöhen, darauf gerichtet, sie frühzeitig in der deutschen Sprache zu unterrichten. Dem Erlernen der deutschen Sprache wird also in der Regel Priorität eingeräumt, wohingegen die Pflege der Muttersprache meist den Familien überlassen bleibt. Demgegenüber gewinnen Positionen an Zustimmung »die die positive Rolle der Muttersprache für die kognitive und emotionale Entwicklung der Person, für das Erlernen der deutschen Sprache, die Verständigung innerhalb der Familie ... hervorheben ... Die Forderung nach einer bilingualen Erziehung stößt jedoch weiterhin auf den Widerstand von assimilationsorientierten Bildungskonzepten, auf monolinguale Praxis und erhebliche organisatorische und finanzielle Widerstände, die dazu führen, daß der Bilingualismus der Kinder aus Familien ausländischer Herkunft im Bildungssystem als Wert noch zu wenig erkannt und gefördert wird« (Bundesministerium, 6. Familienbericht 2000, 173). Abgesehen davon, daß es vielfach auch der Wunsch der Familien ist, daß ihre Kinder auch in der Muttersprache gefördert werden, haben vergleichende Sprachforschungen ergeben, daß die Muttersprache auch eine wichtige Basis für den Erwerb der Zweitsprache ist.

Kinder aus Migrantionsfamilien in den Tageseinrichtungen für Kinder

Deutsche wie auch ausländische Kinder haben mit dem vollendeten 3. Lebensjahr ein Recht auf einen Platz in einem Kindergarten. Verläßliche bundesweite Zahlen, wie hoch der Anteil der ausländischen Kinder ist, die eine vorschulische Einrichtung besuchen, stehen jedoch nicht zur Verfügung. Für das Land Nordrhein-Westfalen wurde festgestellt, daß 1991 nur 49% der ausländischen Kinder zwischen drei und sechs Jahren einen Kindergarten besuchten und daß dieser Anteil bis 1997 auf 87% gestiegen ist, also nur noch geringfügig unter dem der deutschen Kinder lag (Bundesmininisterium, 6. Familienbericht 2000, 173). Da der Besuch des Kindergartens eine wichtige, den späteren Schulbesuch vorbereitende Einrichtung ist, entgeht den Kindern, die ausschließlich in der Familie erzogen werden, diese Förderung.

Der Anteil ausländischer Kinder in den einzelnen Tageseinrichtungen für Kinder ist höchst unterschiedlich. Entsprechend der Verteilung der ausländischen Familien auf die industriellen Ballungsgebiete ist dort auch der Anteil ausländischer Kinder in den Tageseinrichtungen besonders hoch. In Berlin-Kreuzberg z.B. beträgt er zwischen 50 und 70%.

Der Anteil der ausländischen Kinder in den einzelnen Taseseinrichtungen variiert also je nach dem Ausländeranteil in der Wohnbevölkerung. Bemerkenswert ist aber auch, daß der Anteil der Kinder aus Migrantenfamilien auch im Hinblick auf die Träger der Einrichtungen unterschiedlich hoch ist. Für Nordrhein-Westfalen ergab die genannte Untersuchung, daß in den kommunalen Einrichtungen der Anteil der ausländischen Kinder am höchsten ist (28,9%), gefolgt von den Einrichtungen der Arbeiterwohlfahrt (20,7%), des Deutschen Roten Kreuzes (19,4%), der evangelischen Kirche (17,2%), der katholischen Kirche (16,2%), und des Deutschen Paritätischen Wohlfahrtsverbandes (9,7%). Daß der Ausländeranteil in den Einrichtungen der beiden großen Kirchen deutlich niedriger liegt als in den kommunalen Einrichtungen hängt damit zusammen, daß muslimische Familien zögern, ihre Kinder in Einrichtungen mit christlicher Weltanschauung zu geben, und somit kommunale Einrichtungen ohne spezifisch christliche Prägung bevorzugen.

In den Migrantenfamilien spielt die Sprache des Herkunftslandes meist eine dominante Rolle, so daß viele Kinder ohne Deutschkenntnisse in den Kindergarten kommen. Für die meisten Kinder mit nichtdeutscher Muttersprache ist der Besuch des Kindergartens der erste Kontakt mit der deutschen Sprache. Es ist also außerordentlich wichtig, daß der Kindergarten gezielt das Erlernen der deutschen Sprache fördert. Daß dieses noch nicht in dem nötigen Umfang geschieht, machen die folgenden Zahlen deutlich: In Hessen verfügten von 62.000 Schulanfängern 11.000 Kinder nur über geringe deutsche Sprachkenntnisse, und 6.000 hatten sogar erhebliche Defizite.

Erzieherinnen machen die Erfahrung, daß die Zahl der Kinder mit Sprachdefiziten zunimmt. Oft kommt hinzu, daß die Kinder auch ihre eigene Muttersprache nur sehr begrenzt beherrschen, was zu einer neuen Form der Sprachlosigkeit führt. (vgl. Simon-Hohm 2001, 252). Das im folgenden wiedergegebene Beispiel aus der Praxis zeigt, welche Schwierigkeiten es Kindern bereitet, sich nicht verständlich machen zu können.

Fuad, Kenan, Nikos und Suleika

»*Fuad, ein dreijähriger Türke ohne deutsche Sprachkenntnisse, steht nach seiner Anmeldung zunächst angezogen und abwartend im Gruppenraum in der Nähe der Tür und beobachtet die anderen Kinder aufmerksam beim Spielen. Die Erzieherin kümmert sich mit den Kindern um ihn, und mit gleichbleibender Geduld erreicht sie es, daß Fuad nach einer Woche seinen Anorak ablegt. Jedoch behält er die Mütze weiter auf dem Kopf und verhält sich zurückhaltend. Als die Kinder an einem dieser Tage ihr Spielzeug weggeräumt haben, holt er es auf einmal wieder heraus und baut ein vorher gesehenes Bauwerk nach. Alle freuen sich darüber. Dadurch ermuntert, beteiligt sich der Junge von nun an des öfteren an Spielprozessen, bis er nach vier Wochen so weit ist, auch seine Mütze wie die anderen abzulegen. Zu zwei deutschen Kindern sucht er Kontakt, der erwidert wird. Nach einem halben Jahr kennt Fuad sämtliche Namen, kann sich sprachlich helfen und ist als Gruppenmitglied weitgehend integriert*« (Andreas/Kaudelka 1982, 125).

»*Kenan, ein anderer türkischer Junge von drei Jahren mit geringen deutschen Sprachkenntnissen, interessiert sich sehr für alle Dinge seiner Umwelt. Oft stellt er u.a. die Frage:* ›*Wie ist das?*‹ *Erzieherin und Kinder antworten dann gern. Auf diese Weise* ›*erarbeitet*‹ *er sich den Begriff* ›*rot*‹*, und zwar so: Auf seinem Tisch liegt ein Platzdeckchen mit einem roten Apfel, auf den er fragend zeigt. Die Antwort der Erzieherin wiederholt er mehrmals, vor sich hinsprechend:* ›*Rot ... rot*‹*. Dann blickt sich Kenan im Raum um, sieht eine rote Lampe, deutet spontan mit dem Finger darauf und ruft strahlend der Erzieherin zu:* ›*Elvira, rot.*‹« (ebd., 125).

Fuads wie auch Kenans Familien leben – wie die meisten ausländischen Familien – in einem Stadtteil mit extrem hohem Ausländeranteil. Im Haus selbst und in der Nachbarschaft wohnen viele Türken, und auch die meisten Einkäufe erledigt die Mutter in einem türkischen Geschäft. Daher haben beide Familien keinen Kontakt zu Deutschen. Die Erzieherinnen im Kindergarten, die anderen Kinder und deren Mütter sind ihre ersten deutschen Kontaktpersonen. Schon manchem deutschen Kind fällt der Übergang von der Familie in den Kindergarten schwer. Für ausländische Kinder sind die Unterschiede zwischen dem Kindergarten und der Familie noch größer. Zunächst einmal verstehen sie nichts, und deshalb erscheint es vordringlich, daß sie Deutsch lernen. Das folgende Beispiel zeigt, daß der fünfjährige Nikos durch den Besuch des Kindergartens rasch Deutsch lernte, daß er aber kaum noch griechisch sprach:

> *»In den Kindergarten wurde er (Nikos) geschickt, um Deutsch zu lernen ... Am Anfang ... wollte er nicht dort bleiben, weil er nichts verstehen konnte. Jeden Morgen weinte er so bitterlich, daß die Mutter sich oft überlegte, ob sie ihn nicht doch zu Hause behalten sollte. Inzwischen liegen jedoch die Probleme ganz anders. Nikos begrüßt uns (die beiden griechischen Besucher) auf deutsch, und später weist er uns auf die Besonderheiten des heutigen Fernsehprogramms hin. Seine Sprachkenntnisse, die er uns bewußt präsentiert, sind zwar nicht einwandfrei, er ist jedoch offensichtlich stolz auf sie. Von ähnlichem Stolz ist bei den Eltern nichts zu spüren, denn ... ›Nikos spricht praktisch nur deutsch und nicht wie erwünscht deutsch und griechisch. Für die der deutschen Sprache unkundige Eleni (seine Mutter) ein bitteres Los, das sie mit allen Strafandrohungen rückgängig zu machen versucht«* (Tsiakolos 1982, 76).

Daß das Verhalten von Nikos kein Einzelfall ist, wird aus vielen Praxisberichten deutlich. Auch Akpinar und Zimmer (1984) berichten von Kindern, die ihre Muttersprache verleugnen: »Da sind Emine, ein türkisches Mädchen, und Dragan, ein jugoslawischer Junge. Sie weigern sich, in ihrer Muttersprache zu sprechen, auch zu Hause. Emine kann sogar kaum Türkisch sprechen, ihre älteren Geschwister müssen zu Hause zwischen ihr und ihrer Mutter, die wiederum kaum Deutsch spricht, dolmetschen ... Die Entfremdung von der Mutter ist groß ... Gleichzeitig ist Emine, die nur noch Deutsche sein will, im Aussehen eindeutig als Türkin zu erkennen. Wie wird sie weiterhin damit klarkommen, weder eine richtige Deutsche noch eine richtige Türkin zu sein? Und Dragan? Seine Eltern sprechen gut Deutsch, gehen auf seinen Wunsch, zu Hause Deutsch zu sprechen, weitgehend ein. Im Augenblick sieht die Situation nicht besonders problematisch aus. Offen bleibt die Frage, wie eigentlich das Selbstwertgefühl eines jugoslawischen Kindes aussieht, das sich wegdreht, wenn eine Kassette mit jugoslawischer Musik gespielt wird« (Akpinar/Zimmer 1984, 59).

Es wäre jedoch zu kurz gegriffen, wollte man die Integrationsproblematik ausländischer Kinder in den Kindergarten auf das Erlernen der deutschen Sprache reduzieren. Unterschiede in Erziehungs- und Wertvorstellungen zwischen ausländischen und deutschen Familien sind groß. Sie beziehen sich vor allem auf die Geschlechtsrollenproblematik und die Sexualerziehung. Ausländische Jungen werden im Kindergarten mit der Erwartung konfrontiert, daß sie Arbeiten übernehmen sollen, die in ihren traditionellen Gesellschaften als »Frauenarbeit« angesehen werden (Tisch decken, Tisch abwischen, Spielsachen wegräumen). Für Mädchen können sich Konflikte ergeben, wenn sie erleben, daß deutschen Mädchen erlaubt ist, schwimmen zu gehen, im Kindergarten zu duschen und zu turnen, ihnen all dies aber von den Eltern untersagt wird. Unter einem besonders krassen Unterschied zwischen den elterlichen Verhaltenserwartungen und denen des Kindergartens leiden türkische Mädchen. Das folgende Beispiel soll zeigen, wie es Suleika lernt, sich in den beiden Kulturen je nach Erwartungen unterschiedlich zu verhalten. Über Suleikas Entwicklung berichtet die Erzieherin:

> *»Suleika ist seit zwei Jahren bei mir. Die Familie erzieht ihre Kinder sehr streng, soweit ich weiß. Sie waren schon rein äußerlich traditionell gekleidet, mit Hosen unter den Röcken und Kopftuch. Für unsere Begriffe waren sie viel zu warm angezogen.*
>
> *Als wir im letzten Sommer zum Baden gingen und uns auszogen, war Suleika immer abseits und zog sich nicht aus. Sie hatte unwahrscheinliche Angst. Sie mochte wohl mitmachen, traute sich aber nicht. Im letzten Jahr wurde das anders. Beim Turnen z.B. hat Suleika ihr Kleid zwar anbehalten, ließ auch Strümpfe und Schuhe an, hat aber mitgeturnt. Jetzt im Sommer, als es mit dem Wassergeplansche losging, hat Suleika sich am Vormittag sogar ausgezogen und mitgemacht wie die anderen und sich unheimlich gefreut. Am Nachmittag aber hat Suleika ihre Strickjacke angezo-*

gen und wußte dann anscheinend ganz genau: Bald werde ich abgeholt. Suleika stand mit ihrer Tasche da und in ihrer Jacke und wartete, hat dann nichts mehr mitgemacht, nur gewartet, bis sie abgeholt wurde. Das war ein ganz krasser Bruch zum Tagesablauf... Das eine Mal wurde sie früher abgeholt, da hat der Vater gesehen, wie sie mit Sand und Wasser spielte und fröhlich herumplanschte. Er hat sehr streng mit Suleika geschimpft. Da bin ich zum Vater gegangen und habe ihn gefragt, ob er das denn nicht möchte. Ich würde das akzeptieren, und ich würde mich da nicht einmischen, wenn er das nicht möchte. Da meinte er aber, nein, nein, Suleika dürfte mitmachen, er hätte nur Angst, daß sie sich erkälte. Darauf sagte ich: ›Wissen Sie, ich akzeptiere das, aber bringen Sie Suleika eine leichte Spielhose mit.‹ Darauf ist er aber nicht eingegangen. Suleika hat ihr Verhalten beibehalten. Das war das einzige Mal, daß es Probleme gab. Suleika ist hier im Kindergarten wie ein deutsches Kind« (aus: Akpinar/Zimmer 1984, 27ff.).

Der Entwicklungsprozeß, den Suleika im Kindergarten durchlaufen hat, wirft eine Reihe von pädagogischen Fragen auf. Wie verarbeitet ein Kind, das in zwei so unterschiedlichen Bezugssystemen lebt, die daraus entstehenden Konflikte? Wie sollen wir die beschriebenen Verhaltensweisen dieses Mädchens bewerten? Je nachdem, wie es die Situation erfordert, verhält sich Suleika wie ein deutsches oder wie ein türkisches Kind; sie hat also für sich eine Strategie entwickelt, in beiden Bereichen, dem Kindergarten wie auch der Familie, sich gemäß den Erwartungen zu verhalten. Zimmer und Akpinar betonen, daß Konflikte dieser Art, die aus der Zugehörigkeit zu verschiedenen Gruppen resultieren, als normal anzusehen sind. Jedoch meine ich, daß es einer flexiblen und zugleich stabilen Ichstruktur bedarf, um derart tiefgreifende Unterschiede im Wertsystem auszubalancieren, wie es im Fall Suleika deutlich geworden ist. Deutlich geworden ist an diesem Beispiel auch, wieviel Zeit dieses Kind benötigt hat, um für sich ein Problemlösungsverhalten zu entwickeln, das es ihm erlaubt, sich in die Kindergartengruppe zu integrieren. Zugleich achtet sie sehr sorgfältig darauf, daß dieser

Bereich von dem Einblick des Vaters abgeschirmt wird, daß sie also rechtzeitig, bevor sie abgeholt wird, sich wieder in die »türkische Tochter« zurückverwandelt. Wieviel psychische Kraft sie für dieses »Wandern zwischen den Welten« braucht, wird in dem Bericht der Erzieherin nur angedeutet.

Pädagogische Konzepte

In den letzten Jahren sind zwei konkurrierende Konzepte für Kindergärten mit hohem Ausländeranteil vorgestellt und diskutiert worden, das »multinationale« oder »multikulturelle« Konzept und das »bilinguale-bikulturelle« Konzept.

Das vom Staatsinstitut für Frühpädagogik in München unter der Leitung von Fthenakis entwickelte »bilinguale-bikulturelle Konzept« geht davon aus, daß die Frage der Rückkehr für die ausländischen Familien offen sei, wenn auch anzunehmen ist, daß etwa die Hälfte aller ausländischen Familien in Deutschland bleiben wolle. Die daraus abgeleitete Zielvorstellung ist folglich, daß sich das Kind im »Gastland« integrieren soll, daß es aber auch mit Sprache und Kultur des Herkunftslandes der Eltern so weit vertraut gemacht werden soll, daß ihm eine eventuelle spätere Rückkehr in das Heimatland möglich ist.

Die Notwendigkeit einer muttersprachlichen Förderung im Kindergarten wird lebensgeschichtlich und theoretisch begründet. Unter Heranziehung amerikanischer und skandinavischer linguistischer Untersuchungen von Migrationskindern vertritt Fthenakis die Auffassung, daß der Erwerb und/oder Erhalt der Muttersprache eine wichtige Voraussetzung für den Erwerb der Zweitsprache sei. Zwischen der zu erreichenden Kompetenz in der Zweitsprache und der in der Muttersprache erlangten Kompetenz bestehe demnach ein Wechselverhältnis. Das Kompetenzniveau, das ein Kind in der Zweitsprache erreichen werde, sei teilweise eine Funktion der Kompetenz, die das Kind in seiner eigenen Muttersprache zu dem Zeitpunkt aufweise, in dem die intensive Beschäftigung mit der Zweitsprache einsetzt. Die Förderung migranter Kinder in ihrer Muttersprache biete folglich bessere Voraussetzungen für den

Zweitsprachenerwerb als etwa die Unterrichtung in der Zweitsprache allein (vgl. Fthenakis 1985).

Eine gemischtnationale Kindergruppe. Foto: Modellversuch Berlin.

Die Kindergartengruppen sollen deutsche und ausländische Kinder einer Nationalität umfassen und von einer deutschen und einer ausländischen Erzieherin gemeinsam betreut werden. Aufgabe der ausländischen Erzieherin ist die Förderung der Muttersprache und die Vermittlung der Bräuche aus der ethnischen Kultur. In einer Begründung dieses Konzepts heißt es: »Sprache und Kultur, welche nur inselhaft und ›privat‹ vom – obendrein meist benachteiligten – Elternhaus vertreten wird und nicht auch durch ›öffentliche‹ Institutionen und Erziehungspersonen abgesichert ist, muß zwangsläufig einseitig und verzerrt werden. Unter diesen Bedingungen wird die Muttersprache zu einer ›Privatsprache‹, welche viele Funktionen einbüßt. Durch sie werden hauptsächlich nur noch emotionale Inhalte vermittelt, der Zweitsprache jedoch ist die Übermittlung der anderen Bereiche vorbehalten wie schulisches Wissen, technische oder berufliche Inhalte ... Durch den frühen Einsatz des bilingualen-bikulturellen Erziehungskonzepts wird der Grundstein gelegt zu einer im echten Sinne bilingualen-bikulturellen Identität:

Das Kind wechselt beliebig beide Sprachen. Es ist in beiden Kulturen bis zu dem Grad bewandert, daß es den Grund für die verschiedenartigen Verhaltensweisen erfassen kann. Das ermöglicht Toleranz und eine flexible Anpassung« (Merz 1982, 44).

Einwände und Kritik beziehen sich in erster Linie auf die Machbarkeit dieses Modells, denn in der Realität haben sich entsprechend der Wohnbevölkerung der Umgebung des Kindergartens naturwüchsig multikulturelle Gruppen entwickelt. Hinzu kommt, daß durch die Einstellung einer zusätzlichen ausländischen Erzieherin erhöhte Kosten entstehen können. Jedoch wird dieses Konzept auch mit pädagogischen Gründen kritisiert: »Eine häufig formulierte Kritik am bikulturellen Konzept richtet sich auf die befürchtete (und teilweise in der Praxis erfahrene) Abspaltung in nationale Gruppen und damit eine weitere Isolierung der ausländischen und deutschen Kinder voneinander. So wird der Vorwurf erhoben, daß binationale Kindergruppen ›integrationsfeindlich‹ sind und die Kinder eher zur Einsprachigkeit neigen als zur proklamierten Zweisprachigkeit« (Zehnbauer 1980, 17).

In der Realität hat sich in den letzten Jahren naturwüchsig eine multinationale Zusammensetzung in vielen Kindergärten, vor allem in Ganztagseinrichtungen, ergeben. Aufgrund dieser Situation sind von vielen Einrichtungen und Trägern pädagogische Konzepte der multikulturellen Erziehung entwickelt worden. Ausgangspunkt ist hierbei die Erkenntnis, daß in Deutschland Menschen unterschiedlicher Herkunft und Sprache leben, und wir lernen müssen, unter Anerkennung der jeweils spezifischen kulturellen Identität miteinander zu leben. Folglich ist es das erklärte Ziel des multikulturellen Konzepts, die ausländischen Kinder nicht einseitig anzupassen, zu »germanisieren«, sondern auch deutsche Kinder auf das Leben in einer interkulturellen Gesellschaft vorzubereiten. Wichtigstes Mittel der Integration ist nach diesem Konzept die Förderung der deutschen Sprache, wobei die Förderung der Muttersprache dem Familienbereich überlassen bleibt. Die Sprachförderung im Kindergarten ist – anders als im schulischen Unterricht – nicht systematischer Art, sondern wird in Spielaktivitäten eingebettet. Zur Wahrung der kulturellen Identität sollen auch die nationalen Feste im Kindergarten gefeiert werden; Bilder und Filme sollen die deutschen Kinder mit dem Herkunftsland der ausländischen Kinder bekannt machen, wobei zu bedenken ist, daß diese es oft auch nur von Erzählungen der Eltern und kurzen Ferienaufenthalten kennen. Zur Entwicklung des Konzepts der multikulturellen Erziehung hat sehr wesentlich der vom Land Berlin getragene Modellversuch »Sozialisationshilfen für ausländische Kinder im Kindergarten« (1979 bis 1983) beigetragen, der vom Institut für interkulturelle Erziehung und Bildung wissenschaftlich begleitet wurde. Ausgehend vom Situationsansatz wurden Konzepte der multikulturellen Erziehung entwickelt, die die Lebenssituation des ausländischen Kindes in Deutschland zum Ausgangspunkt haben. Der Erfolg dieses Modellversuchs beruht darauf, daß sich die Erzieherinnen engagiert mit dem Herkunftsland, der Kultur und der Sprache der ihnen anvertrauten ausländischen Kinder beschäftigt haben, daß sie den ausländischen Kindern und ihren Eltern offener und verständnisvoller entgegentreten konnten, als das bisher die Regel war.

XIV
Der Kindergarten in der DDR

Der gesellschaftliche Auftrag des Kindergartens

Nach dem Zusammenbruch der nationalsozialistischen Diktatur nahmen die Alliierten in den von ihnen besetzten Zonen erheblichen Einfluß auf das Bildungs- und Erziehungswesen in Deutschland. Es war das Ziel der Siegermächte, die nationalsozialistische Erziehungsideologie zu überwinden und die Umerziehung des deutschen Volkes einzuleiten. In den Vorschlägen der Amerikanischen Erziehungskommission von 1946 hieß es, »daß das deutsche Bildungswesen so geregelt werden soll, daß alle nazistischen und militaristischen Lehren völlig beseitigt und die erfolgreiche Entwicklung demokratischer Ideen möglich gemacht wird« (Bericht und Vorschläge der Amerikanischen Erziehungskommission 1946, 20). Im gleichen Jahr wurden für die Länder der sowjetisch besetzten Zone (SBZ) Richtlinien für den Kindergarten erlassen, und auch hier bezog sich die wichtigste Forderung auf die Abkehr vom Nationalsozialismus und die Umerziehung der Deutschen. »Hauptaufgabe des Kindergartens ist die Erziehung von Kindern nach demokratischen Prinzipien, frei von allen faschistischen, rassischen, militaristischen und anderen reaktionären Ideen und Tendenzen« (zit. nach Höltershinken u.a. 1997, 269).

Die unterschiedlichen gesellschaftspolitischen Orientierungen der westlichen Alliierten auf der einen und der Sowjetunion auf der anderen Seite führten allerdings bereits in den ersten Nachkriegsjahren dazu, daß sich das Bildungs- und Erziehungswesen in den Westzonen unter dem Einfluß der Amerikaner und Engländer anders entwickelte als in Ostdeutschland, wo die SMAD (Sowjetische Militäradministration Deutschland) weitgehend die Entwicklungslinien vorgab. Dies führte zu gravierenden Unterschieden zwischen West- und Ostdeutschland, die später durch die Gründung der beiden deutschen Staaten und die damit verbundene 40jährige Teilung Deutschlands noch vertieft wurden.

Im Unterschied zu Westdeutschland, wo der Kindergarten Teil der Jugendhilfe blieb, wurde er in der sowjetischen Zone in das Bildungswesen integriert und war damit die Vorstufe der Einheitsschule. Er unterstand, unabhängig von der Trägerschaft, der Zentralverwaltung für Volksbildung und nach der Gründung der DDR dem Ministerium für Volksbildung. Schon auf der Reichsschulkonferenz 1920 hatten Kommunisten und Sozialisten die Integration des Kindergartens in das Bildungswesen gefordert, aber damals nicht durchsetzen können (vgl. Kap. III). Im Mai und Juni 1946 wurde von allen Landes- und Provinzialregierungen der sowjetisch besetzten Zone ein »Gesetz zur Demokratisierung der deutschen Schule« beschlossen, nach dem »der Kindergarten erstmalig in der deutschen Geschichte in ein einheitliches Bildungssystem eingefügt« wurde (zit. nach Krecker 1971a, 354). Der Kindergarten als vorschulische Einrichtung und unterste Stufe des Bildungswesens hatte nunmehr »die Aufgabe, die Kinder zur Schulreife zu führen« (Krecker 1988, 28).

Darüber hinaus sollte der Kindergarten einen Beitrag zum Aufbau der sozialistischen Gesellschaft leisten, und deshalb sollte die Erziehung nicht unpolitisch sein. »Es ist eine politische Aufgabe, das neue Leben und seine neuen Grundsätze zu begreifen, um die neuen Menschen vom Kindergarten an für dieses neue Leben erziehen zu können« (Krecker 1988, 30).

Nach dem Beschluß des Politbüros der SED von 1952 war es die Aufgabe aller pädagogischen Einrichtungen, »die Jugend zu allseitig entwickelten Persönlichkeiten zu erziehen, die fähig und bereit sind, den Sozialismus aufzubauen und die Errungenschaften der Werktätigen bis zum Äußersten zu verteidigen ... Sie sollen wertvolle Charaktereigenschaften besitzen, wie Willensstärke, Ausdauer, Entschlossenheit, Mut, Zielstrebigkeit und Prinzipientreue in ihrem Denken und Handeln« (zit. n. Krecker 1971a, 382). Dabei wurde die Bedeutung der frühkindlichen Erziehung hervorgehoben: »Gerade die gesellschaftlichen Erziehungseinrichtungen wie Krippen und Kindergärten, in denen die Kinder von frühester Kindheit an im Kinderkollektiv leben und gemeinsam tätig sind, haben alle

Möglichkeiten für eine Erziehung nach den Normen der sozialistischen Moral« (ebd). Ähnliche Formulierungen finden sich auch in späteren Bildungsplänen und Programmen für den Kindergarten in der DDR.

Von Beginn an hat der Staat auf die Bildung und Erziehung der Kinder im Kindergarten Einfluß genommen, indem er zentral Bildungsprogramme erließ, deren Umsetzung im Kindergarten verbindlich vorgeschrieben war. In § 10 der Kindergartenordnung von 1983 hieß es: »Die sozialistische Erziehung der Kinder erfolgt auf der Grundlage des vom Ministerium für Volksbildung herausgegebenen Bildungs- und Erziehungsplanes sowie der dazu erlassenen inhaltlichen Orientierungen« (Ministerium für Volksbildung 1985, 282). Im September 1985 trat das letzte »Programm zur Bildungs- und Erziehungsarbeit im Kindergarten« (Ministerium für Volksbildung 1985) in Kraft, nach dem bis zur Wende im Herbst 1989 in allen Einrichtungen gearbeitet wurde.

Das sehr differenziert ausgearbeitete Programm umreißt im ersten Kapitel die »Hauptaufgaben des Kindergartens«. In diesem Teil werden die allgemeinen pädagogischen Ziele formuliert. Dabei wird deutlich, daß die pädagogischen Zielsetzungen weitgehend den ideologischen Vorgaben folgten. Es war die Aufgabe des Kindergartens »alle Kinder fürsorglich zu betreuen, sozialistisch zu erziehen und gut auf die Schule vorzubereiten« (Ministerium für Volksbildung 1985, 7). Zu diesen drei Aufgabenbereichen werden dann erläuternde Ausführungen gemacht, auf die ich im folgenden kurz eingehen werde.

Ein wesentliches Ziel war »die Erziehung zur sozialistischen Moral«, d.h., die Kinder sollten zur »Liebe zu ihrem sozialistischen Vaterland, der DDR, zur Liebe zum Frieden, zur Freundschaft mit der Sowjetunion und allen anderen sozialistischen Ländern, im Geiste des Internationalismus und der Solidarität mit den unterdrückten, für Freiheit und Unabhängigkeit kämpfenden Völkern« erzogen werden (a.a.O., 7).

Kinder sind »zur Liebe zur Arbeit ... zu erziehen« und »daran zu gewöhnen, ihre Arbeiten ordentlich und gewissenhaft zu erledigen, sich an der Erhaltung von Ordnung und Sauberkeit zu beteiligen« (a.a.O., 7). Nachdrücklich wird hervorgehoben, daß zur ge-

Mittagsruhe im Dorfkindergarten – Schmalkalden 1991
Foto: Aden-Grossmann, 1991.

sunden Lebensweise bei den Kindern »kontinuierlich Fertigkeiten und Gewohnheiten« herauszubilden sind. »Sie sind zur Selbständigkeit bei der Einhaltung von Ordnung, Sauberkeit und hygienischen Forderungen zu erziehen. Durch regelmäßige körperliche Übungen und Spiele im gesamten Tagesablauf ist dem Bedürfnis der Kinder nach Bewegung Rechnung zu tragen« (a.a.O., 8).

Den Erziehungskonzepten lag die Vorstellung zugrunde, daß man durch Erziehung so nachhaltig auf Kinder einwirken könne, daß sich jedes Kind nach den gesellschaftspolitischen Zielvorstellungen formen lasse. Man glaubte vielfach, »daß die Erreichung eines Erziehungszieles durch die Verknüpfung von Didaktik, Methodik und Umwelteinflüssen in der pädagogischen Planung sicher gewährleistet werden könne. Der Titel des ersten Vorschulkongresses nach 1945 spiegelt dieses Denken wider: ›Neues Deutschland, neue Menschen – im Kindergarten beginnt ihre Formung‹. Die damit verbundene Vorstellung, der Mensch sei ein zu formendes Rohmaterial, wurde dann auch gleich auf dieser Sitzung mit dem Hinweis kritisiert, daß Pädagogen und Pädagoginnen so generell gar nicht in der Lage seien, den ›neuen Menschen‹ zu formen« (Höltershinken u.a. 1997, 39). Trotz dieser Einwände kann man auch in vielen späteren Dokumenten dieses Bild des Kindes nachweisen. Auch dem 1985 erlassenen Programm lag das hier skizzierte Bild vom Kind zugrunde.

Die familienpolitische Funktion des Kindergartens

Ein wesentliches Motiv, den Ausbau des Kindergartens voranzutreiben und die Plätze in ganztägig geöffneten Kindergärten zu erhöhen, war zunächst der Arbeitskräftemangel in der Nachkriegszeit. Viele Männer waren gefallen oder noch in Gefangenschaft, so daß die meisten Mütter sich und ihre Kinder ernähren mußten. Hinzu kam der Gedanke, daß die Berufstätigkeit der Frau auch ihre Emanzipation fördere. 1948 hieß es in der von der deutschen Verwaltung für Volksbildung herausgegebenen Zeitschrift »Die Kindergärtnerin«, daß der Kindergarten »der Frau und Mutter die Möglichkeit (schafft), sich in das wirtschaftliche, kulturelle, öffentliche

Leben einzugliedern und so ihre Gleichberechtigung aus einer formalen in eine wirkliche zu wandeln« (zit. n. Krecker 1988, 29).

Familienpolitische Maßnahmen zielten in der DDR von Anfang an darauf hin, die Vereinbarkeit von Familie und Beruf zu ermöglichen. Folglich war es ein wichtiges Ziel, für alle Kinder Plätze in Ganztagseinrichtungen zu schaffen, deren Öffnungszeiten den Arbeitszeiten der Mütter entsprachen. »Von der Zahl der Kindergartenplätze, von der Öffnungszeit der Kindergärten und von der Art und Weise der Versorgung, der Lebensgestaltung und Erziehung in den Kindergärten hing es wesentlich ab, ob die Mütter kleinerer und größerer Kinder für die Arbeit in der Industrie und an anderen Arbeitsplätzen gewonnen und die großen gesellschaftlichen Aufgaben erfüllt werden konnten« (Krecker, 1988, 27). Aber Ende der 40er Jahre lag das Ziel, für alle Kinder einen Kindergartenplatz anzubieten, noch in weiter Ferne, denn 1955 gab es nur für 34,5% aller Kinder einen Kindergartenplatz, und erst Mitte der 80er Jahre standen für alle Kinder Plätze zur Verfügung (vgl. Höltershinken 1997, 212).

Die geforderte Entlastung der Mütter durch die Betreuung der Kinder während der Arbeitszeit muß vor dem Hintergrund gesehen werden, daß fast alle Mütter vollzeitig arbeiteten und daß noch in den letzten Jahren der DDR die Arbeitszeit knapp 44 Stunden betrug, wobei sie sich für Mütter mit zwei Kindern auf 40 Stunden reduzierte. Aufgrund dieser starken Arbeitsbelastung übernahm der Kindergarten neben der ganztägigen Versorgung von 7 Uhr (z.T. bereits ab 6.15) bis 17 Uhr (z.T. bis 18.00) auch die gesundheitliche Betreuung, indem die Kindergärtnerinnen regelmäßig mit den Kindern zum Zahnarzt und zu den notwendigen Vorsorgeuntersuchungen und Impfungen gingen.

Beziehung zu den Eltern

Damit Kinder sich gut entwickeln können, brauchen sie eine »heimische Atmosphäre«, die die Kindergärtnerin schaffen sollte. Eine Voraussetzung hierfür sei eine gute Beziehung der Kindergärtnerin zu den Eltern. In den »Thesen der ersten Zentralen Konferenz der Vorschulerziehung« von 1957 heißt es: »Die Beziehungen der Kindergärtnerin zu den Eltern sind entscheidend für die Gefühle der Geborgenheit und Sicherheit des Kindes. Die Kindergärtnerin muß ein gegenseitiges Achtungs- und Vertrauensverhältnis zu allen Eltern schaffen. Besonderes Augenmerk ist den Eltern entgegenzubringen, die den Erziehungsaufgaben und -methoden gleichgültig oder ablehnend gegenüberstehen« (Ministerium für Volksbildung 1957, 221). Gemeint sind hier vor allem Eltern, die andere weltanschauliche Auffassungen hatten und folglich eine sozialistische Erziehung ihrer Kinder ablehnten. Da kaum Kindergärten in konfessioneller Trägerschaft vorhanden waren – gegen Ende der DDR waren dies lediglich 3% –, diese auch staatlich nicht gefördert wurden, hatten die Eltern fast keine Wahlmöglichkeiten.

Die Kindergartenordnung von 1983 regelte verbindlich die Formen der Zusammenarbeit mit den Eltern. Danach waren regelmäßig Hausbesuche, Gruppenelternabende und Gesamtelternabende durchzuführen. Auf den Elternabenden wurden die zu behandelnden Themen zentral vom Ministerium für Volksbildung vorgegeben. »Die Elternabende hatten dabei auch die Funktion, die geforderte Einheitlichkeit zwischen den Auffassungen von Staat und Partei sowie der Eltern zu fördern« (Höltershinken 1997, 342).

Die Eltern wählten das »Elternaktiv« und wurden über die vorgegebenen Bildungspläne und deren Durchführung informiert. Eine inhaltliche Mitwirkung der Eltern bei der Festlegung von Erziehungszielen war nicht vorgesehen, da die Programme zentral vom Ministerium für Volksbildung vorgegeben waren.

> **Kindergartenordnung**
> § 21 Zusammenarbeit mit den Eltern
> 1) Die Zusammenarbeit von Kindergarten und Eltern ergibt sich aus der gemeinsamen Verantwortung für die allseitige Entwicklung und die sozialistische Erziehung der Vorschulkinder.
> 2) Die Leiterin trägt die Verantwortung für den politisch-pädagogischen Inhalt der Arbeit mit den Eltern. Sie gewährleistet ein vertrauensvolles Zusammenwirken aller pädagogischen Mitarbeiter mit den Eltern. Sie sichert die regelmäßige

> Durchführung und sorgfältige Vorbereitung der Gruppen- und Gesamtelternabende, hält Elternsprechstunden ab, veranlaßt, daß Hausbesuche und eine individuelle Beratung der Eltern erfolgen. Dabei ist den Absolventinnen besondere Anleitung und Unterstützung zu geben.
> 3) Die Gruppenerzieherinnen arbeiten im Interesse der harmonischen Entwicklung eines jeden Kindes eng mit den Eltern zusammen. Sie werten die Erfahrungen, Vorschläge und Hinweise der Eltern gründlich aus, beziehen sie in ihre Arbeit ein und beraten die Eltern bei der Erziehung der Kinder in der Familie.
> 4) Zur Verwirklichung eines vertrauenvollens Zusammenwirkens mit den Eltern arbeitet die Leiterin besonders eng mit dem Elternaktiv zusammen und sichert, daß es über wichtige Maßnahmen zur Bildung, Erziehung und Betreuung der Kinder sowie zur Gewährleistung von Ordnung und Sicherheit informiert wird, bei deren Durchsetzung mithilft und die Eltern bei der Erziehung ihrer Kinder in der Familie berät.
> (Ministerium für Volksbildung 1985, 279–288)

Neben den durch die Kindergartenordnung vorgegebenen Formen der Zusammenarbeit mit den Eltern erfolgte diese auch durch informelle Gespräche zwischen »Tür und Angel«, also beim Bringen oder Abholen der Kinder. Dieser Form des Austauschs wurde von beiden Seiten eine große Bedeutung zugemessen. Eltern halfen auch bei der Vorbereitung von Festen, waren zusätzliche Begleitpersonen bei Ausflügen und übernahmen z.T. handwerkliche Arbeiten.

Bei den meisten Eltern erfreute sich der Kindergarten großer Wertschätzung, und auch im Nachhinein wird das Verhältnis der Kindergärtnerin zu den Eltern überwiegend positiv geschildert. Dennoch gab es auch hier kritische Stimmen, wenn aufgrund besonderer Bedingungen die Entlastung der Mütter zu Lasten des Kindes ging.

Die Betreuung der Kinder im Kindergarten wurde als Dienstleistung für die Mütter betrachtet, und dieser Verpflichtung konnten sich die Kindergärtnerinnen offenbar nicht entziehen. Wenn aufgrund der Lebenssituation der Mutter (z.B. im Erziehungsurlaub) eine ganztägige Betreuung nicht erforderlich, von der Mutter jedoch gewünscht war, mußten Erzieherinnen dies akzeptieren, auch wenn pädagogische Argumente gegen die ganztägige Betreuung eines Kindes sprachen. Hierzu ein Beispiel:

Mütter, die nach der Geburt eines weiteren Kindes das (bezahlte) Babyjahr in Anspruch nahmen, brachten z.T. ihr älteres Kind weiterhin ganztägig in den Kindergarten. Man weiß, daß manche Kinder eifersüchtig auf das kleine Geschwister sind und für einige Zeit sich stark an die Mutter klammern. Über die Reaktionen der Kinder im Kindergarten berichtete eine Erzieherin:

»Dann haben eigentlich alle Kinder, die trotzdem den ganzen Tag in der Kindereinrichtung waren, verrückt gespielt. Also da kenne ich keine Ausnahme. Und das war auch sehr schwer, da mit dem Elternhaus zu arbeiten. Weil viele Mütter haben dieses Jahr so genossen mit diesem einzigen Kind, daß sie gar nicht bereit waren, das große Kind vielleicht mittags schon abzuholen. Und diesen Kindern haben wir oftmals Zwänge auferlegt. Das ist eine Sache, die ich heute noch mit am schlimmsten empfinde. Wo ich auch sage, da haben wir den Eltern eigentlich zuviel abgenommen, zuviel durchgehen lassen. Aber da gab es keine Abstriche, wir mußten. Wenn die Mutter das eben wollte, dann ist das Kind gekommen, basta. Wir haben zwar mit ihnen reden können und haben gesagt, wissen sie, ihrem Kind geht es hier so schlecht. Besonders dieses Schlafen. Weil die morgens schon ausgeschlafen hatten, die um acht immer erst gekommen mit Kinderwagen, dann abgesetzt, da hatten die schon gefrühstückt und dann wollten die natürlich um 12 nicht schlafen, da ist dann kein Kind müde. Dann haben sie sich natürlich nirgendwo reinreden lassen, haben auch geweint, den anderen Kindern gegenüber aggressiv gewesen, und da konnte man auch nichts machen. Wir mußten sie ja alle hinlegen« (Höltershinken u.a. 1997, 115).

An diesem Beispiel wird der Konflikt zwischen den Interessen der Mütter und den Bedürfnissen des Kindes deutlich, und zugleich zeigt sich die Ohnmacht der Kindergärtnerin, die die von ihr vorgeschlagene Lösung nicht durchsetzen konnte, nämlich das Kind nur halbtags zu bringen.

Grundzüge des Programms für die Bildungs- und Erziehungsarbeit im Kindergarten

Da alle Kindergärten nach dem gleichen, verbindlich vorgegebenen »Programm für Bildungs- und Erziehungsarbeit im Kindergarten« arbeiten mußten, unterschieden sie sich nicht grundsätzlich voneinander. Welche Abweichungen in der Praxis von diesem Programm vorgenommen wurden, welche Spielräume Erzieherinnen für die Gestaltung ihrer Arbeit hatten und nutzten, ist im Nachhinein nur schwer abzuschätzen. Erzieherinnen betonten in Interviews oft, daß die Differenz zwischen den z.T. stark ideologischen Zielen und der praktischen Umsetzung nicht unerheblich war (vgl. Grossmann 1992; Höltershinken u.a. 1997). Dennoch ist festzuhalten, daß die Arbeit nach dem Programm, das pädagogische Inhalte detailliert vorgab, zwingend vorgeschrieben war. Damit hatte das Programm für die praktische Arbeit eine nicht zu unterschätzende Bedeutung.

Die Kindergartenordnung legte fest, daß die Kindergartengruppen nach dem Alter der Kinder gebildet werden sollten (jüngere, mittlere und ältere Gruppe). Nur wenn z.B. in kleinen Ortschaften die Anzahl und das Alter der angemeldeten Kinder es erforderten, waren altersgemischte Gruppen zulässig.

Nach der Kindergartenordnung mußte für jede Gruppe in enger Anlehnung an das Programm ein Tagesablaufplan ausgearbeitet und sichtbar ausgehängt werden. Dabei sollte die Kindergartenleiterin gewährleisten, daß dieser konsequent eingehalten wurde (Kindergartenordnung vom 23.6.1983, §13, Abs. 5). Dies engte die Gestaltungsmöglichkeiten der Kindergärtnerin sehr ein.

Kinderkombination Eisenach
Tagesplan im Kindergarten (1989)
   6.00 – 7.30   Ankunft der Kinder/Spiel/Aufnahme durch den Frühdienst
   7.30 – 7.45   Körperpflege/die Gruppenerzieherin übernimmt die Gruppe
   7.45 – 8.00   Fröhlicher Tagesbeginn

> 8.00 – 8.20   Frühstück
> 8.20 – 8.30   Körperpflege
> 8.30 – 9.20   Beschäftigung:
> jüngere Gruppe:
> 1 Beschäftigung 15 Minuten
> mittlere Gruppe:
> 2 Beschäftigungen: 20 bzw. 15 Minuten
> ältere Gruppe:
> 2 Beschäftigungen: 25 bzw. 20 Minuten
> zwischen 2 Beschäftigungen:
> Pausengestaltung/Körperpflege
> 9.20 –   9.30   Aufräumen der Beschäftigungsmaterialien
> 9.30 – 11.00   Spiel/Aufenthalt im Freien
> 11.00 – 11.10   Aufräumen
> 11.10 – 11.30   Körperpflege
> 11.30 – 12.00   Mittagessen
> 12.00 – 12.30   Körperpflege/Vorbereitung zum Schlaf
> 12.30 – 14.00   Mittagsruhe
> 14.00 – 14.30   Anziehen/Aufräumen der Betten/Körperpflege
> 14.30 – 15.00   Vesper
> 15.00 – 16.30   Spiel in der Gruppe/angeleitetes Basteln
> 16.30 – 18.00   der Spätdienst übernimmt die Kinder
> (Aus: Grossmann 1992, 250)

Aus diesem Plan wird ersichtlich, daß alle Tätigkeiten im Kindergarten, das Spiel, der Aufenthalt im Freien, die Beschäftigungen, die Mahlzeiten, Körperpflege und das Aufräumen zeitlich festgelegt waren. Vergleichbare Tagespläne gab es in allen Einrichtungen, denn neben den inhaltlichen Vorgaben durch das Programm war auch die zeitliche Strukturierung des Tages vorgeschrieben.

Eine Erzieherin berichtete über ihre Erfahrungen:

»Z.B. war der Tagesablauf, der eingehalten werden mußte, das hat mich immer sehr geärgert. Ich wurde immer belangt, daß ich diesen Tagesablauf nicht einhalte, daß ich nicht zur Zeit auf die Toilette bin, so wie es auf dem Plan steht, daß ich die Essenszeiten nicht einhalte,

Kindergarten in Schmalkalden, Thüringen, im Sommer 1990: 17:30 Uhr – die letzten Kinder warten im Flur auf ihre Eltern.
Foto: Aden-Grossmann, 1990.

daß ich die Beschäftigung überzogen hatte. Diese Dinge mußten eingehalten werden mit der Uhr. Das hat die Leiterin kontrolliert. … Da waren immer die Kolleginnen gut raus, die die Zeiten immer genau eingehalten haben. Und das habe ich eigentlich nie ganz eingesehen« (Grossmann 1992, 312).

Ein wichtiger Aspekt der pädagogischen Arbeit waren die täglich durchzuführenden Beschäftigungen für alle Kinder. Die folgende Tabelle gibt eine zusammenfassende Übersicht über die Konzeption und die einzelnen Sachgebiete in dem »Programm für die Bildungs- und Erziehungsarbeit im Kindergarten« (1985) wieder. Mit dem Bereich »Gestaltung des Lebens im Kindergarten« werden übergreifende Gesichtspunkte benannt, wohingegen in den Sachgebieten, die die Grundlage für die täglich durchzuführenden Beschäftigun-

Erziehungsziele	Moralisch-sittliche Erz.: Erziehung zur sozialistischen Moral
	Geistige Erz.: Denken u. Sprache sind zielstrebig herauszubilden
	Ästhetische Erz.: Freude wecken am Malen, Bauen, Musizieren
	Körperliche Erz.: Bedürfnis nach sportlicher Betätigung fördern
Gestaltung des Lebens im Kindergarten	Begegnungen mit Werktätigen, Soldaten, Sportlern, Pionieren, Naturbeobachtungen, Vermittlung von Kenntnissen über sozialistische Länder durch Spielzeug, Bilderbücher, Lieder
	Gewöhnung an das Leben in der Kindergemeinschaft
	Herausbildung kollektiver Beziehungen
Spiel	Rollenspiel
	Spiele mit Bau-, Lege- und Naturmaterial
	Finger-, Stab- und Handpuppenspiel
	Finger-, Rate und Scherzspiele
	Kreis-, Tanz- und Ballspiele
	Didaktische Spiele
Arbeit	Selbstbedienung (Körperpflege, Mahlzeiten, An- und Auskleiden)
	Arbeiten für die Kindergruppe: (Aufräumen, Blumenpflege, Tischdienst etc.)

gen bildeten, spezifische Gebiete erfaßt wurden (Bekanntmachen mit dem gesellschaftlichen Leben, Bekanntmachen mit der Natur, Förderung der Muttersprache etc.). Die Art der Beschäftigungen und die zu behandelnden Themen wurden – ähnlich wie der »Stoffverteilungsplan« in der Schule – für jedes Quartal festgelegt.

Tägliche Beschäftigungen	Sachgebiete
jüngere Gruppe: 1 Beschäftigung: 15 Min. *mittlere Gruppe:* 1 Beschäftigung 20 Min. 2 Beschäftigungen 15 Min. Sport 30–40 Min. *ältere Gruppe:* 1 Beschäftigung 25 Min. 2 Beschäftigungen 20 Min. Sport: 35–45 Min.	Muttersprache Kinderliteratur Bekanntmachen mit dem gesellschaftl. Leben Bekanntmachen mit der Natur Sport Bildnerisch-praktische u. konstruktive Tätigkeiten Musik Zusätzlich für die mittlere u. ältere Gruppe: Entwicklung elementarer mathematischer Vorstellungen

Schon aus dieser Übersicht wird deutlich, daß sehr detaillierte Vorgaben gemacht wurden, die die Erzieherinnen zu einem inhaltlich und zeitlich stark strukturierten Vorgehen zwangen. In den Sachgebieten Muttersprache, Bekanntmachen mit dem gesellschaftlichen Leben und der Natur, bildnerisches Gestalten und elementare Mathematik sollten durch die täglichen Beschäftigungen vor allem die geistige Entwicklung und die Schulfähigkeit der Kinder gefördert werden. Hier wurde nach ähnlichen Methoden gelernt und gearbeitet wie im Anfangsunterricht der Grundschule, allerdings überwogen die spielerischen Elemente. Dabei sollte die Erzieherin allgemein von dem Grundsatz ausgehen, »alles, was den Kindern in ihrer Umwelt durch direkte Anschauung zugänglich ist, zielgerichtet über das unmittelbare Erleben zu vermitteln« (Ministerium für Volksbildung 1985, 108). Ansonsten sollten Beschäftigungsmaterial oder didaktisches Material verwendet werden.

Im folgenden soll exemplarisch auf die Sachgebiete »Muttersprache« und »Entwicklung elementarer mathematischer Vorstellungen« eingegangen werden.

Kindergärtnerin mit Kindern. Evangelischer Kindergarten in Schmalkalden, Thüringen, 1991.
Foto: Aden-Grossmann, 1991.

Sachgebiet: Muttersprache

Über die grundlegende Bedeutung der Sprache für die Entwicklung der Persönlichkeit heißt es in einem Fachbuch für Erzieherinnen: »Auf Grund ihrer kommunikativen und kognitiven Funktion ist die Sprache ein notwendiges Mittel zur Entwicklung aller Fähigkeiten der Persönlichkeit, wie Denken, Wollen, Gefühle, Einstellungen, Überzeugungen, Verhaltensweisen, u.a.m.« (Brumme u.a. 1984, 12). Die übergreifende Aufgabe der muttersprachlichen Förderung im Kindergarten ist »die Befähigung der Kinder zur Verständigung in zusammenhängender Rede« (ebd., 26) Diese Fähigkeiten sollen im Kindergarten durch das Vorbild der Erzieherin und durch sprachliches Handeln entwickelt werden, indem die Kinder entsprechende [sprecherische, sprachliche – geistige und sprachliche – kommunikative] Aufgaben lösen. Damit Kinder den späteren Anforderungen der Schule gerecht werden können, also lesen und schreiben lernen, sind im Vorschulalter die hierfür notwendigen Voraussetzungen zu schaffen:

- »ein angemessenes Niveau der Sprachentwicklung,
- das Verständnis für die Schrift als Träger von Bedeutungen und das Bedürfnis, lesen und schreiben lernen zu wollen, sowie
- das differenzierte Wahrnehmen und Erfassen der Sprache als Gegenstand der Tätigkeit und Aneignung« (Brumme u a. 1984, 18).

In dem Sachgebiet Muttersprache, das für alle Altersstufen von herausragender Bedeutung war, sollte die Sprachentwicklung der Kinder in allen Dimensionen gefördert werden. Zentral war die Entwicklung des lautrichtigen und deutlichen Sprechens, die Erweiterung des Wortschatzes der Kinder und der grammatikalisch richtige Gebrauch der Sprache. Dabei sollte die Erzieherin sich einen Überblick über die sprachliche Entwicklung der Kinder ihrer Gruppe verschaffen (Lautbildung, deutliche Aussprache, grammatisch richtiges Sprechen, sprachliche Aktivität), um danach Maßnahmen für die Gruppe oder einzelne Kinder festzulegen. Am Beispiel der Entwicklung von Sprechfertigkeiten für die Gruppe der Drei- bis Vierjährigen soll der methodische Ansatz dargestellt werden.

Unterscheiden verschiedener Stimmen, Geräusche, Klänge und Laute:

Tierstimmen und Geräusche von Fahrzeugen und deren Lautstärke bestimmen, nachahmen und zuordnen; Geräusche unterscheiden wie Weckerrasseln, Papierknistern, Ballprellen ... Tätigkeiten wie Klopfen, Klatschen, Trommeln, Stampfen, Klappern, Klingeln sowie Vorgänge im Kindergarten am Geräusch erkennen, nachahmen und zuordnen.

Genaues Hören:

Flüsterspiel

Üben der Atmung:

Pustespiele verschiedener Art ...

Üben von Sprechbewegungen:

Lecken wie eine Katze; Lippen mit der Zunge »saubermachen«; Zähne mit der Zunge putzen; Lippen breitziehen; Lippen flattern lassen; Zunge schnell hin- und herbewegen; ... schwierige, lustige Wörter sprechen« (Ministerium für Volksbildung 1985, 38ff.).

Zur Förderung des phonetisch richtigen Sprechens sollten Sprechspiele und Reime eingesetzt werden. Die Alltagssituationen im Kindergarten sollen auch für die Erweiterung des Wortschatzes genutzt werden. In dem Programm heißt es hierzu: »Die Erzieherin entwickelt die Fähigkeit der Kinder, Handlungen sprachlich treffend und vollständig durch Verben und damit verbundene Wörter wiederzugeben. Sie wirkt dadurch der häufigen Verwendung von »machen« entgegen. ... Diese Aufgabe verwirklicht die Erzieherin auch bei verschiedenen Tätigkeiten im Tagesablauf, z.B. beim Anziehen: »Andrea knöpft ihre Jacke zu«, ebenso mit solchen Verben wie zubinden, zuschnüren, umbinden, überziehen, zuziehen« (a. a. O., 40).

Große Aufmerksamkeit wird der Entwicklung des »zusammenhängenden Sprechens« gewidmet. Hierzu werden Bilderbücher betrachtet, Geschichten nachgestaltet und nacherzählt und das Handpuppen- und Stegreifspiel sowie das Rollenspiel eingesetzt.

Einen besonderen Schwerpunkt bildet die Beschäftigung mit Kinderliteratur (Bilderbücher, Märchen, Reime, Gedichte, Puppen- und Kindertheater), und es werden sehr konkrete Angaben gemacht, welche Ziele zu verfolgen und welche Bilderbücher einzusetzen sind. Im Unterschied zu den am Alltagsgeschehen orientierten Sprechübungen und Sprachspielen soll durch die Auswahl von Kinderliteratur ein Beitrag zur sozialistischen Erziehung geleistet werden. In dem Programm heißt es: »Die Erzieherin vermittelt die Kinderliteratur in einer solchen Weise, daß die Kinder die literarisch gestalteten Beziehungen der Menschen zu ihrer sozialistischen Heimat, zur Arbeit, zum Frieden und zur Freundschaft mit den Menschen in der Sowjetunion und in anderen sozialistischen Ländern sowie zu den Menschen, die gegen die Feinde der Völker um ihre Freiheit kämpfen, auf der Grundlage ihrer Erfahrungen erleben, gedanklich erfassen und begründet werten.

»Die Kinder sollen in ihrer Bereitschaft gestärkt werden, sich gegenseitig zu helfen, gemeinsam zu handeln und sich richtiges Verhalten zum Vorbild nehmen« (Programm 1985, 210). Zur Erreichung dieser Zielvorstellungen sollte die im folgenden kurz charakterisierte Kinderliteratur eingesetzt werden.

Zum Aufgabenbereich »Bekanntmachen mit dem gesellschaftlichen Leben« gehörte auch die Förderung einer akzeptierenden Einstellung zur Nationalen Volksarmee, die auch über Bilderbücher vermittelt werden sollte. Aus: »Vater ist mein bester Freund« von Günter Görlich mit Illustrationen von Konrad Golz, Der Kinderbuchverlag, Berlin 1978.

Vom Kampf um den Frieden und von unseren Freunden in der Sowjetunion und von Menschen in anderen Ländern

Die angeführten Erzählungen bereichern die Vorstellungen der Kinder vom Kampf und von der Einsatzbereitschaft der Menschen für den Frieden und für alles Wertvolle in unserem Leben, von der Freundschaft mit Menschen der Sowjetunion und anderer Länder. »*Die Polizeituba*« (Gerber, H.; Grube-Heinecke, R.: Die Polizeituba. Der Kinderbuchverlag Berlin 1975) gibt den Kindern Einblick in den Kampf der Arbeiter in Vergangenheit und Gegenwart und »*Paul und Janni finden Teddy*« (Rodrian, F.; Zucker, G.: Paul und Janni finden Teddy. Der Kinderbuchverlag, Berlin 1978) den Kampf Ernst Thälmanns. Erlebnisnah verdeutlichen »*Vater ist mein bester Freund*« (Görlich, G.; Golz, K.: Vater ist mein bester Freund. Der Kinderbuchverlag Berlin 1978) und »*Der kleine Kommandeur*«, (Geelhaar, A.; Zucker, G.: Der kleine Kommandeur. Der Kinderbuchverlag Berlin 1978) wie sich die Menschen für den Schutz unseres sozialistischen Vaterlandes einsetzen. Durch die kleine Erzählung »*Guten Tag, Onkel Lenin*« (Kinderzeitschrift »Bummi«: »Guten Tag, Onkel Lenin.« Heft 18/1982) erfahren die Kinder etwas davon, wie es Lenin verstand, die Menschen, auch Kinder, in den revolutionären Kampf einzubeziehen, und durch »*Der Serjoschaofen*« (Kinderzeitschrift »Bummi«: »Der Serjoschaofen«. Heft 5/1982) davon, wie sowjetische Soldaten nach dem Sieg über die Faschisten Not und Elend bei uns überwinden halfen. Durch die wirklichkeitsnahen Erzählungen »*Vom Bären, der nicht mehr schlafen konnte*« (Pludra, B.; Meyer-Rey, I.: Vom Bären, der nicht mehr schlafen konnte. Der Kinderbuchverlag Berlin 1978) und »*Randi*« (Lind, H.; Meyer-Rey, I.: Randi. Der Kinderbuchverlag Berlin 1976) erweitern die Kinder ihre Eindrücke über Arbeit und Leben der Menschen in der Sowjetunion. Zur Verbundenheit mit sowjetischen Soldaten und Menschen werden die Kinder anschaulich durch »*Wir gehen mal zu Fridolin*« (Rodrian, F.; Zucker, G.: Wir gehen mal zu Fridolin. Der Kinderbuchverlag Berlin 1980) und »*Die große Reise des kleinen Jonas*« (Pieper, K.; Friebel, I.: Die große Reise des kleinen

> Jonas. Der Kinderbuchverlag Berlin 1977) motiviert. Einfühlsam werden sie zur Solidarität mit Kindern anderer Länder durch »*Antonella und ihr Weihnachtsmann*« (Augustin, B.; Lahr, G.: Antonella und ihr Weihnachtsmann. Der Kinderbuchverlag Berlin 1975) angeregt (Ministerium für Volksbildung 1985, 212).

Diese pädagogischen Ziele, die weit über das Fassungsvermögen 5- bis 6jähriger Kinder hinausgehen, zeigen, daß nicht nur das Sachgebiet »Bekanntmachen mit dem gesellschaftlichen Leben« ideologisch ausgerichtet war, sondern daß sich dieses Prinzip auf weite Teile des pädagogischen Programms erstreckte.

Entwicklung elementarer mathematischer Vorstellungen

Die Vermittlung elementarer mathematischer Vorstellungen begann in der mittleren Gruppe und wurde dann in der Gruppe der älteren Kinder differenzierter und umfangreicher fortgesetzt. Der folgende Auszug aus dem Programm zeigt, welche Ziele innerhalb des ersten Jahres erreicht werden sollten:

»Die Erzieherin befähigt die Kinder durch vielfältige praktische Handlungen mit Gegenständen und zunehmend anhand von Wahrnehmungen und Vorstellungen zum richtigen Gebrauch der Zahlen von eins bis zehn, Vergleichen mehrerer Gegenstände nach Länge, Breite und Höhe und zu einfachen Meßhandlungen. Die Erzieherin hat die Aufgabe, die Erfahrungen und Kenntnisse der Kinder über quantitative und qualitative Beziehungen zwischen Gegenständen und deren Eigenschaften sowie zwischen Mengen systematisch zu erweitern. Sie fördert das Interesse der Kinder an solchen Beziehungen, ihre Freude am Ausprobieren von Lösungen und ihre geistigen Fähigkeiten. Bei den Kindern sind differenziertes Wahrnehmen und genaues Vergleichen, Aktivität und Beweglichkeit des Denkens auszubilden. Sie sollen die erzielten Ergebnisse sprachlich genau darstellen, begründen und dabei gleiche Sachverhalte in verschiedenen Formulierungen wiedergeben können. Die Kinder sind zu Sorgfalt und Genauigkeit beim Lösen der Aufgaben zu erziehen. Ihre Fertigkeiten im Umgang mit den speziellen Arbeitsmaterialien sind weiter auszubilden. Durch die Vermittlung der angegebenen Inhalte befähigt die Erzieherin die Kinder, sich besser in der Umwelt zu orientieren und Aufgaben im täglichen Leben selbständiger zu erfüllen« (Ministerium für Volksbildung 1985, 142).

Das Programm gab den Erzieherinnen für jedes Quartal detailliert didaktisch-methodische Hilfen, wie diese Ziele durch die systematisch aufgebauten Beschäftigungen zu erreichen sind. Dabei sollten den Kindern »die Aufgaben interessant und in enger Verbindung mit ihrem Leben« gestellt werden (ebd.). Dieser methodische Ansatz soll durch die folgenden Beispiele verdeutlicht werden:

»Die Erzieherin läßt die Kinder aus mehreren Gegenständen alle die auswählen und zusammenfassen, die ein vorgegebenes Merkmal aufweisen, das Ergebnis dieser Handlung mitteilen und die Zusammengehörigkeit der Gegenstände begründen, z.B.: Ich habe alles, was rot ist, herausgesucht und in den Korb getan. Alles andere habe ich nicht genommen, weil es nicht rot ist« (a. a. O., 143).

Gegen Ende des ersten Quartals ist die Aufgabe schon komplexer: »Die Kinder wählen aus einem Vorrat von Gegenständen diejenigen aus, die zwei gemeinsame Merkmale aufweisen. Sie werden z.B. aufgefordert, aus dem Baukasten die Bausteine herauszusuchen, die eckig und lang sind« (a. a. O., 144) Am Endes des Jahres sollen die Kinder fähig sein »im praktischen Handeln Mengen von Gegenständen, die sich in ihrer Anzahl um ein bis vier Elemente unterscheiden, zu vergleichen und den Unterschied mit Zahlwörtern anzugeben« (a. a. O., 147).

Für die ältere Gruppe wird der Zahlenraum bis 10 erweitert, es werden geometrische Formen (Legetäfelchen und Bausteine) eingesetzt. »Das Vergleichen und Messen von Längen, Breiten und Höhen ist hauptsächlich in Verbindung mit solchen Tätigkeiten durchzuführen wie Bauen, Basteln, dekoratives Gestalten, Gartenarbeit und sportliche Wettbewerbe« (a. a. O., 241).

In den Anleitungen für die Erzieherin wird besonders hervorgehoben, daß die Verbalisierung dessen, was die Kinder tun und erkannt haben, ein wichtiger Bestandteil bei der Vermittlung elementarer mathematischer Vorstellungen ist. Ein zweiter Hinweis bezieht sich darauf, daß bei diesen Beschäftigungen eine Verknüpfung mit Alltagserfahrungen und dem Spiel erfolgen sollte.

Die Orientierung am »Fach« will Roswitha Haubenreißer überwinden und plädiert dafür, die elementaren mathematischen Inhalte mit anderen Inhalten zu verknüpfen. Wichtig, so meinen die Erzieherinnen Körner und Eulzer, sei der spielerische Umgang mit Zahlen. »Spielelemente stimulierten geistige Anstrengungen, auch wenn die Kinder z.B. herausfinden sollten, wie viele von 10 Steinchen in der linken Hand noch verborgen, wenn auf der rechten sechs zu sehen sind. Ebenso gern waren die Kinder selbst ›Akteure‹ und ›Aufgabenerfinder‹. Zum Beispiel ließen wir 10 Kinder in einer Reihe ›antreten‹. Dann stellten die Kinder solche Aufgaben: Der 7. in der Reihe klatscht schnell weniger als dreimal. – Das 2. Kind hüpft mehr als viermal u.a. Immer wieder fanden wir bestätigt: Eine bewußte zielgerichtete Aufgaben- und Fragestellung, die Schaffung von Spannungsmomenten, Knobelsituationen und Anwendungsmöglichkeiten im gesamten Tagesablauf erhöhen auch bei der mathematischen Bildung bei allen Kindern das Interesse am Wissenserwerb und die Qualität der Aneignung. Gleichzeitig konnten wir bei allen Kindern Fortschritte hinsichtlich der Lerneinstellung und der Freude am Mitdenken registrieren« (Körner; Eulzer 1989, 264).

Auf die hier dargestellte Weise versuchten Erzieherinnen über das stark fächerorientierte Curriculum des vorgegebenen Programms hinauszugehen und Lern- und Übungsmöglichkeiten im Spiel und im Alltag zu nutzen und elementare mathematische Vorstellungen handlungsorientiert zu vermitteln.

Kritik

Noch vor der Wiedervereinigung begann in der »Noch-DDR« eine Auseinandersetzung mit der Kindergartenerziehung. Das Forum für die kritische Diskussion des Programms war seit Anfang 1990 die Zeitschrift »Neue Erziehung im Kindergarten«. Die in Leserzuschriften und Beiträgen vorgetragene Kritik richtete sich in erster Linie gegen das Programm und hier insbesondere gegen den Bereich »Bekanntmachen mit dem gesellschaftlichen Leben«. So kritisierte Uwe Schaarschmidt, Professor an der Akademie der Pädagogischen Wissenschaften der DDR, daß die Pädagogik von einer Art »Defizitmodell« ausgegangen sei, »bei dem das Kind im Sinne eines unvollkommenen Erwachsenen, das Kindsein als ein Durchgangsstadium zum eigentlichen Menschwerden und nicht Teil des menschlichen Lebens mit einem Wert für sich gesehen wird ... Autoritärer Erziehungsstil, Entmündigung und Gängelei mit all ihren frustrierenden Folgen für die kindliche Persönlichkeit sind so vorprogrammiert« (Schaarschmidt; Neue Erziehung im Kindergarten 4/1990, 75). Schaarschmidt schränkte seine scharfe Kritik mit dem folgenden Satz ein: »Damit soll nicht gesagt sein, daß all das bisherige Leben in unseren Kindergärten nur Gängelei und Frust war. ... Denn glücklicherweise hat sich in der Arbeit vieler Erzieherinnen ein natürliches und liebevolles Verhältnis zum Kind auch über wenig kindgemäße Konzepte hinweggesetzt« (ebd.). In dem gleichen Heft schrieb Elke Heller, wissenschaftliche Mitarbeiterin für Vorschulerziehung am Zentralinstitut für Weiterbildung: Wir waren »eingebunden in ein administrativ geleitetes System, das auf die Erziehung und Bildung sozialistischer Staatsbürger vom jüngsten Alter an gerichtet war. Die Ziele und Inhalte der Arbeit im Kindergarten waren prinzipiell von Werten und Normen eines Gesellschaftskonzepts abgeleitet, das sich als nicht tragfähig – ja als Irrweg – für die Entwicklung der Menschen in unserem Land erwiesen hat. Vieles, was von diesen moralischen Wertorientierungen in das Erziehungskonzept des Kindergartens übernommen wurde, stellt sich heute als unrealistisch und einseitig, als überzogen und nicht altersgemäß für die Erziehung kleiner Kinder dar« (Heller 1990, 74).

Im Nachhinein stellte es sich zudem heraus, daß das Programm herausgegeben wurde, ohne daß die Anregungen aus der Praxis und wichtige Forschungsergebnisse berücksichtigt wurden. Irmgard Launer schrieb hierzu: »So, wie das Programm jetzt vorliegt, ist es überpolitisiert, ein Dokument der Zeit, in der es entstand. Der erste Entwurf wurde im Dezember 1982 am Tisch des damaligen Ministers für Volksbildung (Margot Honecker, Anm. der Verf.) beraten und verworfen. Mit jeder neuen Vorlage gab es weitere Auflagen zur Verstärkung der politischen Erziehung im Kindergarten« (Launer, 1990, 29).

Bärbel Sültmann, Mitglied der Forschungsgruppe, deren Aufgabe es war, die vorgegebenen Ziele des Programmteils »Bekanntmachen mit dem gesellschaftlichen Leben« für die Praxis umzusetzen und methodische Handreichungen zu entwickeln, schrieb, daß die Forschungsergebnisse der Gruppe unterdrückt und nicht veröffentlicht wurden und daß das Programm ohne Rücksicht auf die aus der Praxis gewonnenen Erfahrungen rein ideologischen Zielsetzungen folgte. »Die im Programm ausgewiesenen Ziele und Inhalte übersteigen in allen Bereichen (außer Verkehrserziehung) weit das in unseren Untersuchungen als zweckmäßig Erkannte. Ja, es wurden Ziele und Inhalte im Programm aufgenommen, die auch bei geschicktester didaktisch-methodischer Aufbereitung das Fassungsvermögen von Vorschulkindern übersteigen ... Es handelt sich um solch verhängnisvolle Forderungen wie ›von den Feinden, die unser friedliches Leben bedrohen und den Krieg wollen‹ oder ›von den Ausbeutern und Faschisten in der BRD‹« (Sültmann 1990, 294).

Zur Rolle der Kindergärtnerin

Sowohl während der Ausbildung als auch im Berufsleben wurde von Seiten der pädagogischen Wissenschaft und der politischen Führung immer wieder die »Verantwortung« der Kindergärtnerin betont, die Erziehung im Kindergarten als einen politischen Auftrag zu begreifen. Die ideologische Schulung und Kontrolle hatten die Kindergärtnerinnen schon auf ihrem bisherigen Lebensweg begleitet. Bereits in der allgemeinbildenden Schule nahm das Fach Marxismus-Leninismus (ML) breiten Raum ein, und auch an der Fachschule für Kindergärtnerinnen wurde dieses Fach gelehrt und geprüft. Damit der »Klassencharakter der Erziehung« im Bewußtsein jeder Mitarbeiterin verankert blieb, fanden regelmäßig marxistisch-leninistische Weiterbildungen statt, zu deren Besuch jede Kindergärtnerin verpflichtet war. »Für Kindergärtnerinnen (auch alle anderen pädagogischen Berufe) bestand entsprechend ihrer Stellung, Beauftragte des Staates zu sein, die Forderung, auch bei Nichtangehörigkeit einer Partei, an diesen politischen Anleitungen teilzunehmen« (Höltershinken 1997, 124). Die Wirksamkeit dieser Schulungsmaßnahmen wurde sowohl von der Leiterin des Kindergartens (z.T. in Zusammenarbeit mit dem örtlichen FDJ-Sekretär) wie auch der zuständigen Fachberaterin ständig überwacht.

Hierzu berichtete eine Erzieherin rückblickend: »Ich habe damals. das weiß ich noch, so'n Beschäftigungskurs gemacht über »Bekanntmachen«, eben wie das auch so im Programm drinstand, eben über die NVA. Und da kam dann so 'ne Fachkommission und die haben dort eben auch hospitiert. Und das fand ich immer so, dieser Druck, der da immer so kam, von oben, was mich belastet hat« (Grossmann 1992, 311). Wie eng oder wie weit die Spielräume bei der inhaltlichen Gestaltung für einzelne Erzieherinnen waren, hing von der Leiterin des Kindergartens ab, wie das folgende Beispiel zeigt: »Ich muß mal sagen, ich hab als Erzieherin nie dieses Armeespielzeug oder die Politik so groß aufgebaut. Es lag bestimmt auch viel an der Leiterin. Und wenn eine Leiterin verlangte, daß man das machen mußte, dann war es wirklich manchmal sehr sehr schwer, da jetzt einen Mittelweg zu finden« (ebd.). Ob es möglich war, die pädagogische Arbeit weitgehend »unpolitisch« zu gestalten, hing sehr stark von den Persönlichkeit der Leiterin ab. Aber schon dadurch, daß der Tagesablauf bis ins einzelne geregelt war, konnte der disziplinierende Charakter der Erziehung nicht aufgehoben werden. Dies hebt auch Barbara Hille in ihrer bereits 1988 erschienenen Analyse hervor. Sie kritisierte, daß aufgrund großer Kindergruppen und beengter räumlicher Bedingungen in vielen Einrichtungen »Anpassung, Disziplin, Sauberkeitserziehung trotz anderslautender Absicht zwangsläufig in den Vordergrund treten. Ein straffer Tagesablauf, der mit den Kindern schrittweise eingeübt wird, fördert vornehmlich solche Fähigkeiten und Fertigkeiten, die für das tägliche Zusammenleben und die Einordnung in die Kindergruppe unerläßlich sind ... Ob unter diesen spezifischen Umständen schöpferische Impulse und Fähigkeiten entwickelt und freigesetzt werden können, bleibt deshalb fraglich. Wahrscheinlich ist statt dessen, daß durch die konsequente Erziehung zur Anpassung und Disziplin eher ein breites Mittelmaß produziert wird« (Hille 1988).

Die Wende

Mit der Vereinigung beider deutscher Staaten am 3. Oktober 1990 wurde die politische Teilung Deutschlands nach 41 Jahren überwunden. Vorausgegangen waren der politische und wirtschaftliche Zusammenbruch der DDR und der von den großen Bürgerbewegungen erzwungene Rücktritt der Regierung Erich Honeckers. Mit der Wiedervereinigung wurde der Geltungsbereich des Grundgesetzes auf das Gebiet der ehemaligen DDR ausgedehnt und die Verfassung der DDR außer Kraft gesetzt.

Untergegangen war damit ein Staat, der den Anspruch gestellt hatte, eine sozialistische Gesellschaft aufzubauen, und dessen Gesellschafts- und Bildungssystem dem Marxismus-Leninismus verpflichtet war. Trotz vieler Mängel in der Versorgung der Bevölkerung mit Konsumgütern und einer totalitären und repressiven Machtstruktur von Partei und Staat gab es für den einzelnen einen festen Rahmen für seine Lebensgestaltung. Dazu gehörte das in der Verfassung verankerte Recht auf Arbeit und der Anspruch auf eine kostenlose Kinderbetreuung in Kinderkrippe, Kindergarten und Hort, für die lediglich ein Essensbeitrag erhoben wurde.

Im Rahmen des Einigungsverfahrens wurde das Kinder- und Jugendhilfegesetz auf das Gebiet der ehemaligen DDR übertragen und trat dort bereits am 3. Oktober 1990 in Kraft, also ein Vierteljahr früher als in den alten Bundesländern. Nach diesem Gesetz ist der Kindergarten eine Angelegenheit der Länder und Gemeinden. Da zum Zeitpunkt der Vereinigung es auf dem Gebiet der DDR noch keine föderative Struktur gab, übernahm der Bund für eine Übergangszeit bis zum 30. Juni 1991 die Kosten für die Tageseinrichtungen, um deren Weiterführung zu gewährleisten. Bis dahin mußten die Voraussetzung für die strukturelle Umgestaltung geschaffen werden; d.h., es mußten die Länder konstituiert sowie die Landesjugendämter und die Jugendämter in den Kreisen aufgebaut werden. Dann erst konnten die Städte und Gemeinden die Kindergärten als Träger übernehmen. Auch die freien Träger der Jugendhilfe mußten sich erst in den neuen Bundesländern konstituieren, ehe sie Träger von Einrichtungen werden konnten. Die Tatsache, daß durch die Übernahme des KJHG der Kindergarten dem Sozialministerium unterstellt wurde, also nicht mehr wie in der ehemaligen DDR dem Bildungsbereich zugeordnet war, erlebten viele Kindergärtnerinnen als eine Abwertung ihres Status und ihrer Arbeit.

Bereits in der ersten Phase nach der Wende schlossen viele Betriebe ihre Betriebskindergärten, weil sie sich rasch dieser *unproduktiven Einrichtungen* entledigen wollten.

War zuvor der Besuch des Ganztagskindergartens in der DDR kostenlos – es mußte lediglich ein kleiner Essensbeitrag entrichtet werden – so verteuerte er sich nach dem 30.6.1991 erheblich. Gegenüber 1988 sank die Geburtenrate in den neuen Bundesländern von etwa 200.000 auf ca. 110.000 im Jahr 1991. Dieser dramatischen Rückgang der Geburten, der sich in den darauffolgenden Jahren fortsetzte, führte zu einer verringerten Nachfrage nach Plätzen in Kinderkrippen und Kindergärten und zu einer Überkapazität, die abgebaut werden mußte, d.h., die Kommunen mußten in einem erheblichen Umfang Erzieherinnen entlassen und Plätze in Tageseinrichtungen abbauen.

Unmittelbar nach der Wende 1989 bildeten sich in der DDR »runde Tische«, d.h. Gesprächskreise, an denen sich vor allem Vertreter der Bürgerbewegungen und der Kirchen der DDR beteiligten. Hier wurden in erster Linie allgemeine Probleme der Demokratisierung der Gesellschaft diskutiert. Es gründete sich aber auch ein »runder Tisch«, der sich speziell mit pädagogischen Fragen auseinandersetzte und die inhaltliche Erneuerung aller pädagogischen Einrichtungen und Konzepte forderte. Themen wie das »Menschenbild« und das »Bild vom Kind«, die der Pädagogik der DDR zugrunde lagen, wurden in den ersten Monaten nach der Wende in diesem Kreis diskutiert und die Ideologisierung und Kontrolle der pädagogischen Institutionen kritisiert. Aber schon nach wenigen Monaten verebbte in der Öffentlichkeit das Interesse an einer Aufarbeitung der pädagogischen Praxiserfahrungen und der Entwicklungen. In den Vordergrund traten die Sorge um den Erhalt der Arbeitsplätze in den Kinderkrippen, Kindergärten und Horten und das Bemühen um die Anerkennung der Berufsausbildungen der Krippenerzieherinnen, Kindergärtnerinnen und Hortnerinnen (s. Kap. XVI).

Bereits in den ersten Monaten nach dem Fall der Berliner Mauer und dem Zusammenbruch der DDR wurden zunächst die ideologischen Teile des »Programms zur Bildungs- und Erziehungsarbeit im Kindergarten« und kurz darauf das gesamte Programm außer Kraft gesetzt. Dies führte bei vielen Eltern und Erzieherinnen einerseits zu Verunsicherung, denn nun waren sie konfrontiert mit der Pluralität von Kindergartenkonzepten und neuen Strukturen. Andererseits eröffneten sich neue Möglichkeiten der Gestaltung.

Die politischen Ereignisse während der Wende veranlaßten viele Erzieherinnen, über ihre Position und Rolle nachzudenken und ihre Erfahrungen zu verarbeiten. In einem 1991 geführten Gespräch wurde deutlich, wie eng der Zusammenhang zwischen dem Nachdenken – dem »Umdenken«, wie es eine Erzieherin ausdrückte – und der Entwicklung eines neuen pädagogischen Konzepts war. »Jede Erzieherin hat ihre Kinder beobachtet, und dabei haben wir festgestellt, daß die Konzentration der Kinder eben nicht gut entwickelt war. Die Ursachen können sehr unterschiedlich sein. Z.B. der Konsum von Fernsehen und Video, das ist nun alles auf die Kinder eingeströmt ... Und bei Maria Montessori haben wir eigentlich das gefunden, was uns interessiert ... Die reine Montessori-Pädagogik wollen wir nicht, aber den Teilbereich Konzentration. Das Material ist sehr teuer, das Geld dafür hatten wir nicht, aber wir haben ja gelernt, aus ganz wenigen Dingen was zu machen, weil das ja vor der Wende so war ... So waren wir eben erfinderisch und haben viele Dinge, die die Konzentrationsfähigkeit der Kinder entwickeln, selbst gemacht, immer mit dem Blick zu Maria Montessori« (Grossmann 1992, 313).

Eine andere Erzieherin thematisierte ihre Rolle im Gesellschaftssystem der DDR, und sie bezog auch die veränderten Lebensumstände der Kinder in ihre Überlegungen mit ein: »Es war so ein Umdenkungsprozeß. Jeder mußte für sich selber nachdenken. Ich habe lange gebraucht, um mit mir selber ins Reine zu kommen. Auch die ganze Situation in der Familie, man ist in der Partei gewesen, das sind alles Dinge gewesen, über die man nachdenken mußte. Ich habe ja früher auch gedacht, vielleicht ist es doch gut und richtig, was gemacht wird ... Wir haben lange gebraucht, daß jeder erst mal selber mit sich ins Reine kam und vor allen Dingen, wir haben uns in diesem einen Jahr auf unsere Kinder auch sehr stark konzentriert, herausgefunden, was interessiert eigentlich unsere Kinder, was wollen die ... Wir gehen eben vom Kind aus, so ist eigentlich unser neues Konzept entstanden« (ebd.).

XV
Der Kindergarten – eine Einrichtung der öffentlichen und privaten Wohlfahrtspflege

Zur Begrifflichkeit

Im Zusammenhang mit der institutionellen Kleinkindererziehung treffen wir auf Begriffe, die im folgenden erläutert werden sollen: *Tageseinrichtungen für Kinder* sind familienergänzende, sozialpädagogische Einrichtungen, die von Kindern tagsüber oder während eines Teils des Tages regelmäßig besucht werden. In den einzelnen Bundesländern ist noch immer eine unterschiedliche Terminologie üblich wie z.B. *Kindertageseinrichtung, Kindertagesstätte* und *Kindertagesheim*. Angestrebt wird eine Vereinheitlichung unter dem oben genannten Begriff *Tageseinrichtung für Kinder*. Diese Bezeichnung wird als Oberbegriff gebraucht, und je nach dem Alter der Kinder unterscheiden wir *Kinderkrippen* und *Krabbelstuben* für Säuglinge und Kleinkinder bis zu 3 Jahren, *Kindergärten* für Kinder von drei Jahren bis zur Einschulung und *Horte*, die Schülerinnen und Schüler bis zum 12. Lebensjahr vor und nach der Schule betreuen. Kinderkrippen/Krabbelstuben, Kindergärten und Horte bilden häufig jeweils für sich eine organisatorische Einheit; oft sind sie jedoch auch in unterschiedlichen Kombinationen organisatorisch zusammengefaßt: Z.B. können Kinderkrippe/Krabbelstube und Kindergarten eine Institution bilden; häufig sind auch Kindergarten und Hort unter einem Dach, oder es wird eine Tageseinrichtung geschaffen, die alle Kinder bis zum 12. Lebensjahr betreut.

Eine neue Betreuungsform entstand mit den *Kinderhäusern*, die das Zusammensein verschiedener Kindergenerationen zum Ziel haben, die Ausgrenzung der Familien aufheben wollen und eine Vernetzung mit anderen Einrichtungen und sozialen Diensten des Umfeldes anstreben. Diese in bundesweiten Modellversuchen erprobten Einrichtungstypen wollen mit ihrem Konzept auf veränderte Lebenssituationen von Familien und Kindern reagieren. Der Begriff Kinderhaus wird auch für einen bestimmten Typus von Kinderheim, also einer stationären familienersetzenden Einrichtung gebraucht, er ist also in seiner Verwendung noch ungefestigt (vgl. Irsken 1997, 541ff.).

Unter pädagogischen Gesichtspunkten erscheint die Zusammenfassung der verschiedenen Altersstufen unter einem Dach durchaus günstig zu sein, vor allem dann, wenn auch innerhalb der Einrichtung nicht starr an den Altersgrenzen zwischen den einzelnen Abteilungen festgehalten wird, weil dies dem Kind die Übergänge von einer Altersstufe zur nächsten erleichtern kann. Viele Einrichtungen arbeiten in altersgemischten Gruppen, jedoch gibt es große Unterschiede hinsichtlich der Breite der altersgemischten Zusammensetzung.

Ganztägig geöffnete Einrichtungen bieten eine Mittagsversorgung an und betreuen die Kinder in der Regel von 7 oder 8 Uhr bis 17 oder 18 Uhr, wobei sich die Länge der täglichen Aufenthaltsdauer meist an den Arbeitszeiten der Eltern orientiert. Andere Öffnungszeiten haben hingegen die Kindergärten, die meist vor- und nachmittags geöffnet sind, den Kindern aber kein Mittagessen bieten. Da viele Mütter auf eine ganztägige Betreuung angewiesen sind, haben etliche Einrichtungen neben ihren »Halbtagsgruppen« auch Ganztagsgruppen mit einer Mittagsversorgung eingeführt. In der Regel besuchen nur die Kinder erwerbstätiger Mütter den Kindergarten ganztägig. Das hat zur Folge, daß am Nachmittag weniger Kinder im Kindergarten sind als am Vormittag. Es liegt dann in der Verantwortung des Trägers bzw. seiner finanziellen Möglichkeiten, ob er die kleineren Gruppen am Nachmittag durchführen läßt oder ob er Gruppen zusammenfaßt, was die Erzieherinnen in der Regel aus pädagogischen Gründen nicht wünschen.

Gesetzliche Regelungen nach dem Kinder- und Jugendhilfegesetz

Für Maßnahmen und Angebote der Jugendhilfe sind die Kommunen zuständig. Der Bund hat lediglich die Befugnis, die Rahmenbedingungen für den Bereich der Jugendhilfe und damit auch für die Tageseinrichtungen für Kinder gesetzlich zu regeln. Hiervon hat der Gesetzgeber mit dem am 26. Juni 1990 verabschiedeten Gesetz zur Neuordnung des Kinder- und Jugendhilferechts (Kinder- und Jugendhilfegesetz – KJHG) Gebrauch gemacht. In den neuen Bundesländern trat dieses Gesetz bereits mit dem Datum der Vereinigung am 3. Oktober 1990 und im alten Bundesgebiet am 1. Januar 1991 in Kraft. Es löste das Jugendwohlfahrtsgesetz (JWG) ab, das in seiner Struktur und in seinen Grundzügen dem Reichsjugendwohlfahrtsgesetz (RJWG) von 1922 entsprach.

Der Gesetzgeber hat sich beim KJHG weitgehend auf Grundsatzregelungen beschränkt und im übrigen bestimmt, daß das Nähere über Inhalt und Umfang der Aufgaben und Leistungen durch Landesrecht geregelt wird. »Die Länder haben die Aufgabe, die örtliche Arbeit zu unterstützen, zu fördern und zu ergänzen. Sie sind verantwortlich für die Weiterentwicklung und den gleichmäßigen Ausbau der Jugendhilfe und unterstützen die örtlichen Träger der Jugendhilfe (die Kommunen) durch Beratung und Fortbildung« (Bundesministerium für Familie, Senioren, Frauen und Jugend, 2000, 25ff.). Die sechzehn Bundesländer haben den gesetzlichen Rahmen des Bundes durch eigenen Landesgesetze ausgefüllt, ergänzt und erweitert, auf diese soll jedoch nicht eingegangen werden. Im folgenden sollen die neuen gesetzlichen Grundlagen des KJHG, soweit sie den Bereich der Tageseinrichtungen für Kinder betreffen, dargestellt und erläutert werden.

Das Gesetz stellt präventive und ambulante Maßnahmen der Jugendhilfe in den Vordergrund und zielt ganz allgemein darauf hin, daß durch Maßnahmen und Angebote der Jugendhilfe Kinder und Jugendliche in ihrer Entwicklung gefördert, daß Familien beraten und unterstützt werden sollen, und zwar nicht erst dann, wenn eine Notlage eingetreten ist. Diese allgemeine Zielsetzung des Gesetzes geht bereits aus seinen ersten Sätzen hervor:

> **§ 1 Recht auf Erziehung, Elternverantwortung, Jugendhilfe**
> *1. Jeder junge Mensch hat ein Recht auf Förderung seiner Entwicklung und auf Erziehung zu einer eigenverantwortlichen und gemeinschaftsfähigen Persönlichkeit.*
> *2. Pflege und Erziehung der Kinder sind das natürliche Recht der Eltern und die zuvörderst ihnen obliegende Pflicht. Über ihre Betätigung wacht die staatliche Gemeinschaft.*
> *3. Jugendhilfe soll zur Verwirklichung des Rechts nach Absatz 1 insbesondere*
>   *1. junge Menschen in ihrer individuellen und sozialen Entwicklung fördern und dazu beitragen, Benachteiligungen zu vermeiden oder abzubauen.*
>   *2. Eltern und andere Erziehungsberechtigte bei der Erziehung beraten und unterstützen.*

Im allgemeinen Verständnis sind heute Tageseinrichtungen für Kinder zur Ergänzung und Unterstützung der Familienerziehung notwendig. Dem trägt auch das neue Gesetz Rechnung, das im dritten Abschnitt in den Paragraphen 22 bis 26 die Grundsätze der Förderung von Kindern in Tageseinrichtungen regelt. Eigens genannt werden hier der Kindergarten und der Hort (§ 22), nicht aber die Kinderkrippe. Hierin schlägt sich nieder, daß diese Form der Tagesbetreuung für Kinder unter drei Jahren noch immer nicht unangefochten ist. Aufgabe der Tageseinrichtungen ist es, »die Entwicklung des Kindes zu einer eigenverantwortlichen und gemeinschaftsfähigen Persönlichkeit« zu fördern. Anerkannt wird nunmehr auch der Bildungsauftrag des Kindergartens, der gleichrangig mit den Funktionen der Erziehung und Betreuung, d.h. den traditionellen Aufgaben der Kindergärten, gesehen wird.

Die Tageseinrichtungen generell sollen sowohl den Bedürfnissen des Kindes als auch denen der Familien Rechnung tragen (§22 KJHG). Diese Orientierung an den Bedürfnissen der Familie kann z.B. bei der Festlegung und Begründung von Öffnungszeiten eine Rolle spielen, wenn nämlich entschieden werden muß, ob sich die Öffnungszeiten der Einrichtung den Arbeitszeiten der Eltern, insbesondere der Mütter, anpassen sollen. Therese Wunderlich formuliert die Bedenken vieler katholischer Träger und Erzieherinnen im Hinblick auf diese Forderung. »Sie waren in Sorge, daß die stärkere Betonung von frauen- und familienpolitischen Aspekten, die sich beispielsweise in der Forderung spiegelten, die Öffnungszeiten des Kindergartens den Arbeitszeiten der Eltern, insbesondere der Mütter, anzupassen, dem Wohl des Kindes schaden könnte. Hierin mag ein Grund dafür liegen, warum in den folgenden Jahren die Flexibilisierung der Öffnungszeiten und die Ausweitung des Angebots an Ganztagsplätzen nur zögerlich verlief« (Wunderlich 1997, 54). In den alten Bundesländern boten 1994 nur 17% der Kindergärten Ganztagsbetreuung und Mittagessen an, wohingegen in den neuen Ländern der Anteil der Ganztagsplätze 94% betrug. Wunderlich fordert eine Flexibilisierung der Öffnungszeiten, um Müttern die Vereinbarkeit von Familie und Beruf zu erleichtern.

Erstmals erhielt auch die Zusammenarbeit der Tageseinrichtungen mit den Eltern und ihre Beteiligung »*an den Entscheidungen in wesentlichen Angelegenheiten der Tageseinrichtung*« nunmehr eine gesetzliche Basis (§22, Absatz 3).

> **§ 22 Grundsätze der Förderung von Kindern in Tageseinrichtungen**
> 1. *In Kindergärten, Horten und anderen Einrichtungen, in denen sich Kinder für einen Teil des Tages oder ganztags aufhalten, (Tageseinrichtungen) soll die Entwicklung des Kindes zu einer eigenverantwortlichen und gemeinschaftsfähigen Persönlichkeit gefördert werden.*
> 2. *Die Aufgabe umfaßt die Betreuung, Bildung und Erziehung des Kindes. Das Leistungsangebot soll sich pädagogisch und organisatorisch an den Bedürfnissen der Kinder und ihrer Familien orientieren.*
> 3. *Bei der Wahrnehmung ihrer Aufgaben sollen die in den Einrichtungen tätigen Fachkräfte und anderen Mitarbeiter mit den Erziehungsberechtigten zum Wohl der Kinder zusammenarbeiten. Die Erziehungsberechtigten sind an den Entscheidungen in wesentlichen Angelegenheiten der Tageseinrichtung zu beteiligen.*

Neu aufgenommen in das Gesetz wurde auch die Unterstützung und Förderung der Selbstorganisation von Kinderbetreuung durch die Eltern (§ 25). Jedoch haben Elterninitiativen keinen Rechtsanspruch auf Unterstützung, denn dort heißt es lediglich, sie »*sollen beraten und unterstützt werden*«. Das heißt, der Gesetzgeber hat diesen Paragraphen nicht als zwingende »Muß-Bestimmung«, sondern in der abgeschwächten Form der »Soll-Bestimmung« formuliert.

Im früheren Bundesgebiet werden etwa drei Viertel der Kindergärten von freien Trägern der Jugendhilfe unterhalten, wohingegen in den neuen Bundesländern bislang nur ein sehr kleiner Teil (etwa 10%) der ehemals staatlichen Kindergärten von freien Trägern übernommen wurde. Im § 4 des KJHG wird – wie bereits zuvor im JWG – festgelegt, daß die öffentliche Jugendhilfe von eigenen Maßnahmen absehen soll, wenn Einrichtungen von der freien Jugendhilfe betrieben oder geschaffen werden können (Subsidiaritätsprinzip). Die öffentliche Jugendhilfe soll die freie Jugendhilfe fördern und mit den freien Trägern zusammenarbeiten. Dabei ist »*die Selbständigkeit der freien Jugendhilfe in Zielsetzung und Durchführung ihrer Aufgaben sowie in der Gestaltung ihrer Organisationsstruktur zu achten*« (§ 4, Abs. 1 KJHG).

Ein besonderes Merkmal der Jugendhilfe ist die Vielfalt ihrer Träger mit unterschiedlichen Wertorientierungen, Inhalten, Methoden und Arbeitsformen (§ 3 KJHG). Träger der freien Jugendhilfe können juristische Personen und Personenvereinigungen sein, die anerkannt werden, wenn sie

1. »auf dem Gebiet der Jugendhilfe im Sinne des § 1 tätig sind,
2. gemeinnützige Ziele verfolgen,
3. aufgrund der fachlichen und personellen Voraussetzungen erwarten lassen, daß sie einen nicht unwesentlichen Beitrag zur Erfüllung der Aufgaben der Jugendhilfe zu leisten imstande sind, und
4. die Gewähr für eine den Zielen des Grundgesetzes förderliche Arbeit bieten« (§ 75, Abs. 1 KJHG).

Einen Anspruch auf Anerkennung als freier Träger hat, wer die genannten Voraussetzungen erfüllt und mindestens drei Jahre auf dem Gebiet der Jugendhilfe tätig gewesen ist (§ 75, Abs. 2 KJHG).

Anerkannte Träger sind die Kirchen und Religionsgemeinschaften des öffentlichen Rechts sowie die auf Bundesebene zusammengeschlossenen Verbände der freien Wohlfahrtspflege: Arbeiterwohlfahrt, Deutscher Caritasverband, Deutscher Paritätischer Wohlfahrtsverband, Deutsches Rotes Kreuz, Diakonisches Werk der Evangelischen Kirche Deutschland und Zentralwohlfahrtsstelle der Juden in Deutschland.

Voraussetzung für den Betrieb einer Tageseinrichtung ist die Erlaubnis des Landesjugendamtes oder, sofern es kein Landesjugendamt gibt, des zuständigen Ministeriums[1]. Hierfür muß der Träger mitteilen, um welche Art Einrichtung es sich handelt, wie viele Plätze verfügbar sind, sowie Namen und berufliche Qualifikation des Leiters bzw. der Leiterin und der Betreuungskräfte (§ 47 KJHG). Hinsichtlich der geforderten beruflichen Qualifikation enthält sich der Gesetzgeber jeglicher Festlegung, sondern bestimmt nur, daß die Erlaubnis zu versagen ist, wenn die Betreuung der Kinder »durch geeignete Kräfte nicht gesichert« ist (§ 45 KJHG), wobei er nicht definiert, was unter »geeignet« zu verstehen ist, sondern diese Festlegung den Bundesländern überläßt.

So hat z.B. Hessen in der »Verordnung über Mindestvoraussetzungen für Tageseinrichtungen für Kinder« vom 28. Juni 2001 festgelegt, daß die Leitung von Tageseinrichtungen für Kinder und die Leitung von Kindergruppen nur von Fachkräften übernommen werden dürfen. Fachkräfte sind:

– staatlich anerkannte Erzieher/Erzieherinnen,
– staatlich anerkannte Heilpädagogen/Heilpädagoginnen,
– Sozialpädagogen/Sozialpädagoginnen und Sozialarbeiter/Sozialarbeiterinnen, die an Fachhochschulen oder Berufsakademien ausgebildet wurden, und
– Diplompädagoginnen/Diplompädagogen mit universitärem Abschluß.

Die Landesjugendämter haben zwar die generelle Aufsicht über alle Kindertageseinrichtungen, jedoch bestimmen die Träger auf der

---

1 In Hessen wurde 2001 das Landesjugendamt aufgelöst und die meisten seiner Aufgaben auf die kommunale Ebene verlagert. Die Anerkennung als Jugendhilfeträger jedoch wird auf Landesebene durch das Sozialministerium erteilt.

Grundlage ihrer weltanschaulichen Orientierungen Ziele und pädagogische Konzeption. Neben der Fachaufsicht obliegt es den Landesjugendämtern, den Erfahrungsaustausch zwischen verschiedenen Kindergärten zu fördern, finanzielle Hilfen zu vermitteln und fachliche Beratung anzubieten.

Aufgabe der öffentlichen Träger ist es, im Rahmen ihrer Planungsverantwortung, d.h. der Jugendhilfeplanung, den Bedarf an Plätzen zu ermitteln und »die zur Befriedigung des Bedarfs notwendigen Vorhaben rechtzeitig und ausreichend zu planen; dabei ist Vorsorge zu treffen, dass auch ein unvorhergesehener Bedarf befriedigt werden kann« (§ 80 KJHG).

Diese komplexe Organisationsstruktur des Kindergartens, der einerseits in freier Trägerschaft arbeitet und in diesem Rahmen auch pädagogische Ziele und Konzepte festlegt und andererseits der Fachaufsicht einer »Behörde« untersteht, bedeutet für den Kindergarten, daß er zwei »Systemen« zugeordnet ist. Die Beziehung zum behördlichen Bereich ist durch Gesetze (z.B. Kindergartengesetz), Verordnungen und Richtlinien geregelt, die zum Träger durch Ver-

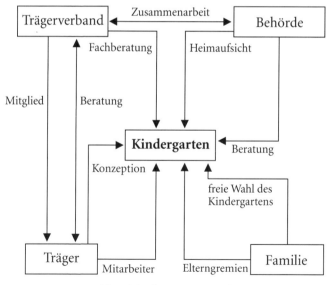

(Aus: Mörsberger 1979, 42)

einbarungen, Satzung des Kindergartens und Geschäftsordnung (vgl. Mörsberger 1979, 42ff.).

Die von Mörsberger entwickelte Grafik (ebd., 42) zeigt noch einmal deutlich das Zusammenwirken von Trägerverbänden und Behörde.

Dies geschieht auf der örtlichen Ebene im Jugendwohlfahrtsausschuß des Jugendamtes und auf Landesebene im Landesjugendwohlfahrtsausschuß. Die Spitzenverbände der freien Wohlfahrtspflege haben sich auf Landesebene zu Landesarbeitsgemeinschaften zusammengeschlossen und verhandeln dort gemeinsam mit den Landesbehörden alle den Kindergarten betreffenden Angelegenheiten.

Ein Kindergartenplatz für alle Kinder

Als im Juni 1990 das neue KJHG (Kinder- und Jugendhilfegesetz) verabschiedet wurde, konnten sich die SPD und Bündnis 90/Die Grünen, unterstützt durch die Gewerkschaften und zahlreiche Frauengruppen, mit ihrer Forderung nach einem Rechtsanspruch auf einen Kindergartenplatz nicht durchsetzen. Dies gelang erst im Zusammenhang mit der Reform des § 218 StGB. Im Einigungsvertrag war festgelegt worden, daß bis 1992 eine Reform des § 218 zu erfolgen habe. Diesem Auftrag folgte der Gesetzgeber, indem er am 27. Juli 1992 das *Gesetz zum Schutz des vorgeburtlichen werdenden Lebens, zur Förderung einer kinderfreundlicheren Gesellschaft, für Hilfen im Schwangerschaftskonflikt und zur Regelung des Schwangerschaftsabbruchs (Schwangeren- und Familienhilfegesetz SFHG)* verabschiedete. Dieses Gesetz zielt darauf hin, die Frau in allen mit der Schwangerschaft zusammenhängenden sozialen, wirtschaftlichen und psychologischen Fragen zu beraten und zu informieren. Dabei heißt es im § 2, Abs. 2: »Die Schwangere ist ... bei der Suche nach einer Betreuungsmöglichkeit für das Kind ... zu unterstützen.« Im Verlauf der Beratungen zur Reform des § 218 wurde nunmehr das KJHG geändert und der § 24 des KJHG neu gefaßt. Danach sollten ab 1996 alle Kinder vom vollendeten dritten Lebensjahr an einen Rechtsanspruch auf einen Kindergartenplatz haben.

> **§ 24. Ausgestaltung des Förderungsangebotes**
> *1) Ein Kind vom vollendeten dritten Lebensjahr ab hat bis zum Schuleintritt Anspruch auf den Besuch eines Kindergartens. Für Kinder im Alter unter drei Jahren sind nach Bedarf Plätze in Tageseinrichtungen und, soweit für das Wohl des Kindes erforderlich, Tagespflegeplätze vorzuhalten.*
> *2) Die Träger der öffentlichen Jugendhilfe und die kreisangehörigen Gemeinden ohne Jugendamt haben darauf hinzuwirken, daß*
>   *1. für jedes Kind vom vollendeten dritten Lebensjahr an bis zum Schuleintritt ein Platz im Kindergarten zur Verfügung steht,*
>   *2. das Betreuungsangebot für Kinder unter drei Jahren und Kinder im schulpflichtigen Alter bedarfsgerecht ausgebaut wird und*
>   *3. ein bedarfsgerechtes Angebot an Ganztagsplätzen vorgehalten wird.*

Den Kommunen wurde auferlegt, den quantitativen Bedarf zu ermitteln und in die Jugendhilfeplanung einzubeziehen, wobei auf einen kontinuierlichen Abstimmungsprozeß mit den Eltern geachtet werden solle. Zu Recht wird im »Zehnten Kinder- und Jugendbericht« (Bundesministerium für Familie, Senioren, Frauen und Jugend 1998) darauf hingewiesen, daß für die Betroffenen in den neuen Bundesländern der Rechtsanspruch auf einen Kindergartenplatz keine Verbesserung gegenüber der Situation in der DDR darstellte. »Hier hatte bereits ein flächendeckendes Platzangebot in Krippen, Kindergärten und Horten mit Öffnungszeiten von 6.00 bis 18.00 Uhr bestanden. Die Beschränkung des Rechtsanspruchs auf die Altersgruppe der 3- bis 6jährigen ist demgegenüber ein Rückschritt. Die neuen Bundesländer haben den Rechtsanspruch in ihren Landesgesetzen deshalb auf andere Altersstufen und auf Ganztagsplätze ausgedehnt« (ebd., 194).

Die Umsetzung dieses Rechtsanspruches bereitete in den neuen Bundesländern folglich weniger Schwierigkeiten als in den alten. Die DDR hatte bereits frühzeitig begonnen, das Angebot an Plätzen in Tageseinrichtungen für Kinder auszuweiten. »Da in der Verfassung der DDR das Recht aus Arbeit verankert war, also auch Frauen voll in das Erwerbsleben einbezogen werden sollten, begann man bereits Mitte der 50er Jahre mit dem Ausbau der Kindertageseinrichtungen, bis schließlich jeder Mutter ein Platz garantiert werden konnte. Das war die Voraussetzung, unter der fast 90% aller Frauen berufstätig sein konnten« (Grossmann 1992, 10).

Wie aus der folgenden Tabelle hervorgeht, wuchs das Angebot an Plätzen in Kindertageseinrichtungen der DDR kontinuierlich. Standen 1960 für 46% aller Kindergartenkinder Plätze in Einrichtungen zur Verfügung, so waren es 1980 bereits 92% und 1985 sogar 94%. Ende 1989 gab es in der DDR 13.452 Kindergärten mit 747.140 Plätzen. Insgesamt standen 1.856.000 Plätze in Tageseinrichtungen für Kinder (Krippen, Kindergärten und Horte) zur Verfügung.

Einrichtungen der Jugendhilfe, Plätze und tätiges Personal in der DDR

Art der Einrichtung	1960	1970	1980	1985	1989
Einrichtungen für Säuglinge und Kleinkinder					
Zahl der Einrichtungen	3.691	5.278	6.546	7.431	7.840
Zahl der Plätze	104.781	183.412	289.550	343.787	353.203
Betreuungsgrad je 1000 Kinder)	*143*	*291*	*612*	*727*	*802*
darunter:					
Kinderkrippen (ohne Saisoneinrichtungen)					
Zahl der Einrichtungen	2.517	4.323	6.415	7.315	7.707
Zahl der Plätze	81.495	166.700	284.712	338.676	348.058
Heime für Säuglinge und Kleinkinder					
Zahl der Einrichtungen	223	159	104	112	133

Zahl der Plätze	10.913	7.519	4.498	5.041	5.145
Kindergärten					
Zahl der Einrichtungen	11.508	13.105	12.233	13.148	13.452
Zahl der betreuten Kinder	458.678	654.658	664.478	788.232	747.140
Betreute Kinder je 1000 Kinder im Kindergartenalter	*461*	*6453*	*922*	*899/ 940*	*951*
Zahl der Erzieher	29.191	45.096	56.605	69.612	73.383
Kinder je Erzieher	*15,7*	*14,5*	*11,7*	*11,3*	*10,2*

Quelle: Statistisches Bundesamt: Wirtschaft und Statistik 4/1993

Nach der deutschen Vereinigung gingen die Plätze in Tageseinrichtungen bis 1993 um 440.000 zurück. Es verringerte sich das Angebot an Krippenplätzen um 90.000, an Hortplätzen um 320.000 und an Kindergartenplätzen um 30.000 (Wirtschaft und Statistik 4/1993). Die Entwicklung des Angebots an Plätzen muß auch im Zusammenhang mit dem Bedarf gesehen werden. Da seit 1990 die Geburtenrate gegenüber 1989 um mehr als die Hälfte gesunken ist, ist auch der Bedarf rückläufig, und viele Einrichtungen reduzierten ihre Plätze oder wurden geschlossen. Trotz der Schließung vieler Einrichtungen in den neuen Bundesländern und Ostberlin gibt es dort nach wie vor für die Altersgruppe der 3- bis 6jährigen Kinder ein ausreichendes Angebot wie die folgende Aufstellung zeigt:

Anteil der Kinder in Kindergärten an allen Kindern im Alter von 3 bis unter 8 Jahren in den neuen Ländern und Berlin-Ost 1991 in % (Ergebnis des Microzensus)

Brandenburg	93,7	Thüringen	93,6
Mecklenburg-Vorpommern	89,7	Berlin-Ost	96,1
Sachsen	93,2	Neue Länder u. Berlin-Ost	91,1
Sachsen-Anhalt	81,2		

Quelle: Bundesministerium für Frauen und Jugend. Stand 1. 6. 1993

Durch den Abbau an Plätzen kam es zu zahlreichen Entlassungen, wobei aufgrund der Sozialverträglichkeit in erster Linie jüngere Kräfte entlassen wurden. Hierdurch stieg der Anteil der älteren Beschäftigten zwischen 40 und 60 Jahren bis 1998 auf 62%. Extrem hoch ist mit 71% (1998) der Anteil der Teilzeitbeschäftigten und der nebentätig Beschäftigten.

Anders hingegen stellte sich die Situation in den alten Bundesländern dar.

Betrachten wir im folgenden das quantitative Angebot an Kindertageseinrichtungen. Ende 1990 gab es im alten Bundesgebiet ca. 1.750.000 Plätze in Kindertageseinrichtungen; das waren 150.000 Plätze (= 9,4%) mehr als 1986. Nach den Ergebnissen des jährlich erhobenen Microzensus (Repräsentativerhebung) besuchten 1990 im alten Bundesgebiet von 2,33 Millionen Kindern, die das 3. Lebensjahr vollendet hatten, aber noch nicht zur Schule gingen, 1,6 Mio. einen Kindergarten. Das entspricht einem Anteil von ca. 68,9%.

In den neuen Bundesländern ist das Angebot an Plätzen in Tageseinrichtungen zurückgegangen. Besonders stark rückläufig – auf fast die Hälfte – sind die Plätze in Tageseinrichtungen für Kinder unter drei Jahren. Standen 1990 noch für 77,34% der 1- und 2jährigen Kinder Plätze in Tageseinrichtungen zur Verfügung, so waren es vier Jahre später nur noch 41,33%. Das heißt, die Reduzierung des Angebots entsprach in etwa dem Geburtenrückgang. Gleichfalls verringert wurden die Hortplätze. Die Ursachen hierfür liegen u.a. in der Abwanderung junger Familien in die alten Bundesländer und einer noch immer sehr niedrigen Geburtenrate. Von 1994 bis Ende 1998 nahm die Zahl der Tageseinrichtungen um 22% und die des Personals um 26% ab.

In den alten Bundesländern gab es keine vergleichbar dramatische Entwicklung. Die Zahl der Plätze für Kinder unter drei Jahren verringerte sich um 0,5% auf 2,2%. Das Angebot an Plätzen in Kindergärten stieg um ca. 4% auf 73%, ebenfalls leicht gestiegen ist die Zahl der zur Verfügung stehenden Hortplätze, die aber noch weit von einer Bedarfsdeckung entfernt ist.

Im Gegensatz zu den alten Bundesländern, die erhebliche Anstrengungen machen mußten, um den Rechtsanspruch aller Kinder auf einen Kindergartenplatz erfüllen zu können, gab es in den neu-

Plätze in Kindertageseinrichtungen (alte und neue Bundesländer)

	westliche Bundesländer und Berlin-West)			östliche Bundesländer und Berlin-Ost			Deutschland
	1990	1994	1998	1990	1994	1998	1998
Plätze für Kinder unter 3 Jahren	38.153	47.064	58.838	294.086	103.689	108.452	167.290
(Zahl der Plätze, bezogen auf 1- und 2jährige Kinder)	2,70%	2,20%	2,8%	77,34%	41,33%	36,3%	7,0%
Plätze für Kinder von 3 Jahren bis zum Beginn der Schulpflicht	1.583.622	1.918.823	2.151.858	721.262	552.865	334.922	2.486.780
Versorgungsgrad: Zahl der Plätze, bezogen auf 3- bis 6,5jährige	68,99%	73,04%	86,8%	97,31%	96,24%	111,8%	89,5%
Plätze für Kinder von 6 bis unter 10 Jahre	128.769	145.775	179.401	555.223	284.505	271.333	450.734
Versorgungsgrad: Zahl der Plätze, bezogen auf 6,5- bis unter 10jährige Kinder	5,02%	6,47%	5,9%	63,24%	54,72%	47,7%	12,6%

Quellen: Bundesministerium für Frauen und Jugend (Hrsg.):
Kinder in Tageseinrichtungen und Tagespflege.
Bonn, Dezember 1992 und 31.12.1994; Universität Dortmund:
Arbeitsstelle Kinder- und Jugendhilfestatistik, 2000.

en Ländern in der Regel ein ausreichendes Angebot, in manchen Regionen gar ein Überangebot.

Es ist festzuhalten, daß es bis zur Jahrtausendwende gelungen ist, den Rechtsanspruch jedes Kindes auf einen Kindergartenplatz in ganz Deutschland umzusetzen. Geblieben sind die Probleme der unzureichenden Zahl der Ganztagsplätze in den alten Bundesländern sowie der wohnortnahen Versorgung, die nicht immer gewährleistet ist.

Wie wird die pädagogische Qualität eines Kindergartens beurteilt?

Die Tageseinrichtung für Kinder zählt wie z.B. das Bildungs- und das Pflegewesen zu den Humandienstleistungen, und die Sicherung der Qualität dieser Dienstleistungen wird allgemein als eine wichtige gesellschaftspolitische Aufgabe begriffen. Seit etwa Mitte der 90er Jahre wird auch über die pädagogische Qualität von Kindertageseinrichtungen und die Möglichkeiten, diese vergleichend zu messen und fortzuentwickeln, lebhaft diskutiert. Es wurde darüber diskutiert, welche Kriterien dem Qualitätsbegriff zugrunde gelegt werden sollen, ohne dass hierüber ein Konsens erzielt wurde (vgl. Bundesministerium 1998, 190), und es wurden Verfahren der Qualitätssicherung und des Qualitätsmanagements, die zunächst für die Wirtschaft und für Unternehmen konzipiert und erprobt worden waren, auf den Bereich der Sozialpädagogik übertragen. Es war für die Sozialpädagogik neu, Eltern und Kinder als »Kunden« zu sehen, das Angebot einer Tageseinrichtung unter Markt- und Wettbewerbsgesichtspunkten zu betrachten. Aber knapper werdende Mittel der Kommunen zwingen dazu, mit den zur Verfügung stehenden Geldern sparsam umzugehen. Schon 1995 hatte der Landesrechnungshof von Baden-Württemberg eine Kostenanalyse der Kindertageseinrichtungen vorgelegt, denn er betrachtete es als seine Aufgabe, »den starken Anstieg der Landeszuschüsse von 65% von 1990 bis 1993 zu analysieren« (Kita – Baden-Württemberg 3/93, 43). Aus der exemplarischen Analyse von 52 Einrichtungen ergab sich, daß die Auslastung der Plätze am Vormittag bei ca. 78% und am Nachmittag bei nur 40% lag. Daran knüpfte der Landesrechnungshof die Frage, ob durch Umstrukturierung hier Gelder eingespart werden können, die anderen, stärker nachgefragten Angeboten zugewiesen werden könnten. Hinzu kommt, dass durch rückläufige Geburtenraten es möglicherweise zu einem Wettbewerb der Einrichtungen um die Kinder kommen könnte, auf den sich die Träger und die Einrichtungen vorbereiten müßten. Zur Sicherung der Qualität der Tageseinrichtungen für Kinder wurden im KJHG Ziele und Aufgaben von Kindertageseinrichtungen formuliert, die den qualitativen Grundkonsens für Kindertagesstätten festschreiben. Danach ist es das Ziel, die Entwicklung des Kindes zu einer eigenverantwortlichen und gemeinschaftsfähigen Persönlichkeit zu fördern (§ 22 Abs. 1 KJHG). Ferner gehören zu ihren Aufgaben die Betreuung, Bildung und Erziehung des Kindes (§ 22 Abs. 2 KJHG). Einzelheiten zur Umsetzung der pädagogischen Ziele und über Inhalte und Umfang der Aufgaben regeln die Kindergartengesetze der Bundesländer. Dort werden die strukturellen Mindestanforderungen bestimmt, wie z.B. Größe der Räume, Erzieher-Kind-Schlüssel, die Gruppengröße etc., die vom Träger für die Erteilung der Betriebserlaubnis je nach Bundesland durch die Landesjugendämter oder Sozialministerien erfüllt werden müssen. Durch diesen Rahmen soll das Wohl der Kinder in allen Einrichtung gleichermaßen gewährleistet werden.

Der Sicherung und Entwicklung der Qualität der pädagogischen Prozesse dient vor allen das System der Fachberatungen der jeweiligen Träger. Aufgabe der Fachberaterinnen ist die Beratung vor Ort in pädagogischen und organisatorischen Fragen, Koordination der pädagogischen Arbeit der Einrichtungen eines Trägers untereinander, Fortbildung und Supersivion.

Angesichts der Bedeutung, die die Tageseinrichtungen für Kinder erlangt haben, erscheint es nicht mehr ausreichend, nur Mindeststandards, die nicht unterschritten werden dürfen, festzulegen, sondern vielmehr ist es notwendig, eine allgemeine Erhöhung der Qualität anzustreben. Auch im Hinblick auf die bereits in den 70er Jahren geforderte Chancengleichheit aller Kinder sollten alle Tageseinrichtungen eine vergleichbar »gute« Bildung, Erziehung und Betreuung bieten und dazu beitragen, »Benachteiligungen zu vermeiden oder abzubauen« (§ 1 Abs. 3 Ziffer 1 KJHG). Letztendlich geht es also um die »Erziehungsqualität«, wobei Höltershinken die folgenden Zielebenen unterscheidet:

– »normative Ziele, die in der ›Ideologie‹ einer Einrichtung begründet sind, z.B. in einem christlichen oder humanistischen Menschenbild oder einem ökologischen Ansatz,
– entwicklungspsychologische und anthropologische Kriterien, die auch die Grundbedürfnisse von Mädchen und Jungen berücksichtigen,

- sozialökologische und sozialpolitische Zielsetzungen,
- marktwirtschaftliche Zielsetzungen« (Höltershinken 2000, 6f.).

Er fordert daher, Qualität als einen andauernden, dynamischen und regelmäßig überprüfbaren Klärungsprozess zu verstehen. Auch die Bundesarbeitsgemeinschaft der Landesjugendämter unterstreicht die Notwendigkeit, eine wirksame Qualitätssicherung zu schaffen. »Das quantitative, aber auch das finanzwirtschaftliche Volumen, das die Tageseinrichtungen für Kinder erreicht haben, wirft zwangsläufig die Frage auf, ob denn dieses Früherziehungssystem zum einen eine Qualität erreicht, die hinsichtlich der Bildung, Erziehung und Betreuung der Kinder dem gesetzlichen Auftrag entspricht, und zum anderen die für den Betrieb der Einrichtungen aufgewendeten Finanzmittel zum Erreichen der pädagogischen Qualität wirtschaftlich eingesetzt werden« (Bundesarbeitsgemeinschaft der Landesjugendämter Mai 2000). Die Landesjugendämter formulierten auf ihrer Konferenz die folgenden Qualitätsziele:

- »Das Leistungsangebot der Kindertageseinrichtung soll sich pädagogisch und organisatorisch an den Bedürfnissen der Kinder und ihrer Familien orientieren.
- Die Entwicklung des Kindes zu einer eigenverantwortlichen und gemeinschaftsfähigen Persönlichkeit soll gefördert werden unter Berücksichtigung der individuellen und sozialen Situation jedes einzelnen Kindes.
- Die gemeinsame Erziehung von behinderten und nichtbehinderten Kindern soll gefördert werden.
- Die Betreuung in Kindertageseinrichtungen soll auch dazu beitragen, Benachteiligungen zu vermeiden oder abzubauen.
- Die unterschiedlichen Lebenslagen von Mädchen und Jungen sollen berücksichtigt und die Gleichberechtigung gefördert werden.
- Ganzheitliche Erziehung soll gewährleistet sein und soziale, individuelle, kulturelle und ökologische Aspekte sollen Berücksichtigung finden.
- In Zusammenarbeit mit den Eltern ergänzen und unterstützen Kindertageseinrichtungen die kindliche und familiäre Lebenswelt.« (Bundesarbeitsgemeinschaft der Landesjugendämter).

Zum Qualitätsbegriff

Im Zusammenhang mit der Diskussion über die Qualität von Tageseinrichtungen für Kinder werden einige spezifische Begriffe gebraucht, die aus der Betriebs- und Volkswirtschaft stammen und erst auf die besonderen Probleme der Pädagogik übertragen werden müssen. Dabei finden wir die folgenden Begriffe:

Qualität ist eine Gesamtheit von Merkmalen einer Leistung – dies kann auch eine Dienstleistung sein –, die sich auf vereinbarte Kriterien bezieht; sie ist keine unveränderliche, absolute Größe.

Mit *Strukturqualität* bezeichnet man die äußeren Rahmenbedingungen der Einrichtung wie z.B. Gruppengröße, räumliche Bedingungen, materielle Ausstattung, Erzieher-Kind-Schlüssel.

Unter *pädagogischer Prozeßqualität* versteht man die Gesamtheit der Interaktionen und Erfahrungen, die ein Kind im Kindergarten mit seiner sozialen und räumlich-materialen Umwelt macht.

Pädagogische Orientierungsqualität bezieht sich auf die pädagogischen Vorstellungen, Werte und Überzeugungen der Erzieherinnen (z.B. Vorstellungen über kindliche Entwicklungen, handlungsleitende Ziele und Normen) »Bei der Orientierungsqualität handelt es sich um mentale Gegebenheiten, die in langandauernden Prozessen beruflicher Sozialisation erworben werden« (Tietze u.a. 1997, 8).

Evaluation bedeutet Auswertung, Wirkungs- oder Erfolgskontrolle von Verfahren, Maßnahmen oder Programmen. Die Evaluation steht meist unter politischen und/oder politisch-administrativen Vorgaben und Intentionen. Sie erfolgt häufig durch ein Zusammenwirken von Wissenschaftlern, Berufspraktikern und Vertretern der Politik. Sie bezieht sich u.a. auf Rahmenbedingungen, Prozesse und Verlauf, Ergebnisse und Auswirkungen und bedient sich einer Vielzahl von Konzepten und Methoden der empirischen Sozialforschung.

Selbstevaluation bedeutet, dass Fachkräfte der sozialen Arbeit mit Hilfe von Methoden der Sozialforschung die Qualität des eigenen Handelns überprüfen. Diese sollte unterschieden werden von »Formen der Evaluation, in denen organisationseigene Stabsstellen oder Arbeitsgruppen die Arbeit bestimmter Abteilung oder das

Handeln anderer Organisationseinheiten gleichsam aus einer Außenperspektive untersuchen. In diesem Fall sollte besser von interner Fremdevaluation gesprochen werden« (Frank 1997, 815).

In der Diskussion sind insbesondere drei Konzepte zur Ermittlung der pädagogische Qualität einer Einrichtung bzw. einer Kindergartengruppe, von denen zwei speziell für Tageseinrichtungen für Kinder entwickelt wurde (KES und Kronberger Kreis), wohingegen das dritte Konzept eine starke betriebswirtschaftliche Komponente hat und branchenunabhängig eingesetzt werden kann. Alle drei Konzepte sollen im folgenden erläutert werden.

Die Qualitätssicherung im Kindergartenbereich nach internationalen Normen (DIN ISO 9000)

Hierbei handelt es sich um eine internationale Normenreihe; normiert wird dabei nicht inhaltlich, sondern es werden formale Anforderungen an ein Qualitätsmanagementsystem gestellt. Dadurch ist eine Umsetzung in fast alle Dienstleistungsbereiche möglich, aber durch einen hohen Grad an Universalität gehen Spezifika verloren. Durch eine externe Überprüfung kann ein für drei Jahre gültiges Zertifikat erteilt werden. Im Vordergrund steht dabei die »Qualität der Organisation nicht des Produktes«. Inzwischen wurde das Instrument des Qualitätsmanagements für Kindertageseinrichtungen entwickelt, dem konkrete Qualitätskriterien wie Kundenorientierung, Mitarbeiterbezug und Nutzen für die Gesellschaft zugrunde liegen. Neben der externen Evaluation ist auch eine interne mit Hilfe dieses Instruments möglich (vgl. Bundesarbeitsgemeinschaft der Landesjugendämter 2000, 12).

Der Kronberger Kreis: Qualitätsentwicklung im Dialog

Als Instrumentarium der Qualitätsentwicklung ist vor allem der Kronberger Kreis mit seiner Methode »Qualität im Dialog entwickeln« bekannt.

Der Kronberger Kreis für Qualitätsentwicklung in Kindertageseinrichtungen ist eine interdisziplinäre Arbeitsgruppe von Fachleuten, die aus dem hessischen Modellversuch »Orte für Kinder« (1991–1995) hervorgegangen ist. Der Kreis, bestehend aus Vertreterinnen und Vertretern der Praxis, der Fort- und Weiterbildung und der Wissenschaft, wurde nach Abschluß des Modellversuchs gegründet. Er hat es sich zur Aufgabe gemacht, Fragen der Reform und Evaluation von Kindertageseinrichtungen zu erörtern und ein Konzept zur dialogischen Qualitätsentwicklung zu erarbeiten. Erörtert werden vor allem folgende Bereiche: Bedarf und Nachfrage, Angebote, Ziele, Mittel und Möglichkeiten und die berufliche Praxis. Als Qualitätsbereiche werden genannt:

- Programm- und Prozeßqualität,
- Leitungsqualität,
- Personalqualität,
- Einrichtungs- und Raumqualität,
- Trägerqualität,
- Kosten-Nutzen-Qualität und
- Förderung von Qualität.

Die Qualität wird in drei Schritten untersucht:

- Herausarbeitung allgemeiner Gesichtspunkte einer guten Fachpraxis (Qualitätsstandards),
- Formulierung von erkenntnisleitenden Fragen, die die Qualitätsuntersuchung in einer Einrichtung leiten könnten, und
- Erteilen von Hinweisen auf konkrete Indikatoren, Merkmale, die gute Fachpraxis beschreiben (KRONBERGER KREIS: Qualität im Dialog entwickeln, 1998).

Die Kindergarten-Einschätz-Skala (KES)

Die Diskussion zur Qualität von Tageseinrichtungen für Kinder entfaltete sich Mitte der 90er Jahre und wurde im Wesentlichen angeregt und beeinflußt durch das amerikanische Programm der »Early Childhood Environment Rating Scale« von Harms & Clifford, mit dem in den USA die pädagogische Qualität in Kindergartengruppen ermittelt wurde. Tietze u.a. haben mit der von ihnen entwickelten Kindergarten-Einschätz-Skala (KES) – einer Adaption des amerikanischen Programms – ein Instrument entwickelt, das zur Messung der pädagogischen Prozeßqualität eingesetzt werden kann, um auf dieser Grundlage Verbesserungen einzuleiten. Tietze u.a. sprechen von einer qualitativ guten Tagesbetreuung, wenn diese das körperliche, emotionale und intellektuelle Wohlbefinden und die Entwicklung der Kinder in diesen Bereichen fördert und die Familien in ihrer Betreuungs- und Erziehungsarbeit unterstützt (Tietze u.a. 1998, 20). Die Autoren unterscheiden als drei Qualitätsbereiche:

- die Orientierungsqualität (Ziele, Konzepte, Vorstellungen über kindliche Entwicklung),
- die Strukturqualität (Erzieher-Kind-Schlüssel, Raumgestaltung, Ausstattung, Aus- und Fortbildung) und
- die Prozeßqualität (Umgang mit dem Kind, Interaktion, Einbeziehung der Familie.

Die Einschätzung der Qualität erfolgt sodann in den folgenden sieben Bereichen, die wiederum differenziert untersucht werden (aus: Tietze u. a 1997, 13):

I **Betreuung und Pflege der Kinder:**
Begrüßung und Verabschiedung – Mahlzeiten und Zwischenmahlzeiten – Ruhe- und Schlafpausen – Toiletten – Körperpflege.

II **Möbel und Ausstattung für Kinder:**
Ausstattung für regelmäßige Pflege und Versorgung – Ausstattung für Lernaktivitäten – Ausstattung für Entspannung und Behaglichkeit – Raumgestaltung – kindbezogene Ausgestaltung.

III **Sprachliche und kognitive Anregung**
Sprachverstehen – sprachliche Ausdrucksfähigkeit – kognitive Anregungen – allgemeiner Sprachgebrauch.

IV **Fein- und grobmotorische Aktivitäten:**
Feinmotorik – Beaufsichtigung und Anleitung bei feinmotorischen Aktivitäten – Platz für Grobmotorik – Ausstattung für

> Grobmotorik – vorgesehene Zeit für Grobmotorik – Beaufsichtigung und Anleitung bei grobmotorischen Aktivitäten.
>
> **V Kreative Aktivitäten**
> Künstlerisches Gestalten – Musik / Bewegung – Bausteine – Sand / Wasser – Rollenspiele – Tagesablauf – Beaufsichtigung und Anleitung bei kreativen Aktivitäten.
>
> **VI Sozialentwicklung**
> Rückzugsmöglichkeit für Kinder – Freispiel – Teilgruppenarbeit – multikulturelle Erziehung – Atmosphäre – Vorkehrungen für Kinder mit besonderen Bedürfnissen.
>
> **VII Erzieherinnen und Eltern**
> Räumlichkeiten speziell für Erzieherinnen – Fortbildungsmöglichkeiten – Treffmöglichkeiten für Erwachsene – Elternarbeit.

Der Einschätzung liegen die oben genannten Items zugrunde; sieben fließende Beurteilungsstufen von 1 bis 7 kommen zur Anwendung (1 = unzureichend, über 3 = minimal, 5 = gut, bis zu 7 = ausgezeichnet). Die Anwendung der KES durch geschulte Beobachter an einem Tag, vormittags, verlangt ein vorbereitendes Training von ca. einer Woche. Damit sollen eine objektivere Einschätzung und neutralere Beobachtung ermöglicht werden, als durch eine Selbstevaluation zu erwarten ist.

Im folgenden soll die Bedeutung und Notwendigkeit der Qualitätssicherung für die Praxis an einem Beispiel aus dem Bereich »Pflege und Betreuung« erläutert werden:

Um Kosten, insbesondere Personalkosten, einzusparen, sind in vielen kommunalen Tageseinrichtungen die Küchen abgeschafft worden, und das Essen wird von Großküchen geliefert. Dies hat unter pädagogischen Aspekten zur Folge, dass Kinder nicht mehr die Zubereitung von Mahlzeiten beobachten bzw. daran mitwirken können. Hinzu kommt, dass das gebotene Essen nicht immer den kindlichen Bedürfnissen entspricht, wie die folgende Meldung zeigt:

> »Das Mittagessen – für Kinder die wichtigste Mahlzeit – wird an Kitas und Schulen meist von Großküchen geliefert und zwischen 80 und 100 Minuten in Warmhaltebehältern aufbewahrt. Es enthält mehr Kalorien und weniger Vitamine als frisch zubereitetes Essen. Eine Studie in Kitas ergab, dass zuviel Fleisch und Süßigkeiten auf dem Speiseplan stehen und zuwenig Fisch und Rohkost.«
> Quelle: Berliner Zeitung vom 03.09.2001

Was ist von der Qualitätsdebatte zu halten?

Die Reflexion über die Qualität von Kindergärten an sich ist nicht neu, denn bei der Entwicklung neuer pädagogischer Ansätze wie z.B. des Situationsansatzes, bei dem Ringen um kleinere Gruppen und einen verbesserten Erzieher-Kind-Schlüssel – um nur einige Aspekte zu nennen – ging es selbstverständlich auch in der Vergangenheit stets um die Verbesserung der pädagogischen Praxis. Neu ist jedoch die Anforderung an Träger und Einrichtungen, sich u.U. auch einer externen Bewertung zu stellen und die Qualität ihrer Arbeit auch für Eltern nachvollziehbar darzustellen. Vielen Erzieherinnen wurden durch die Evaluation Maßstäbe für die Bewertung der eigenen Arbeit deutlich, und das kann auch das Selbstbewußtsein der Erzieherinnen und Leiterinnen stärken, wenn sie gegenüber Trägern und Eltern z.B. Qualitätsstandards begründen und deren Einhaltung fordern. Die öffentliche Anerkennung der Tatsache, daß im Elementarbereich wichtige Grundlagen für die weitere geistige und emotionale Entwicklung von Kindern im Vorschulalter gelegt werden müssen, hat zu einer Erhöhung der Anforderungen an die Qualität der pädagogischen Arbeit seitens der Eltern geführt.

Die Qualität eines Kindergartens hängt von vielen Faktoren ab, z.B. vom Ausbildungsstand und von der Motivation der Erzieherinnen und der Leiterin, vom sozialen Umfeld der Einrichtung und schließlich auch von den zur Verfügung gestellten Personal- und Sachmitteln. Auf der einen Seite gibt es also hohe Anforderungen an die Qualität des Angebots, und auf der anderen Seite erzwingen die Sparmaßnahmen vieler Kommunen Einschränkungen des Angebots. Rauschenbach und Hoffmann formulieren zugespitzt, daß Trägern und Beschäftigten das Wasser vielfach schon bis zum Halse stehe. »›*Kürzen*‹, ›*sparen*‹, ›*flexibilisieren*‹ *heißt die Devise. Das alternativlose Gebot der Stunde lautet: mehr Leistung bei gleichem Preis bzw. gleiche Leistung zu günstigerem Preis*« (Rauschenbach; Hoffmann 1998, 177).

Es wäre jedoch fatal, wenn die Messung der Qualität eines Angebots nur im Hinblick auf mögliche Einsparpotentiale eingesetzt würde, denn es bietet durchaus die Chance, die pädagogische Qualität von Kindertageseinrichtungen zu sichern und zu verbessern, wobei m.E. durch »Qualitätszirkel« und die Selbstevaluation, die kostengünstiger als die Fremdevaluation sind, gute Ergebnisse erzielt werden können.

Wesentlich weitergehend sind die Vorschläge von Spieß und Tietze, die als ergänzendes Steuerungsinstrument »ein allgemeingültiges pädagogisches Gütesiegel für den Kindertagesstättenbereich« vorschlagen. »Für die Einführung eines solchen Gütesiegels werden acht Anforderungen formuliert: Qualitätskonsens, Messbarkeit und Überprüfbarkeit, Verbesserungsanreize, Offenheit, Neutralität, Pluralität, Universalität und Beteiligung aller Akteure. Den wesentlichen Nutzen eines Gütesiegelsystems sehen wir darin, dass es zur Information und Markttransparenz für Nachfrager (Eltern) und Anbieter (Träger) beiträgt, Motivationen für Qualitätsentwicklung setzt, Trägerorganisationen über das erreichte Maß an pädagogischer Qualität im eigenen Verantwortungsbereich informiert und nicht zuletzt knappe Ressourcen für die Qualitätsentwicklung gezielter einsetzbar macht« (Spieß und Tietze 2001, 29).

XVI
Die Ausbildung der pädagogischen Fachkräfte

Die Anfänge der Professionalisierung

Parallel zur Gründung und Verbreitung von Kleinkinderbewahranstalten und Kleinkinderschulen im frühen 19. Jahrhundert entstanden auch die ersten Ansätze einer fachlichen Vorbereitung für die dort tätig werdenden Frauen. Jedoch handelte es sich hierbei zunächst nur um kurze Kurse, die eher den Charakter einer Einweisung in die praktische Arbeit hatten, als daß sie fundierte pädagogische Kenntnisse vermittelten.

Erste Ansätze einer berufsqualifizierenden Ausbildung finden wir in der von dem evangelischen Pfarrer Fliedner 1836 gegründeten Diakonissenanstalt in Kaiserswerth, der eine Kleinkinderschule sowie ein Seminar zur Ausbildung von Kleinkinderlehrerinnen angegliedert war. Die Finanzierung des Kindergartens erfolgte durch Zuschüsse der Kommunen, Eigenleistungen der Träger und Elternbeiträge. Hier bildete man in Kursen, die ein bis vier Monate dauerten, Kleinkinderlehrerinnen aus, die in den neugegründeten Kleinkinderbewahranstalten und Kleinkinderschulen eingesetzt wurden. Dem Charakter der Einrichtungen entsprach auch die Ausbildung: Sie vermittelte vor allem religiöse Grundkenntnisse sowie praktische Fertigkeiten.

Den sozialfürsorgerischen, bewahrenden Charakter vorschulischer Einrichtungen hat Fröbel durch die Gründung des Kindergartens, der das Kind allseitig fördern sollte, überwunden. Seine anspruchsvolle pädagogische Konzeption erforderte einen qualifiziert ausgebildeten Pädagogen. Ab 1839 hielt er Kurse ab, in denen er Frauen und auch einige Männer zu Kindergärtnerinnen bzw. Kindergärtnern ausbildete. In den folgenden Jahren veranstalteten die von ihm ausgebildeten Kindergärtnerinnen selbst Kurse und hielten Vorträge und trugen somit zur Verbreitung des Kindergartens in der von Fröbel entwickelten Form bei. Mit dem Kindergartenverbot (1851 bis 1862), das einem Berufsverbot gleichkam, wurden nicht nur die Kindergärten verboten, sondern auch die Verbreitung der Pädagogik Fröbels in den Kursen und Vorträgen. Da sich dieses Verbot nicht auf die Kleinkinderbewahranstalten und Kleinkinderschulen bezog, konnten alle Kurse, die in Verbindung mit diesen Einrichtungen standen, weiterhin durchgeführt werden.

Die Entwicklung des Erzieherberufs ist nicht von der ersten deutschen Frauenbewegung zu trennen, deren Ziel es war, gleiche Bildungschancen für Mädchen zu schaffen und den Frauen qualifizierte Berufe zu eröffnen. Der Beruf der Kleinkinderlehrerin oder Kindergärtnerin galt als besonders geeignet, weil er dem »Wesen« der Frau entspreche und die »angeborene« Mütterlichkeit Frauen für die erzieherische Arbeit prädestiniere. Bei Louise Otto-Peters, die besonders engagiert für das Recht der Frauen auf Erwerbsarbeit eintrat, lesen wir: »Dies ist gewiß ein Wirkungskreis, der kein Mädchen ihrer natürlichen Bestimmung entfremdet. Eine Kindergärtnerin wird, wenn sie selbst Gattin und Mutter wird, auch die beste Erzieherin und Behüterin eigener Kinder sein. Sie kann auch verheiratet noch dem Berufe der Leitung eines Kindergartens vorstehen, wenn sie noch eine oder ein paar Kindergärtnerinnen zur Seite hat – oder sollte ihr Mann andere Anforderungen an sie machen und sie es vorziehen, diese Ausübung des Berufes aufzugeben, so weiß sie doch, sie kann ihn wieder aufnehmen und dadurch sich und ihre Kinder erhalten, wenn ihr Mann es einmal nicht mehr vermögen sollte« (Otto-Peters 1866, 99). In diesem Zitat sind die beiden Begründungen enthalten, die heute noch vielfach angeführt werden: die Ähnlichkeit der Arbeit – so wird zumindest unterstellt – mit den Tätigkeiten einer Mutter und der Aspekt der Versorgung und sozialen Sicherung, falls diese nicht durch eine Ehe gewährleistet ist.

In kurzer Folge sind z.T. direkt durch die Frauenbewegung eine Reihe von Ausbildungsstätten geschaffen worden, die sich die Aufgabe gestellt haben, Kindergärtnerinnen auszubilden:

1872 gründete Henriette Goldschmidt das erste Seminar für Kindergärtnerinnen in Leipzig, aus dem später das Lyceum als

Fortbildungs- und Berufsschule, die spätere »Fröbel-Frauenschule« hervorging.
1873 gründete Henriette Schrader-Breymann, eine Nichte und Schülerin Fröbels, in Berlin das Pestalozzi-Fröbel-Haus.
1893 wurde in Berlin der Verein »Mädchen- und Frauengruppen für soziale Hilfsarbeit« gegründet, der auch Kurse für künftige Kindergärtnerinnen anbot. 1899 führte er erstmals einen einjährigen Kurs durch. Aus diesem Verein ging
1908 die »Soziale Frauenschule« hervor, deren Leiterin bis 1925 Dr. Alice Salomon war.

1908 wurde in Preußen das höhere Mädchenschulwesen geregelt; das bedeutete, daß sich an die zehnjährige höhere Schule entweder eine Soziale Frauenschule (ein bis zwei Jahre) oder ein Lehrerinnenseminar (vier Jahre) oder vom 7./8. Schuljahr an eine Studienanstalt anschloß, die zur Hochschulreife führt. Im Rahmen dieser Neuordnung des Mädchenschulwesens wurde 1911 in Preußen auch die Prüfungsordnung für die staatliche Anerkennung der Kindergärtnerinnenausbildung erlassen. Hiermit war ein entscheidender Schritt zur Verberuflichung getan. Erstmals wurden verbindliche Standards für die Ausbildung festgelegt und die Tätigkeit der Kindergärtnerin als Beruf anerkannt.

Die Ausbildungen zur Kindergärtnerin, zur Hortnerin und zum (zur) Heimerzieher(in) erfolgte zunächst in unterschiedlichen Ausbildungsgängen. 1928 wurden die beiden Ausbildungsgänge zur Kindergärtnerin und Hortnerin zusammengelegt. Damit erweiterte sich die Einsatzmöglichkeit der nunmehr umfassender Ausgebildeten, jedoch blieb die Ausbildung zum Heimerzieher zunächst als eigener Beruf bestehen.

Die Erzieherinnenausbildung

Erst in den Jahren 1962 bis 1972 erfolgte in allen Bundesländern allmählich eine Integration der Ausbildung zum Heimerzieher in die Kindergärtnerin/Hortnerin-Ausbildung. Die ursprünglich zweijährige Ausbildung wurde auf drei Jahre verlängert und inhaltlich um das Tätigkeitsfeld der Heimerziehung erweitert. Diese auf drei

Jahre verlängerte und erweiterte Ausbildung schließt seither mit der staatlichen Anerkennung zum (zur) Erzieher(in) ab.

Die Erzieherausbildung erfolgt in Bayern an Fachakademien für Sozialpädagogik, in Berlin an Berufs- und Fachschulen für Erzieher und in den übrigen Bundesländern an Fachschulen für Sozialpädagogik. Mitte der 1990er Jahre befanden sich fast 40% der Ausbildungsstätten in privater, meist kirchlicher Trägerschaft; von den Schulen öffentlicher Träger sind etwa 70% nicht selbständige Schulen, sondern als Zweige oder Abteilungen anderen Schulen, z.b. Berufsfachschulen, angegliedert.

Um die Ausbildung zu vereinheitlichen, hatte die Kultusministerkonferenz 1982 eine »Rahmenvereinbarung über die Ausbildung und Prüfung von Erziehern/Erzieherinnen« beschlossen. Innerhalb dieses Rahmens haben die Bundesländer dann eigene Ausbildungsordnungen erlassen. In der Rahmenordnung war festgelegt, daß für die Zulassung zur Ausbildung ein mittlerer Bildungsabschluß (Realschulabschluß) und eine mindestens einjährige praktische Tätigkeit in einer sozialen oder sozialpädagogischen Einrichtung (Vorpraktikum) oder eine abgeschlossene einschlägige Berufsausbildung (z.B. als Kinderpflegerin) vorausgesetzt wird. Für die Erzieherausbildung gelten die landesrechtlichen Vorschriften, die sehr unterschiedlich sind. So dauert die Ausbildung in Berlin und Bremen vier und in den meisten anderen Bundesländern drei Jahre. Die Ausbildung gliederte sich also in drei Phasen:

1. ein der schulischen Ausbildung vorgelagertes, je nach Bundesland ein- oder zweijähriges Praktikum (Vorpraktikum) in einer sozialen oder sozialpädagogischen Einrichtung oder eine einschlägige Berufsausbildung,
2. Besuch einer Fachschule für Sozialpädagogik bzw. einer Fachakademie für Sozialpädagogik (Dauer: 2–3 Jahre, je nach Bundesland) und
3. ein sich an die theoretische Prüfung anschließendes 12monatiges Berufspraktikum (Anerkennungsjahr).

Danach erst erfolgt die staatliche Anerkennung.

Die Rahmenvereinbarung, die notwendigerweise viele offene Formulierungen enthielt, weil der Bund nicht in die Kulturhoheit der Länder eingreifen darf, stellte einen Kompromiß zwischen den unterschiedlichen Vorstellungen der Kultusministerien der einzelnen Länder dar. Es war deshalb abzusehen, daß die Vereinheitlichung, die durch die Rahmenvereinbarung angestrebt wurde, nur in Teilbereichen zu realisieren war. Über die Inhalte der Ausbildung hieß es in dieser Rahmenvereinbarung: »Die Inhalte der Ausbildung müssen den wesentlichen Anforderungen der sozialpädagogischen Bereiche entsprechen.«

Der Unterricht umfaßte während der überwiegend fachtheoretischen Ausbildung im allgemeinen Lernbereich und im berufsbezogenen Bereich mindestens 30 Wochenstunden. Davon sind mindestens 24 Wochenstunden im berufsbezogenen Lernbereich zu unterrichten. Im berufsbezogenen Lernbereich waren mindestens 12 Wochenstunden im didaktisch-methodischen Anwendungsbereich vorzusehen. Dazu gehörten Didaktik und Methodik der sozialpädagogischen Praxis, Kunsterziehung, Werkerziehung, Musikerziehung, Spielerziehung, Bewegungserziehung und Sporterziehung. Im didaktisch-methodischen Bereich sollten Übungen erfolgen. Im übrigen Teil des berufsbezogenen Lernbereichs waren Pädagogik, Psychologie, Jugendliteratur, Sozialhygiene und Recht zu unterrichten« (Beschluß der Kultusministerkonferenz vom 24. 9. 1982).

Die Ausbildung zum Erzieher vermittelt keine Spezialausbildung für den vorschulischen Bereich, sondern eine breite sozialpädagogische Grundqualifikation, die die berufliche Mobilität der Absolventen und Absolventinnen sichern soll. Damit entsteht jedoch das Problem, daß aus den unterschiedlichen sozialpädagogischen Arbeitsfeldern – Kinderkrippe, Kindergarten. Hort, offene Jugendarbeit, Heimerziehung etc. – nur exemplarisch Probleme aufgegriffen, Kenntnisse erworben und Fähigkeiten entwickelt werden können, so daß der Phase der Berufseinmündung eine größere Bedeutung zukommt, als dies bei der vorherigen Kindergärtnerinnenausbildung der Fall war. Berufsspezifische Fertigkeiten und Fähigkeiten mußten also auch noch nach dem Abschluß der schulischen Ausbildung vermittelt werden. Deshalb erschien es notwendig, daß im Praxisjahr (Anerkennungsjahr) die Einrichtungen mit den Ausbildungsstätten eng zusammenarbeiten. Die Arbeitsgemeinschaft für Jugendhilfe, in der alle freien Träger zusammengeschlossen sind, hatte sich mit der »Rahmenvereinbarung« auseinandergesetzt und sie an verschiedenen Punkten kritisiert. Insbesondere wird die Anbindung der Fachschulen für Sozialpädagogik an das Schulwesen kritisiert, die zur Konsequenz habe, daß die traditionelle Schule mit ihrer starren Fächereinteilung das maßgebende Organisationsmodell ist. Die Festlegung einer hohen Pflichtstundenzahl mache das Eigenstudium fast unmöglich; des weiteren werde die Plazierung der Praktika dadurch erschwert, daß die Fachschulen an die schulischen Ferienzeiten gebunden sind. Die Arbeitsgemeinschaft für Jugendhilfe (AGJ) faßte ihre wichtigsten Kritikpunkte wie folgt zusammen: »Die Unterscheidung nach allgemeinem und berufsbezogenem Lernbereich stammt aus einer herkömmlichen, schulpädagogischen Sicht und zielt auf eine Fortschreibung starrer Fächerstrukturen ab, die nicht am sozialpädagogischen Arbeitsbereich orientiert sind. Deutsch, Fremdsprachen, Mathematik und Naturwissenschaft gelten aus gymnasialer Sicht als Garanten der Allgemeinbildung, deren Stundenanteile es zu sichern gilt. Allgemeinbildende Inhalte der sogenannten berufsbezogenen Fächer wie Pädagogik, Psychologie, Recht etc. finden bei dieser Betrachtungsweise keine Berücksichtigung. Die AGJ lehnte deshalb die Unterscheidung zwischen allgemeinem und berufsbezogenem Bereich ab. Auch die Festschreibung sehr hoher wöchentlicher Unterrichtsverpflichtungen für Studierende ist in Frage zu stellen. Sie birgt die Gefahr der Verschulung der Ausbildung und dient nicht dem allgemeinen Ziel, den Erzieher zu einem selbständigen Lernen und Handeln zu befähigen« (AGJ 1985, 18).

Die Kinderpflegerin

Ein relativ großer Teil der im Kindergarten Beschäftigten sind Kinderpflegerinnen, die an Berufsfachschulen ausgebildet werden. Aufnahmevoraussetzung für diesen Ausbildungsgang ist der Hauptschulabschluß oder eine als gleichwertig anerkannte Schulbildung. Die Ausbildung dauert in solchen Bundesländern, die einschlägige hauswirtschaftliche oder pflegerische Vorerfahrungen verlangen, ein Jahr und in den übrigen Bundesländern zwei Jahre. Kinderpflegerinnen wurden ursprünglich nur für den familiären Bereich ausgebildet und zur Unterstützung in Familien eingesetzt. Das ursprünglich auf die Familie begrenzte Tätigkeitsfeld der Kinderpflegerin hat sich inzwischen stark erweitert, und sie arbeitet als »Helferin« in vielen sozialpädagogischen Einrichtungen. Der Einsatz von Kinderpflegerinnen in Kindergärten setzt voraus, daß zwischen »pädagogisch verantwortlichen Tätigkeiten« und den untergeordneten »helfenden Tätigkeiten« unterschieden wird, jedoch wird gerade diese Unterscheidung zu Recht kritisiert. Angesichts der hohen Qualifikationsanforderungen, die aus fachlichen Gründen an die pädagogische Arbeit in Kindertagesstätten und Kindergärten zu stellen sind, gilt die Kinderpflegerinnenausbildung als unzulänglich. Küster hebt hervor, dass die Berufsaussichten zudem stark konjunkturabhängig seien, und Kinderpflegerinnen bei Fachkräftemangel und in von Sparmaßnahmen geprägten Zeiten als billigere Arbeitskräfte nachgefragt würden. Zudem würde der Besuch der Berufsfachschule als schulische Warteschleife genutzt, um sich für das eigentliche Ziel einer Fachschule, die oft ein bestimmtes Mindestalter der Auszubildenden fordert, zu qualifizieren. (vgl. Küster 2002) Dennoch sind von den in westdeutschen Kindergärten Beschäftigten 14,9 % Kinderpflegerinnen (8. Jugendbericht 1990, 100).

Die Ausbildung in der ehemaligen DDR

In der DDR gab es keine für alle Tätigkeitsfelder qualifizierende Erzieherausbildung, sondern für jedes Tätigkeitsfeld (Kindergarten; Kinderkrippe, Hort und Kinderheim) gab es spezifische Ausbildungsgänge an Pädagogischen Fachschulen. Die ursprünglich zweijährige Ausbildung der Kindergärtnerinnen wurde 1985 auf drei Jahre erweitert und entsprach damit hinsichtlich der Dauer der Erzieherausbildung in den alten Bundesländern. Sie qualifizierte ihre Absolventinnen jedoch nur für das Tätigkeitsfeld Kindergarten. Als 1990 die deutsche Wiedervereinigung erfolgte, wurde auch dort die

Erzieherausbildung eingeführt. Für die bereits in der Praxis Tätigen stellte sich das Problem, dass die spezialisierten Ausbildungsgänge der DDR zur Krippenerzieherin, Kindergärtnerin und Hortnerin nicht in das bundesdeutsche System der breitangelegten Erzieherausbildung paßte. Nach einem Beschluß der Kultusministerkonferenz vom 13./14. Juni 1991 werden die in der DDR erworbenen Abschlüsse für den Teilbereich, für den die Qualifikation erworben wurde, bundesweit anerkannt.

Um als Erzieher/Erzieherin anerkannt zu werden und damit in allen sozialpädagogischen Tätigkeitsfeldern arbeiten zu können, mußten die Betroffenen an einer einjährigen Anpassungsfortbildung mit einem erfolgreichen Abschlußkolloquium teilgenommen haben, die von anerkannten freien Bildungsträgern durchgeführt wurde. Die Fortbildung durfte jedoch mit der bereits erworbenen Qualifikation nicht identisch sein. Eine Berufsausbildung zum Sozialarbeiter und Sozialpädagogen an Fachhochschulen gab es in der DDR nicht.

Diskowski, Leiter des Referats »Kinderbetreuung, Sozialpädagogische Berufe« im Brandenburger Ministerium für Bildung, Jugend und Sport, kritisierte diese Maßnahme als »reine Anpassung der DDR-Abschlüsse an Westmaßstäbe ... Die tatsächliche Erfüllung des Anspruchs der westdeutschen Breitbandausbildung wurde nicht einmal ansatzweise in Frage gestellt. ... Vernachlässigt wurde in diesen Diskussionen die Frage, ob denn die ErzieherInnen-Ausbildung in den westlichen Bundesländern angesichts der Entwicklung in den erzieherischen Arbeitsfeldern langfristig Bestand haben könnte« (Diskowski 1998, 42).

Die Neuordnung der Erzieherausbildung 2001

Die Unzufriedenheit mit der Erzieherausbildung, die den veränderten und gewachsenen Ansprüchen an den Beruf nicht mehr genügte, führte erneut zu einer Reform der Ausbildung. Die Konferenz der Kultusminister hat am 28. Januar 2000 eine neue »Rahmenvereinbarung zur Ausbildung und Prüfung von Erziehern/Erzieherinnen« beschlossen, in der man sich auf Mindestanforderungen verständigte. Damit wurde die Rahmenvereinbarung von 1982 aufgehoben. »Ziel der Ausbildung ist die Befähigung, Erziehungs-, Bildungs- und Betreuungsaufgaben zu übernehmen und in allen sozialpädagogischen Bereichen als Erzieher oder Erzieherin selbständig und eigenverantwortlich tätig zu sein.«

Die Zulassungsvoraussetzungen

Unverändert blieben als Eingangsvoraussetzung die mittlere Reife oder ein als gleichwertig anerkannter Bildungsabschluß. Die Gewerkschaft Erziehung und Wissenschaft kritisierte, daß die Hochschulreife (Abitur oder Fachabitur) als gleichwertige Zulassungsvoraussetzung unberücksichtigt bliebe. »Die Forderung nach beruflicher Vorbildung für Schülerinnen mit Hochschulreife führt damit zu höheren Zulassungsvoraussetzungen als für alle universitären pädagogischen Ausbildungen« (Stellungnahme der Gewerkschaft Erziehung und Wissenschaft zum Entwurf der KMK vom 24.06.1999).

Abgeschafft wurde jedoch das sog. Vorpraktikum, das durch eine »berufliche Vorbildung« ersetzt wurde. Diese umfaßt nun entweder eine »abgeschlossene einschlägige Berufsausbildung« (in der Regel ist dies die 2-jährige Ausbildung zum Sozialassistenten/zur Sozialassistentin) oder eine »nach Landesrecht als gleichwertig anerkannte Qualifizierung«.

Die Ausbildung zum Sozialassistenten/zur Sozialassistentin

Mit der neuen Ausbildung zum Sozialassistenten, die an die Stelle des Vorpraktikums trat, wurde ein erster berufsqualifizierender Berufsabschluß eingeführt. Parallel dazu wurde auch die Berufsausbildung zur Kinderpflegerin eingestellt. Die Ausbildung zum Sozialassistenten und zur Sozialasstistentin findet an Berufsfachschulen statt und dauert zwei Jahre. Die Schülerinnen und Schüler haben die Möglichkeit, sich zwischen den beiden Schwerpunkten »Familienpflege« oder »Sozialpädagogik« zu entscheiden. Die Unterrichtsfächer im Schwerpunkt Sozialpädgogik sind:

- Deutsch und Kommunikation;
- Politik und Religion;
- Fremdsprachen;
- Gesundheitslehre;
- Theorie der Sozialpflege;
- Ernährungslehre;
- Datenverarbeitung;
- sozialwissenschaftliche Grundlagen;
- Pädagogik und Psychologie mit Übungen;
- Sozialpädagogik mit Übungen;
- Praxis in der Gesundheitspflege;
- Sozialpflege;
- Ernährungspraxis und sozialpädagogische Medien.

Im 1. Schuljahr findet ein 8wöchiges und im 2. Schuljahr ein Praktikum von 20 Wochen statt. Es handelt sich also um eine stark praxisorientierte Ausbildung. Die Ausbildung schließt mit der staatlichen Anerkennung zum Sozialassistenten ab. Die Absolventinnen und Absolventen, die den Schwerpunkt Sozialpädagogik gewählt haben, haben danach die Möglichkeit, als Zweitkraft in einer Tageseinrichtung zu arbeiten. Empfohlen wird jedoch vielfach, daß sich die Absolventen und Absolventinnen nicht mit dieser Ausbildung begnügen, sondern einen Fachschulabschluß anstreben sollten. Für diejenigen, die sich für den Schwerpunkt Sozialpädagogik entschieden haben, besteht die Möglichkeit, im Anschluß an diese Ausbildung eine Erzieher(innen)ausbildung anzuschließen. Es gibt für Sozialassistenten aber auch die Möglichkeit, durch den Besuch der einjährigen Fachoberschule für Sozialwesen die Fachhochschulreife zu erlangen, um Sozialpädagogik oder Sozialarbeit zu studieren.

Haug-Zapp, Leiter der Evangelischen Ausbildungsstätten des Elisabethenstiftes in Darmstadt, prognostiziert, daß viele dieser Absolventen und Absolventinnen von der letztgenannten Möglichkeit Gebrauch machen werden und ein Studium an einer Fachhochschule für Sozialpädagogik anschließen. »Allein dies zwingt die Fachschulen dazu, eine attraktive Alternative zur Fachhochschule zu sein, durch eine klar erkennbar andere, aber nicht minderwertigere Ausbildung als die Fachhochschule. Für qualifizierte Bewerberinnen konkurrenzfähig zu sein mit den Fachhochschulen wird vermutlich zu einer der Überlebensfragen (für die Fachschulen)« (Haug-Zapp 2000, 121).

Die Erzieherinnenausbildung

Die Rahmenordnung für die Erzieherausbildung von 2001 legt fest, daß die gesamte Ausbildung unter Einbeziehung der beruflichen Vorbildung in der Regel 5 Jahre dauert. Nach der Ausbildung zur Sozialassistentin oder einer vergleichbaren Berufsausbildung folgt darin in der Regel eine dreijährige, mindestens jedoch eine zweijährige Vollzeitausbildung an einer Fachschule. Die Ausbildung an der Fachschule für Sozialpädagogik umfaßt mindestens 2.400 Stunden Unterricht und 1.200 Stunden Tätigkeiten in der Praxis. Anstelle einzelner (Schul-)Fächer wird die Stundentafel nach den folgenden Lernbereichen organisiert:

Berufsübergreifender Lernbereich	mindestens	360 Stunden
Berufsspezifischer Lernbereich	mindestens	1.800 Stunden
Praxis in sozialpädagogischen Tätigkeitsfeldern	mindestens	1.200 Stunden
Gesamtstunden	mindestens	3.600 Stunden

Durch die Rahmenordnung sind 3.360 Stunden in ihrer Verteilung auf die Lernbereiche und die Praxis in sozialpädagogischen Tätigkeitsfeldern festgelegt, so daß die Bundesländer die noch fehlenden 240 Stunden nach eigenen Vorstellungen verteilen können.

An die Stelle von Fächern sind die folgenden Lernbereiche getreten:

- Kommunikation und Gesellschaft;
- sozialpädagogische Theorie und Praxis;
- musisch-kreative Gestaltung;
- Ökologie und Gesundheit;
- Organisation, Recht und Verwaltung;
- Religion/Ethik nach dem Recht der Länder.

Mit der Strukturierung der Inhalte nach Lernfeldern, die sich an den Tätigkeiten von Erziehern und Erzieherinnen orientieren, wurde der Kritik an der alten fächerorientierten Ausbildung Rechnung getragen, wohingegen die Forderung nach einer Anhebung der Ausbildung keine Berücksichtigung fand. Bereits in der Vergangenheit wurde immer wieder (vergeblich) eine Ausbildung für Erzieher und Erzieherinnen auf Fachhochschulniveau gefordert. Stets wurde dies mit den komplexen und größer werdenden Anforderungen in der beruflichen Praxis begründet. Jedoch fruchteten diese Argumente nicht, und es blieb auch in der zuletzt beschlossenen Rahmenvereinbarung der Kultusminister vom 28. Januar 2000 dabei: Die Erzieherausbildung erfolgt an Fachschulen.

Ob dies das letzte Wort sein wird, ist fraglich, denn in den meisten Ländern der Europäischen Union und in der Schweiz wurden die Ausbildungen für den Vorschulbereich im Laufe der 80er und 90er Jahre von Fachschulniveau auf Fachhochschul- bzw. Universitätsniveau angehoben, so daß nur in Deutschland und in Österreich das Personal für Kindertagesstätten an Fachschulen ausgebildet wird. In vielen Ländern der Europäischen Union wird für eine bestimmte Altersspanne, z.B. von 3 bis 6 Jahre, von 0 bis 6 oder bis 11 Jahre ausgebildet und diese Spezialisierung als ein Indikator für Qualität angesehen. Oberhuemer und Ulich (1997), die die Ausbildungen des Personals für Tageseinrichtungen in den Ländern der Europäischen Union untersucht haben, stellen fest: »Eine sozialpädagogisch ausgerichtete Breitbandausbildung gibt es nur in Deutschland, Dänemark und Luxemburg. Für die deutsche Diskussion entsteht die Frage: Wieviel Generalisierung verträgt eine Breitbandausbildung, und wie soll die spezifische Qualifizierung für einzelne Arbeitsfelder aussehen?« (Oberhuemer; Ulich 1997, 72).

Innerhalb der Europäischen Union soll die Mobilität der Menschen ermöglicht werden, und hier ist die gegenseitige Anerkennung der Schul- und Berufsausbildungen die wichtigste Voraussetzung. Die durch die EU beschlossenen Richtlinien zur gegenseitigen Anerkennung von Berufsabschlüssen bedeuten, daß die deutsche Erzieherausbildung nicht automatisch in vollem Umfang von den Ländern der EU anerkannt wird. »Zu den Bedingungen dieser Anerkennung gehören mindestens mittlere Reife, mindestens dreijährige Ausbildung, dabei ca. 3.400 Stunden, theoretische und praktische Ausbildung, staatliche Anerkennung und die Verleihung einer einschlägigen Berufsbezeichnung (Diplom)« (Schmitthenner 2000, 133). Angesichts der Unterschiede, die zwischen einzelnen Bundesländern bestehen, sind bislang Einzelfallentscheidungen notwendig.

Das Personal in Tageseinrichtungen für Kinder

Nach wie vor beträgt der Anteil der Frauen in den Tageseinrichtungen für Kinder mehr als 90%. Verändert gegenüber den 70er Jahren hingegen hat sich die Altersstruktur. Waren 1974 nur 17% der Beschäftigten in den alten Bundesländern zwischen 40 und 60 Jahren alt, so stieg ihr Anteil auf 35% (Arbeitsstelle Kinder- und Jugendhilfestatistik der Universität Dortmund, 2001). Es ist also zu vermuten, daß der Beruf der Erzieherin nicht mehr nur die Zeit bis zur Familiengründung ausfüllen soll, sondern daß Frauen versuchen, Familie und Beruf miteinander zu verbinden oder ihn nach einer Familienpause wiederaufnehmen. Neben den Erzieherinnen, die mit einem Anteil von mehr als 50% die Hauptgruppe der Beschäftigten stellen, ist der Anteil der Sozialpädagog(inn)en und Sozialarbeiter(innen) mit Fachhochschulabschluß und der universitär ausgebildeten Diplompädagog(inn)en in den letzten 25 Jahren von 1.500 (1974) auf mehr als 7.000 (1998) gestiegen. Gestiegen ist auch die Zahl der Kinderpflegerinnen auf 46.000.

Damit befindet sich »die Gruppe der Erzieherinnen in einem sog. ›Sandwich-Dilemma‹ – von ›unten‹ ersetzt und von ›oben‹ verdrängt zu werden.« Es besteht die Gefahr, daß sie »für die einen im Vergleich zur Kinderpflegerin zu teuer in Ausbildung und Beruf, für die anderen gegenüber akademisch ausgebildeten Fachkräften zu schlecht qualifiziert für die schwieriger gewordene Praxis (ist)« (Beher u.a. 1999, 32).

Betrachtet man den Ausbildungsstand als wichtigen Faktor für die Qualität eines pädagogischen Angebots, so ist das Ausbildungsprofil der Kindertageseinrichtungen nicht durchgängig gut, wie die hohe Zahl der Kinderpflegerinnen zeigt. »Der Kindergarten ist zu einer starken Domäne der Erzieherinnen geworden und wird dies vorerst auch bleiben. Allerdings sind auch gerade im Kindergarten Prozesse der Dequalifizierung in Gang gesetzt worden. Der starke Zuwachs der KinderpflegerInnen zwischen 1990 und 1994 mit fast 11.000 zusätzlichen Beschäftigten macht dies deutlich« (Arbeitsstelle Kinder- und Jugendhilfestatistik).

Aufgrund der starken Expansion der Tätigkeitsfelder in der Kinder- und Jugendhilfe und hierbei insbesondere der Tageseinrichtungen für Kinder ist der Arbeitsmarkt für Erzieherinnen größer geworden. Die breit angelegte Ausbildung der Erzieher und Erzieherinnen ermöglicht einen Einsatz in vielen Berufsfeldern der Kinder- und Jugendhilfe, jedoch arbeitet der größte Teil im Kindergarten (53,7%), gefolgt von der Arbeit in altersgemischten Gruppen (11,8%), der Horterziehung (8,9%), den stationären Erziehungshilfen und in Positionen der Leitung/Organisation/Planung (5,8%). In allen anderen Arbeitsfeldern wie z.B. der Heilpädagogik, der Verwaltung, der Fort- und Weiterbildung sind jeweils weniger als 5% beschäftigt (vgl. Beher 1999, 26ff.).

In den Tageseinrichtungen für Kinder arbeiten überwiegend Erzieherinnen, die vor allem mit der Führung einer Gruppe beauftragt sind. Kinderpflegerinnen und Sozialassistentinnen stellen in der Regel die Zweitkräfte in der Gruppenbetreuung.

Nach Beher u.a. (1999, 27) sind 6% der Erzieher(inn)en in den Tätigkeitsfeldern der Kinder- und Jugendhilfe mit Aufgaben der Leitung, Planung und Organisation betraut. Die Übernahme der Leitung einer Einrichtung oder die Arbeit als Fachberaterin bei einem Träger sind für Erzieherinnen meist die einzigen Möglichkeiten eines berufsinternen Aufstiegs. Hier stehen sie allerdings in Konkurrenz zu den an Fachhochschulen ausgebildeten Sozialpädagogen und den an Universitäten ausgebildeten Diplompädagogen, denen manche Träger wegen der gestiegenen Anforderungen den Vorzug geben.

Anforderungen an den Beruf der Erzieherin

Im folgenden sollen die vielfältigen Anforderungen, denen Erzieherinnen in ihrem beruflichen Alltag gerecht werden sollen, skizziert werden. Wir unterscheiden dabei die folgenden Bereiche: kindbezogene Aktivitäten, Organisation und Planung, Teamarbeit, Zusammenarbeit mit den Eltern und Fortbildung.

Kindbezogene Aktivitäten:

Im Zentrum des beruflichen Alltags stehen die Arbeit mit Kindern, die Gestaltung des Lebens im Kindergarten und die Initiierung von Lernprozessen. Von den veränderten Lebensbedingungen in den Familien sind die Kinder unmittelbar betroffen, und mehr Kinder als früher zeigen Verhaltensauffälligkeiten und/oder Entwicklungsstörungen. Um alle Kinder in ihrer Entwicklung zu fördern, sind differenzierte Kenntnisse in der Entwicklungspsychologie und pädagogisches Fachwissen notwendig. Die Erzieherinnen »sollen Kinder unterstützen, ihre Persönlichkeit in der Gemeinschaft zu entfalten, indem sie ihnen Platz, Zeit und viel Mitgestaltungsmöglichkeiten schaffen. Erzieherinnen können sich dabei nicht auf vorgegebene Lebensmuster verlassen, sondern sie müssen mit Blick auf die Kinder passende Konzepte für das Leben in der Institution ... entwickeln« (Colberg-Schrader; Krug 1999, 157).

Organisation und Planung:

Sowohl die kommunalen Verwaltungen als auch die freien Träger sind zunehmend dazu übergegangen, den Tageseinrichtungen mehr Autonomie zuzugestehen, d.h., viele Entscheidungen, die das Budget betreffen, können von den Einrichtungen eigenverantwortlich getroffen werden. Diese müssen also nunmehr auch betriebswirtschaftliche Aufgaben wahrnehmen. Die pädagogischen Fachkräfte müssen sich auch um Haushaltsplanung, Verwaltung und Organisationsentwicklung kümmern. Sie müssen »so etwas wie *unternehmerische Fähigkeiten* entwickeln, wollen sie ihren Betrieb mit Blick auf die Anforderungen des Umfeldes und auf die Mittel, die ihnen zur Verfügung stehen, möglichst effizient und attraktiv gestalten. Diese Entwicklung verlangt von Trägern, den Leitungskräften und dem Team intensivere Absprachen, neue Formen der Arbeitsverteilung und wohl auch neue Formen der Entscheidungskompetenzen und Verantwortung« (Colberg-Schrader; Krug 1999, 158).

Arbeit im Team:

Die Zusammenarbeit der pädagogischen Fachkräfte ist in allen Fragen notwendig, die die Tageseinrichtung insgesamt betreffen, wie z.B. die Erarbeitung eines pädagogischen Konzepts, Gestaltung und Nutzung der Räume und des Außengeländes, Zusammenarbeit mit anderen Einrichtungen und Eltern. Für die Wahrnehmung dieser vielfältigen Aufgaben sind Kooperationsbereitschaft und kommunikative Kompetenzen, kurzum Teamfähigkeit erforderlich.

Fortbildung:

Auch eine noch so gute Erstausbildung reicht nicht für ein ganzes Berufsleben, zumal sich die gesellschaftlichen Bedingungen, unter denen Kinder aufwachsen, gravierend verändern. Erzieherinnen müssen folglich bereit und fähig sein, Neues zu lernen und sich fortzubilden. Ob Fortbildungen angeboten und wahrgenommen werden, gehört zu den Qualitätsmerkmalen einer Tageseinrichtung.

In den letzten Jahrzehnten ist das Arbeitsfeld für sozialpädagogische Berufe immens gewachsen. Der wohl größte Wachstumsbereich in den alten Bundesländern waren dabei die Tageseinrichtungen für Kinder. Colberg-Schrader und Krug (1999) weisen darauf hin, daß das »sozialpädagogische Jahrhundert« mit seinem Wachstum an Aufgaben, Arbeitsfeldern und Beschäftigungsmöglichkeiten zu Ende gegangen ist und daß künftig mit einem stark verlangsamten Wachstum zu rechnen ist. Damit werden sich die Beschäftigungsmöglichkeiten wohl schwieriger gestalten. Hinzu kommt, daß die Erzieherinnen Konkurrenz bekommen haben durch andere Berufsgruppen, die in die sozialpädagogischen Arbeitsfelder drängen. Um in dieser neuen Situation bestehen zu können, benötigen Erzieher eine fundierte Aus- und Fortbildung.

XVII
Fazit und Perspektiven

»Die Kindergärten sind ja nicht nur die Tore
zum Bildungswesen, sie sind auch die Tore zu
unserer Gesellschaft, zu Selbstentfaltung und
Gemeinschaftsfähigkeit, zu beruflichem Erfolg und
staatsbürgerlicher Verantwortung.«
*Aus der Rede von Bundespräsident Johannes Rau
beim Abschlußkongreß des Forums Bildung,
Berlin, 10. Januar 2002.*

Von der Bewahranstalt zur Bildungseinrichtung

Es war ein langer Weg, den die Tageseinrichtung für Kinder von einer Bewahranstalt bis zu einer anerkannten Bildungsstätte zurücklegen mußte. Schon Fröbel hatte den Kindergarten als die unterste Stufe des Bildungswesens angesehen, aber dennoch blieb über lange Zeit hinweg der Kindergarten eine »Nothilfeeinrichtung« für Kinder, deren Mütter arbeiteten, also eine sozialfürsorgerische Einrichtung. Die ausschließliche Erziehung eines Kindes im Vorschulalter in der Familie galt als die bessere Alternative.

Erst 1970 anerkannte der Bildungsrat den Kindergarten als Teil des Bildungswesens, dennoch wurden hieraus zunächst keine politischen Konsequenzen gezogen. Von Bedeutung war jedoch das Bestreben, die durch Forschungen nachgewiesene Benachteiligung von Kindern aus bildungsfernen Schichten durch kompensatorische Angebote im Kindergarten und in der damals neu entstandenen Eingangsstufe der Grundschule zu verringern.

Diese Intention wurde in den darauffolgenden Jahren überlagert von dem Bemühen um eine Ausweitung des Angebots an Kindergartenplätzen. Als 1996 alle Kinder vom dritten Lebensjahr an bis zum Eintritt in die Schule einen gesetzlichen Anspruch auf einen Kindergartenplatz erhielten, waren in den alten Bundesländern erhebliche Anstrengungen erforderlich, um die notwendigen Plätze zu schaffen, wohingegen es in den neuen Bundesländern längst ein flächendeckendes Angebot an Ganztagsplätzen gab. Durch den Rechtsanspruch jedes Kindes auf einen Platz in einem Kindergarten stand der quantitative Ausbau im Vordergrund der Aufmerksamkeit, und zu Recht kam die Sorge auf, daß dieser zu Lasten der pädagogischen Qualität gehen könnte. Seither bemühen sich die Einrichtungen und die Träger durch Qualitätssicherung und Qualitätsmanagement die pädagogische Qualität des Angebots zu gewährleisten bzw. zu erhöhen. Hierzu gehört auch, daß den Leitungen von Kindertageseinrichtungen seitens der Träger mehr Entscheidungsbefugnisse gegeben werden. Langfristig wird das einen Schub der Professionalisierung für Leitungsaufgaben nach sich ziehen.

Schon heute sind viele kommunale und freie Träger dazu übergegangen, für die Leitung von Tageseinrichtungen für Kinder Sozialpädagogen oder Diplompädagogen einzustellen oder zumindest Fortbildungen und Beratungen für Leiterinnen anzubieten. Denn die Qualität einer Einrichtung wird auch am Ausbildungsstand und an dem Angebot an Fortbildungen für die pädagogischen Fachkräfte bemessen.

»Pädagogische Erfolge brauchen einen langen Atem«

Als am 4. Dezember 2001 die Ergebnisse der von der OECD durchgeführten internationalen Vergleichsstudie über den Leistungsstand 15jähriger Schüler in 32 Ländern bekanntgegeben wurde (OECD 2001), löste dies einen nachhaltig wirkenden Schock aus, da die Schülerinnen und Schüler in Deutschland hinsichtlich ihrer Lesekompetenz und ihres mathematisch-naturwissenschaftlichen Verständnisses nur den 21. Platz erhielten. In Deutschland wurden 10.000 Jugendliche gegen Ende der Schulbesuchspflicht getestet, wobei es in dem Lesetest darum ging, einen kurzen Text zu verstehen und handlungsorientierte Schlußfolgerungen daraus zu ziehen.

Ein weiteres Ergebnis war, daß in Deutschland nach wie vor die soziale Herkunft entscheidend für den Bildungserfolg ist. In keinem anderen Land war dies in diesem Ausmaß der Fall. Die Analyse der Ursachen hierfür führte u.a. zu der Einschätzung, daß die frühe Auslese nach dem 4. bzw. 6. Schuljahr – in den skandinavischen Ländern erfolgt diese erst nach dem 10. Schuljahr – sozial selektiv wirkt, so daß in der Folge über strukturelle Veränderungen des Schulsystems nachgedacht werden muß.

Dem Schock darüber, daß deutsche Kinder im Vergleich mit anderen hinsichtlich der Lesekompetenz im letzten Drittel rangierten, folgten Überlegungen, wo die Mängel in unserem Schulsystem zu suchen und wie sie zu beheben seien. Neben der Forderung nach einer Verbesserung des Unterrichts in den Grundschulen und der Lernkultur insgesamt, nahm man auch die Leistungen der vorschulischen Erziehung in den Blick, denn bereits bei Beginn der Schulpflicht gibt es gravierende Unterschiede zwischen den Kindern hinsichtlich ihrer Lernvoraussetzungen.

Für den Bereich der Elementarerziehung ist die Studie insofern von herausragender Bedeutung, als nunmehr die Frage öffentlich diskutiert wird, ob und wie Kinder bereits im vorschulischen Alter gezielt gefördert und damit besser auf schulisches Lernen vorbereitet werden können.

Zwei unterschiedliche Lösungen werden hierzu diskutiert: eine frühere Einschulung bereits mit dem 5. Lebensjahr oder die Reform des letzten Kindergartenjahres, zu dessen Besuch alle Kinder verpflichtet werden sollten.

Für die Einschulung der 5jährigen wurde bereits seit Mitte der 1970er Jahre das Konzept der Eingangsstufe in Modellprojekten erfolgreich erprobt, jedoch scheiterte die Ausweitung dieser Angebotsform bislang an den hohen Kosten für zusätzliches Personal und Räume.

Räume und Personal für alle Kinder sind hingegen in den Tageseinrichtungen ohnehin vorhanden, zusätzliche Investitionen also nicht erforderlich. Daher denken die Bundesländer weniger an den Ausbau der Eingangsstufe, sondern richten ihre Aufmerksamkeit auf die Reform des letzten Kindergartenjahres. Um allen Kindern die Förderung im Vorschulalter zu gewährleisten und Kinder aus sozial schwachen Familien nicht auszugrenzen, wird über die Einführung der Kindergartenbesuchspflicht für 5- bis 6jährige diskutiert, wobei der Besuch des Kindergartens für 5jährige vormittags kostenfrei ermöglicht werden müßte. Für jüngere Kinder und für die Betreuung am Nachmittag würde weiterhin ein Kindergartengeld erhoben.

Bildungspolitiker fordern ein strukturiertes Bildungsangebot, durch das die Schulfähigkeit der Kinder gezielt gefördert werden müsse. Damit gerät der Kindergarten unter Legitimationsdruck, wobei es sich nachteilig auswirkt, daß es der Kindergarten in der Vergangenheit versäumt hat, »seinem Konzept von Lernen genügend Ausdruck zu verleihen. Natürlich wird über das Lernen im Kindergarten intern heftig diskutiert, allerdings unter einem ganz anderen Titel: Es geht um verschiedene methodische Ansätze. (…) Der Begriff Lernen wird dabei fast verschämt behandelt, so als sei Lernen überhaupt nicht Thema des Kindergartens – aber das ist ein Irrtum. Kinder in diesem Alter brauchen natürlich keine formalen Lehrgänge, aber sie brauchen Unterstützung dabei, als eigenständige Persönlichkeiten wißbegierig der Welt zu begegnen. Kinder brauchen Lust auf Lernen, Lust auf Erfahrungen, auf Nachdenken, auf Aushandeln von unterschiedlichen Ansichten. Dazu ist es wichtig, daß Erzieherinnen den Kindern Partnerinnen beim Verstehen der Welt sind. Kinder brauchen Anregungen und Räume zur Entfaltung ihrer Fähigkeiten, und zwar ihrem Alter entsprechend Spielräume, die natürlich auch Lernräume sind« (Thiersch 1999, 13).

Haben die älteren Erzieherinnen ein eher distanziertes Verhältnis zur Schule, so messen jüngere Erzieherinnen und der größte Teil der Eltern den schulvorbereitenden Angeboten große Bedeutung bei (vgl. Dippelhofer-Stiem 1999). Donata Elschenbroich (2001) formuliert die Anforderungen an den Kindergarten als eine Bildungsstätte wie folgt: »Die bei allen Kindern vorhandene Neugier und Lernbereitschaft sind die Grundlage für Lernprozesse, und die Jahre vor der Schule darf man nicht ungenutzt verstreichen lassen.« Hinzuzufügen ist, daß der Kindergarten nicht die Aufgabe hat, den Stoff und den Lehrplan der Schule vorwegzunehmen. Er muß seinen eigenen Konzepten folgen und sie fortentwickeln, wobei diese dem Entwicklungsstand des Vorschulkindes angemessen sein müssen.

Die Diskussion um die Reform des Kindergartens konzentrierte sich stark auf das letzte Kindergartenjahr, dabei darf aber die Förderung der jüngeren Kinder nicht außer acht gelassen werden. Richtig ist, daß in der frühen Kindheit insgesamt die Grundlagen für die Lernmotivation und Lernfähigkeit gelegt werden. Dabei bieten aber Reformen im Kindergarten allein keine Gewähr dafür, daß Kinder dann am Ende der Mittelstufe bessere Leistungen aufweisen. Bildungsprozesse erfolgen langfristig, und daher sind Reformen auf allen Stufen des Bildungswesens erforderlich. Auch eine bessere Kooperation von Grundschule und Kindergarten ist anzumahnen. Hans Rauschenberger meint, daß eine frühe Förderung sinnvoll und möglich ist, daß sie jedoch konsequent fortgeführt werden muß. »Alles andere behält in der Gesamtentwicklung episodischen Charakter. Pädagogische Erfolge brauchen einen langen Atem« (Rauschenberger 2002).

Literaturverzeichnis

Aden-Grossmann, Wilma: Die Epoche des Nationalsozialismus in der zeitgeschichtlichen Kinder- und Jugendliteratur. In: Nolz, Bernhard; Popp, Wolfgang: (Hrsg.) Erinnerungsarbeit. Grundlage einer Kultur des Friedens. Münster 2000, S. 285–297

Aichhorn, August: Erziehungsberatung und Erziehungshilfe. Bern 1959

Akpinar, Ünal; Zimmer, Jürgen (Hrsg.): Von wo kommst'n du? Interkulturelle Erziehung im Kinderkarten, Band 1. München 1984

Akpinar, Ünal; Zimmer, Jürgen: Die Schatten der Vorurteile liegen auch auf dem Kindergarten. In: Grossmann, Wilma (Hrsg.): Kindergarten und Pädagogik. Grundlagentexte zur deutsch-deutschen Bestandsaufnahme. Weinheim und Basel 1992, S. 169–175

Amt für Soziale Dienste Bremen (Hrsg.): Kindergarten – eine Institution im Wandel. Reflexion und Neubewertung der Bildungs- und Erziehungskonzeption von Tageseinrichtungen für Kinder. Bremen 2000

Andreas, Kurt; Kaudelka, Edith: Gemeinsame rhythmisch-musikalische Förderung – auch für Ausländerkinder. In: Horn, Hans Arno (Hrsg.): Kindergarten und Grundschule arbeiten zusammen. Konzepte und Beispiele für einen kooperativen Schulanfang. Arbeitskreis Grundschule e.V. Frankfurt a.M. 1982, S. 117–125

Arbeitsgemeinschaft für Jugendhilfe: Positionspapier der Arbeitsgemeinschaft für Jugendhilfe zur »Rahmenvereinbarung über die Ausbildung und Prüfung von Erziehern/Erzieherinnen« der Ständigen Konferenz der Kultusminister der Länder in der Bundesrepublik Deutschland (KMK): o. O. 1985

Arbeitsgruppe Vorschulerziehung: Anregungen I. Zur pädagogischen Arbeit im Kindergarten. München 1973

Arbeitsgruppe Vorschulerziehung: Anregungen II. Zur Ausstattung des Kindergartens. München 1973

Arbeitsgruppe Vorschulerziehung: Anregungen III. Didaktische Einheiten im Kindergarten. München 1976

Arbeitsgruppe Vorschulerziehung: Vorschulerziehung in der Bundesrepublik. Eine Bestandsaufnahme zur Curriculumentwicklung. München 1974

Arbeitsstelle Kinder- und Jugendhilfestatistik der Universität Dortmund 2001, Projektleitung Rauschenbach, T., Geschäftsführung Schilling, M. http://www.akj-stat.fb12.uni-dortmund.de

Ariès, Philippe: Geschichte der Kindheit. München, Wien 1977

Bader, Kurt: Öffentliche Erziehung. Kinder und ihre Erzieher in Kindergärten. Frankfurt a.M. 1978

Barow-Bernstorff, Edith; Günther, Karl-Heinz; Krecker, Margot; Schuffenhauer, Heinz (Hrsg.): Beiträge zur Geschichte der Vorschulerziehung. Berlin, 3. Aufl. 1971

Barz, Heiner: Der Waldorfkindergarten. Weinheim 1984

Bauer, Christine; Franger, Gabi; Paulus, Gabi: Orientierungshilfen für die interkulturelle Erziehung in Kindertagesstätten. Institut für Sozialarbeit und Sozialpädagogik. Arbeitsheft 10. Frankfurt a.M. 1984

Beher, Karin; Hoffmann, Hilmar; Rauschenbach, Thomas: Das Berufsbild der ErzieherInnen. Neuwied, Berlin 1999

Belser, Helmut u.a.: Curriculum – Materialien für die Vorschule. Weinheim 1972

Benzing, Richard: Grundlagen der körperlichen und geistigen Erziehung des Kleinkindes im nationalsozialistischen Kindergarten. Berlin 1941

Berger, Manfred: Vorschulerziehung im Nationalsozialismus. Recherchen zur Situation des Kindergartenwesens 1933–1945. Weinheim 1985

Bericht und Vorschläge der amerikanischen Erziehungskommission: Erziehung in Deutschland (1946). In: Grossmann, Wilma (Hrsg.): Kindergarten und Pädagogik. Grundlagentexte zur deutsch-deutschen Bestandsaufnahme. Weinheim und Basel 1992, S. 20–25

Bernfeld, Siegfried: Antiautoritäre Erziehung und Psychoanalyse. Ausgewählte Schriften in 3 Bänden, hrsg. von v. Werder, Lutz und Wolff, Reinhart. Frankfurt a.M. 1969

Bestimmungen über die Ausbildungsstätte, Ausbildung und Prüfung von Kindergärtnerinnen. RdErl. D. RMfWEV v. 15.9.1942, zit. nach Kindergarten 1942, S. 111f.

Bier-Fleiter, Claudia (Hrsg.): Familie und öffentliche Erziehung. Aufgaben, Abhängigkeiten und gegenseitige Ansprüche. Opladen 2001

Biermann, Gerd (Hrsg.): Psychoanalyse und Kindergarten und andere Arbeiten zur Kinderpsychologie von Nelly Wolffheim. München und Basel 1966

Biermann, Gerd: Nelly Wolffheim und die psychoanalytische Pädagogik. Gießen 1998

Bildungskommission des Deutschen Bildungsrates: Strukturplan für das Bildungswesen. Stuttgart 1970

Biron-Brandsdorffer, Esther: Die Aufgaben der jüdischen Kindergärten in Deutschland. In: Jüdische Sozialarbeit. Mitteilungsblatt der Zentralwohlfahrtsstelle der Juden in Deutschland. 6.Jg., Nr. 2/3 1991, S. 9–10

Blochmann, Elisabeth: Pädagogik des Kindergartens. In: Besser, Luise u.a.: Beiträge zur Sozialpädagogik. Heidelberg 1961

Blume, Friedrich: Niedersachsen (Bildungspolitische Tendenzen – Erlasse – Richtlinien). In: Horn, Hans (Hrsg.): Kindergarten und Grundschule arbeiten zusammen. Arbeitskreis Grundschule. Frankfurt a.M. 1982, S. 189–191

Böhm, Dietmar; Böhm, Regine; Deiss-Niethammer, Birgit: Handbuch interkulturelles Lernen. Theorie und Praxis für die Arbeit in Kindertageseinrichtungen. Freiburg, Basel, Wien 1999

Böhm, Winfried: Maria Montessori – Hintergrund und Prinzipien ihres pädagogischen Denkens. Bad Heilbrunn 1969

Böhm, Winfried: Maria Montessori – Texte und Diskussion. Bad Heilbrunn 1971

Bollnow, O.F.: Die Pädagogik der deutschen Romantik von Arndt bis Fröbel. Stuttgart 1952

Bott, Gerhard (Hrsg.): Erziehung zum Ungehorsam. Frankfurt a.M. 1970

Braun, Lily: Memoiren einer Sozialistin. München 1909

Brauner, Thomas u.a.: Bausteine für die Arbeit in Kindergarten und Hort. Weinheim 1979

Brezinka, Wolfgang: Erziehung als Lebenshilfe. Wien 1961

Brosterman, Norman: Inventing Kindergarten. New York 1997

Bundesarbeitsgemeinschaft der Landesjugendämter: Qualität in Kindertageseinrichtungen – beschlossen in der 88. Arbeitstagung vom 03.–05.05.2000 in Halle. Internet: http://www.bagljae.de

Bundesministerium für Familie, Senioren. Frauen und Jugend (Hrsg.): Sechster Familienbericht. Familien ausländischer Herkunft in Deutschland. Leistungen, Belastungen, Herausforderungen. Berlin 2000

Bundesministerium für Jugend, Familie, Frauen und Gesundheit (Hrsg.): Achter Jugendbericht. Bericht über Bestrebungen und Leistungen der Jugendhilfe. Bonn 1990

Bundesministerium für Familie, Senioren, Frauen und Jugend (Hrsg.): Zehnter Kinder- und Jugendbericht. Bericht über die Lebenssituationen von Kindern und die Leistungen der Kinderhilfen in Deutschland. Bonn 1998

Bundesministerium für Familie, Senioren, Frauen und Jugend (Hrsg.): Kinder- und Jugendhilfe (Achtes Buch Sozialgesetzgebung). Bonn, Dezember 2000

Bund-Länder-Kommission für Bildungsplanung: Fünfjährige in Kindergärten, Vorklassen und Eingangsstufen. Bericht über eine Auswertung von Modellversuchen. Stuttgart 1976

Busche, Erika; Busche, Ernst: Gedanken zur antiautoritären Erziehung. In: Vorgänge 5/1970

Büttner, Christian; Dittmann, Marianne (Hrsg.): Elternhandbuch Kindergarten. Weinheim und Basel 1995

Christensen, Netti; Launer, Irmgard: Über das Spiel der Vorschulkinder. Berlin 1979

Colberg-Schrader, Hedi; Krug, Marianne: Arbeitsfeld Kindergarten. Pädagogische Wege, Zukunftsentwürfe und berufliche Perspektiven. Weinheim 1999

Colberg-Schrader, Hedi; Krug, Marianne: Arbeitsfeld Kindergarten. Planung, Praxisgestaltung, Teamarbeit. München 1977

Correll, Werner (Hrsg.): Lernen und Lehren im Vorschulalter. Donauwörth 1970

Correll, Werner, Lesen, Schreiben und Rechnen im Vorschulalter. In: Corell, Werner (Hrsg.): Lernen und Lehren im Vorschulalter. Donauwörth 1970, S. 11–57

Dermitzel, Regine: Thesen zur antiautoritären Erziehung. In: Höltershinken, Dieter (Hrsg.): Vorschulerziehung. Eine Dokumentation. Freiburg 1971, S. 119–128

Derschau, Dietrich von: Entwicklung der Ausbildung und der Personalstruktur im Kindergarten. In: Erning, G. u.a. (Hrsg.): Geschichte des Kindergartens. Band II. Freiburg i.Br. 1987, S. 67–81

Deubel, Gerlinde u.a.: Kinderladen – So wird's gemacht. In: betrifft: erziehung 1970, S. 9, 39–40

Deutscher Akademikerinnenbund e.V. (Hrsg.): Kindertagesstätten, Ganztagskindergärten und Ganztagsschulen ermöglichen die Vereinbarkeit von Beruf und Familie für Frauen und Männer. Dokumentation der Tagung des Arbeitskreises »Hochschullehrerinnen im DAB« vom 22.–24. Juni 1990 in Bonn. Nürnberg 1992

Deutscher Städtetag (Hrsg.): Die zweite Ausländergeneration, Teil I. Köln 1980

Deutscher Verein für öffentliche und private Fürsorge (Hrsg.): Fachlexikon der sozialen Arbeit. Frankfurt a.M. 4. Aufl. 1997

Deutsches Pädagogisches Zentralinstitut (Hrsg.): Gedenkschrift zum 100. Todestag von Friedrich Fröbel am 21. Juni 1952. Berlin (DDR) 1952

Die Reichsschulkonferenz 1920, ihre Vorgeschichte und Vorbereitung und Verhandlungen. Amtl. Bericht, erstattet vom Reichsministerium des Innern. Leipzig 1921

Dippelhofer-Stiem, Barbara: Schulvorbereitung? Was Erzieherinnen und Eltern meinen. In: TPS 1/1999, S. 34–36

Dippelhofer-Stiem, Barbara; Wolf, Bernhard (Hrsg.): Ökologie des Kindergartens. Theoretische und empirische Befunde zu Sozialisations- und Entwicklungsbedingungen. Weinheim 1997

Dollase, Rainer (Hrsg.): Handbuch der Früh- und Vorschulpädagogik, 2 Bände. Düsseldorf 1978

Donath, Erika: Der Erntekindergarten. In: Kindergarten 7/1937, S. 141ff.

Droescher, Lilly: Der Kindergarten als Unterbau der Einheitsschule. Vortrag, gehalten in Leipzig Oktober 1919 auf einer Tagung des Pestalozzi-Fröbel-Verbandes

Ebert, Sigrid (Hrsg.): Mit Kindern leben im gesellschaftlichen Umbruch. München, Wien 1992

Elschenbroich, Donata: Weltwissen der Siebenjährigen. Wie Kinder die Welt entdecken können. München 2001

Erikson, Erik: Kindheit und Gesellschaft. Stuttgart 1961

Erning, Günter u.a.: Geschichte des Kindergartens. Band 1–3. Freiburg i.Br. 1992

Fischer, Heidi: Erprobung des Curriculums soziales Lernen als Innovationsprogramm für das Kita-Projekt. Unveröffentl. Diplomarbeit. Frankfurt a.M. 1978

Flaake, Karin; Joannidou, Helene; Kirchlechner, Bernd; Riemann, Ilka: Das Kita-Projekt. Ergebnisse einer wissenschaftlichen Begleituntersuchung zu einem Reformmodell öffentlicher Vorschulerziehung. Frankfurt a.M. 1978

Fliedner, Theodor: Methodik der Erziehung und des Unterrichts in der Kleinkinderschule. In: Krecker 1971 a.a.O. S. 141–147

Flitner, Andreas (Hrsg.): Das Kinderspiel. München 1973

Fölsing, Julius: Geist der Kleinkindererziehung. In: Krecker, M. (Hrsg.) Quellen der Vorschulerziehung. Berlin 1971, S. 151–160

Fölsing, Julius; Lanckhard, Carl Friedrich: Warum Kleinkinderschulen errichtet werden. In: Krecker, M. (Hrsg.): Quellen zur Geschichte der Vorschulerziehung. Berlin 1971, S. 147–151

Frank, Gerhard: Selbstevaluation. In: Deutscher Verein für öffentliche und private Fürsorge (Hrsg.): Fachlexikon der sozialen Arbeit. Frankfurt/Main, 4. Aufl. 1997

Freie Pädagogische Vereinigung im Kuratorium für künstlerische und heilende Pädagogik (Hrsg.): Waldorfpädagogik – Ein Weg zur Persönlichkeitsbildung. Eine Einführung für Lehrer, Erzieher und Eltern. Wien, München 1984

Freud, Sigmund: Gesammelte Werke, Frankfurt a.M. 1969

Friedeberg, Edmund; Polligkeit, Wilhelm: Das Reichsgesetz für Jugendwohlfahrt. Berlin 1955

Fröbel an die Gräfin Therese Brunszvick, hrsg. von Hoffmann, Erika. Berlin 1944

Fröbel und die Muhme Schmidt, hrsg. von Lück, Conradine. Leipzig 1929

Fröbel, Friedrich; Hagen, Karl: Ein Briefwechsel aus den Jahren 1844–1848, hrsg. von Hoffmann, Erika. Weimar 1948

Fröbel, Friedrich: Brief an die Frauen in Keilhau, hrsg. von Gumlich, B., Eimar o.J.

Fröbel, Friedrich: Die Menschenerziehung. Ausgewählte Schriften. Bd. 1 und 2, hrsg. von Hoffmann, Erika. Bad Godesberg 1951

Fröbel, Friedrich: Die Mutter- und Koselieder (1884), hrsg. von Prüfer, J. Leipzig 1919

Fröbel, Friedrich: Gesammelte Werke, hrsg. von Lange, W. Berlin 1874

Fthenakis, Wassilios E.: Ansätze zur Förderung ausländischer Kinder. In: IFP 1/1982, S. 3–13.

Fthenakis, Wassilios E.: Kindergarten – eine Institution im Wandel. In: Amt für Soziale Dienste Bremen (Hrsg.): Kindergarten – Eine Institution im Wandel. Reflexion und Neubewertung der Bildungs- und Erziehungskonzeption von Tageseinrichtungen für Kinder. Bremen 2000, S. 11–91

Fthenakis, Wassilios E.; Eirich, Hans (Hrsg.): Erziehungsqualität im Kindergarten. Forschungsergebnisse und Erfahrungen. Freiburg i.B. 1998

Funkkolleg: Beratung in der Erziehung. Studienbegleitbrief 4. Weinheim 1975.

Gamm, Hans-Jochen: Führung und Verführung – Pädagogik des Nationalsozialismus. München 1964

Gebauer, T.; Müller, E.; Sagi, A.: Begabungsförderung im Vorschulalter. Stuttgart 1971

Gerstacker, Ruth; Zimmer, Jürgen: Der Situationsansatz in der Vorschulerziehung: In: Dollase, Rainer (Hrsg.): Handbuch der Früh- und Vorschulerziehung. Düsseldorf 1978, S. 189–205

Gewerkschaft Erziehung und Wissenschaft (Hrsg.): Datenservice – Kommentierte Daten zur Bildungspolitik. Frankfurt a.M. Okt. 1986

Grossmann, Wilma (Hrsg.): Kindergarten und Pädagogik. Grundlagentexte zur deutsch-deutschen Bestandsaufnahme. Weinheim und Basel 1992

Grossmann, Wilma: Kindererziehung in der DDR: »Die ewigen Jasager beunruhigen mich.« In: Erziehung und Wissenschaft. 12/1991, S. 6–10

Grossmann, Wilma: Nelly Wolffheim – durch eigenes Leid Kinder verstehen lernen. Psychoanalytische Pädagogik im Kindergarten. In: Theorie und Praxis der Sozialpädagogik. 6/1994, S. 354–355

Grossmann, Wilma: Tageseinrichtungen für Kinder in der Bundesrepublik Deutschland. In: Deutscher Akademikerinnenbund e.V. (Hrsg.): Kindertagesstätten, Ganztagskindergärten und Ganztagsschulen ermöglichen die Vereinbarkeit von Beruf und Familie für Frauen und Männer. Dokumentation der Tagung des Arbeitskreises »Hochschullehrerinnen im DAB« vom 22.–24. Juni 1990 in Bonn. Nürnberg 1992, S. 41–54

Grossmann, Wilma: Vorschulerziehung. Köln 1974

Grossmann, Wilma: Probleme des Kindergartens in den neuen Bundesländern. In: Grossmann, Wilma (Hrsg.): Kindergarten und Pädagogik. Grundlagentexte zur deutsch-deutschen Bestandsaufnahme. Weinheim und Basel 1992, S. 308–314

Grossmann, Wilma; Kallert, Heide (Hrsg.): Kinderkrippe in der Großstadt. Eine Fallstudie. Frankfurt a.M. 1983

Grossmann, Wilma; Simon-Hohm, Hildegard: Elternarbeit in der Kinderkrippe. Eine Bestandsaufnahme. Frankfurt a.M. 1983

Grube, Bernd; Meiers, Kurt: Der Verlauf eines Vormittags im Kindergarten und in der Grundschule. In: Horn, Hans-Arno (Hrsg.): Kindergarten und Grundschule arbeiten zusammen. Frankfurt a.M. 1982

Handbuch der Elementarerziehung. Pädagogische Hilfen zur Arbeit in Tageseinrichtungen für Kinder, hrsg. von Engelhardt, Dorothee; Höltershinken, Dieter; Neumann, Karl; Sprey-Wessing, Thea; Tietze, Wolfgang: Seelze-Velber, 10. Ergänzungslieferung 1996.

Handbuch des gesamten Jugendrechts. Rechts- und Verwaltungsvorschriften, hrsg. und bearbeitet von Dr. Paul Leipp, Neuwied und Darmstadt. Ausgabe 76

Haug-Zapp, Egbert: Die Ausbildung der Erzieherinnen im Jahre 2000 + x. Versuch einer konkreten Utopie. In: Bundesverband evangelischer Erzieherinnen und Sozialpädagoginnen (Hrsg.): Starke Frauen für Kinder. Der Erzieherinnenberuf in Bewegung. Seelze-Velber 2000, S. 120–127

Hecker, Hilde; Muchow, Martha: Friedrich Fröbel und Maria Montessori. Leipzig 1931

Heinsohn, Gunnar: Vorschulerziehung in der bürgerlichen Gesellschaft. Geschichte, Funktion, aktuelle Lage. Frankfurt a.M.: März 1971; Frankfurt a.M. 1974

Heller, Eva: So sehe ich das – Gedanken zu einem neuen Erziehungskonzept für den Kindergarten. In: Neue Erziehung im Kindergarten 4/1990, S. 74–75

Hemmer, Klaus Peter; Obereisenbuchner, Mathias: Die Reform der vorschulischen Erziehung. Eine Zwischenbilanz. München 1979

Henneberg, Roswitha: »Wenn ich Kindermitbestimmer wäre...« Ein Interview mit 4- bis 6jährigen zum Thema Partizipation. In: Theorie und Praxis der Sozialpädagogik 2/2001, S. 4–5

Hermann, Gisela; Riedel, Heidi; Schock, Robert; Sommer, Brigitte: Das Auge schläft, bis es der Geist mit einer Frage weckt. Krippen und Kindergärten in Reggio/Emilia. Fortbildungsinstitut für die pädagogische Praxis. Berlin 1984

Hessischer Kultusminister, Hessischer Minister für Arbeit, Umwelt und Soziales: Zusammenarbeit zwischen Kindergarten und Grundschule. Erlaß vom 25.2.1985

Hetzer, Hildegard: Die Erprobung der von Corell entwickelten Leselehrprogramme für Kleinkinder. In: Unsere Jugend 1971, S. 581–598

Hille, Barbara: Kinder in der DDR – Betreuung und Erziehung in der frühen Kindheit und im Vorschulalter. In: Deutschlandarchiv. Zeitschrift für Fragen der DDR und der Deutschlandpolitik. 21. Jg., Mai 1988, S. 513–526

Hoernle, Edwin: Grundfragen der proletarischen Erziehung. Ausgewählte Schriften, Hrsg. von v. Werder, Lutz; Wolff, Reinhart. Frankfurt a.M. 1969

Hoffmann, Erika: Der Kindergarten in der industriellen Gesellschaft. In: Soziale Arbeit, 1960, S. 474–487

Hoffmann, Erika: Die psychoanalytischen Voraussetzungen der Schulreife: In: Blätter des Pestalozzi-Fröbel-Verbandes 1951, S. 3

Hoffmann, Erika: Frühkindliche Bildung und Schulanfang. In: Bittner; Schmidt/Cords (Hrsg.) Erziehung in früher Kindheit. München 1968

Hoffmann, Erika: Seelisch-Geistige Nachreife im Schulkindergarten. In: Sozialpädagogische Beiträge des Pestalozzi-Fröbel-Verbandes. Heidelberg 1961

Höltershinken, Dieter (Hrsg.): Vorschulerziehung – eine Dokumentation. Freiburg 1971

Höltershinken, Dieter: Hat der Kindergarten noch eine Zukunft? In: Holthausener Manuskripte 2/86, S. 59–90

Höltershinken, Dieter: Mit Kinder fernsehen. Freiburg i.Br. 1979

Höltershinken, Dieter: Referat über Qualitätsstandards in Kindertagesstätten. In: Verband Bildung und Erziehung (Hrsg.): Qualitätsstandards, Qualitätssicherung in Kindertagesstätten. Materialien aus zwei Veranstaltungen des Referats Elementarerziehung/Vorschulische Bildungseinrichtungen des VBE am 18. März 1999 in Dortmund und am 28. August 1999 in Arnstadt. Würzburg 2000, S. 6–10

Höltershinken, Dieter; Hoffmann, Hilmar; Prüfer, Gudrun: Kindergarten und Kindergärtnerin in der DDR. Band I und II. Neuwied, Kriftel und Berlin 1997

Höltershinken, Dieter; Kasüchke, Hans-Peter: »Behütete Kindheit« im Schatten der Fördertürme: Zur Geschichte der Betriebskindergärten im Ruhrgebiet (1875–1975). In: Uni-Report, WS 1987/88, Nr. 6, S. 29–34

Höltershinken, Dieter; Wu, Lan-Ruo: Sozialverhalten von Kindern in Freispielsituationen. Kleine altersgemischte Gruppen und Kindergartengruppen im Vergleich. In: Bier-Fleiter (Hrsg.) a.a.O.

Hörburger, Hortense: Kinderbetreuungsmöglichkeiten in der EG. In: Deutscher Akademikerinnenbund e.V. (Hrsg.): Kindertagesstätten, Ganztagskindergärten und Ganztagsschulen ermöglichen die Vereinbarkeit von Beruf und Familie für Frauen und Männer. Dokumentation der Tagung des Arbeitskreises »Hochschullehrerinnen im DAB« vom 22.–24. Juni 1990 in Bonn. Nürnberg 1992, S. 27–40

Horn, Hans-Arno (Hrsg.): Kindergarten und Grundschule arbeiten zusammen. Konzepte und Beispiele für einen kooperativen Schulanfang. Arbeitskreis Grundschule e.V. Frankfurt a.M. 1982

Hornstein, Walter u.a.: Situation und Perspektiven der Jugend. Problemlagen und gesellschaftliche Maßnahmen. Fünfter Jahresbericht der Bundesregierung. Weinheim 1982

Hundertmarck, Gisela: Soziale Erziehung im Kindergarten. Stuttgart 1969

Iben, Gerd: Überblick: Soziale Erziehung und Problematik der kompensatorischen Erziehung: Aus: Bennwitz, Hanspeter; Weinert, Franz, Emanuel (Hrsg.): CIEL – Ein Förderungsprogramm zur Elementarerziehung und seine wissenschaftlichen Voraussetzungen. Göttingen 1973, S. 279–299

Irsken, Beate: Kinderhäuser. In: Deutscher Verein für öffentliche und private Fürsorge (Hrsg.): Fachlexikon der sozialen Arbeit. Frankfurt a.M., 4. Aufl. 1997

Jaffke, Freya: Erziehung in der altersgemischten Gruppe. In: Kügelgen 1979, S. 34–38

Jaffke, Freya: Spielzeug von Eltern selbstgemacht. Arbeitsmaterial aus den Waldorfkindergärten, Heft 1, hrsg. von der Internationalen Vereinigung der Waldorfkindergärten. Stuttgart 1983

Kallert, Heide (Hrsg.): Geschwister im frühen Kindesalter. J.W. Goethe-Universität. Institut für Sozialpädagogik und Erwachsenenalter. Frankfurt a.M. 1990

Kallert, Heide; Schleuning, Eva-Maria; Illert, Christa: Der Aufbau der kindlichen Persönlichkeit in den Entwicklungslehren von Maria Montessori und Rudolf Steiner. In: Z. f. Päd. 1984/Nr. 5, S. 633–645

Kanitz, Otto Felix: Das proletarische Kind in der bürgerlichen Gesellschaft. Jena 1925

Kazemi-Veisari, Erika: Sich als Person fühlen können. Partizipation von Kindern erweist sich im gelebten Alltag. In: Theorie und Praxis der Sozialpädagogik 2/2001, S. 6–9

Kerl-Wienecke, Astrid: Nelly Wolffheim – Leben und Werk. Gießen 2000

Kern, Artur: Sitzenbleiberelend und Schulreife. Freiburg 1951

Kindergartenordnung vom 23.6.1983. Ministerium für Volksbildung (DDR) In: Ministerium für Volksbildung: Programm für die Bildungs- und Erziehungsarbeit im Kindergarten. Berlin 1985, S. 279–288

Klauer, Karl Josef: Zur Frage der Schulkindergärten. Aus: Röhrs, H. (Hrsg.): Die Sozialpädagogik und ihre Theorien. Frankfurt a.M. 1968

Klein, Gabriele; Kreie, Gisela; Kron, Maria; Reiser, Helmut: Ergänzungsstudie »Behinderte Kinder in hessischen Regelkindergärten« (als Mskr. gedruckt). Frankfurt a.M. 1985

Klein, Gabriele; Kreie, Gisela; Kron, Maria; Reiser, Helmut: Interaktionsprozesse in integrativen Kindergartengruppen mit behinderten und nichtbehinderten Kindern. Abschlußbericht der wissenschaftlichen Begleitung (als Mskr. gedruckt). Frankfurt a.M. 1985

Klinke, Winfried: Spielmittel und »didaktische Materialien« – Entwurf eines empirischen Evaluationsmodells zur Analyse und Beurteilung von Spiel- und Arbeitsmitteln. Aus: Dollase, Rainer (Hrsg.): Handbuch der Früh- und Vorschulpädagogik. Düsseldorf 1978, S. 243–264

Knirsch, C. u.a.: Die sozialdemokratischen Handwerkeleien in den Kinderläden bekämpfen. Arbeitspapier der SDS-Konferenz 1969

Komenský, Jan Amos: Aufriß der Mutterschule. In: Krecker, M. (Hrsg.): Quellen der Vorschulerziehung. Berlin 1971, S. 39–50

Körner, Elke; Eulzer, Margit: Die Entwicklung der Bereitschaft der Kinder zu aktiver schöpferischer geistiger Tätigkeit im Sachgebiet »Entwicklung elementarer mathematischer Vorstellungen«. In: Neue Erziehung im Kindergarten 42. Jg. 1989, Heft 12, S. 258–264

Kranich, Ernst Michael: Vorschulerziehung aus den Anforderungen des Kindes. In: Kügelgen 1979, S. 7–19

Krecker, Margot: Die Entwicklung des Kindergartens und der Vorschulpädagogik in der DDR. In: Barow-Bernstorff, Edith; Günther, Karl-Heinz; Krecker, Margot, Schuffenhauer, Heinz (Hrsg.): Beiträge zur Geschichte der Vorschulerziehung. Berlin, 3. Aufl. 1971a, S. 366–410

Krecker, Margot (Hrsg.): Quellen zur Geschichte der Vorschulerziehung. Berlin (DDR) 1971b

Krecker, Margot: Die Aufgaben der Kindergärten in der Etappe der antifaschistisch-demokratischen Umgestaltung 1945–1949 (1988). In: Grossmann, Wilma (Hrsg.): Kindergarten und Pädagogik. Grundlagentexte zur deutsch-deutschen Bestandsaufnahme. Weinheim und Basel 1992, S. 26–33

Krieck, Ernst: Erziehung im nationalsozialistischen Staat. Berlin 1935

Krieck, Ernst: Menschenformung. Leipzig 1939

Krieck, Ernst: Nationalpolitische Erziehung. Leipzig 1933

Kronberger Kreis für Qualitätsentwicklung in Kindertageseinrichtungen: Qualität im Dialog entwickeln. Wie Kindertageseinrichtungen besser werden. Seelze 1998

Kügelgen, Helmut von (Hrsg.): Plan und Praxis des Waldorfkindergartens. Stuttgart 1979

Küster, Ernst-Uwe: Qualifizierung für die Soziale Arbeit. Auf der Suche nach Normalisierung, Anerkennung und dem Eigentlichen. In: Thole, Werner (Hrsg.): Grundriss Soziale Arbeit. Opladen 2002

Langenohl-Weyer, Angelika u.a.: Zur Integration der Ausländer im Bildungsbereich – Probleme und Lösungsversuche. München 1979

Launer, Irmgard: Wenn ich j e t z t Kindergärtnerin wäre. In Neue Erziehung im Kindergarten 43. Jg. 1990, Heft 2–3, S. 29–30

Lichtenstein-Rother, Ilse: Zusammenarbeit Kindergarten-Grundschule aus der Sicht der Schule. In: Kindergarten und Grundschule, Materialien II, hrsg. vom Kultusministerium und dem Ministerium für Arbeit, Gesundheit und Soziales des Landes Nordrhein-Westfalen. Bochum 1980

Lievegoed, B. C. J.: Entwicklungsphasen des Kindes. Stuttgart 1979

Lindenberg, Christoph; Rudolf Steiner in Selbstzeugnissen und Bilddokumenten. Reinbek 1992

Lingenauber, Sabine: Einführung in die Reggio-Pädagogik. Kinder, Erzieherinnen und Eltern als konstitutives Sozialaggregat. Bochum 2001

Lockenvitz, Thomas: Kindertagesbetreuung zwischen Situationsorientierung und Bildungsorientierung. Regensburg 1996

Löffler, A.; Lindemann, F.; Schimpf, H. (Hrsg.): Mit Modellierholz, Schere und Kreide. Leipzig 1916.

Longardt, Wolfgang (Hrsg.): Kindergartenabschied – Schulanfang. Erfahrungen und Hilfestellungen beim Übergang. Gütersloh 1983

Maaz, Hans-Joachim: Die repressive staatliche Erziehung. In: Grossmann, Wilma (Hrsg.): Kindergarten und Pädagogik. Grundlagentexte zur deutsch-deutschen Bestandsaufnahme. Weinheim und Basel 1992. S. 289–293

Macholdt, Tina; Thiel, Thomas: Der Übergang vom Elementar- zum Primarbereich. In: Zimmer, Jürgen (Hrsg.): Erziehung in früher Kindheit. Enzyklopädie Erziehungswissenschaft, Band 6. Stuttgart 1985, S. 138–149

Marcuse, Herbert: Triebstruktur und Gesellschaft. Frankfurt a.M. 1967

Marenholtz-Bülow, Bertha: Die Arbeit und die neue Erziehung nach Fröbels Methode. Kassel 1875

Mehler, Frank: Kinderläden heute: ein Hort von Tabus? In: päd. extra, Juli/August 1986, S. 27–30

Minister für Arbeit, Gesundheit und Soziales des Landes Nordrhein-Westfalen (Hrsg.): Arbeitshilfen zur Planung der Arbeit im Kindergarten. Düsseldorf 1982

Ministerium für Volksbildung: Bildungs- und Erziehungsplan für den Kindergarten. Berlin, 5. Aufl. 1974

Ministerium für Volksbildung: Programm für die Bildungs- und Erziehungsarbeit im Kindergarten. Berlin 1985

Möler, H.: Soldaten, Zelte, Kanonen – eine Bastelanleitung. In: Kindergarten 1941, S. 140ff.

Mollenhauer, Klaus: Die Ursprünge der Sozialpädagogik in der industriellen Gesellschaft. Weinheim 1959

Mollenhauer, Klaus: Einführung in die Sozialpädagogik. Weinheim 1968 u. 2001

Montessori, Maria: Selbsttätige Erziehung im frühen Kindesalter. Stuttgart 1930

Mörsberger, H.; Moskal E. und Pflug, E. (Hrsg.): Der Kindergarten. Ein Handbuch für die Praxis. Weinheim 1979

Müller, C. Wolfgang (Hrsg.): Einführung in die Soziale Arbeit. Weinheim 1985

Müller, C. Wolfgang: Wie Helfen zum Beruf wurde. Eine Methodengeschichte der Sozialarbeit. Weinheim 1982 u. 2000

Müller, Eduard: Integration türkischer Kinder in den Kindergarten – Ist Sexualerziehung ein Tabu? Schriftenreihe des sozialpädagogischen Instituts für Kleinkind- und außerschulische Erziehung des Landes Nordrhein-Westfalen. Köln 1984

Mundt, Jörn W.: Vorschulkinder und ihre Umwelt. Eine Studie über Lebensbedingungen und Entwicklungschancen. Weinheim 1980

Myrdal, Alva: Chancen und Gefahren für das Kinderspiel in unserer leistungsorientierten Gesellschaft. In: Flitner, Andreas (Hrsg.): Das Kinderspiel. München 1973, S. 42–47

Nauck, Bernhard: Anforderungen an die Vorschulerziehung durch veränderte Familienstrukturen. In: Zeitschrift für Pädagogik, 23. Beiheft 1988, S. 269–272

Neill, Alexander S.: Erziehung in Summerhill. München 1965

Neunzig, W.: Mathematik im Vorschulalter. Praktische Vorschläge zu einer mathematischen Früherziehung. Freiburg 1972

Nyssen, Friedhelm: Politische Erziehung im Vorschulalter. In: betrifft: erziehung 1/1971, S. 37ff

Oberhuemer, Pamela; Ulich, Michaele: Kinderbetreuung in Europa: Tageseinrichtungen und pädagogisches Personal; eine Bestandsaufnahme in den Ländern der Europäischen Union. Weinheim und Basel 1997

OECD (Hrsg.): Lernen für das Leben; erste Ergebnisse der internationalen Schulleistungsstudie PISA 2000. Paris 2001

Olk, Thomas: Sozialpädagogik in den neuen Bundesländern – Hilfen für »Randgruppen« und »Außenseiter«? In: Krüger, Heinz-Hermann; Kühnel, Martin; Thomas, Sven (Hrsg.): Transformationsprobleme in Ostdeutschland. Arbeit Bildung, Sozialpolitik. Opladen 1995, S. 89–116

Otto-Peters, Louise: Das Recht der Frauen auf Erwerb. Blicke auf das Frauenleben der Gegenwart. Hamburg 1866

Pappenheim, G.: Kindergarten und Krieg. In: Kindergarten 1915, S. 126f.

Rauschenbach, Thomas; Hoffmann, Hilmar: Innovation durch Sparen = Qualität? Anmerkungen zur Qualitätsdebatte in der Kinderbetreuung. In: Fthenakis, W. E.; Eirich, Hans (Hrsg.): Erziehungsqualität im Kindergarten. Forschungsergebnisse und Erfahrungen. Freiburg i.B. 1998, S. 177ff.

Rauschenberger, Hans: Früher oder später … Auf der Suche nach den besten Bildungswegen für die Fünfjährigen. Frankfurter Rundschau, 24.1.2002

Reich, Wilhelm: Die sexuelle Revolution. Frankfurt a.M. 1966

Reinermann, Ursula: Zur Ganztagserziehung in der DDR. In: Deutscher Akademikerinnenbund e.V. (Hrsg.): Kindertagesstätten, Ganztagskindergärten und Ganztagsschulen ermöglichen die Vereinbarkeit von Beruf und Familie für Frauen und Männer. Dokumentation der Tagung des Arbeitskreises »Hochschulehrerinnen im DAB« vom 22.–24. Juni 1990 in Bonn. Nürnberg 1992, S. 9–26

Renn, Heribert: Rechtskunde für ErzieherInnen. Ein Arbeitsbuch für Ausbildung und Praxis. Weinheim und Basel 1999

Retter, Hein: Typen pädagogischer und didaktischer Ansätze im Elementarbereich. Aus: Dollase, Rainer (Hrsg.): Handbuch der Früh- und Vorschulpädagogik Band 2, 1978, S. 135–150

Reyer, Jürgen: Wenn die Mütter arbeiten gingen ... Eine sozialhistorische Studie zur Entstehung der öffentlichen Kleinkindererziehung im 19. Jahrhundert in Deutschland. Köln 1983

Rösch: Untersuchungen zur Frage der Kindertagesstätten. Städtisches Fürsorgeamt Mainz 1938

Rosenthal: Die Arbeit der NSV-Kindertagesstätten in Sachsen im Sommer 1940. In: Kindergarten 1940

Rössel-Majdan, Karl: Waldorfpädagogik – menschlich, praktisch, lebensnah! In: Freie Pädagogische Vereinigung im Kuratorium für künstlerische und heilende Pädagogik (Hrsg.): Waldorfpädagogik – Ein Weg zur Persönlichkeitsbildung. Eine Einführung für Lehrer, Erzieher und Eltern. Wien, München 1984, S. 20–24

Rousseau, Jean-Jacques: Emil oder Über die Erziehung. Stuttgart 1998.

Schaarschmidt, Uwe: Was müßte in unseren Kindergärten anders werden? Überlegungen eines Psychologen. In: Neue Erziehung im Kindergarten 4/1990, S. 75–77

Schäfer, Gerd: Bildungsprozesse im Kindesalter. Selbstbildung, Erfahrung und Lernen in der frühen Kindheit. Weinheim und München 1995

Schenck-Danziger, Lotte: Schuleintrittsalter, Schulfähigkeit und Lesereife. Deutscher Bildungsrat – Gutachten und Studien der Bildungskommission. Stuttgart 1969

Schlemmer, H.; Janensch, E.: Zur Geschichte der Frauenbildung. Quellenstücke. Breslau 1935

Schmalohr, E.; Schüttler-Janikulla, K.: Bildungsförderung im Vorschulalter. Bericht d. Tagung des UNESCO-Instituts für Pädagogik vom 22.–26. Juni 1970. Oberursel 1970

Schmid: Der Kindergarten im Grenzland Pommern. In: Kindergarten 1939, S. 157f.

Schmitthenner, Frieder C.: EU = Erzieherin: Unverändert im Abseits. In: Bundesverband evangelischer Erzieherinnen und Sozialpädagoginnen (Hrsg.): Starke Frauen für Kinder. Der Erzieherinnenberuf in Bewegung. Seelze-Velber 2000, S. 132–137

Schnitzspahn, Gerhard: Der evangelische Kindergarten. Ein religionspädagogischer Beitrag zur Bestimmung des evangelischen Profils. Stuttgart, Berlin, Köln 1999

Schüttler-Janikulla, Klaus: Einschulungsalter und Vorklassenbetreuung. München 1968

Schwartz, Erwin: Die Grundschule – Funktion und Reform. Braunschweig 1969

Schweitzer, Friedrich: Ohne Hoffnung keine Bildung. Vom Recht des Kindes auf Religion. In: Theorie und Praxis der Sozialpädagogik 1/2002. S. 15

Siebe, J.; Prüfer, J.: Henriette Goldschmidt. Leipzig 1922

Siepe, Albert: Reform und Planung in der Sozialpädagogik. Die Jugendhilfe-Diskussion der 70er Jahre. Weinheim 1985

Simon-Hohm, Hildegard: Ausländische Kinder in der Kinderkrippe. Erfahrungen und Einstellungen ausländischer Eltern. J.W. Goethe-Universität. Institut für Sozialpädagogik und Erwachsenenbildung. Frankfurt a.M. 1986

Simon-Hohm, Hildegard; Grossmann, Wilma: Wie geht es nach der Wende weiter? In: Kinderzeit 3, September 1990

Simon-Hohm, Hildegard: Förderung von Kindern aus Einwandererfamilien – Neue Akzente der interkulturellen Arbeit im Elementarbereich. In: Bier-Fleiter, Claudia (Hrsg.): Familie und öffentliche Erziehung. Aufgaben, Abhängigkeiten und gegenseitige Ansprüche. Opladen 2001, S.229–244

Simon-Hohm, Hildegard: Rahmenkonzeption »Curriculum interkulturelles Lernen« für die Aus- und Weiterbildung von ErzieherInnen, SozialpädagogInnen und SozialarbeiterInnen. In: Informationsdienst zur Ausländerarbeit, Heft 3/1991, S. 52–58

Singer, Wolf: Was kann ein Mensch wann lernen? Ergebnisse aus der Hirnforschung. In: Theorie und Praxis der Sozialpädagogik 1/2002, S. 10–13

Spieß, Katharina; Tietze, Wolfgang: Gütesiegel als neues Instrument der Qualitätssicherung von Humandienstleistungen. Gründe, Anforderungen und Umsetzungsüberlegungen am Beispiel von Kindertageseinrichtungen. Deutsches Institut für Wirtschaftsforschung Berlin, Februar 2001

Spitz, René: Vom Säugling zum Kleinkind. Stuttgart 1967

Stadt Frankfurt a.M. – Der Magistrat – Dezernat Schule und Bildung (Hrsg.): Dokumentation über Entstehung, Ablauf und Beendigung des Projekts KITA. Frankfurt a.M. 1978

Statistisches Bundesamt (Hrsg.): Datenreport 2. Bonn 1985

Statistisches Bundesamt (Hrsg.): Statistisches Jahrbuch für die Bundesrepublik Deutschland 1980–1985. Wiesbaden 1986

Statistisches Bundesamt (Hrsg.): Strukturdaten über Ausländer in der Bundesrepublik Deutschland. Wiesbaden 1982

Statistisches Bundesamt: Statistisches Jahrbuch 1992. Wiesbaden 1992

Statistisches Bundesamt: Wirtschaft und Statistik 4/1993

Steiner, Rudolf: Die geistig-seelischen Grundkräfte der Erziehungskunst. Dornach 1956

Steiner, Rudolf: Die gesunde Entwicklung des Menschenwesens. Dornach 1985

Steiner, Rudolf: Die Notwendigkeit neuer geistiger Erkenntnismethoden: eine Forderung der Gegenwart. Zwei Vorträge (1919) (als Mskr. gedruckt). Berlin 1920

Steiner, Rudolf: Die Waldorfschule und ihr Geist (1921). Stuttgart 1956

Steiner, Rudolf: Theosophie. Stuttgart 1955

Steiner, Rudolf: Vortrags-Zyklus für Theologen, gehalten in Stuttgart vom 12.–16. Juni 1921 (als Mskr. gedruckt). Stuttgart o.J.

Sturm, F. K.: Von der pädagogischen Reformbewegung zur völkischen und politischen Erziehung. Sterwieck/Harz 1933

Sültmann, Bärbel: Dazu muß unbedingt etwas gesagt werden! Zur Tragik des Zustandekommens der Ziele, Aufgaben und Inhalte des Bekanntmachens mit dem gesellschaftlichen Leben im Programm für die Bildungs- und Erziehungsarbeit im Kindergarten (1990). In: Grossmann, Wilma (Hrsg.): Kindergarten und Pädagogik. Grundlagentexte zur deutsch-deutschen Bestandsaufnahme. Weinheim und Basel 1992, S. 293–295

Thiersch, Renate: Der Kindergarten als Vorschule – oder: Was heißt eigenständige Schulvorbereitung? In: TPS 1/1999

Thiesen, Peter: Das Montagsbuch. Ein Arbeitsbuch zur Überwindung des »Montagssyndroms« in Kindergarten, Hort und Grundschule. Weinheim 1992 u. 2001

Tiede, Hans-Otto; Altner, Manfred u.a.: Literatur im Kindergarten. Berlin 1989

Tietze, Wolfgang: Chancenungleichheit bis Schulbeginn. Düsseldorf 1973

Tietze, Wolfgang: Wie gut sind unsere Kindergärten? Neuwied 1999

Tietze, Wolfgang; Schuster, Käthe-Maria; Roßbach, Hans-Günther: Kindergarten-Einschätz-Skala. Neuwied, Kriftel, Berlin 1997

Uhlhorn, G.: Die christliche Liebestätigkeit. Stuttgart 1895

Ullmann, Elke; Reuting, Thomas: Kleine Schritte zum gemeinsamen Ziel. Kinderrechte und Formen der Beteiligung verändern (auch) die Erwachsenenwelt. In: Theorie und Praxis der Sozialpädagogik 2/2001, S. 15–19

Ullrich, Hermann: Waldorfpädagogik und okkulte Weltanschauung. Weinheim 1986

Vogt, Herbert: Tastende Versuche und wundervolle Ideen. Wie Kinder ent-

deckend lernen. In: Theorie und Praxis der Sozialpädagogik 1/2002, S. 22f.
Völkel, Petra: Wie geht Ko-Konstruktion unter Gleichen? Wie Kinder in der Kindertagesstätte von- und miteinander lernen. In: Theorie und Praxis der Sozialpädagogik 1/2002, S. 18–21
Walter, Paul: Der versteinerte Sandkasten. Ein Abgesang auf die Kinderladenbewegung. In: päd. extra, Juli/August 1986, S. 23–25
Wehmeyer, Wilma: Das Herzstück unserer Gruppe. Der Wochenplan als Orientierung für Kinder, Erzieherinnen und Eltern. In: Theorie und Praxis der Sozialpädagogik 6/2001, S. 30–31
Wehr, Gerhard: Der pädagogische Impuls Rudolf Steiners. München 1977
Werder, Lutz von: Von der antiautoritären zur proletarischen Erziehung. Frankfurt a.M. 1972
Wieners, Tanja: Familientypen und Formen außerfamilialer Kinderbetreuung heute. Vielfalt als Notwendigkeit und Chance. Neuwied 1999
Wilderspan, Samval: Über die frühzeitige Erziehung der Kinder und die englischen Kleinkinderschulen. In: Krecker, M. (Hrsg.): Quellen des Vorschulerziehung. Berlin 1971, S. 107–114
Winckelmann, Helmut: Der Übergang vom Kindergarten in die Grundschule. In: Dollase, Rainer (Hrsg.): Handbuch der Früh- und Vorschulpädagogik, Band 1. Düsseldorf 1978, S. 349–362
Winterle, Franz: Sexualität im Kleinkindalter. Die antiautoritäre Kinderladenbewegung und deren Veränderungsprozesse am Beispiel des Kinderhauses. Unveröffentl. Diplomarbeit. Frankfurt a.M. 1985
Wolffheim, Nelly: Die Rätselhaftigkeit menschlichen Lebens. In: Deutsches Zentralblatt für Krankenpflege, 3/1964
Wolffheim, Nelly: Psychoanalyse und Kindergarten und andere Arbeiten zur Kinderpsychologie (1930). München 1966
Wolffheim, Nelly: Psychoanalytisch-pädagogische Betrachtungen zum Kinderspiel. In: Kindergarten 1932, S. 221
Wolffheim, Nelly: Psychoanalytisch-pädagogische Betrachtungen zum Kinderspiel. In: Kindergarten 1928, S. 72 ff.
Wunderlich, Theresia; Jansen, Frank (Hrsg.): Katholische Kindergärten auf Entwicklungskurs. Freiburg 1997
Zabel: Unsere Kinder erleben den Krieg. In: Kindergarten 1940, S. 83 ff.
Zehnbauer, Anne: Ausländerkinder in Kindergarten und Tagesstätte. Eine Bestandsaufnahme zur institutionellen Betreuung von ausländischen Kindern. München 1980
Ziesche, Ulrike: Werkstatthandbuch zur Qualitätsentwicklung. Neuwied 1999

Personenregister

Adorno, Theodor W.   132
Aichhorn, August   38, 63, 69
Akpinar, Ünal   242–244
Andreas, Kurt   240
Ariès, Phillippe   17

Barz, Heiner   147–152, 160
Beher, Karin   312, 313
Belser, Helmut   192, 193
Benzing, Richard   99–101
Berger, Manfred   106
Bernfeld, Siegfried   63, 93, 133
Blochmann, Elisabeth   122–124
Bollnow, Otto Friedrich   44
Bott, Gerhard   140
Brau, Lily   29, 30
Brauner, Thomas   225
Brezinka, Wolfgang   130
Brumme   263

Colberg-Schrader   314, 315
Comenius, Johannes Amos   18, 19
Correll, Werner   184, 188–190

Darwin, Charles   95
Dermitzel, Regine   135, 171
Dippelhofer-Stiem, Barbara   319
Donath, Erika   115
Droescher, Lilly   55

Elschenbroich, Donata   319
Erikson, Erik H.   33

Fischer, Heidi   176
Flaake, Karin   173ff.
Fliedner, Theodor   25, 26, 28, 29, 300
Flitner, Andreas   214
Fölsing, Julius   27–29
Frank, Gerhard   294
Freud, Anna   81
Freud, Sigmund   38, 63, 67, 82

Fröbel, Friedrich   12, 22, 29, 31–52, 90, 118, 121, 204, 301
Fröbel, Julius   40
Fröbel, Karl   40, 50
Fthenakis, W. E.   244

Gamm, Hans-Jochen   95, 102, 107, 119
Gebauer, T.   191
Gerstacker, Ruth   194
Goldschmidt, Henriette   50, 51, 301
Grube, Bernd   208

Haug-Zapp   309, 310
Hecker, Hilde   90
Heller, Elke   270
Hermann, Gisela   218
Himmler, Heinrich   95
Hitler, Adolf   69, 93, 102, 103, 118
Honecker, Margot   270
Hoernle, Edwin   93, 135–137
Hoffmann, Erika   34, 39, 41, 122, 123, 127, 128
Horkheimer, Max   132
Höltershinken, Dieter   127, 215, 248, 252–257, 271, 292
Hundertmark, Gisela   79

Iben, Gerd   190
Irsken, Beate   277

Jaffke, Freya   155, 157, 158, 162
Janensch, E.   115

Kanitz, Otto F.   93, 136
Karsen, Fritz   56
Kaudelka, Edith   240
Kerl-Wienecke   67
Kern, Artur   125
Kerschensteiner, Artur   56
Klein, Melanie   81
Klinke, Winfried   188

Knirsch, C.   137
Komensky, Jan Amos   siehe Comenius, Johannes Amos
Kranich, Ernst Michael   155–160
Krecker   249, 253
Krieck, Ernst   95, 107
Krug, Marianne   314, 315
Kügelgen, Helmut von   153, 155

Lievegoed, B. C. J.   153, 154
Löffler, A.   43
Lückert, H. R.   184

Marcuse, Herbert   132
Marenholtz-Bülow, Bertha von   46–48
Mehler, Frank   144 f.
Meiers, Kurt   208
Meng, Heinrich   63
Mollenhauer, Klaus   62
Molt, Emil   148
Montessori, Maria   12, 83–92, 218, 275
Möler, H.   100
Montaigne, de Michel   18
Mörsberger, H.   284
Muchow, Martha   90
Mundt, Jörn W.   220–222
Myrdal, Alva   214, 215

Neill, Alexander S.   134, 170
Neunzig   44
Nyssen, Friedhelm   139

Oberhuemer   311
Oberlin, Johann Friedrich   21, 22
Otto-Peters, Louise   41, 301
Owen, Robert   22–24

Pappenheim, G.   94
Pfister, Oskar   63
Polligkeit, Wilhelm   59

Rauschenbach   299
Rauschenberger   320

Reich, Wilhelm   93, 133, 136, 170
Retter, Hein   187, 190, 193
Robinsohn, Saul B.   186
Rössel-Majdan, Karl   148
Rousseau, Jean Jacques   19, 20

Salomon, Alice   302
Schenk-Danziger, Lotte   126
Schirach, Baldur von   119
Schleicher, K.   93
Schlemmer, H.   115
Schmalohr, E.   183
Schmidt, Vera   63–65, 133
Schneider, Ernst   63
Schrader-Breymann, Henriette   302
Schulz, Heinrich   56
Schüttler-Janikulla, Klaus   128, 184
Siepe, Albert   179–180
Simon-Hohm   235
Steiner, Rudolf   147–152
Sturm, F. K.   102
Sültmann, Bärbel   271

Thiersch, Renate   319
Tietze, Wolfgang   125, 293, 296, 299

Uhlhorn, Gerhard   28
Ulich, Michaela   311
Ullrich, Herrmann   147–152

Wehr, Gerhard   151
Werder, Lutz von   137
Winckelmann, Helmut   100
Wilderspan, Samuel   24
Winterle, Franz   143
Wolffheim, Nelly   12, 63, 66–82
Wunderlich, Therese   280

Zehnbauer, Anne   246
Zimmer, Jürgen   194, 198, 241–243
Zulliger, Hans   63, 81

Abbildungsnachweis

Akpinar, Ünal; Zimmer, Jürgen (Hrsg.): Von wo kommst'n du? Interkulturelle Erziehung im Kindergarten. Band 1 und 2. München 1984: Seite 245

Alt, Robert: Bilderatlas zur Schul- und Erziehungsgeschichte. Band 2. Berlin (DDR) 1965: Seite 45

Archiv der sozialen Demokratie, Friedrich-Ebert-Stiftung, Bonn: Seite 47, 49

Bildarchiv Preußischer Kulturbesitz, Berlin: Seite 25, 26, 31, 53, 60 oben, 89

Correll, Werner (Hrsg.): Lernen und Lehren im Vorschulalter. Donauwörth 1970: Seite 189

Der Kindergarten 9/1941: Seite 98, 99

Der Kindergarten 10/1942: Seite 117

Deutsches Pädagogisches Zentralinstitut (Hrsg.): Gedenkschrift zum 100. Todestag von Friedrich Fröbel am 21. Juni 1952. Berlin (DDR) 1952: Seite 40

dpa: Seite 83

Erziehungskunst 7/8 1979: Seite 159

Erziehungskunst 3/1985: Seite 161

Grossmann, Wilma, Kronberg/Ts.: Seite 28, 54, 60 unten, 111, 113, 114, 178, 205, 213, 216, 236, 237, 251, 259, 262

Ihde, Heinrich/Dr. Roßner/Stockfisch, Alfred: Gesundheitspflege und Rassenhygiene. Langensalza 1939: Seite 96

Kerl-Wienecke, Astrid: Nelly Wolffheim. Leben und Werk. Gießen 2000: Seite 73

Kinderladen Fontanestraße e.V., Lönsstraße 7, 34125 Kassel: Seite 134, 141, 146

Löffler, A.; Lindemann, F.; Schimpf, H. (Hrsg.): Mit Modellierholz, Schere und Kreide. Leipzig 1916, 70: Seite 43

Meier-Uhde, Klaus, Frankfurt a. M.: Seite 168

Stadtarchiv Frankfurt a. M.: Seite 121

Ullrich, Wilhelm, Frankfurt a. M.: Seite 195

Ungarisch, Luigi, Offenbach: Seite 169

Wolffheim, Nelly: Psychoanalyse und Kindergarten und andere Arbeiten zur Kinderpsychologie. München/Basel 1966: Seite 66